中国自主知识体系研究文库

政府何以法治

马怀德 著

中国人民大学出版社
·北京·

"中国自主知识体系研究文库"编委会

编委会主任

张东刚　林尚立

编委（按姓氏笔画排序）

总　序

张东刚

2022 年 4 月 25 日，习近平总书记在中国人民大学考察调研时指出，"加快构建中国特色哲学社会科学，归根结底是建构中国自主的知识体系"。2024 年全国教育大会对以党的创新理论引领哲学社会科学知识创新、理论创新、方法创新提出明确要求。《教育强国建设规划纲要（2024—2035 年）》将"构建中国哲学社会科学自主知识体系"作为增强高等教育综合实力的战略引领力量，要求"聚焦中国式现代化建设重大理论和实践问题，以党的创新理论引领哲学社会科学知识创新、理论创新、方法创新，构建以各学科标识性概念、原创性理论为主干的自主知识体系"。这是以习近平同志为核心的党中央站在统筹中华民族伟大复兴战略全局和世界百年未有之大变局的高度，对推动我国哲学社会科学高质量发展、使中国特色哲学社会科学真正屹立于世界学术之林作出的科学判断和战略部署，为建构中国自主的知识体系指明了前进方向、明确了科学路径。

建构中国自主的知识体系，是习近平总书记关于加快构建中国特色哲学社会科学重要论述的核心内容；是中国特色社会主义进入新时代，更好回答中国之问、世界之问、人民之问、时代之问，服务以中国式现代化全面推进中华民族伟大复兴的应有之义；是深入贯彻落实习近平文化思想，推动中华文明创造性转化、创新性发展，坚定不移走中国特色社会主义道路，续写马克思主义中国化时代化新篇章的必由之路；是为解决人类面临的共同问题提供更多更好的中国智慧、中国方案、中国力量，为人类和平与发展崇高事业作出新的更大贡献的应尽之责。

一、文库的缘起

作为中国共产党创办的第一所新型正规大学，中国人民大学始终秉持着强烈的使命感和历史主动精神，深入践行习近平总书记来校考察调研时重要讲话精神和关于哲学社会科学的重要论述精神，深刻把握中国自主知识体系的科学内涵与民族性、原创性、学理性，持续强化思想引领、文化滋养、现实支撑和传播推广，努力当好构建中国特色哲学社会科学的引领者、排头兵、先锋队。

我们充分发挥在人文社会科学领域"独树一帜"的特色优势，围绕建构中国自主的知识体系进行系统性谋划、首创性改革、引领性探索，将"习近平新时代中国特色社会主义思想研究工程"作为"一号工程"，整体实施"哲学社会科学自主知识体系创新工程"；启动"文明史研究工程"，率先建设文明学一级学科，发起成立哲学、法学、经济学、新闻传播学等11个自主知识体系学科联盟，编写"中国系列"教材、学科手册、学科史丛书；建设中国特色哲学社会科学自主知识体系数字创新平台"学术世界"；联合60家成员单位组建"建构中国自主的知识体系大学联盟"，确立成果发布机制，定期组织成果发布会，发布了一大批重大成果和精品力作，展现了中国哲学社会科学自主知识体系的前沿探索，彰显着广大哲学社会科学工作者的信念追求和主动作为。

为进一步引领学界对建构中国自主的知识体系展开更深入的原创性研究，中国人民大学策划出版"中国自主知识体系研究文库"，矢志打造一套能够全方位展现中国自主知识体系建设成就的扛鼎之作，为我国哲学社会科学发展贡献标志性成果，助力中国特色哲学社会科学在世界学术之林傲然屹立。我们广泛动员校内各学科研究力量，同时积极与校外科研机构、高校及行业专家紧密协作，开展大规模的选题征集与研究激励活动，力求全面涵盖经济、政治、文化、社会、生态文明等各个关键领域，深度挖掘中国特色社会主义建设生动实践中的宝贵经验与理论创新成果。为了保证文库的质量，我们邀请来自全国哲学社会科学"五路大军"的知名专家学者组成编委会，负责选题征集、推荐和评审等工作。我们组织了专项工作团队，精心策划、深入研讨，从宏观架构到微观细节，全方位规划文库的建设蓝图。

二、文库的定位与特色

中国自主的知识体系，特色在"中国"、核心在"自主"、基础在"知识"、关键在"体系"。"中国"意味着以中国为观照，以时代为观照，把中国文化、中国实践、中国问题作为出发点和落脚点。"自主"意味着以我为主、独立自主，坚持认知上的独立性、自觉性，观点上的主体性、创新性，以独立的研究路径和自主的学术精神适应时代要求。"知识"意味着创造"新知"，形成概念性、原创性的理论成果、思想成果、方法成果。"体系"意味着明确总问题、知识核心范畴、基础方法范式和基本逻辑框架，架构涵盖各学科各领域、包含全要素的理论体系。

文库旨在汇聚一流学者的智慧和力量，全面、深入、系统地研究相关理论与实践问题，为建构和发展中国自主的知识体系提供坚实的理论支撑，为政策制定者提供科学的决策依据，为广大读者提供权威的知识读本，推动中国自主的知识体系在社会各界的广泛传播与应用。我们秉持严谨、创新、务实的学术态度，系统梳理中国自主知识体系探索发展过程中已出版和建设中的代表性、标志性成果，其中既有学科发展不可或缺的奠基之作，又有建构自主知识体系探索过程中的优秀成果，也有发展创新阶段的最新成果，力求全面展示中国自主的知识体系的建设之路和累累硕果。文库具有以下几个鲜明特点。

一是知识性与体系性的统一。文库打破学科界限，整合了哲学、法学、历史学、经济学、社会学、新闻传播学、管理学等多学科领域知识，构建层次分明、逻辑严密的立体化知识架构，以学科体系、学术体系、话语体系建设为目标，以建构中国自主的知识体系为价值追求，实现中国自主的知识体系与"三大体系"有机统一、协同发展。

二是理论性与实践性的统一。文库立足中国式现代化的生动实践和中华民族伟大复兴之梦想，把马克思主义基本原理同中国具体实际相结合，提供中国方案、创新中国理论。在学术研究上独树一帜，既注重深耕理论研究，全力构建坚实稳固、逻辑严谨的知识体系大厦，又紧密围绕建构中国自主知识体系实践中的热点、难点与痛点问题精准发力，为解决中国现实问题和人类共同问题提供有力的思维工具与行动方案，彰显知识体系的实践生命力与应用价值。

三是继承性与发展性的统一。继承性是建构中国自主的知识体系的源头活水，发展性是建构中国自主的知识体系的不竭动力。建构中国自主的知识体系是一个不断创新发展的过程。文库坚持植根于中华优秀传统文化以及学科发展的历史传承，系统梳理中国自主知识体系探索发展过程中不可绕过的代表性成果；同时始终秉持与时俱进的创新精神，保持对学术前沿的精准洞察与引领态势，密切关注国内外中国自主知识体系领域的最新研究动向与实践前沿进展，呈现最前沿、最具时效性的研究成果。

我们希望，通过整合资源、整体规划、持续出版，打破学科壁垒，汇聚多领域、多学科的研究成果，构建一个全面且富有层次的学科体系，不断更新和丰富知识体系的内容，把文库建成中国自主知识体系研究优质成果集大成的重要出版工程。

三、文库的责任与使命

立时代之潮头、通古今之变化、发思想之先声。建构中国自主的知识体系的过程，其本质是以党的创新理论为引领，对中国现代性精髓的揭示，对中国式现代化发展道路的阐释，对人类文明新形态的表征，这必然是对西方现代性的批判继承和超越，也是对西方知识体系的批判继承和超越。

文库建设以党的创新理论为指导，牢牢把握习近平新时代中国特色社会主义思想在建构自主知识体系中的核心地位；持续推动马克思主义基本原理同中国具体实际、同中华优秀传统文化相结合，牢牢把握中华优秀传统文化在建构自主知识体系中的源头地位；以中国为观照、以时代为观照，立足中国实际解决中国问题，牢牢把握中国式现代化理论和实践在建构自主知识体系中的支撑地位；胸怀中华民族伟大复兴的战略全局和世界百年未有之大变局，牢牢把握传播能力建设在建构自主知识体系中的关键地位。将中国文化、中国实践、中国问题作为出发点和落脚点，提炼出具有中国特色、世界影响的标识性学术概念，系统梳理各学科知识脉络与逻辑关联，探究中国式现代化的生成逻辑、科学内涵和现实路径，广泛开展更具学理性、包容性的和平叙事、发展叙事、文化叙事，不断完善中国自主知识体系的整体理论架构，将制度优势、发展优势、文化优势转化为理论优势、学术优势和话语优势，不断开辟新时代中国特色哲学社会科学新境界。

中国自主知识体系的建构之路，宛如波澜壮阔、永无止境的学术长征，需要汇聚各界各方的智慧与力量，持之以恒、砥砺奋进。我们衷心期待，未来有更多优质院校、研究机构、出版单位和优秀学者积极参与，加入到文库建设中来。让我们共同努力，不断推出更多具有创新性、引领性的高水平研究成果，把文库建设成为中国自主知识体系研究的标志性工程，推动中国特色哲学社会科学高质量发展，为全面建设社会主义现代化国家贡献知识成果，为全人类文明进步贡献中国理论和中国智慧。

是为序。

目　录

引　言

政府何以法治？这是一个必须回答的时代之问，更是中国之问、历史之问。经过数代人的艰辛努力，我们终于找到了一个明确的答案，那就是建设法治政府。唯有法治，才能规范政府活动，约束政府权力，激励政府行为，从而实现建设职能科学、权责法定、执法严明、公开公正、智能高效、廉洁诚信、人民满意的法治政府目标。本书循着法治政府建设的历史沿革，以其内在机理和体系架构为逻辑，选取了作者发表的部分论文集结成册并根据发表后的理论与实践进行增补删改，试图梳理法治政府建设的发展过程、使命任务和主要的制度创新，提出加快法治政府建设的意见和建议，希望能够对法治政府理论研究有所裨益。

一、法治政府建设的历史脉络和当前总体形势

（一）法治政府建设的历史脉络与经验

回顾新中国法治政府建设的历程，可以分为几个阶段。从 1949 年中

华人民共和国成立，到 1978 年党的十一届三中全会，法治政府建设在社会主义革命和建设中探索起步。1949 年 9 月，中国人民政治协商会议第一届全体会议通过的《共同纲领》和《中央人民政府组织法》初步确立了新中国的政权组织形式和国家行政机构，规定了政务院执行《共同纲领》和国家的法律、法令。在此基础上，1949 年出台的《政务院及其所属各机关组织通则》，1950 年出台的《省、市、县人民政府组织通则》等规范，初步构建起从中央到地方的各级政府机构。

从 1978 年党的十一届三中全会到 1997 年党的十五大，法治政府建设在改革开放中恢复发展。党的十一届三中全会确定了加强社会主义民主法制建设的方针。1982 年 12 月，五届全国人大五次会议通过了现行《宪法》和《国务院组织法》。1989 年 4 月，全国人大通过了《行政诉讼法》，规定老百姓在与行政机关产生纠纷时，可以通过司法途径寻求公正的裁判。这对社会观念产生了巨大影响。之后，《国家赔偿法》于 1994 年出台，《行政复议条例》于 1990 年出台。自此，具有中国特色的行政监督和救济制度基本确立起来。1996 年，从实体和程序两方面系统规范行政处罚行为的《行政处罚法》出台。

从 1997 年党的十五大到 2012 年党的十八大，法治政府建设在依法治国实践中快速发展。1997 年，党的十五大提出了"发展民主，健全法制，建设社会主义法治国家"的重要方略。2000 年出台的《立法法》以及 2001 年出台的《行政法规制定程序条例》和《规章制定程序条例》使政府立法活动更加规范。分别于 2003 年和 2011 年出台的《行政许可法》和《行政强制法》延续《行政处罚法》的路径，规范政府共同行为，提升了行政执法的规范化水平。2005 年出台的《公务员法》推动了公务员管理的法治化。此外，2008 年实施的《政府信息公开条例》极大提升了政府工作的透明度，保障了社会公众的知情权。

党的十八大以来，法治政府建设在新时代进一步提速增效，进入了系统部署、全面推进的新阶段。2018 年 3 月，党中央组建中央全面依法治国委员会，并将办公室设在司法部，以加强党中央对法治中国建设的集中统一领导。在中央全面依法治国委员会领导下，中央依法治国办公室将法治政府建设摆在工作全局的重要位置，部署开展了全国法治政府建设示范创建活动和法治政府建设督察等一系列重要工作，为法治政府建设提供了新的推动力。《立法法》《行政诉讼法》《行政处罚法》《地方各级人民代表大会和地方各级人民政府组织法》《行政复议法》《国务院组织法》等重要法律相继完成修改，《重大行政决策程序暂行条例》《优化营商环境条例》等一批重要的行政法规陆续出台，更新和完善了新时代依法行政的制度体系，法治政府建设呈现出新气象。党的二十大报告指出：法治政府建设是全面依法治国的重点任务和主体工程。《中共中央关于全面推进依法治国若干重大问题的决定》指出："依法治国是我国宪法确定的治理国家的基本方略，而能不能做到依法治国，关键在于党能不能坚持依法执政，各级政府能不能依法行政。"① 党的二十大报告指出，法治政府建设是全面依法治国的重点任务和主体工程。党的二十届三中全会通过的《中共中央关于进一步全面深化改革推进中国式现代化的决定》（以下称《决定》）强调"深入推进依法行政"。可以说，推进依法行政，建设法治政府，既是推进全面依法治国的关键环节，也是实现中国式现代化的重要保障。

回顾上述历史脉络，我们可以从法治政府建设的历史性成就中总结出几点经验：

第一，法治建设必须始终坚持中国共产党的领导。党中央通过政治引领和顶层设计，统筹协调各方面的资源和力量，不断推动法治政府建设向

---

① 　何毅亭：《依法执政是依法治国的关键》，载《学习时报》2014 年 11 月 3 日，第 A1 版。

前迈进。这是我国法治政府建设能够在短短几十年时间内取得如此成绩的根本原因。

第二，始终坚持以人民为中心。习近平总书记多次强调："全面依法治国最广泛、最深厚的基础是人民，必须坚持为了人民、依靠人民。"[①] 我国法治政府建设始终坚持以人民为中心，充分反映人民意愿，及时回应人民诉求，切实保障人民的利益，不断满足人民对公平正义的向往。

第三，重视基层探索和实践经验。李强总理讲过一句名言，"坐在办公室碰到的都是问题，下去调研看到的全是办法"[②]。来自基层的探索和创新始终在为法治政府建设注入新的血液和动力。很多诞生于基层的制度经验被国家立法吸收，对于完善法治政府建设的制度体系起到了重要作用。

第四，立足国情，兼容并蓄。我国法治政府建设始终坚持立足本国、放眼世界，博采众长、兼容并蓄，探索出了一条具有中国特色的道路。例如，被称为"行政三法"的《行政处罚法》《行政许可法》《行政强制法》，就是在部分借鉴域外经验的基础上，结合我国实践特点制定的。以专门制定"小法典"的方式来规范特定的行政行为，充分体现了中国特色。

必须要提及的是，在推进法治政府建设的历史进程中，国务院始终积极贯彻落实党中央决策部署，严格执行宪法法律规定，大力推动政府各方面工作法治化。早在1993年，政府工作报告就首次提出"各级政府都要依法行政，严格依法办事"的要求。1999年，国务院首次召开全国依法行政工作会议，并印发了《关于全面推进依法行政的决定》。2004年，政府工作报告首次提出"建设法治政府"的目标，同时印发了《全面推进依法行政实施纲要》。2008年，国务院《关于加强市县政府依法行政的决定》印发，就提高市县政府依法行政的能力和水平作出专门部署。2010

---

① 习近平总书记在中央全面依法治国工作会议上的重要讲话。
② 国务院总理李强在十四届全国人大一次会议闭幕后，记者会上的回答。

年，国务院《关于加强法治政府建设的意见》印发；2015 年和 2021 年，中共中央、国务院先后印发《法治政府建设实施纲要（2015—2020 年）》《法治政府建设实施纲要（2021—2025 年）》，梯次衔接，确立法治政府建设的时间表、路线图。这一系列重要举措有力推动了法治政府建设的进程，充分体现出国务院作为最高国家行政机关，在推进法治政府建设上"刀刃向内""自我革命"的责任和担当。

（二）当前法治政府建设的总体形势

经过新中国成立七十多年、改革开放四十多年，特别是新时代十多年的不懈努力，我国法治政府建设取得了重要成就。总体来说，我国法治政府建设已经从搭建制度框架的初步阶段，迈入了追求制度实效的纵深阶段。这一阶段的法治政府建设呈现出以下几个方面的形势和特点：

一是法治政府建设的总体进展迅速，但存在发展不平衡、不充分的现象。在区域上，东部地区的法治政府建设成效整体上好于中西部地区。根据中国政法大学法治政府研究院编写的《中国法治政府评估报告（2023）》[1]（以下简称《评估报告》），得分排名前十的城市全部为东部城市。排名前三十的城市当中，西部地区只有成都和重庆，中部地区也只有长沙、武汉、六安。在层级上，低层级政府运用法治思维和法治方式开展工作、解决问题的能力还有明显短板。《评估报告》也发现，一直以来，一旦以评估指标考核区县、街乡层面的依法行政情况，得分就不会太高。当然，近年来，伴随推动行政执法权下沉等改革，地方政府已经开始重视解决基层依法行政能力薄弱的问题，但整体而言，还有巨大的提升空间。[2]

---

[1] 参见中国政法大学法治政府研究院主编：《中国法治政府评估报告（2023）》，社会科学文献出版社 2024 年版。
[2] 参见中国政法大学法治政府研究院主编：《中国法治政府评估报告（2023）》，社会科学文献出版社 2024 年版，第 12 页。

二是法治政府建设对法治国家、法治社会建设的示范带动作用日渐彰显，但部分领域和环节还存在一定的形式主义问题。部分法律的实施效果不佳，或者在实施过程中遭到规避，重制度建设、轻制度实施等现象时有发生。比如行政审批改革取消和下放了一批许可事项，但实践中又出现了以备案之名行许可之实的问题。再比如我们的行政执法法制审核制度，在应审事项界定方面笼统、模糊，实践中存在应审未审、审而不严、审而不改等现象。这些制度执行实效不彰，也最终影响了行政执法活动的合法性。《评估报告》中与中国司法大数据研究院合作的抽样统计就表明，在与群众权益关系密切、容易引发诉讼的行政强制类案件中，行政行为被法院认定不存在违法的仅有 42.16%，而其中的强制拆除类案件中更是仅有 13.12%。即使考虑到样本统计范围等因素，这个比例仍然值得高度警惕。[1]

三是在中国式现代化背景下，法治政府建设与社会主义现代化建设的各项需求结合更加紧密，这对法治政府建设提出了新的要求。例如，发展新质生产力，就需要完善与创新、创造相适应的包容审慎监管方式，要求监管执法部门不能僵化地执行既有监管规则，而应在理解新技术、新业态、新模式内在规律的基础上，根据风险程度确定监管内容、方式，提高监管精准化水平。再如，全国统一大市场建设，就需要大力解决地方政府利用行政权力实施地方保护主义、行政性垄断、差别歧视待遇等问题，还需要厘清地方政府在招商引资中的行为边界。

四是随着法治政府建设迈向深水区，法治政府建设需要面对的复杂价值冲突也增多，需要更加精细化地平衡好各类价值。比如，一些地方在落实生态环境治理要求，对企业采取关停等措施时，没有对受到影响的公

---

[1] 参见中国政法大学法治政府研究院主编：《中国法治政府评估报告（2023）》，社会科学文献出版社 2024 年版，第 135 页。

民、法人和其他组织给予合理的补偿。《评估报告》还发现，一些地方在推动政务服务便利化的同时，也出现了大量的行政许可、行政登记因当事人提供虚假材料而行政机关未尽到审查义务，因而被法院认定违法的案例。一些地方对优化营商环境的理解存在片面性，降低了监管和执法的力度。[①] 这些现象都是值得我们警惕的。

在具体制度和工作层面，当前法治政府建设还存在如下几个方面的薄弱环节和短板需要关注：

第一，依法行政的法律制度体系还不健全。目前，在整个行政法领域还缺乏基础性、统领性、一般性立法，导致难以对种类繁多的行政行为进行全面的覆盖和规范，像行政征收、行政征用、行政收费这些行为都缺乏系统的规则来调整。

此外，一些立法的质量还有待进一步提升，法律制度的系统性、实效性也有待进一步加强。例如，制定于 2003 年的《行政许可法》对于规范行政许可的设定和实施、促进政府职能转变发挥了重要作用，但在近年来的改革实践面前已经较为滞后。

第二，政府职能优化还需要进一步推进。目前，各级政府违背法律法规的明文规定行使权力的情况已经大幅减少，但在具体领域过度介入市场活动，实施地方保护和行政性垄断等不当行为的情况还是时有发生。各级行政机关在履行监管职责时，对行政审批等事前管制的手段还是存在路径依赖，推进事中事后监管的办法不多、手段不足。

第三，行政决策不科学、不符合法定程序的情况依然存在。《重大行政决策程序暂行条例》设定的公众参与、专家论证、风险评估、合法性审查、集体讨论决定等一系列程序要求，在实践中还存在流于形式，没有真

① 参见中国政法大学法治政府研究院主编：《中国法治政府评估报告（2023）》，社会科学文献出版社 2024 年版，第 249－250 页。

正发挥约束决策权的功能的问题。

第四，行政执法不规范还没有得到根治，选择性执法、牟利性执法、机械执法等情况还时有发生，并经过媒体报道引发社会公众的高度关注。近年来，"小过重罚""天价罚款"这类问题仍见诸媒体，部分地方利用行政或刑事执法手段干预民事交易和经济纠纷，部分地方滥用行政强制权违法实施强制拆除的案件数量也处于较高水平，值得高度关注。《评估报告》显示，在行政执法领域，百城平均得分率较上一年同比下降了 9.92%，不同城市最高得分和最低得分差值同比扩大 12.23%。这说明，至少就《评估报告》的观测指标来看，地方政府的行政执法水平出现了明显的波动，不同地区间的行政执法水平分化差距拉大。

第五，政务诚信度总体上偏低。各级地方政府在缔结协议、作出允诺后，不按照约定履行义务和不兑现承诺引发的纠纷数量较多。在地方财政状况不理想的情况下，"新官不理旧账"等问题时有发生。《评估报告》的抽样统计显示，各地政府在合同履约纠纷案件中的胜诉率较低。在涉及行政机关的民事合同纠纷中，当行政机关作为原告时，胜诉率能达到85.01%，但当行政机关作为被告时，胜诉率仅为 26.72%。不少地方都发生了因政府换届、领导干部更替而违约毁约的现象。

第六，行政争议解决机制的效果还需要进一步提升。目前，老百姓"信访不信法"的局面已经得到了初步扭转，但行政复议、行政诉讼等法治化的纠纷解决渠道还不够通畅，制度公信力还没有完全树立起来。有的地方为了息事宁人，选择在法治框架外"花钱买平安"，信访法治化水平还比较低。

二、推进法治政府建设的重点任务

（一）进一步完善行政法律体系

良法是善治的前提。可以从以下三个方面着手，进一步完善行政法律体系：

其一，加强规范共同行政活动的立法。《法治政府建设实施纲要（2021—2025 年）》提出"加强规范共同行政行为立法"。因此，对于已经列入计划的、对于规范行政权力运行有重要意义的立法如"行政执法监督条例""行政规范性文件制定程序条例"需要加快推进。与此同时，部分领域的法规有必要上升为法律，例如，机构设置和编制的法治化是组织法定的内在要求，但目前这一领域还仅有《国务院行政机构设置和编制管理条例》《地方各级人民政府机构设置和编制管理条例》等行政法规作为依据，缺乏国家层面的立法。《决定》提出"推进政府机构、职能、权限、程序、责任法定化"，这就要求加快行政组织和程序立法，进一步规范共同行政活动。

其二，加快法律修改。应当抓紧推动《行政许可法》《国家赔偿法》《优化营商环境条例》等重要法律法规的修改完善，回应时代发展需求与社会关切。

以《优化营商环境条例》为例：对于企业在贷款融资、获取资源、享受优惠政策方面面临的不平等待遇和隐形门槛，以及有些行政决策过于随意，经常出现的"翻烧饼"现象，需要通过《优化营商环境条例》的修订，完善产权保护制度，规范地方政府出台的政策和重大行政决策，推动政务诚信建设，防止政策反复和不当决策给市场主体造成重大损失。与此同时，全国 29 个省（市、区）已经出台了优化营商环境的地方性法规和规章，实践中探索形成了行政执法、行政检查、政务服务等方面一批有益经验。《优化营商环境条例》的修订也可以将这些成熟经验用立法形式固定下来，切实推进法治化营商环境建设。

其三，加快推进新兴领域立法，围绕推动新质生产力发展完善政府治理体系。发展新质生产力必须继续做好创新这篇大文章，而创新既需要基础研究、产业政策等方面的投入，也需要法律规则和政府治理体系的调适，从而既破除阻碍创新的规则壁垒，也针对新的风险调整政府监管框架与方式。例如，对于自动驾驶的商业化应用就需要通过立法从车辆准入、道路交通规则、事故认定等方面来调整政府监管架构，因此，需要加快人工智能、生物医学等新兴领域立法。而且，要通过立法引导政府监管理念的转型，改变过于倚重事前管制性质的行政许可、备案、安全评估等传统监管思路，强化企业合规治理、科技伦理审查、第三方审计、监管沙盒等新型规制工具的使用，将政府监管与企业、产业界的自我规制有机结合起来。这也是落实《国务院组织法》关于创新政府的要求。

其四，在适当时候推动行政基本法典的编纂。法典编纂既可以有效整合散见于政策文件和理论中的行政法基本原则，形成统率整个行政法律规范体系的价值指引，同时也可以实现对行政行为的全面覆盖，增强法律规范的体系性，减少法律适用负担。

（二）进一步加快政府职能转变

政府职能转变是行政体制改革的主要目标，也是构建现代化国家治理体系的关键。必须坚持"法无授权不可为，法定职责必须为"的理念，着力实现政府职能的深刻转变。政府承担的最重要职能就是政务服务，《决定》提出："促进政务服务标准化、规范化、便利化，完善覆盖全国的一体化在线政务服务平台。"应当在各个领域逐步厘清政府和市场、政府和社会的关系，推动有效市场和有为政府更好结合，做到既"放得活"又"管得住"。通过完善公平竞争审查制度，加强对行政性垄断的监管执法，促进全国统一大市场形成。应当科学合理地设定政府监管职责，增强监管规则的明确性、公平性、可预期性，加强对各类监管措施经济社会影响的评估，以提升监管的精准度。

同时也要注意，加快政府职能转变不仅要求通过法治方式为行政权力的运行设定边界，还要求通过法治方式促进政府积极履行公共产品的供给职能。应当推动法治政府建设和服务型政府建设深度融合，提高政务服务的效能和水平，增强各级政府对公共需求和公众问题的感应能力、回应能力和解决能力，引导公众在法治轨道上表达意见和诉求，实现政府与社会公众的良性互动。应当重点强化政务诚信机制建设，营造市场化、法治化、国际化一流营商环境。

（三）进一步提升行政决策法治化水平

面对政绩工程、项目烂尾等由决策失范导致的问题，要进一步强化领导干部依法决策的意识，严格执行《重大行政决策程序暂行条例》规定的决策程序，提升制度实效，避免"走过场"。《决定》要求："完善重大决策、规范性文件合法性审查机制。"要加强行政决策的合法性审查和执行评估，统筹重大行政决策事前事中程序控制与事后问责，将是否合法决策、是否遵守决策程序作为考核、审计、问责的重要内容，公开发布重大行政决策问责典型案例，以产生有效的警示效果。

（四）全面推进严格规范公正文明执法

高质量发展意味着要加强一些过去监管相对懈怠领域的治理，这要求行政执法做到宽严相济、法理相融，既以更严格的执法来确保法律规则的刚性约束，也以更规范的执法来塑造公众对法律规则的认同。

近年来，为了推进严格规范公正文明执法，我们修订了《行政诉讼法》，建立了检察公益诉讼制度，改革了行政复议体制，加强了行政执法协调监督体系建设。接下来，需要加强各项改革措施的分工协同、系统集成。

其中，行政复议、行政诉讼制度为个体主张权利提供了法定、权威的程序，也是对行政执法个案进行监督的主要方式。在此基础上，接下来的行政执法协调监督工作体系建设应当聚焦于解决行政执法领域的系统性、结构性问题，避免过多介入个案纠纷的解决。建议推动建立统一的行政执法信息平台，汇总公众对行政执法的投诉，相关行政复议、行政诉讼、检察公益诉讼等的信息，加强数据统计、分析、研判。将行政执法协调监督与法治政府建设督查结合起来，根据数据分析结果，对具有普遍性、典型性、趋势性的问题加强监督和督查整改。

为规范行政执法活动，《决定》提出，要"深化行政执法体制改革，完善基层综合执法体制机制，健全行政执法监督体制机制。完善行政处罚等领域行政裁量权基准制度，推动行政执法标准跨区域衔接。完善行政处罚和刑事处罚双向衔接制度"。这些要求都是对已有改革事项的不断深化，需要进一步完善相关体制机制，健全相关制度，推动全面落实。

（五）进一步完善行政争议化解的体制机制

行政复议是政府系统自我纠错的监督制度和解决行政争议的救济制度，是推进依法行政、建设法治政府的重要抓手。《决定》提出要"健全行政复议体制机制"。应抓紧修订《行政复议法实施条例》，加快出台相应的配套规则，确保全面、准确地实施好新《行政复议法》。应当突出行政复议相较于其他纠纷解决机制在便民、高效、灵活、实质性化解争议等方面的优势，充分发挥其化解行政争议主渠道作用。要依法推动行政复议决定文书的上网公开等制度，进一步提升行政复议制度的公信力。同时，还需要进一步加强行政诉讼应诉工作，落实好行政机关负责人出庭应诉制度，优化府院、府检联动机制，加强行政复议、行政裁决、行政诉讼与信访、人民调解等机制的衔接，通过行政复议、行政诉讼等争议解决机制发现短板，促进依法行政水平提高。

（六）抓住领导干部这个"关键少数"

各级领导干部的信念、决心和行动，对于全面推进依法治国具有重要的示范意义。2024 年修订的《国务院组织法》也规定了国务院组成人员模范遵守宪法和法律的义务。应当进一步加强依法行政能力建设，持续落实好公职人员宪法宣誓、领导干部学法用法等机制，不断丰富法治教育培训的形式。应当进一步完善对领导干部依法行政情况的绩效考核，建立科学合理、维度丰富的考核评价指标体系，优先提拔使用法治素养好、依法办事能力强的干部，形成鲜明的用人导向。

三、推进法治政府建设的具体建议

（一）加强法治政府建设的顶层设计和规划

通过制定实施法治建设规划的方式，来对法治建设进行系统性谋划、整体性推进，已经成为中国特色社会主义法治道路的重要经验。目前，《法治政府建设实施纲要（2021—2025 年）》已进入最后一年的执行期。应当在系统评估其实施效果的基础上，认真贯彻落实党的二十大精神和二十届三中全会精神，结合"十五五"规划的起草，提早部署"法治政府建设实施纲要（2026—2030 年）"的研究起草工作。

（二）针对性解决法治政府建设的突出问题

党的二十大提出"全面推进国家各方面工作法治化"的要求。在当前的媒介环境下，法治政府建设呈现出明显的"木桶效应"，诸如行政执法、政府诚信等方面的短板可能会影响到法治政府建设的整体效果。因此，应当强化攻坚克难的意识，建立常态化机制，解决法治政府建设的突出问题。一方面，要加强发现普遍性问题的能力，综合利用互联网＋督查系统、法院和检察院的司法大数据等资源，准确锚定依法行政中的突出问题；另一方面，要加强针对性解决问题的能力，通过出台指导意见、开展专项治理行动、问责、发布典型案例等多种方式形成有力的法治监督机制。例如，面对多发频发的乱罚款问题，2024 年 2 月发布的国务院《关于进一步规范和监督罚款设定与实施的指导意见》就产生了比较好的效果。

（三）健全对相关制度和措施的评估与动态调整机制

针对当前法治政府建设中存在的"重制度建设，轻制度实施"等情况，应当进一步强化对相关制度和措施的评估，并完善评估结果的应用机制。目前，一部分立法已经作出了类似规定，并取得了积极的效果。例如《行政处罚法》在规定向乡镇街道下放执法权的同时，也规定了权力下放后要定期组织评估。目前，很多地方已经开展了对执法权下放的评估工作，并根据评估结果及时收回了不适宜下放的执法权。但从整体来看，此类效果评估还没有成为一般性的理念，还缺乏制度化、规范化的顶层设计。未来可以通过制定专门的法律、行政法规或制发指导性意见的方式，推动制度效能评估常态化、规范化、法治化。

（四）推动数字政府与法治政府建设更好结合

近年来，我国数字技术发展迅速，公共行政的数字化转型成为数字中国建设的重要组成部分。一方面，我们要高度重视数字技术带来的治理红利，更好运用数字技术为政府工作赋能增效；另一方面，也要警惕数字技术被滥用的风险，着力防范行政过程当中的数据滥用、算法歧视、数字鸿沟等问题。当前实践已经在一定程度上展现了这种风险。在 2022 年发生的"郑州红码事件"中，部分公职人员违反"健康码"赋码规则，对千余名村镇银行储户赋红码，严重影响到储户的合法权益，造成十分恶劣的影响。目前，国务院已经发布了《关于加强数字政府建设的指导意见》，《法治政府建设实施纲要（2021—2025 年)》也提出"全面建设数字法治政府"的要求，但对具体措施还没有作系统规定。建议国务院层面关注数字化行政的发展，评估数字化行政的法律制度需求，通过推动相关立法、出台指导性意见或规划等方式确立基本规则，促进数字政府建设与法治政府建设更好结合。

法治是中国式现代化的重要保障。习近平总书记指出："法治是治国理政不可或缺的重要手段。在我们这样一个大国，要实现经济发展、政治清明、文化昌盛、社会公正、生态良好，必须秉持法律这个准绳、用好法治这个方式。"① 改革开放至今，特别是进入新时代后，我国依法行政水平不断提升，法治政府建设取得了显著成就。但与党中央的新要求和人民群众的新期待相比，与建设社会主义法治国家的历史使命相比，还存在一定的差距。在迈上全面建设社会主义现代化国家新征程的关键时刻，梳理法治政府建设所取得的成就与经验，深入总结新时代法治政府建设所面临的问题与挑战，系统谋划新时代法治政府建设的重点任务和实现路径，对于深入推进依法行政，加快建设法治政府，用法治推动和保障中国式现代化具有重要的理论、实践意义。

书中观点、表述难免有不当之处，恳请读者批评指正。

---

① 习近平：《全力推进法治中国建设——关于全面依法治国》，载《人民日报》2016 年 4 月 27 日，第 09 版。

第一章　法治政府的发展历程

第一节　行政法治四十年 *

改革开放四十余年间，我国的行政法治建设随着时代发展而不断进步，取得了丰硕的成果。时至今日，具有中国特色的行政法学理论体系初步形成，一套较为有效的行政法律制度初步实现了对行政权的规范，依法行政的观念和意识也逐渐深入人心。党的十八大以来，全面推进依法治国开启了法治建设的新篇章，依法行政和法治政府建设进一步提速增效。未来的行政法治建设应当及时回应国家治理、行政变迁、新兴科技发展所提出的理论需求，继续完善中国特色行政法学理论体系；应当加强重点领域立法，破解法治政府建设的现实难题，着力推进法律的实施和制度的落实；应当重点提高

---

　　* 原标题为"中国行政法治四十年：成就、经验与展望"，与孔祥稳合作，载于《法学》2018 年第 9 期，第 34 - 52 页。本书出版时根据实际情况，对标题与内容作了文字调整。

各级领导干部的法治意识和法治素养，在全社会形成良好的法治氛围。

　　1949 年中华人民共和国的成立宣告了旧时代的终结。在系统废除国民党旧法统后，"五四宪法"的实施和一批基本法律的颁布拉开了社会主义法制建设的序幕。然而，接踵而来的反右斗争、"文化大革命"等一系列运动中断了法制建设的步伐，正在萌芽中的行政法治也遭到破坏和毁损。在 1949 年至 1978 年的这段时间里，尽管学界和实务界做出了一些探索①，但未能形成系统的行政法学理论和制度体系，也未能在国家政治生活中贯彻行政法治。直至 1978 年十一届三中全会提出健全社会主义法制的要求，行政法才逐步开始复兴。自改革开放至今，我国行政法治建设已经历四十年。在这短短的四十年内，我国的依法行政和法治政府建设奋力向前、攻坚克难，取得了丰硕的成果。回顾这段历程，系统总结其成就及经验，明确未来发展方向，对于推进新时代法治政府建设具有重要意义。

一、行政法治四十年的发展历程

（一）行政法治的复苏阶段：1978 年—1985 年

　　党的十一届三中全会把加强社会主义民主法制建设作为必须坚持的方针确定下来，重新确立了法制在国家政治生活中的重要地位②，行政法治

---

　　①　如夏书章教授在 1957 年就提出，相较于宪法以及刑法、民法等部门法，我国行政法科学的研究工作格外落后于形势的发展，应当重点加强。参见夏书章：《加强行政法科学的研究工作》，载《法学研究》1957 年第 2 期。

　　②　"为了保障人民民主，必须加强社会主义法制，使民主制度化、法律化，使这种制度和法律具有稳定性、连续性和极大的权威，做到有法可依，有法必依，执法必严，违法必究。从现在起，应当把立法工作摆到全国人民代表大会及其常务委员会的重要议程上来。检察机关和司法机关要保持应有的独立性；要忠实于法律和制度，忠实于人民利益，忠实于事实真相；要保证人民在自己的法律面前人人平等，不允许任何人有超于法律之上的特权。"《中国共产党第十一届中央委员会第三次全体会议公报》（1978 年 12 月 22 日通过）。

建设也很快步入了正轨。1979 年 4 月，中国社会科学院的刘海年教授等在《人民日报》上发表了《健全与严格执行行政法》一文。^① 该文一般被认为是改革开放后最早发表的行政法论文。随后，西南政法大学的王明三教授、中山大学的夏书章教授、中国法学会的张尚鷟教授等都相继撰写论文，提出重视行政法，建设行政法学理论与学科体系的主张。^② 学界的自觉使行政法的教学研究活动从长久的蛰伏转入复苏。在 1980 年前后，部分高校开始设置专门的行政法课程，如西南政法大学在 1982 年春季为本科四年级学生开设了行政法课程。^③ 安徽大学、北京大学和中国政法大学也相继开始招收行政法学专业的硕士研究生。

1983 年 6 月，由时任司法部教育司副司长、法学教材编辑部总编辑王珉灿担任主编、张尚鷟担任副主编的《行政法概要》出版。该书作为新中国第一部行政法学统编教材，对行政法学的发展起到了重要的作用。^④尤其是由王名扬教授撰写的第七章"行政行为"，提出了"抽象行政行为"与"具体行政行为"的分类，讨论了行政行为的内容、效力等问题，触及

---

① 参见刘海年、常兆儒：《健全和严格执行行政法》，载《人民日报》1979 年 4 月 10 日。

② 参见王明三：《我国行政立法浅议》，载《现代法学》1981 年第 3 期；夏书章：《机构改革与行政学、行政法学的研究》，载《政治与法律》1982 年第 1 期；夏书章：《机构改革与行政法》，载《人民日报》1982 年 3 月 15 日；张尚鷟：《加强行政法学研究之我见》，载《政治与法律》丛刊 1982 年第 3 期。其中部分文章收录于姜明安编：《行政法》，北京大学法律学系教学参考用书 1984 年版；行政法研究资料编写组：《行政法研究资料》，中国政法大学校内教学用书 1985 年版。

③ 参见王学辉、王留一：《时代缩影与历史传承：行政法治的一个备忘录——西政行政法学科 60 年》，载《西南政法大学学报》2015 年第 5 期。

④ 王珉灿主编、张尚鷟副主编：《行政法概要》，法律出版社 1983 年 6 月版。部分论著中提出该书是我国改革开放后第一本行政法学教科书，应当说并不准确。在该书出版前，北京政法学院国家法教研室已经于 1982 年 6 月组织杨达、同典泰、方彦、朱维究等人编写完成了名称同样为《行政法概要》的校内行政法教学用书；西南政法学院国家与法的理论教研室于 1982 年 4 月编写完成了由钮传诚主编，王明三、贺善征、王连昌参与编写的《中华人民共和国行政法概论》，供校内教学使用；湖北财经学院国家法教研室也于 1983 年 6 月编写完成了由廖晃龙主编，方世荣、章新生等参与编写的《行政法概论》。因此，法律出版社 1983 年 6 月出版的《行政法概要》应当定义为我国第一本公开出版的行政法学统编教材。

了现代行政法理论的核心[①]，时至今日依然具有一定的学术参考价值。1984 年，中国政法大学组织了行政法研讨班，邀请来自比利时根特大学的德·迈耶尔教授讲授比利时行政法；1985 年，中国政法大学受司法部委托，组织了行政法师资研修班，当前活跃在我国行政法教学研究一线的很多著名学者都曾是这个研修班的学员。[②]

　　与学术研究对行政法学的重视相契合的是，行政诉讼制度也在我国成文法中通过民事立法和个别领域的单行立法得到确立。1980 年和 1981 年通过的《中外合资经营企业所得税法》、《个人所得税法》和《外国企业所得税法》三部法律均确认了企业和个人针对税收争议有提起行政诉讼的权利。1982 年通过的《民事诉讼法（试行）》第 3 条第 2 款规定："法律规定由人民法院审理的行政案件适用本法规定"，为尚缺乏系统规定的行政诉讼提供了依据，行政诉讼制度由此快速生长起来。截至 1989 年《行政诉讼法》颁布前夕，我国已有 130 多部法律和行政法规规定了公民、组织对行政案件可以向人民法院起诉。各级人民法院陆续建立了 1 400 余个行政审判庭。[③] 行政诉讼制度的雏形初步形成。[④] 当然，行政法治取得的上述进步，与"八二宪法"所开创的宪制环境有着重要关联。[⑤]

　　学术研究的逐渐开展与实践中行政诉讼的不断推进，意味着在改革开放后相对活跃的法制建设背景下，我国的行政法治建设开始复苏。但受此前一段时间内的"法律虚无主义"理念影响，理论空白与人才断层无法在短期内被迅速填补，缺乏宏观、系统的引导与切合实际的发展思路也决定

---

　　① 参见陈新民：《雨过天晴丽日来——谈中国大陆行政法发展与台湾地区行政法学的影响》，收录于陈新民：《公法学札记》，法律出版社 2010 年版，第 298 页。

　　② 参见应松年口述、何海波整理：《与法同行》，中国政法大学出版社 2015 年版，第 66 - 67 页。

　　③ 王汉斌在七届人大二次会议上所作的关于《中华人民共和国行政诉讼法（草案）的说明》，载王汉斌：《社会主义民主法制文集》，中国民主法制出版社 2012 年版，第 316 页。

　　④ 参见王万华：《新中国行政诉讼早期立法与制度——对 104 部法律、行政法规的分析》，载《行政法学研究》2017 年第 4 期。

　　⑤ 参见杨海坤：《走向法治政府：历史回顾、现实反思、未来展望——写在中国行政法研究会成立三十周年之际》，载《山东大学学报（哲学社会科学版）》2015 年第 5 期。

了这一阶段的行政法治离蓬勃发展还需要一定的积累。

（二）以立法为先导的快速发展阶段：1986 年—1996 年

1986 年 10 月，对我国当代行政立法产生重要影响的组织——行政立法研究组成立。行政立法研究组设于全国人大常委会法工委之下。新中国第一任国务院法制局局长，时任全国人大法律委员会顾问的陶希晋是研究组的组织者。① 时任中国政法大学副校长的江平教授任组长，罗豪才教授和应松年教授任副组长，研究组成员包括肖峋、高帆、费宗祎、张耀宗、方彦、朱维究、姜明安、张焕光、王向明、皮纯协和郭阳等 14 人，陶希晋、龚祥瑞、张尚鷟、段志谦、严家其、齐一飞、陈汉章和王名扬等 8 人担任顾问。② 在成立大会上，研究组的基本任务被定位为："充分研究我国的现实形势和经济与政治体制改革的要求，广泛搜集国内外行政立法的资料。在此基础上，对我国需要制订的行政法应该包含的大致内容提出一个框架，作为一项建议提供给立法机关参考。行政立法研究组同时还将努力担负起今后对其他重要的行政立法提出咨询意见的任务。"③

以行政立法研究组的成立为标志，我国的行政法治建设进入了以立法为先导的快速发展阶段。之所以定义为"以立法为先导"，是因为这一阶段的主要学术研究和制度构建大多围绕行政立法工作而开展，呈现出明确的目标指向性。④ 在当时的客观条件下，这一模式集中了相对有限的研究

---

① 参见秦夕雅：《专访中国政法大学终身教授应松年：中国行政立法 30 年》，载《第一财经日报》2013 年 11 月 1 日，第 A02 版。

② 参见张维：《法学界一个战斗的团队——行政立法研究组成立 30 周年掠影》，载《法制日报》2016 年 10 月 13 日，第 06 版。

③ 张维：《法学界一个战斗的团队——行政立法研究组成立 30 周年掠影》，载《法制日报》2016 年 10 月 13 日，第 06 版。

④ 这一状况通过多方面表现反映出来。例如，在中国知网以"听证"作为关键词进行主题检索，1995 年仅有 6 篇相关文献，1996 年相关文献的数量陡然增加到 64 篇。这无疑与规定了听证制度的《行政处罚法》在 1996 年施行有重要关联。

力量，满足了国家法治建设的需要，也为学者们提供了参与国家立法、推进行政法治的平台和机遇。同时，聚焦行政立法工作，还有利于明确行政法学的基本概念、研究范畴、研究重点和研究范式，塑造面向中国现实的行政法学体系。

1987年，党的十三大报告对行政法治的思想进行了较为前瞻和相对系统的阐述，指出："为了巩固机构改革的成果并使行政管理走上法制化的道路，必须加强行政立法，为行政活动提供基本的规范和程序。"① 并提出了完善行政机关组织法，制定行政机关编制法，制定行政诉讼法等一系列具体要求。在上述思想的指导下，行政立法研究组推动了多部具有里程碑意义的法律出台。

按照预定计划，行政立法研究组首先着手起草一部类似于《民法通则》的"行政法通则"或"行政法大纲"，但进展并不顺利。随后，研究组转而从诉讼法着手，开始起草行政诉讼法草案。1987年8月，行政立法研究组完成了《行政诉讼法（试拟稿）》②，并于1988年8月提交全国人大常委会法工委。③ 1989年4月，《行政诉讼法》经审议通过，公民对于行政机关侵犯其合法权益的行为有了稳定的司法救济渠道。在此基础上，《国家赔偿法》于1994年通过，真正落实了《宪法》所规定的"由于国家机关和国家工作人员侵犯公民权利而受到损失的人，有依照法律规定取得赔偿的权利"，对《民法通则》和《行政诉讼法》中已有规定的国家赔偿制度进行了系统构建，国家监督机制得到进一步完善。④ 加上1990年通过的

---

① 《沿着有中国特色的社会主义道路前进——中国共产党第十三次全国代表大会报告》（1987年10月25日）。

② 参见邢力：《行政立法研究组写出"行政诉讼法（试拟稿）"》，载《法学》1988年第1期。

③ 参见何海波、晏翔、严驰恒编著：《法治的脚步声——中国行政法大事记（1978—2014）》，中国政法大学出版社2015年版，第55页。

④ 参见应松年：《我国民主与法制的新进展——祝国家赔偿法颁布实施》，载《行政法学研究》1994年第2期。

《行政复议条例》①，以行政复议、行政诉讼和国家赔偿制度为载体的，具有中国特色的行政监督和救济制度基本确立。1996 年，《行政处罚法》出台，该法对行政处罚的种类、设定、程序、执行、救济几类问题进行了规范，贯彻了法律优先和法律保留原则，创立了听证制度，具有重大的创新意义。

随着行政法治实践的不断发展和行政法理论研究的推进，我国的行政法学研究开始出现比较系统和深入的理论。1993 年，由应松年教授担任主编、马怀德教授担任副主编的《行政行为法》出版，对行政行为理论进行了较为系统的阐述，直接影响到了后续诸多立法。② 同年，罗豪才教授正式提出了蜚声学界的"平衡论"，将行政法理论基础的研究推入新的层次。③ 这一时期，比较法的研究成果也开始逐渐丰富，大量的外国经典行政法著作被译介到国内。1986 年，伯纳德·施瓦茨所著的《行政法》在国内被翻译出版④，1988 年，南博方所著的《日本行政法》由杨建顺等人翻译出版。⑤ 被誉为中国行政法学界"普罗米修斯"的王名扬教授于 1987 年出版了《英国行政法》⑥，1988 年出版了《法国行政法》⑦，1995 年出版了《美国行政法》。⑧ 这三部比较行政法的集大成之作以国外一手资料为基础，以充满本土色彩的思想体系重述了三个法治发达国家的行政法学理

---

① 事实上，在制定《行政诉讼法》时，与之配套的行政复议制度就已经在设计当中，并预计跟行政诉讼制度差不多同时出台。考虑到行政复议立法可能需要较长时间，国务院先行制定了《行政复议条例》。参见应松年口述、何海波整理：《与法同行》，中国政法大学出版社 2015 年版，第 110 页。

② 参见应松年主编、马怀德副主编：《行政行为法——中国行政法制建设的理论与实践》，人民出版社 1993 年版。

③ 参见罗豪才、袁曙宏、李文栋：《现代行政法的理论基础——论行政机关与相对一方的权利义务平衡》，载《中国法学》1993 年第 1 期。

④ 参见 [美] 伯纳德·施瓦茨：《行政法》，徐炳译，群众出版社 1986 年版。

⑤ 参见 [日] 南博方：《日本行政法》，杨建顺、周作彩译，中国人民大学出版社 1988 年版。

⑥ 参见王名扬：《英国行政法》，中国政法大学出版社 1987 年版。

⑦ 参见王名扬：《法国行政法》，中国政法大学出版社 1989 年版。

⑧ 参见王名扬：《美国行政法》，中国法制出版社 1995 年版。

与制度体系，语言朴实流畅，推动中国行政法进入了"王名扬时代"。

诸多研究成果的诞生和应用，标志着行政法学已经"走出低谷"，而处于迅速发展中。在这一时期，已经开始出现行政法学研究成果的汇编。1991 年，张尚鷟教授主编的《走出低谷的中国行政法学：中国行政法学综述与评价》出版。① 同年 6 月，许崇德教授、皮纯协教授担任主编，何金香担任副主编的《新中国行政法学研究综述（1949—1990）》出版。② 可以说，1990 年代以来的行政法学术研究在理论联系实际的基础上迅速发展③，学者们也开始尝试行政法学的本土化工作，试图构建相对严谨的学科体系。④

（三）贯彻实施依法治国基本方略，合力推进法治政府建设阶段：1997 年—2012 年

1997 年，党的十五大提出了"发展民主，健全法制，建设社会主义法治国家"的重要表述，依法治国成为国家战略。在 1999 年通过的宪法修正案中，"中华人民共和国实行依法治国，建设社会主义法治国家"被写入宪法。以"依法治国"方略的提出为标志，我国的行政法治建设进入了新的阶段。国务院 1999 年《关于全面推进依法行政的决定》明确指出："依法行政是依法治国的重要组成部分，在很大程度上对依法治国基本方略的实行具有决定性的意义。"2004 年《全面推进依法行政实施纲要》则

---

① 参见张尚鷟主编：《走出低谷的中国行政法学：中国行政法学综述与评价》，中国政法大学出版社 1991 年版。

② 参见许崇德、皮纯协主编，何金香副主编：《新中国行政法学研究综述（1949—1990）》，法律出版社 1991 年版。

③ 参见应松年、马怀德：《向新的高峰迈进——九十年代我国行政法学展望》，载《中国法学》1992 年第 3 期。

④ 参见罗豪才等：《行政法学研究现状与发展趋势》，载《中国法学》1996 年第 1 期；胡建淼：《中国行政法学理论体系的模式及评判》，载《中国法学》1997 年第 1 期。

正式提出了建设法治政府的目标。推进依法行政，建设法治政府，成为这一阶段行政法治建设的主旋律。这一阶段，立法机关出台了多部规范行政权的重要法律，行政机关内部也以各种方式开展自我约束，司法机关通过个案阐释、发展着行政法，一套规范行政权的制度逐渐建立，推进行政法治的合力逐步形成。

在国家立法层面，1999 年，全国人大常委会审议通过了《行政复议法》，在复议原则、复议范围、复议程序、复议法律责任等方面对《行政复议条例》进行了升级和拓展。[①] 2000 年，全国人大审议通过了《立法法》。作为一部宪法性法律，《立法法》着力解决我国立法工作中存在的越权立法、法律冲突、立法质量不高、程序不规范等问题，对于规范立法活动起到了重要作用。[②] 2004 年生效的《行政许可法》深入调整了政府与市场的关系，对政府职能的边界进行了划分，促进了社会主义市场经济的发展；2012 年生效的《行政强制法》规范了行政强制的设定与实施，在一定程度上解决了"乱强制"的问题。以《行政处罚法》《行政许可法》《行政强制法》三部法律为依托，我国初步建立起了具有中国特色的行政行为法体系。将重要的行政行为提炼共性，单独制定"小法典"予以规范，既适应了现实需要，也体现了中国特色，其立法模式与学界对于行政行为的学理阐发有着密切关联。此外，2005 年全国人大常委会还审议通过了《公务员法》，为公务员法治提供了基本遵循。

行政机关自上而下的引导和规范始终是我国行政法治发展的重要推动力。1999 年 11 月，国务院发布了《关于全面推进依法行政的决定》，明确强调依法行政是依法治国的重要组成部分，从立法、执法、监督几个方

---

① 参见马怀德：《行政监督与救济制度的新突破——〈行政复议法〉评介》，载《政法论坛》1999 年第 4 期。

② 参见顾昂然：《关于中华人民共和国立法法（草案）的说明》——2000 年 3 月 9 日在第九届全国人民代表大会第三次会议上。

面提出了推进依法行政的具体要求；2004 年，国务院出台了《全面推进依法行政实施纲要》，更为全面、科学、系统地阐释了依法行政的基本要求、主要任务和保障措施，为推进依法行政提供了理论和方法上的指导；2008 年，国务院出台了《关于加强市县政府依法行政的决定》，针对市县两级政府在我国政权体系中的重要地位，提出了法治政府建设的具体任务分解和制度要求；2010 年，国务院发布了《关于加强法治政府建设的意见》，以加强《全面推进依法行政实施纲要》的贯彻力度为主线，明确了推进依法行政、建设法治政府的重点任务，更新了行政法治的时间表和路线图。① 上述规范可以被看作作为国家最高行政机关的国务院在推进依法治国基本方略实现方面所做出的努力，其所取得的效果值得认真对待。②

本阶段行政法治建设的一个重要里程碑是 2008 年实施的《政府信息公开条例》，其提高了政府工作的透明度，为公众行使知情权，监督行政权运作提供了具体可行的方式。同年，行政法治建设的另一个重要里程碑——《湖南省行政程序规定》出台。该部规章是我国第一部对行政程序进行系统规定的立法，其以推进依法行政，建设法治政府为目的，较为系统地规定了重大行政决策程序、规范性文件制定程序等内容，开启了我国地方行政程序立法的序幕，为国家层面制定统一的行政程序法进行了有益探索。③

在这一阶段密集的制度构建中，个案发挥着重要的作用。典型案例的产生，舆论的发酵，有关部门的回应，共同推动了制度的变革和完善，行政法学理论也在具体案件中得到应用和检验，实现了学术和实践的互哺。这一时期，发生了多起重要案件，如最高人民法院 1998 年审理的"贤成

---

① 国务院法制办负责人就《国务院关于加强法治政府建设的意见》答记者问，http://www.gov.cn/zwhd/2010-11/08/content_1740775.htm，2018 年 4 月 20 日访问。

② 参见沈岿：《行政自我规制与行政法治：一个初步观察》，载《行政法学研究》2011 年第 3 期。

③ 参见应松年：《中国行政程序立法的路径》，载《湖南社会科学》2008 年第 6 期。

大厦"案，由于审判层级高、开庭时间长、案件标的额大，在社会上产生了巨大影响，成为行政法学史上的重要案件。1998 年的田永诉北京科技大学案则是学理和司法实践充分互动的一个典型样本，该案明确了高等学校可以作为行政诉讼的被告，其对学生作出退学处理等决定时应当遵守正当程序原则。[①] 2001 年发生的"麻旦旦嫖娼案"促使学界开始集中反思国家赔偿的标准，尤其是国家赔偿中的精神损害赔偿等问题；2003 年"孙志刚案"发生后，在学界和社会舆论的高度关注下，国务院主动废除了实施达二十年之久的《城市流浪乞讨人员收容遣送办法》，学界基于此展开了对于社会救助制度和合宪审查制度的讨论。[②]

这一时期，我国行政法学学术研究日趋成熟，基本确立了中国行政法学的学科领域、研究范畴以及研究风格。从规范行政权的角度出发，我国行政法学在行政法总论之下，逐步形成了行政组织法、行政行为法、行政救济法三个子系统，更为精细的类型化研究逐步推进。学术研究的不断繁荣发展，使我国行政法学实现了从只有"引进来"到兼顾"走出去"的转变。1997 年，首届海峡两岸行政法研讨会隆重举行，包括翁岳生、吴庚、法治斌、刘宗德等在内的一批我国台湾地区著名法学家、法学实务工作者参与了本次会议。后经商定，两岸行政法学研究会建立了正式的交流机制，并决定每年轮流主办海峡两岸行政法学研讨会。[③] 这一制度延续至今，为促进两岸交流发挥了重要作用。

---

① 该案后被收入《最高人民法院公报》1999 年第 4 期，成为各地法院受理学生起诉学校案件的重要参照。2014 年 12 月 25 日，最高人民法院发布了指导性案例 38 号《田永诉北京科技大学拒绝颁发毕业证、学位证案》，时隔多年后，该案获得了指导性案例的地位。相关背景参见最高人民法院案例指导工作办公室：《〈田永诉北京科技大学拒绝颁发毕业证、学位证案〉的理解与参照——受教育者因学校拒发毕业证、学位证可提起行政诉讼》，载《人民司法（案例）》2016 年第 20 期。

② 参见杨小君：《从收容遣送到社会救助的法律分析》，载《中国党政干部论坛》2003 年第 7 期；胡建淼、金承东：《论法规违宪审查建议权》载《法学家》2005 年第 2 期。

③ 关于海峡两岸行政法学研讨会的发展可参见陈煜儒：《第十一届海峡两岸行政法学术研讨会引关注记者探寻两岸法律文化交流持续 12 年缘由》，载《法制日报》2009 年 7 月 22 日，第 004 版。

（四）全面推进依法治国背景下的协同推进和纵深拓展阶段：2013 年至今

习近平同志指出："法治是治国理政不可或缺的重要手段。在我们这样一个大国，要实现经济发展、政治清明、文化昌盛、社会公正、生态良好，必须秉持法律这个准绳、用好法治这个方式。"党的十八大以来，以习近平同志为核心的党中央提出了全面推进依法治国的理念和方略，开启了法治建设的新篇章。党的十八届三中全会和四中全会将法治中国建设作为推进国家治理体系和治理能力现代化的重要组成部分，提出了 190 项重大改革举措，对推进全面依法治国作出了重要部署。党的十九大提出了到 2035 年法治国家、法治政府、法治社会基本建成的战略目标，并决定成立中央全面依法治国领导小组，为法治中国建设提供指引和保障。继党的十五大将依法治国确立为党领导人民治理国家的基本方略后，党的十九大进一步把全面依法治国上升为新时代坚持和发展中国特色社会主义的基本方略。这意味着依法治国从国家治理的局部性方略上升为全局性方略，凸显了法治在统筹推进"五位一体"总体布局，协调推进"四个全面"战略布局中的地位，也提升了法治在推进国家治理现代化和建设社会主义现代化强国中的基础性、支撑性、引领性作用。[1]

全面推进依法治国的总目标是建设中国特色社会主义法治体系，建设社会主义法治国家。这要求统筹立法、执法、司法、守法各个环节、各个领域，坚持依法治国、依法执政、依法行政共同推进，坚持法治国家、法治政府、法治社会一体建设。在这一背景下，行政法治建设具有了更高的站位，更丰富的内涵和更远大的使命，必须与其他领域的法治建设统筹设

---

[1]　参见张文显：《新时代全面依法治国的思想、方略和实践》，载《中国法学》2017 年第 6 期。

计、共同推进、协调发展，共同促进国家治理体系和治理能力的现代化。同时，行政法治建设作为全面依法治国的重要抓手和关键组成部分，应当进一步向纵深拓展，着力破除窒碍行政法治发展的旧体制机制，进一步发挥对社会的引领和规范作用。总的来说，党的十八大后，行政法治建设进入了全面推进依法治国背景下的协同推进和纵深拓展阶段。

"立善法于天下，则天下治；立善法于一国，则一国治。"注重时代变化和社会现实需求，不断完善以宪法为核心的中国特色社会主义法律体系，是全面推进依法治国的重要内容和必然要求。2014年11月，全国人大常委会通过《关于修改〈中华人民共和国行政诉讼法〉的决定》。本次修法是《行政诉讼法》生效二十余年以来的首次修改，在保障当事人诉讼权利，完善诉讼管辖、诉讼程序等方面规定了新的制度，力求解决"立案难、审理难、执行难"等实践中存在的突出问题。从新法的实施效果来看，本次修法基本实现了预期目的，取得了较好的成效。① 2015年3月，全国人大表决通过了《关于修改〈中华人民共和国立法法〉的决定》，对《立法法》进行了较大幅度的修改。修改后的《立法法》条文从原来的94条增加到106条，修改了35条，增加了12条，在完善立法体制，健全科学立法、民主立法的机制和程序，维护法制统一这三个方面进行了有益的制度创设。尤其是新《立法法》赋予设区的市以立法权，大幅扩张了享有地方立法权的主体，回应了近年来社会发展中的治理精细化需求。② 2015年7月，全国人大常委会通过《关于授权最高人民检察院在部分地区开展公益诉讼试点工作的决定》，授权最高人民检察院在北京、内蒙古、吉林等地开展为期两年的公益诉讼试点工作。2017年5月，中央深改组审议

---

① 参见马怀德：《新行政诉讼法实施一年：变化与问题》，载《学习时报》2016年5月12日，第004版。

② 参见武增：《2015年〈立法法〉修改背景和主要内容解读》，载《中国法律评论》2015年第1期。

通过了《关于检察机关提起公益诉讼试点情况和下一步工作建议的报告》。同年6月27日，全国人大常委会决定对《行政诉讼法》作出修改，行政公益诉讼制度正式向全国推开。由检察机关提起行政公益诉讼，在完善行政诉讼架构、维护国家和社会公共利益、监督政府依法行政、强化行政检察监督等方面发挥了重要作用。①

在全面推进依法治国的时代背景下，法治政府建设作为全面推进依法治国的重点环节得到了高度关注。② 2015年12月，中共中央、国务院发布了《法治政府建设实施纲要（2015—2020）》。这是继《全面推进依法行政实施纲要》颁布十年之后，党中央和国务院对于行政法治建设的又一次总体布局和规划。纲要结合时代特点，向各级政府具体部署了依法全面履行政府职能、完善依法行政制度体系等七个方面的重大任务和四十项措施，起到了法治政府建设的"时间表"、"路线图"和"责任书"的作用。③ 观察近些年来的法治政府建设实践可以发现，一批规范行政权的制度和措施在短时间内落地并开始有序运行："放管服"改革不断深入，权力清单制度有序推进，转变政府职能的效果逐渐显现；行政决策科学化、民主化进程加快，行政规范性文件过多过滥的势头得以控制；行政执法体制改革迈出新的步伐，执法公示、执法过程全记录、重大执法决定合法性审查"三项执法改革"逐步推开；政府法律顾问制度也得到基本落实。

全面推进依法治国是国家治理领域一场广泛而深刻的革命，其引发了国家治理体系和治理结构的诸多调整。这一阶段的学术研究与此相协调，

---

① 参见孔祥稳、王玎、余积明：《检察机关提起行政公益诉讼试点工作调研报告》，载《行政法学研究》2017年第5期。
② 参见杨海坤：《走向法治政府：历史回顾、现实反思、未来展望——写在中国行政法研究会成立三十周年之际》，载《山东大学学报（哲学社会科学版）》2015年第5期。
③ 参见韩春晖：《新时期法治政府建设的纲领性文件——〈法治政府建设实施纲要（2015—2020年）〉解读》，载《光明日报》2016年1月6日，第004版。

体现出理论对实践的回应性。在行政法总论方面，学者们对于现代行政法学的转型和"新行政法"的兴起等问题给予了充分关注，对传统行政法学研究的重点如行政法基本原则、不确定法律概念等内容进行了更加精细的讨论。在行政法分论方面，以行政审批改革、行政执法体制改革等制度变革为契机，学者们深入研究了权力清单制度、行政执法方式转变、行政处罚与刑罚的衔接、行政决策的法治化等一系列问题。在行政诉讼法方面，学者们集中关注了《行政诉讼法》修改、案例指导制度、行政协议的司法审查、行政公益诉讼制度等内容。总的来说，这一阶段的行政法学研究呈现出强烈的本土问题意识和时代意识，在发展中不断回应我国在推进国家治理体系与治理能力现代化过程中行政法治建设面临的各类问题。①

二、行政法治建设四十年的成就

（一）理论上，具有中国特色的行政法学理论体系初步形成

从知识背景上看，我国行政法学理论体系构建过程中，广泛借鉴了传统大陆法系国家和地区的行政法学理论，并对英美法系国家的行政法学理论有所容纳和吸收。尽管在新中国成立初期和改革开放初期，我国曾经将苏联行政法学作为重要的智识来源，但苏联行政法诞生于高度集中的政治经济体制背景下，"管理论"色彩浓厚，与我国改革开放后的政策方针并不能够充分契合。因而在我国行政法研究具备了一定自主意识之后，缺乏足够生命力的苏联行政法就渐渐式微。20 世纪 80 年代末 90 年代初，学

---

① 近几年来行政法学的研究概况可参见马怀德、朱智毅：《2014 年行政法学理论新进展》，载《行政论坛》2015 年第 2 期；马怀德：《行政法学：关注法治实践回应现实问题》，载《检察日报》2016 年 1 月 9 日，第 003 版；马怀德、王玎：《行政法学的新使命——2016 年行政法学研究述评》，载《北京行政学院学报》2017 年第 3 期；马怀德、王玎：《行政法学：推进理论创新与法治政府建设》，载《检察日报》2018 年 1 月 5 日，第 003 版。

界对于苏联行政法著作的引进已经逐渐停顿。① 在大陆法系国家和地区中，日本行政法对我国行政法学理论体系的初步塑造起到了一定作用。清末的赴日研习法政运动中，有一批关注行政法的留学生群体，他们中的一部分人较为系统地学习了日本行政法学，回国后从事了行政法的教学与科研工作。这些先驱者的教育背景和知识结构决定了日本行政法学对于我国行政法理论所产生的影响。② 虽然由于废除旧法统等一系列原因，这种影响一度中断，但在改革开放后，通过跨越新旧两个时代的学人和学术著作，我国行政法又重新接续上了大陆法系行政法的传统。例如，在与统编教材《行政法概要》相配套编写的《行政法资料选编》当中，就主要收录了范扬、管欧、赵琛、张载宇、林纪东以及日本美浓部达吉等人编写的行政法著作的内容。③

　　此外，自 20 世纪 80 年代末 90 年代初以来，英美行政法学对我国行政法的影响也逐渐增大，英美行政法学术著作被大量译介到国内，产生了较大影响④，在对行政程序、行政契约、政府信息公开等内容进行研究的过程中，学者们开始较为普遍地从英美行政法中汲取养分。⑤

　　在博采众长的基础上，我国行政法学充分融贯本土特点，初步形成了具有一定自主性的行政法学理论体系。通过"行政行为"等概念体系，在

---

① 参见于安：《外国行政法学在我国的引入和利用》，载《政法论坛》2006 年第 1 期。

② 参见应松年：《中国行政法学 60 年》，载《行政法学研究》2009 年第 4 期。

③ 参见应松年、朱维究编选：《行政法资料选编》，法律出版社 1984 年 6 月版。另外，据王名扬教授回忆，他在撰写《行政法概要》中"行政行为"一章时，也参考了在武汉大学任教时的讲稿等资料。参见何海波、晏韶、严驰恒编著：《法治的脚步声——中国行政法大事记（1978—2014）》，中国政法大学出版社 2015 年版，第 27 页。

④ 早期的译著如［美］伯纳德·施瓦茨：《行政法》，徐炳译，群众出版社 1986 年版。专著有龚祥瑞：《比较宪法与行政法》，法律出版社 1985 年版；王名扬：《英国行政法》，中国政法大学出版社 1987 年版。

⑤ 如王锡锌：《行政程序立法思路探析》，载《行政法学研究》1995 年第 2 期；余凌云：《论行政契约的含义——一种比较法上的认识》，载《比较法研究》1997 年第 3 期；马怀德：《澳大利亚行政法中的程序公平原则——兼论对中国行政程序立法的启示》，载《比较法研究》1998 年第 2 期。

行政法总论之下建立起了行政组织法、行政行为法和行政救济（监督）法三个子系统。在行政组织法方面，学者们展开了对于行政主体理论、公务员法等内容的研究；在行政行为法方面，既有对行政行为一般理论的研究，也有对行政立法、行政许可、行政处罚、行政强制、行政收费、行政指导等类型化的行政行为的研究；在行政救济法方面，有对于行政复议、行政诉讼、国家赔偿制度的研究。在推进依法行政，建设法治政府的大背景下，学者们用这一理论体系观照中国行政的现实运作过程，为构建行政法学的"中国话语"做出了贡献。同时，警察、教育、食品药品等部门行政法的研究逐渐兴起，增强了中国行政法学对现实问题的回应。在研究方法上，除了传统的注释法学外，法经济学、法社会学等研究方法逐渐被引入，说明我国的行政法学者已经具备了完善研究方法的理论自觉。

（二）制度上，建立起具有中国特色的行政法律体系和制度体系，初步实现了对行政权的有效规范

改革开放后，基于对既往经验的总结，法治的重要性越来越得到普遍认同，市场经济的发展与加入 WTO 等因素也对行政法治提出了客观和现实的要求。在多重动力的共同作用下，密集、迅速的立法和制度构建成为行政法治建设的主旋律。在这一过程中，对行政权进行监督和规范始终是行政立法的主要思路。在行政组织法方面，以《国务院组织法》《地方各级人民代表大会和地方各级人民政府组织法》《公务员法》等法律为基础，初步构建起了行政组织法体系；在行政行为法方面，以被称为"行政三法"的《行政许可法》《行政处罚法》《行政强制法》为基础，初步形成了具有浓厚中国特色的行政行为法体系；在行政监督与救济方面，以《行政复议法》《行政诉讼法》《国家赔偿法》为基础，初步构建起了较为通畅的行政监督（救济）法体系。可以说，经过四十年的努力，我国已经建立起具有中国特色的行政法律体系和制度体系，初步实现了对行政权的有效规范。

无论采"控权论"还是"平衡论"，如何将行政权的行使纳入法治轨道内，始终都是当代行政法学所关注的重要命题。与立法权、司法权等权力不同，行政权之行使大多采行政首长负责制，通过层层传导的科层制体系来保障行政效果实现，这使得行政首长有着较强的个人权威。同时，行政事务具有繁杂性和紧迫性，这要求行政机关必须重视行政效率，解决现实问题。① 从文化传统上看，我国古代没有行政与立法、司法等权力的分野，行政官员通常兼理行政、司法多项职能，这导致行政权长期强势，对社会生活的控制较为全面。公民缺乏足够的途径和能力参与到社会治理和公共事务中，缺乏相对平等的沟通、协商、对话机制。即便是在改革开放后，在社会的高速发展过程中，为了维护社会稳定，营造良好的秩序和环境，客观上也需要比较强有力的行政权来实现行政目的。上述种种原因决定了规范行政权所存在的现实难度。我国行政法治的发展历程充分体现了中国学者对于如何规范行政权的思考。改革开放以来所构建的行政法律体系和制度体系，从不同角度明确了政府与市场、企业、社会之间的关系，明确了政府的职责权限、管理方式，通过系统地规范和约束行政权力来保障和监督政府正确行使职权。② 这不仅解决了社会发展中对于法治秩序的现实需求，也始终保证行政权服务于国家建设的整体要求，促进国家治理体系和治理能力的现代化。

（三）观念上，依法行政、建设法治政府的观念深入人心，公务人员初步具备了依法行政的观念，社会公众树立了依法监督行政机关的意识

我国古代封建文化传统和"官本位"思维的影响深远，在一定程度上

---

① 参见应松年：《依法治国的关键是依法行政》，载《法学》1996 年第 11 期。

② 参见信春鹰：《中国特色社会主义法律体系及其重大意义》，载《法学研究》2014 年第 6 期。

造成了行政法治意识的淡薄和行政法治文化土壤的贫瘠。改革开放四十年来，法治成为治国理政的基本方式，由相关部门主导的普法、学界的呼吁、媒体的宣传共同促进了社会法治意识的提高和法治观念的普及，行政法治建设的成果通过各种渠道对社会产生影响，依法行政、建设法治政府的观念深入人心。目前，我国公务人员普遍接受了"依法行政""法治政府"等观念，并能够较为自觉地在日常工作当中贯彻法律法规的要求。社会公众初步树立了依法监督行政机关的意识，在自身合法权益受到损害时能够通过法律途径寻求救济。

早在 1999 年，国务院《关于全面推进依法行政的决定》中就提出，各级政府要通过举办法律讲座等形式认真学习宪法和法律、法规，尤其是各级政府的领导干部要通过各种形式带头学法。这一要求被后续多个文件所继承并细化。中国政法大学法治政府研究院 2017 年对 100 个城市法治政府建设状况的测评结果显示，被评估城市在"领导干部的法治思维培养"指标上的平均得分率达到 86.2%，说明这一制度的整体运作情况较好。[①] 另外，以法治为重要指标的政绩考核评价体系也正在逐步建立。《法治政府建设实施纲要（2015—2020 年)》明确提出，各级党委要把法治建设成效作为衡量各级领导班子和领导干部工作实绩的重要内容，纳入政绩考核指标体系，充分发挥考核评价对法治政府建设的重要推动作用。这意味着地方党政领导是否具备法治意识，是否善于运用法治思维和法治方式深化改革、推动发展、化解矛盾、维护稳定将成为影响其升迁的重要因素。[②]

与公务人员法治观念逐渐增强相对应的，是社会公众法治意识的逐渐

---

① 参见中国政法大学法治政府研究院编：《法治政府蓝皮书：中国法治政府评估报告（2017)》，社会科学文献出版社 2017 年版，第 53 页。

② 参见马怀德：《行政法治的新挑战与新任务》，载《法制日报》2013 年 4 月 10 日，第 009 版。

提高。伴随着社会主义民主政治的不断发展，社会公众对于知情权、表达权、参与权、监督权等公民权利的要求日渐高涨，对于监督行政机关依法行政具有强烈意愿。从《中国法律年鉴》公布的数据来看，在《行政诉讼法》公布施行前的 1989 年，行政诉讼一审受案量只有 9 934 件[①]；到了 2016 年，全国法院行政诉讼一审收案量已经达到了 225 485 件，是 1989 年的 20 余倍。[②] 这从侧面反映出，在具备了相对畅通的纠纷解决、权利救济渠道的前提下，社会公众在一定程度上能够运用行政诉讼等司法机制来解决纠纷，维护自身合法权益。

三、行政法治建设四十年的经验

（一）自上而下，重视引领

我国改革开放以来的行政法治建设呈现出强烈的建构性特点。由党中央统筹协调各方面的资源和力量，通过顶层设计和政治引领，不断推动制度建设和实践创新，是我国行政法治建设在短时间内取得长足进步的重要原因。从历史实践来看，中国共产党历届代表大会都对法治建设进行了重要阐释：党的十五大提出了依法治国，建设社会主义法治国家的基本方略；党的十六大指出发展社会主义民主政治最根本的是要把坚持党的领导、人民当家作主和依法治国有机统一起来；党的十七大强调了依法治国是社会主义民主政治的基本要求，指出要全面落实依法治国基本方略，加快建设社会主义法治国家；党的十八大提出法治是治国理政的基本方式；党的十九大要求进一步深化依法治国实践。这些关于社会主义法治建设的

---

① 参见中国法律年鉴社主编：《中国法律年鉴（1990）》，中国法律年鉴社 1990 年版，第 994 页。

② 参见中国法律年鉴社主编：《中国法律年鉴（2017）》，中国法律年鉴社 2017 年版，第 1161 页。

重要阐释和论述为我国行政法治建设指明了方向。党的十九大决定成立中央全面依法治国领导小组，是对这一经验的总结和升华，夯实了党发挥总揽全局、协调各方的领导核心作用，有利于将党领导人民依照宪法和法律治理国家的基本方略贯彻落实到依法治国的全过程、全领域、全系统。[①]

同时，在规范和约束行政权这条行政法治建设主旋律中，作为国家最高行政机关的国务院所付出的努力和取得的成绩也值得充分肯定。[②] 在我国党政主导的法治政府建设路径中，由党中央总揽全局、协调各方，提供思想、路线、方针上的引领与政治、组织上的保障，国务院则通过行政机关内部的科层机制建立相应制度，贯彻顶层设计的意图。自 1999 年颁布《关于全面推进依法行政的决定》以来，国务院多次就推进依法行政，建设法治政府进行专门部署，为各级政府提供了理论和方法上的指导。《全面推进依法行政实施纲要》《关于加强市县政府依法行政的决定》《关于加强法治政府建设的意见》等一系列重要规范明确了法治政府建设的目标、任务、时间、责任，有力推动了我国行政法治进程。党的十八大以来，"放管服"改革、权力清单制度、行政审批改革、行政执法改革等措施在短时间内迅速落地，打破了既有利益藩篱，体现出以国务院为代表的各级行政机关刀刃向内、自我革命的使命感和责任心。

（二）立足国情，兼容并蓄

任何现代民族国家都有其自身特性。一国的法律制度必须与该国的社会经济状况、历史传统、文化背景等相适应才能发挥良好效果。学术研究也必须能够回应实践才能保证长久的生命力。我国行政法治建设始终坚持立足国情，从中国问题出发，在此基础上博采众长，兼容并蓄，探索出了

---

① 参见应松年：《中央全面依法治国领导小组成立的战略意义》，载《人民论坛》2018 年第 5 期。
② 参见沈岿：《行政自我规制与行政法治：一个初步观察》，载《行政法学研究》2011 年第 3 期。

一条具有中国特色的行政法治之路，也为世界法治贡献了中国智慧和中国方案。以行政许可制度的建立为例，西方国家大多经历过古典自由主义的"自由法治国"时代，一度奉行"管得最少的政府就是最好的政府"。即使在涉及社会公共利益的领域设定许可，也基本都有议会的单独授权。然而，我国在改革开放初期所面对的历史背景是从计划经济时代的"全能政府"转向社会主义市场经济制度上的"有限政府"；所面对的现实状况是各机关各部门政令交错，设定了大量的行政审批。由于缺乏法律规制，这些审批往往繁衍出更多"子审批"，严格限制了社会经济的活力。通过何种方式规范行政机关的审批权限，成为亟待解决的问题。从维护法制统一、保障效率等多方面因素出发，制定统一的《行政许可法》成为我国行政法治建设的制度选择。除此之外，诸如《行政诉讼法》中的举证责任，《国家赔偿法》中的归责原则，《行政处罚法》和《行政强制法》的立法模式等，也都充分体现着中国行政法学的特色。可以说，我国改革开放以来的大多数行政立法和制度建设，既适应着社会主义市场经济的高速发展，也回应了中国社会中存在的特殊性，从而形成中国法治建设的创新道路。[①]

　　与此同时，也应当看到，法治作为人类政治文明发展的共同选择，是全人类共同的智慧成果。这决定了不同国家的法治建设存在相互借鉴的可能。在四十年的行政法治建设历程中，我国始终重视对外交流，放眼世界、兼容并蓄，广泛吸收和借鉴域外有益经验为我所用。例如，《行政处罚法》的重大贡献之一是在成文立法中首次引入了"听证"概念，建立了处罚听证制度。"听证"这一概念属于"舶来品"，但其所包含的程序正义理念和商谈理念是我国行政法治建设所应当汲取的。在《行政处罚法》的

---

① 参见应松年：《中国行政法发展的创新之路》，载《行政法学研究》2017 年第 3 期。

立法过程中，对于是否应当写明"听证"存在一定分歧，有人认为这一概念的西方色彩太浓，建议用"听取意见"代替，但以罗豪才教授为代表的学者们坚持，听证程序是有特殊含义的法律程序，用听取意见取代不能体现其本质含义。最终，立法机关采纳了这一建议，"听证"得以在《行政处罚法》中体现，并成为后续立法所不断继承的重要制度。对域外行政法的研究不仅促进了行政法制度的建设，也对我国行政法学理论产生了积极的影响。当前我国行政法学理论体系中的诸如比例原则、信赖保护原则、法律保留原则等一系列概念和理念均受到了国外行政法学理论的影响。现阶段，对域外经验的借鉴已经逐渐超越了单纯的规则比较和法条译介，而更重视挖掘域外制度的结构性因素及其实际运行状况，比较行政法研究的广度与深度都在不断拓展。[①] 从行政法治发展的这一脉络可以看出，只要我们"按照立足中国、借鉴国外，挖掘历史、把握当代，关怀人类、面向未来的思路"推动行政法学科和实践的发展，我们的制度和理论就有长久的生命力。

（三）重视实践，鼓励创新

来自基层的实践探索和制度创新始终是我国行政法治发展的鲜活素材和不竭动力。在改革开放至今的行政法治建设历程中，诸多诞生于基层的有益制度和经验被国家立法肯定和吸收，在全国范围内推开，对我国行政法治建设产生了重大影响。例如，当前对保障公民知情权、监督权起到重要作用的政府信息公开制度，其雏形可追溯到 20 世纪 80 年代以来在基层实施的村务公开。[②] 再如 2014 年《行政诉讼法》修订中确定的集中管辖制度，同样来自地方人民法院为减少干预，保障依法独立公正行使审判权而

---

① 参见李洪雷：《中国比较法研究的前瞻》，载《法学研究》2012 年第 4 期。
② 参见马怀德：《政府信息公开制度的发展与完善》，载《中国行政管理》2018 年第 5 期。

进行的制度探索。① 与集中管辖制度相关的异地管辖制度则直接被称为行政审判的"台州经验"②。

　　注重基层实践和探索创新的作用，对于实践证明行之有效的制度进行总结、提炼后上升为国家立法，已经成为我国法治建设的一条宝贵经验。我国幅员辽阔，地方间差异较大，顶层设计难以对方方面面的问题进行全面设计和考量。地方面临贯彻落实相关政策和进行地方治理的双重压力，有着较强烈的制度创新和制度完善动力，以满足实践的需要。近年来，中央所推进的多项重大改革如监察体制改革、行政公益诉讼制度改革等均是由地方先行先试。在充分总结经验的基础上，完成系统立法，最后在全国范围内铺开。这种做法有利于减少制度创新的未知风险，保证创新的"可控性"；同时也能通过渐进式的制度完善，探寻制度的最优配置，降低可能付出的成本。可以说，基层的实践探索和制度创新为我国的行政法治建设注入了宝贵的创造力和生命力，与顶层设计形成了相互补充的良好格局，共同推动着我国行政法治建设不断进步。

（四）尊重规律，先易后难

　　新中国成立以来，我国法治建设进程曾因为各种历史原因中断多年，导致法治建设存在一定的"历史欠账"。改革开放后，社会主义法治建设有了迅速的发展，但构建与国情相符的行政法治制度体系是一个长期过程，需要通过对实践的不断总结、提炼、升华，对理论的不断淬炼、应

---

　　① 2007 年 9 月 17 日，浙江丽水中院制定实施了《关于试行行政诉讼案件相对集中指定管辖制度的意见》，将全市九个基层法院的行政诉讼案件相对集中地指定由莲都、龙泉、松阳三个基层法院管辖。参见危辉星、马良骥：《探索管辖制度改革杜绝地方行政干预——浙江高院关于行政案件管辖改革试点的调研报告》，载《人民法院报》2012 年 7 月 26 日，第 08 版。

　　② 郭修江：《行政诉讼集中管辖问题研究——〈关于开展行政案件相对集中管辖试点工作的通知〉的理解与实践》，载《法律适用》2014 年第 5 期。

用、反思才能形成。法律制度不能是无源之水、无本之木，而应当具有充分的现实基础。这意味着在进行法治建设时，既要充分发挥主观能动性，也要重视法治发展的客观规律。我国之所以能够在短短四十年的时间里制定出一套符合国情的行政法律体系和制度体系，其中一个重要原因就是高度尊重法治规律，在制度建设上坚持先易后难、逐步发展的思路，在保证方向正确的同时，以循序渐进的方式逐步巩固制度建设成果。

行政立法研究组成立后，原本试图仿照《民法通则》的立法模式制定"行政法通则"或"行政法大纲"，以搭建中国行政法律体系的总体框架。但是因为各方面条件不成熟，多次试拟的稿件都不够理想。组长江平教授提出，能否改变思路，先程序、后实体，以诉讼程序促进实体法的完善。[1] 这一意见得到了立法组成员的普遍支持，也得到了立法机关的同意。于是，行政立法研究组转而开始起草《行政诉讼法（试拟稿）》。实践证明，这一思路符合了法治发展的规律，是完全正确的。1987 年 6 月，行政立法研究组就向全国人大常委会法工委提交了起草完毕的《行政诉讼法（试拟稿）》。十三大后，《行政诉讼法》的制定成为全国人大的重点工作。经过多次征求意见，《行政诉讼法》于 1989 年 4 月 4 日通过。[2]《行政诉讼法》的实施直接推动了《国家赔偿法》的制定。因为在行政诉讼制度建立后，人们逐渐意识到，在受到公权力机关侵害时还应当要求给予赔偿。[3] 同时，《行政诉讼法》中对于行政行为合法性要件的设定，也在很大程度上影响了《行政处罚法》《行政许可法》等法律的制度安排。事实上，在《国家赔偿法》出台后，立法机关曾考虑制定一部完整的《行政程序法》，但是立法条件并不成熟。于是采用了"化整为零"的方式，把与

---

① 参见江平口述，陈夏红整理：《沉浮与枯荣：八十自述》，法律出版社 2010 年版，第 338 - 339 页。

② 参见马怀德主编：《行政诉讼制度的发展历程》，北京大学出版社 2009 年版，第 57 - 68 页。

③ 参见马怀德：《行政法治 30 年》，载《中国政法大学学报》2009 年第 3 期。

社会主义市场经济建设相关的，对公民权益影响最大的几个领域单独列出来，从实体和程序两方面确立相应的规则。《行政处罚法》、《行政许可法》与《行政强制法》由此诞生。全国人大常委会法工委原副主任张春生就提出，我国的行政程序法立法过程"走了一个从低层级向高层级发展，从不系统向比较系统发展，从地方向中央发展的路程"①。行政法治发展的这一历史过程反映出，制度建设需要考虑到历史与现实的实际状况，充分尊重法治发展的客观规律。

第二节　行政诉讼制度四十年*

改革开放为我国行政诉讼制度的建立和发展提供了历史土壤。以1989 年《行政诉讼法》的颁布、2014 年《行政诉讼法》的修订等事件为标志，我国行政诉讼制度在短短四十年内经过了萌芽、建立、完善及更新四个阶段，实现了跨越式发展，为维护公民、法人和其他组织的合法权益，促进依法行政和法治政府建设，化解社会矛盾发挥了重要作用。进入新时代，应当以实现国家治理体系和治理能力现代化为导向，推进行政诉讼制度的现代化。在宏观层面，应当优化行政诉讼在权力结构中的地位与配置；在中观层面，应当解决行政诉讼制度的突出问题，进一步提升制度运行实效；在微观层面，应当完善诉讼规则，推进制度设计的精细化。

法谚云，"无救济则无权利"，行政诉讼制度是承载着民主与法治、公平与正义等多元价值的重要法律制度，对于推进依法行政，建设法治中国

---

* 原标题为"改革开放四十年行政诉讼的成就与展望"，与孔祥稳合作，载于《中外法学》2018年第 5 期，第 1141-1162 页。本书出版时根据实际情况，对标题与内容作了文字调整。

① 张春生在接受《法制日报》记者采访时就我国行政程序立法过程做出的总结。参见陈丽平：《行政强制法有望近期审议通过：访全国人大常委会法工委原副主任张春生》，载《法制日报》2011年 3 月 5 日。

具有不可替代的重要作用。改革开放后，我国民主法制不断发展，行政诉讼制度得以生根发芽并成长壮大。时至今日，行政诉讼制度已经成为我国司法制度的重要组成部分。

一、行政诉讼制度的发展历程

（一）制度萌芽：1989 年之前

行政诉讼制度根植于对行政权力的规范和对公民权利的保障理念，其存在和运行要求有相应的政治经济社会文化背景。早在中华人民共和国成立之初，1954 年《宪法》第 97 条就规定："中华人民共和国公民对于任何违法失职的国家机关工作人员，有向各级国家机关提出书面控告或者口头控告的权利。由于国家机关工作人员侵犯公民权利而受到损失的人，有取得赔偿的权利。"但因为种种历史原因，这一规定并未得到真正落实。1978 年 12 月，党的十一届三中全会作出了改革开放的重大决策，民主法制建设由此进入新的发展阶段，为行政诉讼制度的正式建立提供了历史土壤。在 1978 年十一届三中全会召开到 1989 年《行政诉讼法》颁布这段时间里，我国的行政诉讼处于分散立法和碎片化建构阶段，其所形成的理论和司法实践为出台统一的《行政诉讼法》奠定了基础。[①]

1. 单行立法推动了行政诉讼制度的建立和发展

1979 年《选举法》第 25 条首次明确，对于选举委员会的处理决定不服的，可向人民法院起诉。尽管选举委员会并非严格意义上的行政机关，但该规范实际上明确了公民可以通过诉讼渠道向国家主张权利。1980 年 9

---

① 参见王万华：《新中国行政诉讼早期立法与制度——对 104 部法律、行政法规的分析》，载《行政法学研究》2017 年第 4 期，第 49—65 页。

月至 1981 年 12 月通过的《中外合资经营企业所得税法》、《个人所得税法》和《外国企业所得税法》三部税收相关法对于纳税争议作出了相似的规定：企业和个人与税务机关发生纳税争议时，应当先按照相应规定纳税，然后再向上级税务机关申请复议。不服复议决定的可以向人民法院提起诉讼。我国行政诉讼制度的雏形由此诞生。据学者统计，在 1989 年《行政诉讼法》出台之前，在能够检索到的 104 部规定了行政诉讼的法律和行政法规中，与税收、行政收费、金融相关的法规范数量最多，达到 25 部，占全部立法数量的 24%。[①] 这在一定程度上说明，市场经济既需要规则和秩序，也需要规范行政权力。1982 年《民事诉讼法（试行）》第 3 条第 2 款规定"法律规定由人民法院审理的行政案件，适用本法规定"，从而为单行法中规定诉权提供了制度保障。基于此，行政诉讼制度快速生长起来。截至 1989 年《行政诉讼法》颁布前夕，我国已有 130 多部法律和行政法规规定了公民、组织就行政争议可以向人民法院起诉。[②]

2. 《治安管理处罚条例》为行政诉讼扩容

在这一阶段，对行政诉讼制度发展产生重大影响的标志性事件还有 1986 年 9 月《治安管理处罚条例》的通过。该法规定，对治安管理处罚不服可提起申诉，对申诉裁决不服的可向人民法院提起诉讼。将治安行政案件纳入行政诉讼范围中，为保护公民的合法权益建立了一道重要的制度屏障。由于公安机关是传统意义上的"强势"部门，通过行政诉讼的方式对其进行司法监督大力促进了依法行政观念的普及，使人们意识到即使是强力的行政权也应当置于法律监督之下。同时，因为治安管理处罚案件数

---

① 参见王万华：《新中国行政诉讼早期立法与制度——对 104 部法律、行政法规的分析》，载《行政法学研究》2017 年第 4 期，第 56 页。

② 参见王汉斌：《关于〈中华人民共和国行政诉讼法（草案）〉的说明——1989 年 3 月 28 日在第七届全国人民代表大会第二次会议上》，载王汉斌：《社会主义民主法制文集》，中国民主法制出版社 2012 年版，第 316 页。

量较多，大量案件进入行政诉讼渠道，使行政诉讼在整体上得以扩容，获得了更广泛的实践养料和发展空间。据报道，1987 年 3 月，江苏省涟水县人民法院判决撤销了淮阴市公安局所做出的一起治安处罚裁决，该案成为自 1982 年《民事诉讼法（试行）》规定行政诉讼制度以来法院首次判决公安机关败诉的案件。虽然事后审判员被调离原有岗位，但这一判决仍极大震动了行政机关，行政行为的程序问题得到了高度重视。①

3. 各级行政审判庭为行政审判提供了组织保障

行政诉讼实践的快速发展对审判组织形式提出了客观要求，依托法院民事审判庭和经济审判庭审理行政案件已无法满足实际需要。1986 年 10 月，湖北省武汉市中级人民法院成立了全国第一个行政审判庭，湖南省汨罗县人民法院设立了全国基层法院第一个行政审判庭。② 面对各级各地人民法院相继提出的设立行政审判庭的请求，最高人民法院显得相对冷静和慎重。1987 年 1 月，最高人民法院发布《关于建立行政审判庭的通知》，要求各地"采取积极而又慎重的态度"，通过试点总结经验，具备条件再推开设置。但行政诉讼实践的快速发展势头证明，建立相对独立、专业的行政审判组织已经成为完善行政诉讼制度的必然选择。1988 年 10 月，最高人民法院正式成立行政审判庭。③ 截至 1989 年《行政诉讼法》颁布前夕，我国各级人民法院已经建立了 1 400 个行政审判庭。④ 这意味着行政审判工作有了相对独立和专业的人员、组织保障。

---

① 参见张维炜：《一场颠覆"官贵民贱"的立法革命——行政诉讼法诞生录》，载《中国人大》2014 年第 2 期。

② 参见马怀德主编：《行政诉讼制度的发展历程》，北京大学出版社 2009 年版，第 36 页。

③ 参见蔡小雪：《最高人民法院行政审判庭的成立过程》，载《人民司法（天平）》2016 年第 33 期，第 60－63 页。

④ 参见王汉斌：《关于〈中华人民共和国行政诉讼法（草案）〉的说明——1989 年 3 月 28 日在第七届全国人民代表大会第二次会议上》，载王汉斌：《社会主义民主法制文集》，中国民主法制出版社 2012 年版，第 316 页。

（二）制度建立：1989 年—1999 年

1. 《行政诉讼法》的施行标志着行政诉讼制度正式确立

1986 年《民法通则》生效后，新中国第一任国务院法制局局长，时任全国人大法律委员会顾问的陶希晋在一次座谈会上提出，在废除国民党的"六法全书"后，应当建立社会主义中国的"新六法"体系，而这一体系中目前缺少的就是行政法和行政诉讼法。[①] 时任全国人大常委会秘书长的王汉斌同志肯定了这一观点，并提出成立一个研究组负责相关工作。以江平为组长，罗豪才、应松年为副组长的行政立法研究组就此成立。[②] 按照预定计划，研究组首先着手起草一部类似于《民法通则》的"行政法通则"或"行政法大纲"，但由于缺乏理论积淀与实践经验，进展并不顺利。随后，研究组转而从诉讼法着手，开始起草行政诉讼法草案，并很快完成了草案的试拟稿。[③] 1987 年，党的十三大报告明确提出了制定行政诉讼法的要求，制定《行政诉讼法》成为全国人大的重点工作[④]，这在很大程度上推动了立法进程。两年后的 1989 年 4 月，《行政诉讼法》经审议通过，于 1990 年 10 月 1 日起施行。自此，公民对于行政机关侵犯其合法权益的行为有了明确的司法救济渠道。

《行政诉讼法》的颁布实施对于我国行政诉讼制度的发展与行政法治的推进具有重大意义。发展到今天，行政诉讼制度已成为中国特色社会主义法治体系的重要组成部分。但在当时，确立"民告官"这一具有里程碑

---

① 参见秦夕雅：《专访中国政法大学终身教授应松年：中国行政立法 30 年》，载《第一财经日报》2013 年 11 月 1 日，第 A02 版。

② 参见应松年口述、何海波整理：《与法同行》，中国政法大学出版社 2015 年版，第 93 页。

③ 参见邢力：《行政立法研究组写出"行政诉讼法"（试拟稿）》，载《法学》1988 年第 1 期，第 52 页。

④ 参见马怀德主编：《行政诉讼制度的发展历程》，北京大学出版社 2009 年版，第 61 页。

意义的创制性举动不无争议。从立法资料中可以发现，即便是在《行政诉讼法》提交全国人大审议的过程中，也有部分代表提出"条件不成熟"，"会给政府工作带来难度"，"有理无理，一时说不清，名声也不好听"等反对意见。① 这反映出当时社会各方对于行政诉讼制度的认知。我国文化传统中长久以来都存在着"官贵民贱""民不与官斗"的观念，《行政诉讼法》的颁布施行，使普通公民和政府能够坐在同一个法庭的两端，接受法院的居中裁判，有力助推了民主政治的发展。

1989 年《行政诉讼法》从受案范围、举证责任、审查标准、判决方式等多个方面对行政诉讼制度进行了全面规定，其颁布施行意味着行政诉讼制度在全国范围内的正式确立。行政立法研究组在起草过程中所采取的"先程序后实体"的立法思路，也在实践中得到印证和贯彻。《行政诉讼法》中的诸多规定在此后有力促进了我国行政实体法的发展。如该法规定，对拘留、罚款、吊销许可证和执照、责令停产停业、没收财物等行政处罚不服的可以提起行政诉讼。行政处罚显失公正的，可以判决变更。由此直接推动了行政处罚实体和程序规则的完善，最终促成《行政处罚法》的出台。

2. 最高人民法院通过司法解释、函复为制度落地提供配套

在《行政诉讼法》颁布施行后，最高人民法院于 1991 年发布了《关于贯彻执行〈中华人民共和国行政诉讼法〉若干问题的意见（试行）》（以下简称"《若干意见》"），对受案范围、管辖、诉讼参加人、证据、起诉条件、审理、执行等多方面问题进行了具体界定。例如，对于《行政诉讼法》所采用的"具体行政行为"这一概念，《若干意见》将其定义为"国家行政机关和行政机关工作人员、法律法规授权的组织、行政机关委托的

---

① 参见马怀德主编：《行政诉讼制度的发展历程》，北京大学出版社 2009 年版，第 66-67 页。

组织或者个人在行政管理活动中行使行政职权，针对特定的公民、法人或者其他组织，就特定的具体事项，作出的有关该公民、法人或者其他组织权利义务的单方行为"，并明确劳动教养决定、强制收容审查决定等行政行为属于受案范围。在今天看来，《若干意见》中的部分规定在理论上并不圆融，如对于具体行政行为单方性的强调，为人民法院受理行政合同之诉设置了障碍。[①] 但以该解释出台时的情况来看，《若干意见》以较为明确和具体的表述凝聚了审判实践中的共识，为各级法院的行政审判工作提供了重要指导。

由于彼时行政诉讼制度尚不成熟，各地法院经常致函最高人民法院，就实践中的疑难问题进行请示。最高人民法院通过批示、函复等多种方式作出指导，在个案中通过法律解释的方式，补充、完善、发展了行政诉讼制度。从内容可以看出，这一时期的批复主要集中在明确行政诉讼的受案范围、管辖、起诉和受理的条件、行政审判中的法律适用规则等关涉制度运行的基本问题上。如在受案范围上，最高人民法院通过多个答复界分了公安机关所作出的行政行为与刑事侦查措施的区分标准[②]，在管辖上确立了有限的选择管辖制度。[③] 这些批复成为下级法院办理行政案件的重要依据，其中的一部分被后来的司法解释甚至立法所吸收。

3.《最高人民法院公报》所刊载的典型案例补充和发展了成文规则

自 1985 年 5 月开始，《最高人民法院公报》开始向社会公布各类典型

---

① 参见马怀德主编：《行政诉讼制度的发展历程》，北京大学出版社 2009 年版，第 122 页。

② 参见《1991 年 5 月 25 日最高人民法院行政审判庭关于对公安机关采取监视居住行为不服提起诉讼法院应否受理问题的电话答复》《1991 年 6 月 18 日最高人民法院行政审判庭关于公安机关未具法定立案搜查手续对公民进行住宅人身搜查被搜查人提起诉讼人民法院可否按行政案件受理问题的电话答复》《关于对当事人不服公安机关采取的留置措施提起的诉讼法院能否作为行政案件受理的答复》等函复。

③ 参见《1993 年 7 月 9 日关于江西省高级人民法院赣高法函（1993）4 号请示的答复》《1995 年 8 月 24 日对有关不动产的非诉行政案件执行管辖问题的答复》《1995 年 8 月 24 日关于对山东省高级人民法院沙德兰诉曹县人民政府土地行政确权一案适用法律问题的请示》等函复。

案例。作为成文法国家，我国并未确立严格意义上的判例制度，但有限的法律条文与千差万别的社会实践之间始终存在着需要具体解释的空间，在立法较粗疏、审判水平有限的情况下，通过典型案件统一裁判标准成为一条可行的路径。从 1989 年到 1999 年的十年间，《最高人民法院公报》一共刊载了 21 例行政审判案件，集中阐释了行政诉讼的受案范围、审理依据等问题，其中的部分案例如田永诉北京科技大学案等直接推动了行政诉讼学理和实践的发展，成为我国行政法治历程中的标志性案件。从这些典型案件中，能够观察出司法机关在面对过大的成文法缝隙时，如何在权限范围内发挥司法能动性，对制度进行补充完善。同时，这些案件也折射出我国市场经济发展和行政法治推进过程中面临的阶段性问题。如在《最高人民法院公报》早期刊载的案件中，多次出现公权力违法干预市场经济活动的案件①，这在一定程度上反映出特定历史阶段的行政法治状况。从这个角度来说，观察典型、疑难、多发行政案件，对于完善社会治理有着重要作用。

（三）制度完善：2000 年—2013 年

1. 《最高人民法院关于执行〈中华人民共和国行政诉讼法〉若干问题的解释》及单行司法解释不断完善和发展行政诉讼制度

在行政诉讼制度正式建立并稳定运行后，围绕基本制度框架，适应时代的发展，不断调整解决实践中反映出来的问题，成为制度发展的主要方向。2000 年 3 月 8 日，最高人民法院颁布了《最高人民法院关于执行〈中华人民共和国行政诉讼法〉若干问题的解释》（以下简称"《若干问题解

---

① 例如《最高人民法院公报》1994 年第 4 期刊载的张晓华不服磐安县公安局限制人身自由、扣押财产行政案，涉及如公安机关以刑事侦查为名越权干预经济纠纷的问题；1999 年第 2 期刊载的刘本元不服蒲江县乡镇企业管理局侵犯财产权、经营自主权处理决定行政纠纷案，涉及行政机关非法干预相对人自主经营权的问题。

释》"），废止了 1991 年《若干意见》。《若干问题解释》充分吸收了近十年来的审判实践经验和学术研究成果，内容充实而丰富，对行政诉讼制度的发展产生了很大的影响，其在司法实践中的适用率甚至超过了《行政诉讼法》本身的适用率。[①] 对该解释的基本精神可以概括为："加大对行政管理相对人诉权的保护力度；加大保障和监督行政机关依法行使职权的力度；采取有效措施提高行政诉讼审判的效率；从制度上保障法律效果与社会效果的统一。"[②] 从具体内容来看，《若干问题解释》在 1991 年《若干意见》的基础上扩大了行政诉讼的受案范围，提高了一部分案件的管辖级别，对行政诉讼的原告与被告、举证责任、具体审理程序等进行了进一步明晰，增加了确认判决和驳回诉讼请求两种判决形式，进一步完善了执行程序。尤其在受案范围上，《若干问题解释》通过对可诉和不可诉行政行为外延、内涵的界定，"破除或者说取消原有的司法解释或者在事实上存在的对受案范围的不当限制"[③]，有序拓展了行政诉讼的受案范围。这些措施向已略显疲态的行政诉讼制度注入了一针"强心剂"，使其重新焕发出新的活力。

除了统一的司法解释外，最高人民法院还针对行政诉讼中的突出问题，颁布了一些专门司法解释。2002 年 7 月 24 日，最高人民法院颁布了《关于行政诉讼证据若干问题的规定》，对行政诉讼中涉及的证据问题进行了全面的规定，提升了证据规则的实际可操作性。2008 年 1 月，最高人民法院颁布了《关于行政诉讼管辖若干问题的规定》，对《行政诉讼法》中

---

① 参见全国人大常委会法制工作委员会行政法室编：《行政诉讼法立法背景与观点全集》，法律出版社 2015 年版，第 71 页。

② 江必新：《"关于执行〈中华人民共和国行政诉讼法〉若干问题的解释"的基本精神》，载《法律适用》2001 年第 7 期，第 39 页。

③ 江必新：《是恢复，不是扩大——谈〈若干解释〉对行政诉讼受案范围的规定》，载《法律适用》2000 年第 7 期，第 16 页。

的管辖权条款进行了解释，提高了部分案件的一审法院级别，并对指定管辖进行了规范。同样在 2008 年 1 月，最高人民法院颁布了《关于行政诉讼撤诉若干问题的规定》。这一司法解释的初衷是推进行政诉讼和解制度的建立。但因 1989 年《行政诉讼法》秉承公权力不得任意处分的原则，未允许行政诉讼调解和解，故而该司法解释以规范当事人撤诉为主要内容，事实上促进了诉讼中的和解。"被告改变其所作的具体行政行为，原告同意并申请撤诉，实际上已近似于和解的过程。"① 这种和解的过程在私下也被称为"协调解决"。从上述司法解释的内容和其所发挥的作用可以看出，这一时期的司法解释已不再简单停留在填补成文立法缝隙、补充制度空白上，而在一定程度上对行政诉讼制度进行了事实上的发展。②

2. 加入 WTO 倒逼了行政诉讼制度的完善

2001 年，中国加入了 WTO。WTO 对自由贸易的促进必然要求其成员规范政府干预经济的行为，保障市场经济自由发展。尤其是 WTO 规则中对行政行为的司法审查设定了较高的标准，如要求裁判机构必须独立于作出行政行为的机关，裁判程序必须符合正当法律程序的要求，确立司法审查终局原则，等等。这对我国行政诉讼制度的完善提出了新的要求。③ 2002 年 8 月，最高人民法院颁布了《关于审理国际贸易行政案件若干问题的规定》；2002 年 11 月颁布了《关于审理反补贴行政案件应用法律若干问题的规定》和《关于审理反倾销行政案件应用法律若干问题的规定》。上述规则的出台，既是适应 WTO 需要、与国际接轨的必然举措，也在客

---

① 马怀德主编：《行政诉讼制度的发展历程》，北京大学出版社 2009 年版，第 200 页。
② 相关研究与讨论参见何海波：《行政诉讼受案范围：一页司法权的实践史（1990—2000）》，载《北大法律评论》，第 4 卷·第 2 辑，法律出版社 2002 年版，第 569 - 587 页。
③ 参见应松年、王锡锌：《WTO 与中国行政法制度改革的几个关键问题》，载《中国法学》2002 年第 1 期，第 5 - 15 页；马怀德、葛波蔚：《WTO 与中国行政诉讼制度的发展——兼论对现行行政诉讼法的修改》，载《政法论坛》2002 年第 2 期，第 25 - 34 页。

观上促进了行政诉讼制度的发展。

3. 指导性案例深化和拓展了案例指导制度

随着行政诉讼制度的不断深化发展，行政审判中的典型案例在统一法律适用标准、指导下级法院审判工作等方面的作用得到进一步重视。2005年10月，最高人民法院印发了第二个五年改革纲要，其中诸多改革措施中就包括"建立和完善案例指导制度"。2010年11月，最高人民法院印发《关于案例指导工作的规定》，标志着中国特色案例指导制度的初步确立。2012年4月，最高人民法院发布了第二批指导性案例，其中包括了两个行政审判案例。5号指导案例鲁潍（福建）盐业进出口有限公司苏州分公司诉江苏省苏州市盐务管理局盐业行政处罚案明确，地方政府规章违反法律规定设定许可、处罚的，人民法院在行政审判中不予适用。6号指导案例黄泽富、何伯琼、何熠诉四川省成都市金堂工商行政管理局行政处罚案从立法本意出发，将法律没有明文列举的"没收较大数额财产"的行政处罚也列入必须举行听证的范围，充分保障了行政相对人的权益。截至2018年7月，最高人民法院已经发布了19个行政诉讼指导性案例和3个国家赔偿指导性案例。①《关于案例指导工作的规定》第7条提出："最高人民法院发布的指导性案例，各级人民法院审判类似案例时应当参照。"《〈最高人民法院关于案例指导工作的规定〉实施细则》第9条则进一步明确："各级人民法院正在审理的案件，在基本案情和法律适用方面，与最高人民法院发布的指导性案例相类似的，应当参照相关指导性案例的裁判要点作出裁判。"这意味着指导性案例与《最高人民法院公报》、最高人民法院行政审判庭编写的《中国行政审判案例》等所刊载的典型案例有所区

---

① 19个行政诉讼指导性案例分别为最高人民法院指导性案例第5号、6号、21号、22号、26号、38号、39号、40号、41号、59号、60号、69号、76号、77号、88号、89号、90号、91号、94号；3个国家赔偿指导性案例分别为最高人民法院指导性案例第42号、43号、44号。

别，其效力并不停留在软性指引上，而是属于制定法与司法解释之外下级法院"应当参照"的准法源，也即其应当具有一定的法律效力而非仅有事实上的效力。

（四）制度更新：2014 年至今

1. 剑指"立案难、审理难、执行难"的《行政诉讼法》修订

在《行政诉讼法》颁布施行二十余年后，一些制度上的问题逐渐暴露出来，其中最突出的是"立案难、审理难、执行难"三大问题。[①] "立案难"自行政诉讼制度建立以来就一直存在，主要表现为案件量少，大量纠纷无法进入行政诉讼渠道，在社会矛盾多发、涉及社会稳定的敏感领域尤其突出。立法机关将其总结为"行政机关不愿当被告，法院不愿受理"[②]。为解决这一问题，最高人民法院曾多次发文要求各级人民法院积极受案，不得以"土政策"限制当事人诉权[③]，但这些措施仅在一段时间内起到了缓解作用，未从根本上解决问题，这说明"立案难"根源于更深层次的体制性障碍。"审理难"是指法院在受理行政案件后，往往受到多方因素的干扰，难以作出公正、权威的裁判。其最主要的表现是原告的胜诉率过低。近年来，行政诉讼中原告的胜诉率一度跌至 10% 以下，这与我国行政机关的依法行政水平存在着一定落差。另外，长期保持在高位的撤诉率

---

① 参见信春鹰：《关于〈中华人民共和国行政诉讼法修正案（草案）的说明〉——2013 年 12 月 23 日在第十二届全国人民代表大会常务委员会第六次会议上》，载《中华人民共和国全国人民代表大会常务委员会公报》2014 年第 6 期，第 688－692 页。

② 信春鹰：《关于〈中华人民共和国行政诉讼法修正案（草案）的说明〉——2013 年 12 月 23 日在第十二届全国人民代表大会常务委员会第六次会议上》，载《中华人民共和国全国人民代表大会常务委员会公报》2014 年第 6 期，第 688 页。

③ 我国行政诉讼案件增长率相对较高的两个时间段为 1993—1997 年和 2006—2010 年，这与最高人民法院的司法政策有紧密关联。在 1993 年"第二次全国法院行政审判工作会议"上，最高人民法院相关分管领导提出了"积极大胆地依法受案"的要求；2006 年中办、国办印发了《关于预防和化解行政争议、健全行政争议解决机制的意见》，最高人民法院以此为依据，发布了《关于加强和改进行政审判工作的意见》《关于依法保护行政诉讼当事人诉权的意见》等一系列规范。

也意味着法院通过判决确定权利义务的能力存在欠缺。按照学者和法官们的考证,一审案件中被告改变原行政行为或者履行法定职责,法院动员原告撤诉的案件,多源于原行政行为违法或无效。如果依法判决,被告多半败诉。[①]"执行难"则是指法院的生效判决得不到执行,行政审判的权威无法保障。实践中甚至出现了行政机关通过召开"协调会"否定法院生效判决的事件。[②] 因为上述种种原因,有学者将行政诉讼制度的运转状况形容为"困顿"[③]。《行政诉讼法》出台二十五年来的发展历程显示,依靠审判机关进行技术性修补已无法解决上述顽疾,修改《行政诉讼法》,进行系统变革已迫在眉睫。

行政诉讼制度从来不是一个孤立的系统,其与社会经济文化发展、与宏观政治环境变化有着紧密联系。党的十八大以来,全面依法治国实践为《行政诉讼法》修订提供了政策机遇。尤其是党的十八届三中全会、四中全会以来,中央从推进政治体制改革,推进国家治理体系和治理能力现代化的历史高度出发,对司法体制改革做出系统部署,要求加快建设公正高效权威的社会主义司法制度,为解决行政诉讼的痼疾提供了契机。在相应程序启动后,无论是学界还是实务界都对修订工作给予高度关注,草拟提交了多个专家建议稿[④],立法机关也开展了充分的调研,并在较大范围内征求了意见。[⑤] 2014 年 11 月 1 日,全国人大常委会通过了修订后的《行政诉讼法》,自 2015 年 5 月 1 日起施行。

---

① 参见何海波:《行政诉讼法》(第二版),法律出版社 2016 年版,第 24 页;程琥:《解决行政争议的制度逻辑与理性构建——从大数据看行政诉讼解决行政争议的制度创新》,载《法律适用》2017 年第 23 期,第 20 页。

② 参见《国土厅否定法院判决引发热议》,载《人民法院报》2010 年 7 月 22 日,第 02 版。

③ 何海波:《困顿的行政诉讼》,载《华东政法大学学报》2012 年第 2 期,第 86-96 页。

④ 相关立法资料的汇编可参见江必新、邵长茂、方颉琳编著:《行政诉讼法修改资料汇纂》,中国法制出版社 2015 年版。

⑤ 参见全国人大常委会法制工作委员会行政法室编:《行政诉讼法立法背景与观点全集》,法律出版社 2015 年版。

2014年《行政诉讼法》坚持目标导向和问题导向，力求破解"立案难、审理难、执行难"，重点在以下方面进行了变革和完善：第一，在受案范围方面，通过摈弃"具体行政行为"概念、拓展权利保护类型、增加行政协议等明确列举项，有序扩大了行政诉讼的受案范围，并建立了规范性文件的附带审查制度；第二，在诉权保障方面，贯彻了立案登记制度，明确规定除行政相对人外，与行政行为有利害关系的人也有起诉资格，并延长了起诉期限；第三，在保障人民法院依法独立公正审理案件方面，对管辖制度进行了变通，规定了跨行政区划集中管辖制度；第四，在推进行政争议实质性解决方面，创设了行政机关负责人出庭应诉制度、民事和行政争议交叉时的一并审理制度，改变了行政诉讼不适用调解的原则；第五，完善了行政审判程序，如延长了审理期限，规定了简易程序，增加了"明显不当"审查标准，增加了给付判决、确认无效判决、继续履行判决等判决形式；第六，在保障执行方面，规定了公告制度、对行政机关负责人的罚款和拘留等措施。为解决行政复议中维持率过高的问题，新法还规定经复议的案件，无论复议机关维持抑或改变原行为，复议机关均需作为被告。

新法实施后，行政诉讼的立案量大幅上升，在2016年达到了22万件左右。原告的胜诉率也有所上升，在2016年达到13.37%。[①] 这反映出修法在一定程度上缓解了"三难"问题。在新《行政诉讼法》生效之后，最高人民法院于2015年4月通过了《最高人民法院关于适用〈中华人民共和国行政诉讼法〉若干问题的解释》。该解释篇幅较短，仅有27条，属于过渡性质的司法解释。2017年11月，最高人民法院通过《最高人民法院

---

① 2016年各级人民法院一审审结225 020件行政诉讼案件，其中判决被告撤销行政行为，变更行政行为，履行法定职责，确认行政行为违法或无效，确认行政机关需要赔偿的案件数量为30 085件，原告的胜诉率为13.37%。数据来源于中国法律年鉴社主编：《中国法律年鉴（2017）》，中国法律年鉴社2017年版，第1161页。

关于适用〈中华人民共和国行政诉讼法〉的解释》（以下简称"2018 年《适用解释》"），废止了两年前通过的"权宜之计"和 2000 年《若干问题解释》，"在明确受案范围边界、总结行政诉讼管辖成果、明确当事人资格、完善行政诉讼证据规则、全面落实立案登记制、规范审理判决程序、规范行政机关负责人出庭应诉、落实行政复议机关作共同被告制度、细化规范性文件附带审查等方面作了具体规定"[①]。

2. 行政公益诉讼制度建立并全面推开

是否应当规定行政公益诉讼制度，是《行政诉讼法》2014 年修订时的一个争议焦点。立法机关在征求最高人民检察院、国务院法制办等机构的意见后，认为还需要"在实践中积极探索，抓紧研究相关法律问题，逐步明确公益诉讼的范围、条件、诉求、判决执行方式等"[②]，故未在新法中作出明确规定。2015 年 7 月，全国人大常委会授权在北京等十三个省、市、自治区开展为期两年的试点工作。两年后的 2017 年 5 月，中央深改组审议通过了《关于检察机关提起公益诉讼试点情况和下一步工作建议的报告》。6 月 27 日，全国人大常委会作出决定，在《行政诉讼法》第 25 条中增加公益诉讼条款。自此行政公益诉讼制度正式建立并在全国范围内推开。由于公益诉讼制度尚需进一步探索，是否需要出台单行的《公益诉讼法》也还存在争议，故《行政诉讼法》中的公益诉讼条款显得高度概括。为此，最高人民法院和最高人民检察院于 2018 年 2 月发布了《关于检察公益诉讼案件适用法律若干问题的解释》，提供了操作层面的指引。从目前的实践来看，由检察机关提起行政公益诉讼，在完善行政诉讼架构、维护国家和社会公共利益、监督政府依法行政、强化行政检察监督工作等方

---

① 江必新：《论行政诉讼法司法解释对行政诉讼制度的发展和创新》，载《法律适用》2018 年第 7 期，第 2 页。

② 全国人大常委会法制工作委员会行政法室编：《行政诉讼法立法背景与观点全集》，法律出版社 2015 年版，第 21 - 22 页。

面发挥了重要作用。[1]

3. 裁判文书公开提供了新的学术和实践驱动力

在本轮司法改革中,公开裁判文书,提高司法透明度成为改革的重要着力点。2010 年、2013 年、2016 年,最高人民法院三次发布《关于人民法院在互联网公布裁判文书的规定》,确立了裁判文书上网制度。中国裁判文书网已经公布了近五千万份裁判文书,其中行政裁判文书一百五十余万份。[2] 毫不夸张地说,裁判文书公开制度对我国法治建设起到了重大促进作用。虽然裁判文书公开还存在全面性不足、及时性欠佳等一系列问题[3],但其在提高司法裁判质量、促进同案同判、为学术研究提供素材等方面所起到的作用是无可替代的。尤其是在大数据时代,基于大量裁判文书而展开的数据挖掘和数据分析将有望更新行政诉讼学术研究的面貌,并为公共治理的改善提供有效支撑。在裁判文书上网初期,对判决文书的分类检索和整理支撑了学者们的类案研究,从而催生了一大批优秀的案例研究成果;在大数据时代,借助数据科技能够大幅提高分析样本的数量,得出更客观和全面的分析结论。甚至法院公开文书的情况本身也将成为学术研究的新热点。[4]

---

[1] 参见孔祥稳、王玎、余积明:《检察机关提起行政公益诉讼试点工作调研报告》,载《行政法学研究》2017 年第 5 期,第 87—98 页。

[2] 截至 2018 年 7 月 21 日,中国裁判文书网首页显示,其所收录的文书总量为 49 140 367 篇,其中行政裁判文书为 1 567 070 篇,赔偿文书 40 722 篇,http://wenshu.court.gov.cn/,2018 年 7 月 21 日访问。

[3] 参见马超、于晓虹、何海波:《大数据分析:中国司法裁判文书上网公开报告》,载《中国法律评论》2016 年第 4 期,第 195—246 页。

[4] 学术界已经出现了针对数以万计的行政裁判文书而展开的研究。例如,哥伦比亚大学的李本教授等利用主题建模(Topic modeling)等数据技术爬取和分析了河南省法院公开裁判文书的情况,并观测了河南省法院的 20 321 份行政裁判文书,分析呈现了当地行政诉讼的部分面貌。这应该是利用大数据技术对行政裁判文书进行的最大规模分析。See Liebman, Benjamin L. And Roberts, Margaret and Stern, Rachel E. and Wang, Alice, *"Mass Digitization of Chinese Court Decisions: How to Use Text as Data in the Field of Chinese Law* (June 13, 2017). *21st Century China Center Research Paper No. 2017-01"*, Columbia Public Law Research Paper No. 14-551.

二、行政诉讼制度的成就与价值

(一) 保护公民、法人和其他组织的合法权益

行政诉讼制度具有多重目的，但保护公民、法人和其他组织的权益始终是其根本目的。从产生的背景和意义来看，行政诉讼制度是在行政主体侵犯公民、法人和其他组织的合法权益时，以居中裁判的方式矫正行政管理活动中双方地位的失衡，为不利者提供说理、表达不满、获得救济的机会，因此其首要目的和根本目的必然是保护公民、法人和其他组织的合法权益。[①] 在制定《行政诉讼法》时，立法者就明确提出："建立行政诉讼制度的目的之一，是要使公民、法人和其他组织被行政机关或者行政机关工作人员侵犯的合法权益得到补救。"[②]

自行政诉讼制度确立以来，在各方的共同推动下，我国行政诉讼的受案范围不断扩大、审查标准日渐多元和丰富、审判公正性逐渐加强，这使行政诉讼成为保护公民、法人和其他组织合法权益的重要机制。按照《中国法律年鉴》的统计，在《行政诉讼法》公布施行前的 1989 年，全国行政诉讼一审受案量只有 9 934 件；在 2014 年，行政案件一审收案量已经达到 141 880 件。2014 年新修订的《行政诉讼法》充分贯彻了立案登记制后，行政诉讼"立案难"的问题有了大幅改善。2016 年全国法院行政诉讼一审收案量已经达到了 225 485 件，是 1989 年的 20 余倍。从裁判结果来看，新法实施后的 2016 年，各级人民法院一审行政案件中原告的胜诉

[①]　参见马怀德：《保护公民、法人和其他组织的权益应成为行政诉讼的根本目的》，载《行政法学研究》2012 年第 2 期，第 12 页。

[②]　王汉斌：《关于〈中华人民共和国行政诉讼法（草案）〉的说明——1989 年 3 月 28 日在第七届全国人民代表大会第二次会议上》，载王汉斌：《社会主义民主法制文集》，中国民主法制出版社 2012 年版，第 322 页。

率达到 13.37％。尽管这一胜诉率是否能够成为行政诉讼的"新常态"还有待观察，我国行政诉讼的人均收案量和原告胜诉率与西方部分法治发达国家相比也还有一定差距，但必须要承认的是，经过多年来的发展和完善，尤其是经过 2014 年的修法，行政诉讼已经成为一个相对稳定的救济和解决行政纠纷的渠道。

（二）促进依法行政，推进行政法治建设

改革开放至今，我国各级行政机关的依法行政水平有了极大提高，推进依法行政、建设法治政府的观念逐渐深入人心。[①] 这其中，行政诉讼制度起到了重要作用。《宪法》不仅授予行政机关行使广泛而多样的行政权力，也明确了监督和制约机制。作为权力机关的人大及其常委会由于会期、工作方式等原因，难以对行政机关的行政活动进行常态化的监督；而行政机关内部的自我监督又存在公正性不足等问题。行政诉讼制度所代表的司法监督弥补了上述监督形式的不足，对促进行政机关依法行政，建设法治政府发挥了重要作用。

面对日益增多的行政案件，多数行政机关能够积极应诉答辩、依法履行判决并总结经验教训，这在很大程度上提高了公务人员依法行政的观念和水平。需要指出的是，行政诉讼制度对于依法行政的促进作用远不止个案的影响。法院对行政行为进行合法性审查，必然需要完备的法律规范作为审理依据，这有力地推动了行政立法活动；另外，在行政诉讼中，行政管理所存在的问题得以暴露和显现，也要求建立相应制度予以解决。[②] 行政诉讼作为行政合法性控制的末端环节和最后底线，将对前序诸多环节起

---

① 参见王敬波：《行政法关键词三十年之流变》，载《法学研究》2008 年第 6 期，第 25-39 页。
② 参见应松年、薛刚凌：《行政诉讼十年回顾——行政诉讼的成就、价值、问题与完善》，载《行政法学研究》1999 年第 4 期，第 2 页。

到推动、形塑作用，从而影响到一国行政法治体系的发展。正如有学者所言："行政诉讼是行政法治发展的杠杆。作为国家治理体系一部分的行政法治体系建设，很大程度上依赖于行政诉讼法的杠杆撬动。"①

（三）化解社会矛盾，改善社会治理

当前，我国已迈上全面建设社会主义现代化国家新征程，改革进入攻坚期和深水区，所面临的利益关系错综复杂，社会矛盾和纠纷数量大幅增加，化解难度日益增大。从社会矛盾纠纷所涉领域和表现形态来看，公权力的失范是矛盾激增的重要因素。尤其是在利益分化较为突出的土地征收征用、城镇房屋拆迁、环境资源保护、社会保障等领域，一系列公权力运行失范行为导致了矛盾的多发、频发。这些公权力失范行为具体表现为社会政策与法律制度的滞后、政府违法决策、行政执法不规范、法律实施不良、行政不作为、信息公开不足，等等。② 部分本属于私人主体之间的民事纠纷的矛盾，行政权的不当介入使矛盾升级和扩大。在社会公众权利意识日渐增强、新媒体等风险扩散机制迅速发展的背景下，对上述社会矛盾与纠纷化解不力，可能衍生出大规模群体性事件等危及社会稳定的风险。

在与公权力相关的社会矛盾多发、频发且易激化的背景下，畅通法定救济渠道，引导民众通过法律途径和法治方式表达诉求、寻求救济，是定分止争的必由之路。行政诉讼作为法治化的纠纷解决方式，是纠纷解决的较高级形态，具有公正性强、透明度高等特点。尤其是在规范和控制行政权方面，行政诉讼因其相对独立性和专业性而具有独特优势。我国行政诉讼制度自建立以来，在化解社会矛盾，改善社会治理方面发挥了重要作

---

① 于安：《我国行政诉讼制度现代化的转型问题》，载《行政法学研究》2014年第2期，第4页。

② 参见马怀德：《预防化解社会矛盾的治本之策：规范公权力》，载《中国法学》2012年第2期，第45-53页。

用。党的十八大后，中央在治国理政上更加重视法治，明确提出建立公正高效权威的社会主义司法制度，加强了司法系统在化解社会矛盾和冲突中的地位与作用。2014年《行政诉讼法》修订中将"解决行政争议"作为《行政诉讼法》的立法目的，就体现了这一发展趋势。在2018年"两会"上，最高人民法院院长周强在总结过去五年工作时曾提到，全国各级人民法院"妥善审理征地拆迁等案件，支持城中村、棚户区改造，维护被拆迁人合法权益。配合推进行政机关负责人出庭应诉等工作，坚持依法裁判和协调化解并重，促进行政争议实质性解决"①。

（四）繁荣行政法学研究，促进行政法学发展

对于行政诉讼法学是否应当并入行政法学之中，还是作为一个独立的学科而存在，我国学界一直存在着讨论。② 但毫无疑问的是，行政诉讼的理论与实践大大繁荣了行政法学研究，促进了行政法学的发展。从理论结构上看，行政法学与行政诉讼法学本身就存在相互促进的可能。传统大陆法系的行政法学以"行政行为"概念为学理体系的核心，以行政行为的合法性为主要关切。而行政诉讼制度本就是基于对行政行为进行合法性审查这一需求而建立，以行政行为作为提起诉讼、进行裁判的基点。法院对行政行为的审查必然提供和验证判断行政行为合法性的标准、方法、思路，从而促进行政法学的相关研究。英美法系国家主要在"司法审查"之下展开行政法学的理论和制度研究，狭义的"行政法学"往往被纳入司法审查环节进行研究，与"行政诉讼法学"成为一体，共同发展。如有研究者所言，行政法与行政诉讼法两个模块所关注的主要议题之间形成了一个宏观

---

① 周强：《最高人民法院工作报告——2018年3月9日在第十三届全国人民代表大会第一次会议上》，载《人民日报》2018年3月26日，第02版。

② 参见胡建森：《中国行政法学理论体系的模式及评判》，载《中国法学》1997年第1期，第38-39页。

上大致对称的"支架性结构",导致二者之间能够发生双向的流动。①

这一理论模型在我国的行政诉讼发展历程中得到了验证。例如,我国行政法学中的行政主体理论最初被直接应用到行政诉讼法中,但行政诉讼中渐次出现的被告认定难题,如对行业协会、自治组织提起的行政诉讼,促使学者们开始反思和重新构建行政主体理论,提出了行政主体与诉讼主体分离等主张。② 再如,行政审判中成文法规则可用性的不足促使法官在既有法条与理论之外尝试构建相对独立的司法判断逻辑,在这一过程中,行政法学理论得到了进一步的检证和完善。③ 此外,随着研究方法的逐渐丰富,法社会学等研究方法开始兴起,大量的行政诉讼实践为法社会学研究提供了素材,部分学者探寻了行政诉讼制度在我国探索的"政法逻辑"下的运作情况,为我国行政法学研究提供了新的视野。④ 可见,行政诉讼理论与实践的不断深化拓展,为我国行政法学研究提供了研究素材,规划了研究范畴,塑造和检验了既有理论,开拓了新的研究疆域。

三、行政诉讼制度存在的挑战与问题

(一)行政审判体制改革有待推进

1989 年《行政诉讼法》制定时,在管辖问题上确立了"原告就被告"

---

① 参见余凌云:《行政诉讼法是行政法发展的一个分水岭吗? ——透视行政法的支架性结构》,载《清华法学》2009 年第 1 期,第 105 - 123 页。

② 参见薛刚凌:《我国行政主体理论之检讨——兼论全面研究行政组织法的必要性》,载《政法论坛》1998 年第 6 期,第 63 - 71 页;江必新:《司法解释对行政法学理论的发展》,载《中国法学》2001 年第 4 期,第 36 - 48 页。

③ 相关总结和讨论可参见何海波:《司法判决中的正当程序原则》,载《法学研究》2009 年第 1 期,第 124 - 146 页;章剑生:《对违反法定程序的司法审查——以最高人民法院公布的典型案件(1985—2008)为例》,载《法学研究》2009 年第 2 期,第 150 - 165 页;章志远:《司法判决中的行政不作为》,载《法学研究》2010 年第 5 期,第 18 - 29 页。

④ 例如汪庆华、应星编:《中国基层行政争议解决机制的经验研究》,上海三联书店 2010 年版;汪庆华:《政治中的司法:中国行政诉讼的法律社会学考察》,清华大学出版社 2011 年版。

的原则，当时的考虑是方便原告提起诉讼。但这一制度安排显然没有充分预料到法院在审理案件时可能遇到的阻力。事实上，由于法院与同级人民政府政治地位的差别，决定了法院在审查同级政府乃至政府职能部门所作出的行政行为时，可能存在审查能力和权威不足的情况。

2014 年《行政诉讼法》修订时，以"确保人民法院依法独立公正行使审判权"为目标的司法改革正在如火如荼进行当中，故而修订后的《行政诉讼法》也对管辖体制进行了一定的调整。但遗憾的是，本次修法并未彻底解决行政审判体制的争议，而是将学界和实务界提出的几种方案不同程度纳入新法，"以观后效"。例如，修订后的《行政诉讼法》规定，对国务院部门或者县级以上地方人民政府所作行政行为提起诉讼，一审由中级人民法院管辖，这实际上是部分接受了提级管辖的方案；同时，《行政诉讼法》第 23 条和第 24 条规定了指定管辖制度，为异地管辖创造了空间；《行政诉讼法》第 18 条规定："经最高人民法院批准，高级人民法院可以根据审判工作的实际情况，确定若干人民法院跨行政区域管辖行政案件"，为集中管辖提供了制度依据。① 这似乎是因为，作为司法改革组成部分的《行政诉讼法》修订必须要与司法体制改革的整体步伐相协调，而无法"单兵突进"进行创新变革。

（二）行政诉讼受案范围有待拓展

2014 年修订的《行政诉讼法》对行政诉讼的受案范围进行了适度拓展，尤其是将行政协议争议纳入受案范围，得到学界和实务界的肯定。然而，从行政诉讼受案范围的历史演进来看，本次修法对受案范围的扩充并不具有突破性意义。在受案范围的规定方式上，2014 年《行政诉讼法》

① 相关评论可参见何海波：《一次修法能有多少进步——2014 年〈中华人民共和国行政诉讼法〉修改回顾》，载《清华大学学报（哲学社会科学版）》2018 年第 3 期，第 26－43 页。

依然沿袭了 1989 年《行政诉讼法》所采用的正面列举与反面排除并存的模式，并未采纳学界主张已久的概括肯定加列举排除的模式。在具体内容上，虽然新法将应当受理的案件类型由 8 项增加到了 12 项，但部分增列属于对原有司法解释的承认，且对于四项不予受理的内容并未作任何改动。事实上，学界和实务界早已提出将行政机关对其工作人员的奖惩、任免决定，行政机关终局裁决行为纳入行政诉讼范围的主张，但本次修法并未予以吸收。在兜底条款上，尽管修法摒弃了"人身权、财产权"这一范畴的限制，将保护范围扩充到了"人身权、财产权等其他权益"，但法院究竟能够在多大程度上承认并保护"其他权益"，还有待进一步观察。总的来说，本次《行政诉讼法》在受案范围上的修改有所进步，但仍存在局限。在行政争议多发且形式日趋多样的未来，现有的行政诉讼范围很可能无法满足实际需要，有待进一步拓展。当然，这也与法院的实际审判能力有关。只有法院具备了足够的能力与权威，受案范围的扩大才具有实际意义。

（三）实质性解决纠纷的能力有待检验

我国行政审判存在的一个客观事实是，行政诉讼案件的上诉率、申诉率、信访率高，服判息诉率低。有法官以 2011 年作为统计截面分析得出，2011 年全国行政案件的上诉率达到了 72.85%，分别是刑事和民事上诉率的 6 倍和 2.4 倍。在部分地区，几乎所有一审行政案件都会引起上诉。同年，行政案件的申诉率高达全部案件的 8.5%，分别是刑事和民事申诉率的 6 倍与 6.3 倍。在信访率方面，2011 年全国行政一审收案数量仅占到各类一审案件总数的 1.8%，但当年到最高人民法院登记上访的行政案件数量高达 6 785 件，占到全部登记申诉上访案件的 18.5%。[①] 这反映出行

---

① 参见李广宇、王振宇、梁凤云：《行政诉讼法修改应关注十大问题》，载《法律适用》2013 年第 3 期，第 69-73 页。

政诉讼制度在实质性解决行政争议能力上的欠缺。为扭转这一局面，2014年《行政诉讼法》修订时增加了"解决行政争议"的立法目的，同时在制度设计上尊重了实质性解决行政纠纷的取向，规定了行政首长出庭应诉、行政诉讼调解、民事争议与行政争议一并解决等一系列指向纠纷实质性化解的装置。然而，这些制度在纠纷实质性化解方面能够起到多大的作用，还有待实践进一步检验。与此同时，如何在推进实质性解决纠纷的过程中恪守合法性审查的底线，保障行政纠纷的解决不以牺牲合法性审查为代价，也是新法实施中需要进一步研究的课题。

（四）相关制度有待进一步细化

2014年《行政诉讼法》修订时，坚持问题导向，创设了许多新制度和新要求，如行政机关负责人出庭应诉、行政诉讼调解、复议机关作共同被告等。随着这些创新性制度的实施，实践中也出现了一些立法时未能预见的问题。为进一步统一标准，准确把握相关条文的立法原意，确保制度能够落地，2018年《适用解释》就相关条文的法律适用作出了具体解释。但这一司法解释依然存在进一步细化的空间，例如，对于行政机关负责人出庭制度，该司法解释第129条第3款规定，行政机关负责人有正当理由不能出庭应诉的，应当向人民法院提交情况说明，并加盖行政机关印章或由该机关主要负责人签字认可。然而，司法解释却并未对何为"正当理由"进行说明或解释。面对此类问题，最高人民法院相关负责人也表示，还将在行政公益诉讼、规范性文件附带审查、一并审理民事争议、行政机关负责人出庭应诉、复议机关作共同被告等制度上进行深入研究和实践论证。[①] 这意味着新《行政诉讼法》创制的许多制度还需要在实践中进一步

---

① 参见江必新：《论行政诉讼法司法解释对行政诉讼制度的发展和创新》，载《法律适用》2018年第7期，第9页。

探索完善。

（五）与其他制度的配套关系尚未理顺

现代国家的行政纠纷解决机制是一个有机整体，行政诉讼制度作为其中一个部分，应当与其他机制之间形成良好的配合，共同致力于及时有效解决行政纠纷。对于纠纷解决机制的理想整合模式，学界早已进行了充分论述——行政复议制度具有受案范围广、专业性强、程序简便、成本低廉等优点，理应成为解决行政争议的"主渠道"；行政诉讼制度程序严谨、公正性强，应当秉持司法最终原则，将其视为行政纠纷解决的"最后一道防线"；信访作为法治框架之外的纠纷解决渠道，仅应发挥补充性的作用。[①] 然而，现实中的实际情况却正好相反：信访案件量居高不下，行政诉讼制度所发挥的功能有限，行政复议制度萎缩，其功能长期未能得到充分发挥。因此，"对所有行政纠纷的处理缺乏通盘考虑，各种行政纠纷解决制度缺少配合，相互之间脱节现象严重，未能发挥制度群体的组合优势"[②]，依然是我国行政纠纷解决制度体系中存在的突出问题。

本应承担解决行政争议主要任务的行政复议制度之所以效果不彰，一个重要的原因是复议机关过高的维持率致使相对人对复议制度失去信心。为解决这一问题，2014 年《行政诉讼法》规定，复议机关无论是维持抑或改变原行政行为，均需作为行政诉讼的被告。该规定在一定程度上倒逼了行政复议机关更加公正地审理案件，但同时也引发了行政复议理论与实践的新问题。例如，行政复议决定具有"准司法"的裁决性质，尤其是复议维持决定，既未覆盖原行为，也未替代原行为，"列行政复议机关与原

[①] 参见应松年：《把行政复议制度建设成为我国解决行政争议的主渠道》，载《法学论坛》2011 年第 5 期，第 5-9 页；刘莘、刘红星：《行政纠纷解决机制研究》，载《行政法学研究》2016 年第 4 期，第 3-19 页。

[②] 应松年：《构建行政纠纷解决制度体系》，载《国家行政学院学报》2007 年第 3 期，第 27 页。

行政机关为共同被告，欠缺足够的法理支持"①；再如，为了促进复议机关主动纠错，2018 年《适用解释》第 135 条第 3 款规定："复议机关作共同被告的案件，复议机关在复议程序中依法收集和补充的证据，可以作为人民法院认定复议决定和原行政行为合法的依据。"这与通行的"先取证，后裁决"原则存在着一定冲突，也降低了对原行政行为的证据要求。对行政复议机关日常工作的挑战则最直观地表现为各级复议机关的应诉压力突增，复议人员"不是在应诉，就是在去应诉的路上"。如何妥善处理行政诉讼与行政复议及其他公法纠纷解决机制的关系，还需要进一步研究。

（六）部分理论问题亟待回应

行政诉讼制度发展过程中，存在诸多亟待回应的理论问题。例如，在原告资格方面，新《行政诉讼法》第 25 条第 1 款规定，行政行为的相对人以及其他与行政行为有利害关系的公民、法人或者其他组织，有权提起诉讼。该规定部分吸收了 2000 年《若干问题解释》提出的"法律上利害关系"这一标准，并将其表述修改为"利害关系"。但是如何认定"利害关系"是一个"非常复杂的、不好判断的过程"②。这一理论上的困惑与行政诉讼实践碰撞，产生了诸多难题：举报投诉类案件成为行政诉讼中增长极为迅速的案件种类，最高人民法院第 77 号指导性案例和 2018 年《适用解释》提出了"自身合法权益受到侵害"的原告资格判断标准，但却未厘清接受举报处理行为与举报答复行为之间的"利害关系"，解释力稍显不足。同时，随着政府信息公开制度的发展，如何认定政府信息公开案件

---

① 章剑生：《关于行政复议维持决定情形下共同被告的几个问题》，载《中国法律评论》2014 年第 4 期，第 145 页。

② 江必新：《行政审判中的立案问题研究》，载《法律适用》2018 年第 3 期，第 5 页。

的诉权及其滥用也成为学界关注的焦点。① 又如，在行政行为理论方面，2014 年《行政诉讼法》以"行政行为"概念取代了"具体行政行为"，将对行政行为理论产生一定影响；将行政协议纳入受案范围、规定复议机关作被告，则在一定程度上挑战了"行政行为"概念的可容纳性；而行政行为无效的相关理论，又将直接影响到确认无效判决的适用可能。基于行政行为理论面临的一系列挑战，有研究者讨论了以行政法律关系替代行政行为概念作为行政法教义学核心的可能和难度。② 再如，新《行政诉讼法》第 60 条规定，行政赔偿、补偿以及行政机关行使法律、法规规定的自由裁量权的案件可以调解，但对于如何界定"自由裁量权"的范围，学界与实务界还未达成一致。随着立法的更新和实践的深入，相关的理论需求变得更加迫切。

四、行政诉讼制度的未来展望

（一）宏观层面：优化行政诉讼在权力结构中的地位与配置，推进行政诉讼制度的现代化

党的十八大以来，党中央统筹推进"五位一体"总体布局、协调推进"四个全面"战略布局，高度重视法治在国家治理和社会治理中的作用，将法治作为治国理政的基本方式，对推进依法行政、建设法治政府提出了明确要求，也为行政诉讼制度的发展明确了方向。未来，应当将行政诉讼

---

① 相关讨论如沈岿：《信息公开申请和诉讼滥用的司法应对——评"陆红霞诉南通市发改委案"》，载《法制与社会发展》2016 年第 5 期，第 21-33 页；章剑生：《行政诉讼中滥用诉权的判定——陆红霞诉南通市发展和改革委员会政府信息公开答复案评释》，载《交大法学》2017 年第 2 期，第 168-176 页；王锡锌：《滥用知情权的逻辑及展开》，载《法学研究》2017 年第 6 期，第 41-60 页。
② 参见赵宏：《法律关系取代行政行为的可能与困局》，载《法学家》2015 年第 3 期，第 32-54 页。

制度置于国家治理体系与治理能力现代化进程的视野中，不断提升行政诉讼制度在国家制度体系中的地位，使之更好地服务于国家治理现代化的建设进程。

1. 明确行政诉讼的构造与功能

2014 年修法过程中，《行政诉讼法》的立法目的成为学者们争论的焦点。绝大多数学者均认为，行政诉讼具有监督行政、保护权利、解决争议等多重功能，但对于行政诉讼的首要功能和根本目的究竟是"保护权利"还是"监督行政"，学者们存在较大的分歧。近年来，也有研究者在"主观诉讼"与"客观诉讼"的学理框架内讨论这一问题。有学者指出，我国行政诉讼在原告资格等方面倾向主观诉讼，但在审理过程、撤诉批准、判决形式等方面则倾向于客观诉讼。这种诉讼请求的主观性与法院审判的客观性致使行政诉讼出现了"内错裂"的状态，致使行政诉讼既无法有效回应当事人诉讼请求，也无法维护客观法秩序。学术研究中对于行政诉讼定位的争论一定程度上也是立法的"摇摆不定"导致。[①]

立法目的决定着整个制度的风格与走向，也决定着行政诉讼未来的发展方向。无论是从行政诉讼制度的发展历史来看，还是从《行政诉讼法》本身的立法意图出发，保护公民、法人和其他组织的合法权益应当是行政诉讼制度最根本的目的。有研究者甚至提出："行政诉讼的全部功能在于保护权利。"[②] 监督行政只是行政诉讼制度在保护公民、法人与其他组织权益过程中所实现的客观效果。若将监督行政作为行政诉讼制度的主要目的，在制度上过分强调监督职能，会使行政诉讼偏离对公民诉求的回应，

[①] 参见王天华：《行政诉讼的构造：日本行政诉讼法研究》，法律出版社 2010 年版，第 277 页；薛刚凌、杨欣：《论我国行政诉讼构造："主观诉讼"抑或"客观诉讼"》，载《行政法学研究》2013 年第 4 期，第 29-37 页。

[②] 章剑生：《〈行政诉讼法〉修改的基本方向——以〈行政诉讼法〉第 1 条为中心》，载《苏州大学学报（哲学社会科学版）》2012 年第 1 期，第 46 页。

导致公民对行政诉讼制度的疏离与冷漠。因此，我国的行政诉讼制度应当坚持将"保护公民、法人和其他组织的合法权益"作为根本目的。当然，这并不意味着行政诉讼放弃对客观法秩序的维护。2014 年修法所增加的规范性文件审查以及 2017 年入法的行政公益诉讼制度均是客观诉讼的体现。未来客观诉讼的发展可以通过推进行政诉讼类型化，不断丰富行政诉讼类型来实现，最终形成以主观诉讼为主，兼顾客观诉讼的制度取向。

2. 统筹设计行政诉讼与其他公法纠纷解决机制之间的关系

推进行政诉讼的现代化，需要优化行政诉讼与相关制度的关系。通过有序衔接，构造系统高效的公法解决机制和救济机制。其中最为重要的是妥善处理行政诉讼与行政复议之间的关系。2014 年《行政诉讼法》修改时，立法机关拟打算同步修改《行政复议法》，但因种种原因未果。

关于行政复议制度的改革方向，学界存在的最大的争议是行政复议应当"司法化"还是"行政化"。无论是主张"行政化"还是"司法化"，其目的都在于改善行政复议制度的实施状况，使行政复议在纠纷解决与权利救济中发挥更大的作用，只是"司法化"更侧重公正，"行政化"更侧重专业和效率而已，其最终目标是可以调和的。基于此，新修订的《行政复议法》应当在以下几个方面做出完善：第一，改革行政复议体制，取消行政复议的条条管辖制度，在一级政府之下建立独立的行政复议机构，统一承担行政复议职责。除垂直领导的行政机关外，政府各职能部门不再履行行政复议职能，但可以通过调解等手段在前端解决行政纠纷。这一改革举措能够保证行政复议机关有独立的编制、人员、队伍，更好地完成行政复议工作，同时也符合《行政诉讼法》对行政复议的定位。值得关注的是，政府法制部门与司法行政部门职能整合后，能否由司法行政部门代表政府行使复议职能仍有待明确。第二，适当扩大行政复议前置案件的范围，将一部分专业性、技术性较强的争议事项规定为复议前置，以充分发挥行政复议机关的作用和功能，将行政复议打造为解决行政纠纷的"主渠道"。第三，应当建立多元纠纷解决机制，充分发挥行政复议、行政仲裁、行政调解、行政诉讼等各类纠纷解决机制自身优势，保障解决问题的专业性、权威性、低成本、高效率。第四，进一步细化和完善复议机关作共同被告的规定。

（二）中观层面：解决行政诉讼制度的突出问题，进一步提升制度运行实效

2014 年《行政诉讼法》修订后，困扰我国行政诉讼已久的"立案难、审理难、执行难"问题得到缓解，但制约行政诉讼发展的深层次因素依然存在，新的问题也逐渐暴露出来。充分发挥行政诉讼制度的作用，确保修法成效的可持续性，必须要着力解决行政诉讼长期存在的体制性问题，提升制度运行的实际效果。

1. 深化行政审判体制改革，建立行政法院

行政诉讼制度的发展，必须解决审判体制这个"一号难题"。无论是"立案难、审理难、执行难"，还是行政审判中出现的其他乱象，很大程度上都与行政审判的独立性、权威性不足有关。行政诉讼制度是国家权力结构中的一个部分，涉及复杂的权力关系和结构。[①] 当作为审判机关的法院受到过多掣肘和制约时，保障审判的公正与权威也就成了空谈。法社会学的研究表明，在复杂的地方党政关系中，法院通过接受新类型案件、尊让地方核心政策等"策略性服从"的手段，在事实上为行政审判争取了一定的"生存空间"[②]。但这些路径仅仅属于中国语境下的"特殊智慧"，无法

---

① 参见杨伟东：《权力结构中的行政诉讼》，北京大学出版社 2008 年版。

② 于晓虹：《策略性服从：我国法院如何推进行政诉讼》，载《清华法学》2014 年第 4 期，第 103－124 页。

成为国家治理体系与治理能力现代化进程中的制度性方案。因此，从审判体制入手，真正确保人民法院依法独立公正行使审判权，是行政诉讼制度发展必须要解决的问题。

事实上，对于行政诉讼应当采用何种审判组织形式这一问题的讨论，可以追溯到 1989 年《行政诉讼法》制定之前。彼时学术界的讨论形成了三种主张：欧陆行政法院模式，英美行政裁判所加普通法院模式，以及人民法院内设行政庭的中国模式。[①] 最终，立法机关选取了在人民法院内部建立行政审判庭这一模式，对基层实践探索形成的格局予以了确认。这曾被认为是中国特色审判体制的一个体现，因为其"既保证司法的共同性、统一性，又突出行政的特殊性"[②]。应当说，这一模式在当时能够适应行政诉讼发展的需要，是符合实际的。但在行政诉讼制度建立和发展的数十年中，行政诉讼的审查范围逐渐扩大，审查标准逐渐丰富，案件量逐渐增加，尤其是在建设法治国家的大背景下，对行政权的监督作用日益增强。与此同时，尽管各级行政机关依法行政能力有了大幅提高，但在经济快速发展阶段和社会转型期，行政机关保持地方经济增速、全面深化改革、维护社会稳定等方面的压力也日渐增大，处在地方党政系统中的人民法院依法独立行使审判权的难度依然十分巨大。

从目前的情况来看，在人民法院内部建立行政审判庭，难以从根本上解决法院在审理行政案件时所可能面对的干预和压力。在最高人民法院之下建立相对独立的行政法院系统，是解决问题的根本之策。[③] 2014 年《行政诉讼法》尽管采用了混合性的改革方案，对学界和实务界提出的几种模式均作出了规定，但主要着力点依然是独立于行政区划的相对集中管辖。

---

① 参见姜明安：《行政诉讼法》（第三版），北京大学出版社 2016 年版，第 63 页。
② 应松年：《中国行政法发展的创新之路》，载《行政法学研究》2017 年第 3 期，第 45 页。
③ 参见马怀德：《行政审判体制改革的目标：设立行政法院》，载《法律适用》2013 年第 7 期，第 8-11 页。

从事实来看，相对集中管辖已经取得了一定的现实效果。例如，在原北京铁路运输中级法院基础上组建的北京市第四中级人民法院，自 2014 年 12 月 30 日挂牌成立起，集中受理以北京市区县政府作为被告的一审行政案件。该院成立以来，北京市以区县政府作为被告的案件大幅增加：2014 年为 216 件，2015 年为 1 397 件，是 2014 年的近 7 倍；2016 年达到 2 893 件，是 2015 年的 2 倍，2014 年的近 14 倍。① 案件数量的增幅证明了跨行政区划集中管辖行政案件的法院在充分排除地方干扰后，能够更加有效地履行行政审判职责。然而，现阶段的跨区划法院仅仅是一种过渡方案，虽然在一定程度上解决了司法地方化问题，但在组织体系上成熟度不高，其既不方便原告提起诉讼，也难以形成系统的层级监督，更无法做到跨省（自治区、直辖市）法院管辖一审行政案件。为此，建立自成体系的三级行政法院应当是跨区划法院下一步的改革方向。党的十八届四中全会以来，互联网法院、金融法院和国际商事法庭等一批专门法院、法庭的成立已经积累了有益的经验，可以作为设立行政法院的参考。

2. 拓宽受案范围，加强对公民权益的保护力度

受案范围过窄是我国行政诉讼制度建立多年来一直存在的问题。新《行政诉讼法》在原有司法解释的基础上，对受案范围进行了一定的拓展。但必须指出的是，当前的行政诉讼受案范围尚无法完全满足法治建设的需要，与世界有些国家相比也存在差距。例如，在美国，可审查假定（presumption of review ability）被认为是美国行政法的基石，除非国会立法明确地排除司法审查的，否则所有的行政行为都应当认定为具有可诉性。德国《行政法院法》第 40 条则规定："一切未被联邦法律划归其他法院管辖的非宪法性质的公法上争议，对之均可提起行政诉讼。州法律范畴的公法

---

① 数据来源于北京市第四中级人民法院发布的行政审判年度白皮书。

争议，也可由州法律划归其他法院管辖。"① 这种"无漏洞救济"的理念应当是行政诉讼作为纠纷解决"最后一道防线"所应当秉持的精神。未来应在现有基础上进一步扩大行政诉讼的受案范围，尤其是应当进一步明确对人身权、财产权之外的其他权利的保护空间和保护规则，如对知情权、受教育权、社会保障权、劳动权、环境权、隐私权一系列权利的保护；对于公务员的招录、辞退，行政机关终局裁决等传统行政诉讼所排除的范围也需要进行重新审视和考量。在2014年《行政诉讼法》修正案草案审议过程中，就有人大常委会委员、人大代表提出，应当将辞退、开除公务员行为纳入受案范围，理由在于：涉及当事人权益的重大行为不可诉，权益保护机制不合理；公务员得不到司法救济，制度不平衡；很多国家的公务员惩戒措施都是可诉的。②

与此同时，还应当充分重视行政规制中的新型规制工具对行政诉讼制度带来的挑战。在当下实践中，为保证行政目的之达成，行政机关往往综合采用多种规制工具，如行政约谈、"黑名单"制度、失信联合惩戒等。这些规制手段无法被归入传统的类型化行政行为中，甚至难以被认定为具有传统行政法上的权利干预效应，但其对相对人可能造成的影响却极为深远。"公共治理领域中，很多蕴涵公共利益、意在形成公共秩序的措施与行为根本没有法律依据，是公共治理自然生成结果；或者依据模糊，最多只能从概括条款甚至组织职责规定之中牵强附会地引申出来。"③ 一旦这些新型规制工具引发争议，采用何种方式为相对人提供救济就成为重要问题。目前，实践中已经出现了因为行政机关错误录入信息，影响相对人权益而提起的行政诉讼。此类针对新型规制工具的行政诉讼或将成为未来行

① 应松年主编：《当代中国行政法》，第八卷，人民出版社2018年版，第3072-3073页。
② 参见全国人大常委会法制工作委员会行政法室编：《行政诉讼法立法背景与观点全集》，法律出版社2015年版，第25页。
③ 余凌云：《行政诉讼法是行政发展的一个分水岭吗？——透视行政法的支架性结构》，载《清华法学》2009年第1期，第122页。

政诉讼案件的重要种类。

3. 增强实质性化解行政争议的能力

提升行政诉讼的运行实效，还需要增强实质性化解行政争议的能力。2014 年《行政诉讼法》在立法目的当中增加了"解决行政争议"这一目的，表明行政诉讼制度将更加重视化解争议、解决纠纷。与此相对应，新《行政诉讼法》中所规定的行政机关负责人出庭应诉、行政诉讼调解、行政诉讼司法建议、简易程序、民事争议与行政争议交叉时的一并审理等制度，都共同指向行政纠纷的实质性解决。为保证这一立法目的能够充分实现，应当从以下几个方面着手，进一步提升行政争议化解能力：首先，应当增强对原告诉讼请求的回应。要利用好确认判决、给付判决等新的判决形式，为当事人提供更为充分的权利救济，同时可以考虑增加禁止令判决等形式支持预防性诉讼；要实施好行政诉讼的调解制度，保证在法律范围内进行调解，做到"案结事了"。其次，应当实施好民事争议和行政争议交叉时的一并审理制度。从新《行政诉讼法》实施三年来的情况看，这一制度因为立法规定过于原则，且现实问题过于复杂，审理难度较大，并未得到很好的落实。未来应当以 2018 年《适用解释》的规定为基础，妥善实施一并审理制度。在条件成熟的时候应当出台专门的司法解释，对一并审理的程序规则作出明确规范。再次，应当构建司法机关与行政机关的良性互动关系。通过行政机关负责人出庭应诉、行政诉讼司法建议、司法白皮书等实践做法，形成司法机关与行政机关良性互动，达到实质性化解行政争议的目的。最后，还应当广泛运用 ADR 等纠纷解决机制。"通过将侧重职权主义的诉讼机制与强调当事人合意的 ADR 机制结合起来，可能是促进行政诉讼制度中司法权、行政权、相对方权利三者和谐的一个契合点。"① 总之，行政诉讼制度的发展必须保证其能够发挥预设的目的，发

---

① 王锡锌：《行政程序法理念与制度研究》，中国民主法制出版社 2007 年版，第 307 页。

挥实际效能，真正做到"让人民群众在每一个司法案件中都感受到公平正义"，避免制度空转。

（三）微观层面：完善诉讼规则，推进制度设计的精细化

2014 年修订的《行政诉讼法》建立了一系列新的制度。这些制度来源于基层实践、以往的司法解释以及学者的建议，带有充分的中国问题意识和创新价值。然而，新制度的落地和实施需要精细的设计和部署，应当进一步完善诉讼规则，通过精细化的制度设计保障新《行政诉讼法》所建立的制度取得良好效果。

1. 明确行政协议的审理规则

2014 年《行政诉讼法》第 12 条第 1 款规定，相对人"认为行政机关不依法履行、未按照约定履行或者违法变更、解除政府特许经营协议、土地房屋征收补偿协议等协议的"可以提起行政诉讼，行政协议正式被纳入行政诉讼的受案范围当中。行政协议的合意性、契约性等特点决定了其审理规则与传统的行政行为合法性审查有所差异，给行政审判工作带来一定的挑战。2018 年《适用解释》并未对行政协议的审理和裁判规则作出规定，最高人民法院应当尽快出台专门规则，从以下几个方面规范行政协议的审理：首先，需要对行政协议的定义和范围进行明确。可考虑将行政协议定义为"行政机关或具有公共事务管理职能的组织为了完成行政任务，在其职责范围内与公民、法人或其他组织协商一致订立的协议"。在范围上，《行政诉讼法》仅列举了政府特许经营协议、土地房屋征收补偿协议两类典型的行政协议，除此之外，还有哪些典型的行政协议需要纳入调整范围，可以用列举的方式进一步明确。如在修法过程中就有地方法院提出，实践中发生争议的行政合同主要集中在国有自然资源管理和招商引资

等领域，建议将这些内容纳入受案范围。^① 其次，需要明确行政协议的原告资格，尤其是要明确协议外第三人原告资格的认定标准，可考虑对《行政诉讼法》中的"利害关系"做具体解释，规定合法利益受到侵害的协议外第三人有权提起行政协议之诉；此外，还应当明确行政协议的审查对象和审查标准，以及行政协议案件的判决和执行方式。

2. 完善行政诉讼案件调解的具体规则

2014年《行政诉讼法》第60条第1款规定，行政赔偿、补偿以及行政机关行使法律、法规规定的自由裁量权的案件可以调解。除了行政赔偿、补偿案件易于确定外，何为"行使法律、法规规定的自由裁量权的案件"并不清晰。事实上，行政法学界早就对"自由裁量权"这一概念提出过批评，指出并不存在完全不受约束的"自由"裁量权限。因此，行政诉讼调解首先要科学划定"自由裁量权"的范围。其次，按照《行政诉讼法》的规定，行政诉讼调解应当遵循自愿、合法原则。这一规定包括了两重要求：一是调解时应当遵循自愿原则，充分尊重当事人意见；二是调解应当符合合法原则，不能在法律规定的范围和方式之外调解，不能损害国家利益、社会公共利益和他人合法权益。应当对行政诉讼调解的上述原则给予充分重视，并规定相应的制度予以保障。最后，在调解的公开方面，为保证双方能够充分交换意见，尽早达成协议，协商调解的过程和结果一般需要遵循保密原则。^② 但行政诉讼的调解涉及公共利益，故应该对当事人的保密利益有一定克减。2018年《适用解释》规定，调解协议内容不公开，但为保护国家利益、社会公共利益、他人合法权益，人民法院认为确有必要公开的除外。可进一步对国家利益、社会公共利益、他人合法权

① 参见全国人大常委会法制工作委员会行政法室编：《行政诉讼法立法背景与观点全集》，法律出版社2015年版，第136页。
② 参见喻文光：《行政诉讼调解的理论基础与制度建构》，载《华东政法大学学报》2013年第1期，第3-16页。

益进行界定。尤为重要的是，在推进行政诉讼调解制度落实的同时，也要坚持行政行为合法性审查这一基础性的规则，不能让调解成为"和稀泥"，更不能让调解代替合法性审查，否则行政诉讼制度的根基将会受到挑战。

3. 完善规范性文件一并审查的审理规则

对于规范性文件一并审查制度，应当从审查范围、审查标准、裁判方式等方面进一步完善。首先，在审查范围方面，党政联合发文是行政管理过程中的一个常态化现象，此类规范性文件是否应当接受审查在实践中存在分歧。倘若规范内容主要是政府职权范围内的行政管理事项，应当纳入审查范围，否则将助长部分地方政府以党政联合发文的形式逃避审查的做法。其次，在审查标准方面，2018 年《适用解释》已经明确，应当从制定机关是否具有法定职权，与上位法是否抵触，增减公民、法人和其他组织合法权益是否具有法定依据、是否违反制定程序四个方面进行审查。从实质法治标准看，还应当添加"明显不当"作为规范性文件的审查标准。最后，按照《行政诉讼法》和 2018 年《适用解释》的规定，法院经审查后，认为规范性文件不合法的，不作为人民法院认定行政行为合法的依据，并向制定机关提出处理建议。这里涉及的问题是，因为立法仅赋予法院向规范性文件制定机关及上级机关、监察机关提出处理建议的权力，当处理部门的判断与法院不一致时，就会使规范性文件的效力处于不确定状态。鉴于规范性文件不同于法律法规和规章，其效力层级较低，应当赋予法院完整的裁判权力，其有权对规范性文件的效力作出最终判决。

"立善法于天下，则天下治。立善法于一国，则一国治。"自改革开放以来，在 1989 年《行政诉讼法》、2014 年《行政诉讼法》等法律及相关司法解释、典型案例的合力作用下，我国的行政诉讼制度在起步晚、底子薄的背景下快速发展，克服了重重困难和障碍，取得了历史性成就，其

"对于中国民主与法治发展的影响是不可估量的"①。党的十八大后，深化全面依法治国的实践为行政诉讼制度提供了新的发展空间和可能，同时也提出了新的要求。党的十八届四中全会通过的《中共中央关于全面推进依法治国若干重大问题的决定》明确指出，依法治国是坚持和发展中国特色社会主义的本质要求和重要保障，是实现国家治理体系和治理能力现代化的必然要求。行政诉讼制度作为平衡协调公权与私权的制度安排，将对国家治理体系和治理能力现代化起到重要促进作用，在未来的治国理政中发挥更大功效。尽管目前的行政诉讼制度还面临着一系列的问题与挑战，但可以预期，在学者、实务工作人员和全社会的共同努力下，再经过二十年左右的时间，我国的行政诉讼制度将得到更加深入的发展，形成更为良善的制度——在宏观层面有机融入国家权力结构中并推动权力结构的完善，在中观层面运转顺畅，在微观层面呈现出精细化的制度安排，从而真正承载起"法治奠基石"的历史使命，真正实现"人治与法治的分水岭"这一法治先驱者所留下的寄托和讴歌。

第三节　"法治 GDP"与法律实施*

法律难以有效实施的根本原因在于缺少推行法治的动力。必须从我国实际出发，抓住行政主导社会经济发展的特点，将"法治 GDP"引入领导干部绩效考核体系。重点是抓政府依法行政考核指标的确立，确立依法行政考核指标的功能、考核主体、考核对象及原则；同时，还要增强领导干部的法律意识，这是建立"法治 GDP"的关键。

　＊　原标题为"法律实施有赖于'法治 GDP'的建立"，载于《人民论坛》2011 年第 29 期，第 8-10 页。本书出版时根据实际情况，对标题与内容作了文字调整。
　①　应松年口述、何海波整理：《与法同行》，中国政法大学出版社 2015 年版，第 183 页。

法治意味着科学立法、严格执法、公正司法、全民守法，从而实现国家各方面工作的法治化。法治的实质是良法之治，有法律不等于有法治，只有制定良好的法律并得到全社会一体遵行，法律能够自动运转，才可以算得上是真正意义上的法治。目前我国法律体系已经日臻完备，立法成就有目共睹。随着中国特色社会主义法律体系的形成，有法可依的问题基本上得到解决，但有法不依、执法不严、违法不究的问题显得更加突出，法律实施状况不容乐观。一方面，社会大众的法律意识有所提高，依法维权热情日益高涨。可以说，越来越多的维权法律满足了社会公众的法治需求，而社会公众的依法维权实践客观上推动了法治进程；另一方面，公权力主体的法治观念和水平有待提高，规范和控制国家公权力的法治正在艰难推进。

21世纪初，相当一部分行政执法机关和司法机关，处于被动应付法治要求的状态，尚没有形成主动推行法治的客观环境和制度保障。加之推行法治触及执法者的根本利益，有法不依、执法不严的现象仍然严重，与社会公众的法治热情形成了明显反差。很多"看上去很美"的法律始终难以落到实处，从而直接威胁到法治的权威。法律难以有效实施的根本原因在于缺少推行法治的动力。

一、建立"法治GDP"是保证法律实施的重要手段

如何为法治发展注入强大的动力，让法律的实施不再成为难题？仅凭公众日益高涨的维权热情显然是不够的，靠有限的司法监督也不很现实。必须从我国实际出发，抓住行政主导社会经济发展的特点，认识到由上而下的干部任命制的特殊行政体制，以全新的政绩观为突破口，把法治引入政府官员的政绩考核体系，形成全新的考核体系，才能推动依法行政，真

正做到有法必依、执法必严，让依法行政成为各级领导干部自主、自觉的理性行为，从而激发起各级政府推动法治的热情，使法治的推行由被动转为主动。为了便于人们理解，借鉴经济 GDP 的概念，我们把以法治作为政绩考核标准的这类政绩评价体系称为"法治 GDP"。

我国经济发展一直依赖于政府的力量，可以称之为行政主导的经济发展模式。经济发展之所以如此迅速，关键是有一套与之相匹配的政绩考核标准，即经济 GDP。作为一种习惯的思维和制度的惯性，改革开放以来，我们一直用 GDP 来考核各级政府和官员的政绩。在落实科学发展观的过程中，我们逐渐意识到，除了经济发展指标外，还必须有社会、文化、政治等各个方面协调发展才是合理的、科学的、可持续的。建设法治国家与发展经济一样，需要来自政府方面的强大动力，而包含"法治 GDP"在内的较为全面的政绩考核指标则恰恰能够提供这样的动力。将"法治 GDP"引入领导干部绩效考核体系的重要作用，在于解决法治建设动力不足的问题。即在我们现行的经济指标、社会指标、人文指标和环境指标等基础之上再增加一个法治指标，让各级政府和官员不再唯经济指标马首是瞻，这样的话，才能让依法行政成为理性选择，使法治的推行由被动转为主动。我们不仅希望法治成为衡量政府和官员绩效的指标之一，而且希望"法治 GDP"在整个一级政府或者一级领导干部考核中占相当的权重，只有这样才能既给政府机关动力，也能给它施加压力，以保证法律的认真贯彻和落实。具体而言，就是要把推行法治、加强法治建设、严格依法行政的情况，作为各级政府机构和领导干部重要的政绩指标加以考核。法治搞得好不好，不仅仅是看制定了多少规章，还要看法律实施得好不好、司法公不公正、公务人员的法律意识是不是很强、整个社会的法治氛围如何，等等；用一些具体可量化、可操作、可测量的指标，比如组织依法行政学习的次数、法制机构是不是健全、工作体制机制是不是完善、依法行政的效率是否高，还有社会治安的状况、行政执法的投诉情况等，用人民是否满意等社会公众的评价方式来评价政府的工作，从而形成对各级政府和领导干部的一种监督约束和激励，来推动各地的依法行政。

二、推行"法治GDP"应当从依法行政考核做起

"法治GDP"作为一项政府绩效评价制度，应当是具体的、可以操作的。就当前政府绩效考核体系建设而言，应当重点抓住政府依法行政考核指标的确立。

首先，依法行政考核指标具有以下功能：一是评价功能，能够客观反映政府及其职能部门依法行政的质量。各职能部门执法的质量如何，是否存在违法行政之处，还存在哪些问题和突出的矛盾？如何解决？这些问题不仅直接关系到法治政府的构建，而且影响到政府的形象。因此，以定量化的指标体系对各级政府以及职能部门执法的质量进行评价，以此来测量和评价政府依法行政的水平，可以对行政执法状况作出恰当、准确的评价和定位，对各地执法中存在的问题和解决途径作出科学判断。二是考核功能，可以作为考核公务人员的重要依据。通过依法行政评价，可以真实地反映公务人员的执法水平和能力。评价结论以及评价中发现的问题可以直接作为对公务人员进行晋升奖惩的考核依据之一。三是引导功能，可以为未来依法行政工作提供指引方向。构建依法行政评价指标体系，不仅可以对现在的执法状况作出客观评价，更主要的是对政府未来的工作方向进行引导。通过指标体系的设定，为各级政府和职能部门提供具体的、可操作的规则，引导政府和职能部门向规范化的方向发展，有助于政府依法行政能力的提高。四是教育功能，可以促使公务人员转变执法观念，加强对依法行政的认识。通过依法行政评价制度，可以及时发现执法中存在的问

题，督促公务人员转变落后的执法观念，加强法律、法规的学习，改进执法手段。

其次，依法行政考核指标的考核主体是特定的。确立科学的依法行政评价机制，必须克服政府行为只注重上级反应而忽略公众感受的弊端。这就要求在评价机构的设置方面进行创新和改革，实现评估职能的适当分工和逐步社会化，在传统的政府组织的评价之外，探讨建立独立于政府的评价主体，作为政府内部评价的必要补充。依法行政评价主体的社会化的方式，实质上也就是使民意表达的渠道更加多样，民意反映更加充分。可以考虑以两种方式确定评价主体：第一种方式是采用传统的政府内部考核的方式。第二种方式则是积极探索评价主体的社会化，研究建立专业性的评价机构，以便保证评价的客观和针对性。

再次，依法行政考核指标的考核对象应当科学分类。比如，在市一级，考核对象可以分为三类：一类是市级行政管理部门具有行政处罚或行政许可职能，能以自己名义独立对外承担行政法律责任，可能成为行政复议被申请人或者行政诉讼被告。另一类是市政府办事部门或者派出机构，没有行政处罚和行政许可职能，不能以自己名义独立对外承担行政法律责任，不能成为行政复议被申请人或者行政诉讼被告。还有一类是各区县政府具有行政处罚或行政许可职能，能以自己名义独立对外承担行政法律责任，可能成为行政复议被申请人或者行政诉讼被告。

最后，依法行政的考核应当坚持全面、权威、科学、可操作、动态的原则。政府依法行政评价是一项复杂的系统工程，涉及评价指标体系的设计、评价主体的选择、评价程序的设定以及具体的评价过程操作等各个环节，其中的关键是必须设计出符合实际的、科学的评价指标体系。为此，应当坚持以下原则：一是全面性原则。政府依法行政评价应按照科学发展观和全面政绩观的要求，体现发展的全面性、系统性、均衡性和可持续性，通过指标的设置和考核，把各地依法行政工作引导到物质文明、政治文明和精神文明协调发展，兼顾效率与公平。二是科学性原则。即指标体系设计的科学性：科学确定考核评价对象、内容、方式和结果利用，科学合理设计指标体系，突出工作结果和依法行政水平，客观反映依法行政工作、状态、水平和社会效应，做到定性与定量相结合，且以定量为主，既有任务指标，又有状态指标，指标设计及分值设计注重导向性，突出重点工作，同时做到考核过程和结果的科学性：考核评价过程体现参与性，增加互相考核、交叉考核和社会公众评价的分量；考核评价结果体现公开性，以适当方式向全市行政机关和社会公众公开考核评价结果，增加透明度。三是权威性原则。既要有与考核评价对象的互动，又要有与其他行政机关及其工作人员的互动，还要有与社会公众的互动。保证考核评价结果的权威性。四是可操作性原则。各级指标设计突出可操作性，尤其是量化指标收集和统计的可行性。五是动态性原则。指标的设置应善于进行纵横比较。纵向比较，既要评价客观背景，也要评价发展现状，既要全面评价，也要评价发展速度，并体现阶段性，以便全面考察在过去基础上进步与发展的幅度；横向比较，应考虑不同地区客观条件的差异性对政府依法行政的影响，同时侧重评价在同等条件下与其他地区、部门相比，本地区和部门位次的变化。六是突出重点，分类评价原则。政府部门性质不同，承担的责任不同，因此对其评价的重点不同。一般而言，评价的指标要少而精，才能抓住关键，便于用统一指标进行评价，避免评价结果失去可比性。但是，对于承担不同职能的行政机关应当确定不同的评价重点。

三、建立"法治GDP"关键在于增强领导干部的法律意识

2011年3月，时任总书记胡锦涛在中央政治局第二十七次集体学习

时强调，推进依法行政，关键在领导，重点在落实。要增强领导干部依法
行政的意识和能力，要善于运用法律手段深化改革、推动发展、维护稳
定。这实际上是对各级领导干部提出了一个重要的要求，因为下级做得怎
么样关键是看领导。我们的行政系统实行首长负责制，上级领导决定下级
领导以及工作人员的工作内容和要求，所以，只有领导干部特别是高级领
导干部有比较强的依法行政的意识，具有依法行政的能力，才能真正地推
动依法行政的进程。因此，要加强普法宣传教育，组织各类学习，深入开
展社会主义法治精神的教育以及各种实践活动，新闻媒体和舆论应该发挥
导向作用。为了保证学习效果，还应该在政绩考核指标中增加领导干部法
律学习情况这一项。领导干部不懂法，就无法胜任工作。特别是要弘扬法
治精神，维护宪法法律的权威，科学立法、严格执法、公正司法、全民守
法，维护社会主义法制的统一、尊严和权威。因为法治就是法律之治，或
者法的统治，当宪法法律在一个国家具有最高的权威和尊严的时候，社会
才能形成依法办事的意识，政府才能形成依法行政的意识，这样才能形成
良好的法治环境。加强法治宣传教育，树立法治的权威和尊严，是相当长
一段时间内法治建设的重要任务，或许需要几代人才能完成。一个社会也
应该是这样的，只有人人守法、依法办事，社会才有公平和秩序，个人的
人身自由和财产权利才能得到保障。当调整各种社会关系的法律规则得到
全体社会的一体遵行，法治社会才能形成。

第四节 "规划"时代的法治政府与法治中国建设*

近年来，随着一批重要法治建设规划颁布实施，各类法治建设规划逐

---

* 原标题为"迈向'规划'时代的法治中国建设"，载于《中国法学》2021年第3期，第18-37
页。本书出版时根据实际情况，对标题与内容作了文字调整。

渐形成一个领域宽广、内涵丰富、层次分明的整体，法治中国建设进入"规划"时代。通过规划引导推动法治发展，是由我国特殊的现代化进程决定的，具有充分的思想与制度基础。进入"十四五"时期，把握新发展阶段、贯彻新发展理念、构建新发展格局，法治中国建设面临新形势和新挑战。按照各类法治建设规划的部署，"十四五"时期法治中国建设的重点是推进条件成熟领域的法典编纂、强化涉外法治建设、强化绿色发展的法治保障、推动法治政府建设向纵深迈进、增强对科技创新的法治回应等多个方面。

"十三五"时期，以习近平同志为核心的党中央从坚持和发展中国特色社会主义的全局和战略高度定位法治、布局法治、厉行法治，坚持依法治国、依法执政、依法行政共同推进，法治国家、法治政府、法治社会一体建设，法治中国建设展现出新气象、取得了新进展、开创了新局面。"十四五"时期是我国在全面建成小康社会、实现第一个百年奋斗目标之后，乘势而上开启全面建设社会主义现代化国家新征程、向第二个百年奋斗目标进军的第一个五年。"中国特色社会主义实践向前推进一步，法治建设就要跟进一步。"① 随着中国特色社会主义事业的不断发展，法治建设必将承载更多使命，发挥更为重要的作用。

在这一历史关键时期，《中华人民共和国国民经济和社会发展第十四个五年规划和2035年远景目标纲要》（以下简称"十四五"规划）、《法治中国建设规划（2020—2025年）》《法治社会建设实施纲要（2020—2025年）》等多份事关法治建设的重要规划密集出台，法治中国建设真正走向"规划"时代。通过制定实施法治建设规划的方式，来对法治建设进行系统性谋划、整体性推进，已经成为中国特色社会主义法治道路的重要经验，成为中国法治建设能在短短几十年里实现飞跃式发展的重要原因。

---

① 习近平：《推进全面依法治国，发挥法治在国家治理体系和治理能力现代化中的积极作用》，载习近平：《论坚持全面依法治国》，中央文献出版社2020年版，第272页。

一、以规划引领法治建设的中国经验

通过编制和实施国家规划来设定目标、整合资源、引领发展，是中国特色社会主义制度的鲜明特色。从 1953 年至今，我国已经成功编制实施了 14 个五年规划（计划），有力推动了经济社会发展、综合国力提升、人民生活改善，创造了世所罕见的经济快速发展奇迹和社会长期稳定奇迹。借鉴国民经济建设中的这一成功做法，以规划方式布局法治、把握方向、明确目标、统合资源、部署举措，成为法治建设的"中国经验"。尤其是党的十八大以来，各种法治建设规划密集出台，法治建设呈现出新格局、新特点，法治建设真正步入了"规划"时代。

（一）法治建设规划的具体形式与层次

近年来，法治建设各领域、各环节的工作大多有明确的法治建设规划作为依据，依照法治建设规划所设计的"时间表"和"路线图"渐次展开。法治建设规划本身也逐渐形成一个领域宽广、内涵丰富、层次分明的整体。其中，法治中国建设规划是党中央发布的法治建设整体性谋划，突出体现了党中央居中领导、统筹推进法治建设的重要作用；国民经济和社会发展五年规划是经全国人大审议通过的正式规范性文件，其中通常包含了法治建设的相关内容；各具体领域的法治建设规划在整体性规划之下，就各领域法治建设的具体问题作出部署。除此之外，各地还会结合地方特点颁布地方法治建设的规划。这些规划的规划期有所重合，内容相互补充，共同构成我国法治建设的基本遵循。

1. 法治中国建设规划

制定法治中国建设规划，是对中国法治建设方向、道路和举措的整体部署，事关全面依法治国工作全局。在中央全面依法治国委员会第一次会议上，习近平总书记就明确提出，要研究制定法治中国建设规划。① 中央全面依法治国委员会第二次会议再次强调要"完善法治建设规划"，并明确提出"法治建设规划，事关全面依法治国工作全局"，进一步强调了规划的重要性。② 中共中央在 2021 年 1 月印发了《法治中国建设规划（2020—2025 年）》。该规划是新中国成立以来，由党中央颁行的首个以"法治中国建设"为内容的系统性规划。该规划以习近平法治思想为根本遵循，围绕中国特色社会主义法治体系这一总抓手，从坚定不移走中国特色社会主义法治道路、全面贯彻实施宪法等九个方面着手，对法治中国建设的各项工作进行了全面和系统的部署。《法治中国建设规划（2020—2025 年）》的颁布，一方面展示了党中央更加重视运用法治建设规划这一工具统筹法治建设，另一方面也标志着法治中国建设真正进入了"规划引领"的全新阶段。

由党中央颁行法治中国建设规划，充分体现了党的领导是推进全面依法治国的根本保证。在解释成立中央全面依法治国委员会的重大意义时，习近平总书记就指出："当前，立法、执法、司法、守法等方面都存在不少薄弱环节，法治领域改革面临许多难啃的硬骨头，迫切需要从党中央层面加强统筹协调。"③ 推进全面依法治国涉及复杂而深刻的多方面问题，包括行为方式重塑、文化观念变迁、制度体系再造以及利益分配调整等，需要一个拥有强大组织与动员能力的核心统揽全局、协调各方，为法治建

---

① 参见习近平：《在中央全面依法治国委员会第一次会议上的讲话》，载习近平：《论坚持全面依法治国》，中央文献出版社 2020 年版，第 232 页。

② 参见习近平：《为做好党和国家各项工作营造良好法治环境》，载习近平：《论坚持全面依法治国》，中央文献出版社 2020 年版，第 253 页。

③ 习近平：《在中央全面依法治国委员会第一次会议上的讲话》，载习近平：《论坚持全面依法治国》，中央文献出版社 2020 年版，第 232 页。

设明确道路与方向，为法治改革提供政治保障。由党中央制定发布法治中国建设规划，针对法治建设各方面各领域的问题作出系统部署，正是党中央加强对法治建设统筹的重要体现。

2. 国民经济和社会发展五年规划

国民经济和社会发展五年规划（以下简称"五年规划"），是社会主义现代化战略在规划期内的阶段性部署和安排，其主要功能是明确国民经济和社会发展的目标和方向，阐明国家战略意图、明确政府工作重点、引导规范市场主体行为。通过制定实施五年规划来对国民经济和社会发展的主要方向进行布局，从而引领经济社会发展，是中国特色社会主义发展模式的重要体现，是"中国之制"和"中国之治"的重要经验。习近平总书记指出，用中长期规划指导经济社会发展，是我们党治国理政的一种重要方式。①

观察"一五"计划到"十四五"规划的内容演变可以看出，随着中国特色社会主义制度的完善，五年规划的内容逐渐丰富，从早期仅着眼于国民经济发展，逐渐拓展到涵盖国家经济建设和社会发展的各个方面。尤其是 1982 年宪法将此前沿用的"国民经济计划"这一概念修改为"国民经济和社会发展计划"，反映出国家规划不再将国民经济发展作为唯一的目标，而是将国民经济发展与社会建设等问题统筹考虑，体现出更宏观和全面的国家治理思维。就法治建设而言，早在"七五"计划时，"社会主义民主和法制"就被纳入五年规划（计划）。后续的"八五""九五"等五年规划（计划）中，法治建设的内容逐渐增多，法治建设的要求更加具体化。"十四五"规划就在第十七篇第五十九章专章规定了"全面推进依法治国"的相关内容。

---

① 参见习近平：《在经济社会领域专家座谈会上的讲话》，载《人民日报》2020 年 8 月 25 日，第 2 版。

五年规划中的法治建设规划具有多个方面的重要意义。其一，作为由国务院编制并经全国人大审议通过的正式规范，五年规划对各级国家机关具备法律上的约束力。在计划经济时期，五年规划（计划）的内容以具体指令为主，体现出明确的约束力。社会主义市场经济体制确立后，五年规划（计划）的内容从传统的具体指令下达更多变为宏观战略指导，引发了关于规划约束力的争议。① 事实上，无论从宪法法律的规定，还是从全国人大审议通过这一社会主义民主机制看，规划都具有明确的约束力，如《宪法》第 89 条就明确赋予了国务院执行国民经济和社会发展计划的职权。基于此，五年规划可与其他法治建设规划有效衔接，赋予其他法治建设规划规范效力。如"十四五"规划就明确提出，推进全面依法治国，"实施法治中国建设规划""实施法治政府建设实施纲要""实施法治社会建设实施纲要"。其二，五年规划的主体内容以经济社会发展目标为主，其中的法治建设规划是在经济社会发展的总体要求和框架内展开，这有助于统筹经济社会发展和相关法律制度建设，实现经济基础与上层建筑的协调。

3. 法治建设各个具体领域的专门规划

习近平总书记多次指出，全面依法治国是一个系统工程，必须统筹兼顾、把握重点、整体谋划，更加注重系统性、整体性、协同性。② 这表明，推进全面依法治国一方面要重视统筹推进、一体布局，另一方面也要突出重点、把握关键，实现全面推进与重点突破的协调。③ 在法治中国建设的整体布局之下，法治建设各领域、各环节存在着为数众多的专门规

---

① 参见郝铁川：《我国国民经济和社会发展规划具有法律约束力吗？》，载《学习与探索》2007年第 2 期，第 99—102 页。

② 参见习近平：《在中央全面依法治国委员会第一次会议上的讲话》，载习近平：《论坚持全面依法治国》，中央文献出版社 2020 年版，第 229 页。

③ 参见张文显：《中国法治 40 年：历程、轨迹和经验》，载《吉林大学社会科学学报》2018 年第 5 期，第 22 页。

划。从形式上看，此类规划多以"规划""计划""纲要"为名；从内容上看，此类规划多聚焦于法治建设某一方面或某一领域的重点问题；从制定主体来看，此类规划的制定主体多样化，有的由中共中央单独颁行，有的由中共中央与相关国家机关联合颁行，有的由相关国家机关联合颁行，有的由相关国家机关单独颁行。

在法治建设的各个具体领域出台专门规划，较早就已得到广泛应用，可被视为改革开放后推进法治建设最为重要的工具之一。如在党的十五大确定了依法治国的基本方略并明确提出司法改革的任务后，最高人民法院在 1999 年印发了第一个《人民法院五年改革纲要》，其实质是对司法改革的任务进行系统规划和部署。近年来，随着全面依法治国的深入推进，专门规划已成为法治建设的重要依托。例如，在立法领域，历届全国人大常委会都会发布立法规划；在法治政府建设领域，中共中央、国务院在 2015 年印发了《法治政府建设实施纲要（2015—2020 年）》；在法治社会建设领域，中共中央于 2020 年 12 月印发了《法治社会建设实施纲要（2020—2025 年）》；在司法领域，最高人民法院已经颁行了五部《人民法院五年改革纲要》；在党内法规领域，中共中央已经连续颁行了两部《中央党内法规制定工作五年规划纲要》。

4. 地方法治建设规划

除上述三种形式的法治建设规划外，各省、市、自治区通常也会结合自身特点，制定发布地方法治建设规划。传统上，地方法治建设规划多包含在地方国民经济和社会发展五年规划中。

近年来，随着全面依法治国的深入推进，地方法治建设规划更多以综合性规划和具体领域的专门规划的形式体现。例如，2021 年 4 月，中共上海市委就审议通过了《法治上海建设规划（2021—2025 年）》《上海法治社会建设规划（2021—2025 年）》。地方法治建设规划通常呈现出如下特点：一是多由地方党委或地方党委下设的依法治省（市、自治区）办颁行，体现出地方党委对地方法治建设的统筹领导能力不断增强；二是在梳理全国性规划各项部署要求的基础上，结合城市发展定位和本地法治建设实际，对全国性规划的要求进行细化和补充；三是立足本地实际，围绕本地中心工作，有针对性地作出部署，充分发挥法治对地方经济社会发展的引领、规范、保障作用。

（二）法治建设规划的意义

法治建设是国家现代化进程中的重要内容。通过法治建设规划引导中国特色社会主义法治建设，与我国独特的现代化之路有着紧密联系，是推进我国法治建设的必然要求，反映了我国法治发展的内在逻辑。

从世界上已经实现现代化国家的发展历程看，英国、美国、法国等西方国家呈现出来的是自下而上的社会演进模式，即适应市场经济和现代化发展需要，经过一二百年乃至二三百年的内生演化，逐步实现法治化。其中，政府对法治的推动作用相对较小。而新加坡、韩国、日本等国家，所呈现出来的主要是政府自上而下在几十年时间内快速推动法治化，政府对法治的推动作用很大。[①]

各国所走的法治道路由其在特定发展阶段的经济基础和社会主要矛盾所决定，存在着各自的优势和短板。英美的内生演化式法治深深植根于英美等国的历史传统和民族文化，通常需要经过长达数百年的演进时间[②]，才能够在大量、反复的实践中探索形成比较稳定的秩序，并结合社会习惯、宗教信仰、道德哲学等因素，完成法治规则的提炼和整合。这一路径

[①] 参见习近平：《各级领导干部要做尊法学法守法用法的模范》，载习近平：《论坚持全面依法治国》，中央文献出版社 2020 年版，第 135 - 136 页。

[②] 参见徐显明：《关于中国的人权道路》，载《人权研究》2020 年第 1 期，第 4 页。

充满着利益博弈、斗争和过度的资源损耗，很可能出现动荡和反复。韩国、日本等其他东亚国家的法治化路径由政府主导，在大量借鉴、移植西方观念和制度的基础上，在较短时间内建立起具备现代化因素的法治秩序。这一路径虽然可以高效地满足国家现代化建设过程中的法治需求，但却需要面对制度移植和本土化之间的矛盾，需要回应传统与现代的断裂、法律制度与社会规则的耦合等难题。

作为后发现代化国家，我国的现代化之路与西方国家存在较大差异。西方国家的现代化通常是以其内生的现代经济与社会发育作为历史起点，在现代化的社会之上建构包括法律制度在内的各种国家制度。但在后发现代化国家，其现代化转型并非内生，而是外部现代化潮流推动的结果。[①]在实现历史跨越和国家转型的过程中，后发现代化国家需要在短时间内快速完成现代化任务，需要处理城乡、区域间的不平衡发展问题，需要应对深度交错的政治现代化与经济社会现代化关系。这一系列因素都决定了，后发现代化国家的现代化进程不可能走漫长的内生演进式道路，而需要由强有力的政治力量来推动、引导，带领国家完成现代化转型。法治建设作为这一现代化进程中的重要组成部分，与其他领域的现代化同步展开。

我国的现代化进程主要表现为由中国共产党领导的现代化建设。作为社会主义国家，我国始终坚持一切权力属于人民这一宪法原则。人民的主体地位决定了我国的现代化进程必须超越单一的国家主义视角，而要更多重视人民的作用，反映人民的意愿。因此，中国特色社会主义法治道路必定是党的领导、人民当家作主、依法治国的有机统一。正如习近平总书记所指出的："我们要在短短几十年时间内在十三亿多人口的大国实现社会

---

① 参见林尚立：《当代中国政治：基础与发展》，中国大百科全书出版社 2017 年版，第 110—114 页。

主义现代化，就必须自上而下、自下而上双向互动地推进法治化。"① 其中，自上而下的领导力来自中国共产党，自下而上的推动力则来自人民群众，二者的双向互动确保了我国法治现代化进程的顺利推进。在这种双向互动中，需要依托适当的机制来明确目标、整合意志、凝聚共识、调配资源。在中国共产党领导中国人民推进现代化建设的实践中，逐渐探索出了通过编制和实施国家规划来引领发展这样一条经验。这一经验最初形成于国民经济社会发展领域，五年规划（计划）的编制和执行是重要代表，随后在包括法治建设在内的公共治理领域得到复制和展开。

在绝大多数公共治理领域，面对复杂的需求和有限的资源，都需要依赖整体性的知识，对目标任务、议程顺序等进行规划设计②，法治建设亦是如此。从我国近代以来的发展历程可见，我国并不具备自发形成现代法治秩序的条件。改革开放以来，社会主义市场经济体制的建立也对法治现代化提出了迫切要求。在传统社会无法短时间自发形成现代法治秩序的情况下，就需要由具备整体知识和政治权威的主体有意识地设计蓝图并付诸实施。通过制定法治建设规划，明确法治建设的目标、路线、举措，统合各方面的资源和力量，能够实现顶层设计和基层实践的结合，保障法治建设方向正确、目标科学、步伐坚实、成果稳固。改革开放以来，尤其是党的十八大以来，在多份重要法治建设规划的引领下，处于法治"后发赛道"的我国在较短的时间内实现了法治建设的快速发展，法治中国建设取得了历史性成就。

（三）法治建设规划的基础条件

通过规划引导国家发展，本质上是一种目标治理机制③，即由具备相

---

① 习近平：《各级领导干部要做尊法学法守法用法的模范》，载习近平：《论坚持全面依法治国》，中央文献出版社 2020 年版，第 135－136 页。

② 参见鄢一龙：《目标治理是中国独特的制度创新》，载《前线》2013 年第 11 期，第 35 页。

③ 参见付子堂：《法治中国建设规划开启全面依法治国新篇章》，载《中国司法》2021 年第 2 期，第 12 页。

应政治权威的主体，吸纳各方智慧制定国家目标，调动各方积极性，引导资源配置，通过自下而上与自上而下相结合的方式，共同推动目标实现。^① 这一机制在国民经济建设领域广泛应用。

但与经济建设规划相比，法治建设规划的性质更加复杂，制定和实施的难度相对更高。因此，科学制定并有效实施法治建设规划需要具备一定的条件和基础。党的十八大后，法治建设规划的地位和作用日趋重要，其基础条件主要表现为法治建设指导思想的日趋成熟、对法治建设规律的把握日益深刻和编制实施规划的体制机制不断健全。

1. 法治建设指导思想的日趋成熟

习近平总书记指出："每一种法治形态背后都有一套政治理论，每一种法治模式当中都有一种政治逻辑，每一条法治道路底下都有一种政治立场。"^② 坚持以马克思主义为指导是当代中国法学区别于其他国家法学的根本标志，也是当代中国法学和法治实践始终沿着正确方向发展的根本保证。^③ 改革开放以来，中国共产党将民主法治建设放到国家政治生活中的重要位置，重视以马克思主义引领法治中国建设，围绕法治建设形成了一系列重要的思想理论成果，不仅丰富和发展了马克思主义法学理论，也有力推进了中国特色社会主义法治建设不断向纵深迈进。尤其是随着全面依法治国实践的不断深入，法治建设的指导思想也日趋系统、成熟、完善，成为制定法治建设规划的核心灵魂。

在改革开放初期，邓小平同志提出了社会主义民主制度化、法律化的

① 参见鄢一龙：《五年规划：一种国家目标治理体系》，载《文化纵横》2019 年第 3 期，第 78 页。
② 习近平：《在省部级主要领导干部学习贯彻党的十八届四中全会精神全面推进依法治国专题研讨班上的讲话》，载中共中央文献研究室编：《习近平关于全面依法治国论述摘编》，中央文献出版社 2015 年版，第 34 页。
③ 参见黄文艺：《迈向法学的中国时代——中国法学 70 年回顾与前瞻》，载《法制与社会发展》2019 年第 6 期，第 14 页。

重大法治方针，确立了党必须在宪法和法律范围内活动的重大法治原则，形成了"有法可依、有法必依、执法必严、违法必究"等法治建设具体方针，为处于恢复重建期的社会主义法治建设提供了重要指引。① 此后，江泽民同志、胡锦涛同志提出了实行依法治国、建设社会主义法治国家、依法执政等法治建设的重大理论命题，继续推进着中国特色社会主义法治建设的发展。

党的十八大以来，以习近平同志为核心的党中央在多个重要历史节点都为全面依法治国的推进明确了方向和举措，并在这一过程中不断提炼总结新时期法治建设的指导思想。2020 年 11 月召开的中央全面依法治国工作会议以"十一个坚持"对习近平法治思想进行了系统概括，标志着习近平法治思想的正式形成。习近平法治思想的提出，为各类法治建设规划的编制与实施提供了思想上、内容上、方法论上的指引，成为规划引导发展之路的核心。如，《法治中国建设规划（2020—2025 年）》将"坚持贯彻中国特色社会主义法治理论"作为基本原则之一，并明确要求要深入贯彻习近平法治思想，系统总结运用新时代中国特色社会主义法治建设的鲜活经验，不断推进理论和实践创新发展。

2. 对法治建设规律的把握日益深刻

以法治建设规划引导法治建设发展，必须建立在对法治建设规律的深刻把握之上。"规划"是对未来全局性、战略性、方向性问题的谋划、部署和展望②，其重点在于通过目标设定、资源分配、任务部署，塑造未来的格局与秩序。但由于人无法预测未来，制定规划只能基于对事物内在规律的把握，依托尽可能充分的知识，进行适度超前预测。在我国法治建设

---

① 参见公丕祥：《新时代中国法治现代化的战略安排》，载《中国法学》2018 年第 3 期，第 32 - 36 页。

② 参见徐孟洲：《论经济社会发展规划与规划法制建设》，载《法学家》2012 年第 2 期，第 44 页。

的语境下，党中央居中统筹，统领各方，具有整体性的知识，具备制定规划的信息基础。因此，能否深刻把握法治建设规律，往往成为决定规划效果的重要因素。在五年规划的制定和实施历史上，就曾经因为未能很好把握规划愿景与国情国力的关系等问题，导致规划发展之路的挫折。①

对法治建设规律的把握无法一蹴而就，需要逐渐深化。从法治建设的一般经验来看，在法治建设初期，面对先发国家的法治成果，进行合理借鉴和适当移植可以降低风险、节约成本。但这只是法治发展的一个阶段性特征。当后发法治国家实现法律制度的"从无到有"后，如何促进相应制度的本土化，并提炼本土化的法治建设规律就成为重要任务。经过改革开放以来多年的探索，我国法治建设积累了一系列宝贵经验，从"摸着石头过河"到建设中国特色社会主义法治体系，标志着我国法治建设和法学研究的自主性不断增强，对法治建设规律的把握也日益深刻。

改革开放以来，尤其党的十八大以来，我国法治建设和法治改革所呈现出的一个鲜明特点就是既重视法治规律，又重视法理②，在实践中不断强化对法治的规律性认知。观察党的十八大以来与法治建设紧密相关的历次重要会议即可看出这一脉络。党的十八届四中全会提出了"法律是治国之重器，良法是善治之前提""法律的生命力在于实施，法律的权威也在于实施"等法治规律性命题，标志着我们对于法治建设规律的认识逐渐深化。党的十九届四中全会站在坚持和完善中国特色社会主义制度、推进国家治理体系和治理能力现代化的战略高度，对我国国家制度和国家治理体系的显著优势进行了总结，标志着我们对国家治理规律的认识有了极大深化。习近平总书记从把握新发展阶段、贯彻新发展理念、构建新发展格局

---

① 参见赵学军：《五年规划编制与实施中的若干基本关系——十三个五年规划的历史经验》，载《中共党史研究》2020 年第 5 期，第 125-133 页。

② 参见张文显：《中国法治 40 年：历程、轨迹和经验》，载《吉林大学社会科学学报》2018 年第 5 期，第 23 页。

的实际出发，用"十一个坚持"概括了当前和今后一个时期推进全面依法治国的基本遵循，形成了对法治建设规律的系统性总结。这种认识论上的不断深化为制定法治建设规划奠定了坚实基础。

3. 编制和实施规划的机制不断健全

通过规划展开治理通常遵循以下逻辑：第一，通过规划进行目标设定与匹配，即在制定目标的过程中，通过多种参与形式，吸纳各方面主体的分散诉求。同时国家目标的制定与宣传又成为达成共识与释放信号的过程，从而引导分散主体自主寻求与国家目标的匹配，制定目标的过程本身就成为统一认知的过程。[1] 第二，通过规划实现对有限公共资源的统筹分配，"规划的功能在于能够适时而理性地将现实社会生活中可以利用的一切人力、物力与财力资源，事先安排或分配到预设的时间和空间内，以实现经济社会发展目标"[2]。第三，通过规划明确具体的任务举措，对总体目标进行分解、评估，进一步明确各类主体所承担的义务，并通过强有力的目标实施和反馈机制确保目标实现。如，对于约束性指标，规划通常会以严格的目标责任制将其实现情况纳入各地区各部门经济社会发展综合评价和绩效考核，并将重点指标纳入领导干部的政绩考核。

上述目标治理的典型机制在法治建设规划中得到了有效应用，保障了法治建设规划的顺利制定和实施。在目标的设定和匹配上，规划主体通常是基于充分调研和听取意见，形成科学合理的规划目标。如，习近平总书记在谈到《中共中央关于制定国民经济和社会发展第十四个五年规划和二〇三五年远景目标的建议》的形成过程时就指出，"这次建议稿起草的一个重要特点是坚持发扬民主、开门问策、集思广益"[3]。规划颁布后，由

---

[1]　参见鄢一龙：《五年规划：一种国家目标治理体系》，载《文化纵横》2019年第3期，第79页。

[2]　徐孟洲：《论经济社会发展规划与规划法制建设》，载《法学家》2012年第2期，第44页。

[3]　习近平：《关于〈中共中央关于制定国民经济和社会发展第十四个五年规划和二〇三五年远景目标的建议〉的说明》，载《人民日报》2020年11月4日，第2版。

地方各级党委承担对规划任务部署落实的主体责任,进一步强化了规划目标的引导作用。在对公共资源的配置上,法治建设涉及社会生活的各个方面,法治建设规划中对于各项任务的部署,本身就体现出了对法治建设任务的优先级排序,构成各地分配资源、开展建设的指引。在对目标的评估和约束上,法治建设规划通常会提出明确的监督考核要求。如,《法治中国建设规划(2020—2025年)》要求各级党委要将法治建设与经济社会发展同部署、同推进、同督促、同考核、同奖惩,并要求各级党委要研究制定法治建设指标体系和考核标准。对于一些具体的制度举措,规划还设定了明确的时限,如,《法治社会建设实施纲要(2020—2025年)》要求到2022年基本形成覆盖城乡、便捷高效、均等普惠的现代公共法律服务体系,保证人民群众获得及时有效的法律帮助。上述机制的成熟和完善,是以规划引领发展之路能够畅通的重要条件。

二、"十四五"时期法治建设面临的新形势与新挑战

"十四五"时期是我国开启全面建设社会主义现代化国家新征程、向第二个百年奋斗目标进军的第一个五年。在新的发展阶段和新的历史方位下,法治建设也面临一些新的形势和挑战。通过制定和实施各类法治建设规划,可以充分发挥规划的理性建构作用和目标治理功能,并能够通过顶层设计降低和规避风险,突破内生演化式法治建设路径在利益、信息、视野等方面的局限,更加高效、系统、深入地推进法治建设。

(一)习近平法治思想的明确提出

党的十八大以来,以习近平同志为核心的党中央在推进全面依法治国的伟大实践中,创造性地发展了中国特色社会主义法治理论,形成了习近平

法治思想。习近平法治思想是一个涵盖法治建设基本理论、法治建设基本方略、法治建设具体路径等多方面内容的理论体系，充分体现了以习近平同志为核心的党中央对全面依法治国的深入思考和战略谋划。习近平法治思想的明确提出，标志着法治中国建设的指导思想有了系统化的更新，这构成当前和今后一段时间内制定和实施各类法治建设规划的根本遵循和行动指南。通过制定发布法治建设规划的方式，全面、准确地阐释习近平法治思想，能够有效促进习近平法治思想的贯彻落实，也能够提升法治建设规划本身的科学性、完备性。从当前的实践来看，法治建设规划至少在以下几个方面实现了对习近平法治思想的具体化：

第一，在法治建设的基本理论上，各类法治建设规划很好地把握住了推进全面依法治国的政治方向，始终坚持党对全面依法治国的领导，坚持以人民为中心推进法治建设，坚持中国特色社会主义法治道路。这有助于在具体的法治建设工作中保持法治定力，明确目标方向，强化法治建设的持续性、稳定性。如，《法治社会建设实施纲要（2020—2025年）》就在主要原则部分规定了坚持党的集中统一领导、坚持以中国特色社会主义法治理论为指导、坚持以人民为中心等原则。

第二，在法治建设的基本方略上，各类法治建设规划始终将法治建设与国家治理体系和治理能力现代化相统一，坚持在法治轨道上推进国家治理体系和治理能力现代化，以中国特色社会主义法治体系为抓手，系统推进法治中国建设。如，《法治中国建设规划（2020—2025年）》就是围绕中国特色社会主义法治体系的建设而展开。

第三，在法治建设的具体路径上，各类法治建设规划始终按照习近平法治思想的部署，更加全面和系统地看待法治中国建设各领域各环节，坚持依法治国、依法执政、依法行政共同推进，法治国家、法治政府、法治社会一体建设。如，《法治社会建设实施纲要（2020—2025年）》虽然主要聚焦法治社会建设，但也涉及了对行政权的规范，因为约束政府权力与保护公民权利往往是一体两面的关系。

（二）世界百年未有之大变局

从改革开放后的法治建设历程来看，国际和国内两个大局始终在发生交互，国际法治实践通过各种途径对我国的法治建设发生着影响。如，在20世纪末，我国开启了加入世界贸易组织的谈判，这在很大程度上影响了我国法治现代化的进程。按照世界贸易组织的制度框架要求，我国进行了立法制度、司法救济制度、政府透明度等多个方面的改革，这在一定程度上倒逼了国内法治的完善。① 这表明，国际法治具备与国内法治形成良性互动的可能。

然而，当今世界正处于百年未有之大变局，世界进入动荡变革期，不稳定性、不确定性显著上升。人类社会面临的治理赤字、信任赤字、发展赤字、和平赤字有增无减，实现普遍安全、促进共同发展依然任重道远。导致世界进入百年未有之大变局的原因是多方面的，新一轮科技革命和产业变革深入发展是其技术根源，部分国家推行的单边主义、保护主义、霸权主义是其政治根源，新冠肺炎疫情等突发事件的影响是偶发因素，国际政治行为体之间的力量对比和国际秩序发生了近百年来的最大调整则是百年未有之大变局最直接的表现。

世界百年未有之大变局深刻影响着世界格局，也对世界各国的政治与法律秩序产生影响。对我国而言，这种影响主要表现在三个方面：一是随着国家实力增强，我国日益走入世界舞台的中心，从被动接受国际规则转变为越来越主动地参与世界格局的塑造，我国公民、法人和其他组织"走

---

① 参见应松年、王锡锌：《WTO与中国行政法制度改革的几个关键问题》，载《中国法学》2002年第1期。

出去"的实践增多，相应的风险也随之增加。二是我国发展仍然处于重要战略机遇期，但受世界格局与国际秩序发展变化的影响，所面临的机遇和挑战都有新的发展变化，需要更加审慎和妥善地进行处理。三是涉外法治领域的对抗性、斗争性增强，部分国家奉行单边主义、保护主义、霸权主义，对国际法律秩序和国际法规则形成负面影响，导致国家间冲突频发，国际法治秩序中的对抗和斗争因子增加。法律领域正在成为国际斗争新领域，国家间法律战、诉讼战将会越来越激烈。[1]

上述影响变化对我国法治建设提出了多方面的要求：其一，要加快涉外法治工作战略布局，把涉外法治建设摆在更高的位置，构建与我国国际地位相适应的涉外法治体系，不断强化用法治方式维护国家主权、安全、发展利益的能力；其二，要更好统筹国际与国内两个大局，统筹推进国内法治和涉外法治，使涉外法治与国内法治能够有机联系，良好融通；其三，要进一步丰富涉外法律斗争的"工具箱"，强化涉外法律斗争的技巧，为打好涉外"法律战"做好理论、制度和人才储备。实现上述任务，需要以更高的站位进行更加全面的统筹，依靠法治建设规划等工具进行顶层设计，打破壁垒、集中资源，进行更加科学合理的法治布局。

（三）全面建设社会主义现代化国家新征程的开启

党的十九大对实现第二个百年奋斗目标作出了分两个阶段推进的战略安排。第一个阶段从 2020 年到 2035 年，目标是基本实现社会主义现代化。第二个阶段从 2035 年到本世纪中叶，目标是把我国建成富强民主文明和谐美丽的社会主义现代化强国。第一阶段的各项工作都应该在 2035 年基本实现社会主义现代化这一总体目标下，围绕社会主义现代化建设全

---

[1]　参见黄文艺：《习近平法治思想中的未来法治建设》，载《东方法学》2021 年第 1 期，第 33 页。

局进行部署安排。法治建设亦是如此。

从概念上说，"现代化"是指从传统社会向现代社会转变的一种过程与状态。在新中国成立后的一段时间内，"现代化"的概念主要指农业、工业、国防、科技等物质层面的现代化。党的十八大以来，以习近平同志为核心的党中央把国家治理体系和治理能力现代化纳入现代化的范畴，推动中国进入了全面现代化的新时代。① 对"现代化"的这一全新阐释意味着全面建设社会主义现代化国家不仅要实现科技等器物文明层面的现代化，还要实现政治文明层面的现代化。着眼于这一新征程，法治建设也必须要以实现其"现代性"为重要使命，通过加快中国特色社会主义法治体系的形成和完善，有力促进国家治理体系与治理能力的现代化，进而促进社会主义现代化国家的建设。

加快形成中国特色社会主义法治体系，要求法治建设要更加明确其目标导向和系统属性，更加全面地回应社会主义法治建设的各方面问题，这进一步强调了法治建设的规划属性。从已经颁布的重要法治建设规划来看，"十四五"规划将"社会主义民主法治更加健全，社会公平正义进一步彰显"作为"十四五"时期经济社会发展的主要目标之一。社会主义民主法治更加健全，最根本的要求就是中国特色社会主义法治体系更加健全；社会公平正义进一步彰显，其本质是中国特色社会主义法治体系要能够更充分、更有效地维护社会公平正义。《法治中国建设规划（2020—2025 年）》则围绕中国特色社会主义法治体系的完善提出了一系列具体要求，并明确提出在规划期内实现中国特色社会主义法治体系初步形成这一目标。中国特色社会主义法治体系从"十四五"时期的"初步形成"，到2035 年远景规划中的"基本形成"，既符合法治发展的客观规律，也符合

---

① 参见张文显：《习近平法治思想的基本精神和核心要义》，载《东方法学》2021 年第 1 期，第 12 页。

社会主义现代化建设的整体步伐。

（四）贯彻新发展理念的要求

法治建设与经济社会等其他领域的改革发展建设并不是相互独立、相互排斥的，而是相互融通、有机统一的。法治建设必须要依托特定的经济社会状况展开，确保相应举措有坚实的基础，同时也必须回应经济社会发展需要，满足经济社会发展的制度需求。"改革开放四十年的经验告诉我们，改革开放越深入越要强调法治，发展环境越复杂越要强调法治。"①

法治对经济社会发展的引领、规范、保障作用必须有正确的发展理念作为指导，否则就可能导致法治建设方向的偏差。在法治建设与经济社会发展的关系上，学界通常认为二者总体上呈双向的正关联性，即经济发展需要法治保障，法治能够为市场主体提供稳定、可预期的市场环境，保障市场秩序。② 反过来，地区间经济发展水平较高，也会对法治建设产生促进作用。但是，在特定的情况下，经济发展与法治建设也可能出现负相关。如，严格的环保法律制度可能会提升企业的运行成本，导致利税降低，影响地方经济发展。在这种情况下，如果选择"发展要上，法治要让"，为了实现经济的增长而弱化法律制度的建设与实施，就可能导致法治建设方向的偏差。③ 因此，在处理法治建设与经济发展的关系上，坚持正确的发展观、法治观尤其重要。

习近平总书记指出，理念是行动的先导，一定的发展实践都是由一定

---

① 习近平：《为做好党和国家各项工作营造良好法治环境》，载习近平：《论坚持全面依法治国》，中央文献出版社 2020 年版，第 253 页。

② 参见李洪雷：《营商环境优化的行政法治保障》，载《重庆社会科学》2019 年第 2 期，第 17 - 19 页。

③ 参见姜明安：《发展、改革、创新与法治》，载《中共中央党校学报》2011 年第 4 期，第 10 - 11。

的发展理念来引领的。党的十八大以来，中国共产党对经济形势进行科学判断，对经济社会发展提出了许多重大理论和理念，其中最重要、最主要的就是新发展理念。[①] 新发展理念是一个整体，由创新发展、协调发展、绿色发展、开放发展、共享发展五大理念构成。深入贯彻新发展理念，加快构建新发展格局构成"十四五"时期经济社会发展的核心命题。法治建设也应当准确、全面贯彻新发展理念，强化法治对经济社会发展的引领、规范和保障。

就创新发展而言，法治建设要着眼于创新能力的提升，完善鼓励和保护创新的法律制度，回应科技创新带来的法治问题，以法治保障创新驱动发展；就协调发展而言，法治建设要秉持平等原则，着力消除各区域、各领域存在的不平衡，主动回应和解决地区差距、城乡差距、收入差距等问题，让发展成果更公平惠及全体人民；就绿色发展而言，法治建设必须坚持绿色原则，在法治建设的各领域回应生态环境问题，以法治方式将绿色发展理念具体化、制度化；就开放发展而言，法治建设要回应开放发展理念，破除阻碍开放发展的深层次障碍，创新开放合作的法律机制，强化制度型开放，营造良好、稳定、可预期的开放环境；就共享发展而言，法治建设要强化共享发展理念，完善发展目标制定和发展进程中的公众参与制度，完善发展成果的分配制度，打造共建共治共享的发展格局。

在法治建设中贯彻上述发展理念，涉及法治文化、法律制度等多方面的调整和变革，涉及法治建设与经济社会发展的良性耦合，难以依靠自发、内生机制实现，而需要通过各类法治建设规划进行系统部署，以实现问题导向和目标导向的统一。如，就贯彻共享发展理念、打造共建共治共享的社会治理格局而言，其推进涉及党委、政府、社区、民众等不同角色

---

① 参见习近平：《把握新发展阶段，贯彻新发展理念，构建新发展格局》，载《求是》2021年第9期，第11页。

的定位和作用，涉及现代科技等手段的运用。通过规划进行通盘考虑和整体部署，能够明确各主体权利义务，推进各环节有序衔接，减少不必要的成本。

（五）法治建设的系统性要求日益突出

党的十八大以来，我们始终坚持将法治建设与中国特色社会主义制度发展完善和国家治理现代化相统筹，始终坚持依法治国、依法执政、依法行政共同推进，法治国家、法治政府、法治社会一体建设，形成了系统布局、统筹推进的法治建设局面，取得了历史性成就。在这一时期，我国法治建设所呈现的一个突出特征就是相关举措的系统性、整体性大幅增强。

"十四五"时期，法治建设的系统性要求进一步凸显，并表现在多个层面。首先，国家治理体系和治理能力现代化的不断推进强化了法治在国家治理中的作用，法治建设在统筹推进"五位一体"总体布局、协调推进"四个全面"战略布局中的地位日益凸显。这意味着必须在更高的维度上思考法治建设，更好统筹法治与国家治理、法治与改革、法治与经济社会发展等关系。其次，法治建设的持续推进强化了法治体系内部的系统化需求。"进入新时代的中国特色社会主义法律体系的一个重要特点，是立法的更加系统化、体系化。"[①] 随着我国法治建设的不断推进，法律规范数量增多，法律制度体系日益复杂和精细，法治实践日益丰富多样，各种制度之间的关系日趋复杂。当前法治实践已经充分体现出这一状况。如，在立法层面，《民法典》与行政法、环境法的关系是学界讨论的热点[②]，"行

---

① 应松年：《关于行政法总则的期望与构想》，载《行政法学研究》2021 年第 1 期，第 3 页。
② 参见章志远：《行政法治视野中的民法典》，载《行政法学研究》2021 年第 1 期；陈海嵩：《论环境法与民法典的对接》，载《法学》2016 年第 6 期；吕忠梅：《〈民法典〉"绿色原则"的环境法透视》，载《法学杂志》2020 年第 10 期。

政三法"与地方立法的关系也受到高度关注①；法律适用层面，长期存在着《行政处罚法》和《道路交通安全法》等具体领域法律适用的争议②；在新冠疫情应对中，也出现了《传染病防治法》和《突发事件应对法》的适用争议。③ 这说明在法律制度供给日益充足的情况下，强化法律制度之间的系统性建设、推进法律规范和制度间的协调衔接日益重要。

此外，从法治建设举措的延续关系上看，"十三五"时期法治领域部署实施了多项重大改革，在相应制度落地之后，改革建设的重点逐渐转移到加强系统集成、协同高效上来，这也对法治建设的系统性提出了要求。正如习近平总书记所指出的，落实党的十八届三中全会以来中央确定的各项改革任务，前期重点是夯基垒台、立柱架梁，中期重点在全面推进、积厚成势，现在要把着力点放到加强系统集成、协同高效上来，巩固和深化这些年来我们在解决体制性障碍、机制性梗阻、政策性创新方面取得的改革成果，推动各方面制度更加成熟更加定型。④

习近平总书记将系统观念定位为"十四五"时期"具有基础性的思想和工作方法"⑤，这应当成为法治建设的基本遵循。坚持系统观念要求我们认识到，一个复杂的系统是由若干相互依赖、相互作用的部分有机组合形成的，需要从总体和全局上把握各个部分及其相互之间的联系，在多重目标中寻求动态平衡，促进整个系统的优化。法治建设涉及法治系统与政

---

① 参见余凌云：《地方立法能力的适度释放——兼论"行政三法"的相关修改》，载《清华法学》2019年第2期。

② 参见马英娟：《再论全国人大法律与全国人大常委会法律的位阶判断——从刘家海诉交警部门行政处罚案切入》，载《华东政法大学学报》2013年第4期。

③ 参见王锴、司楠楠：《新的一般法与旧的特别法的冲突及其解决——以〈突发事件应对法〉与〈传染病防治法〉为例》，载《首都师范大学学报（社会科学版）》2020年第3期。

④ 参见《习近平主持召开中央全面深化改革委员会第十次会议强调加强改革系统集成协同高效推动各方面制度更加成熟更加定型》，载《人民日报》2019年9月10日，第1版。

⑤ 习近平：《关于〈中共中央关于制定国民经济和社会发展第十四个五年规划和二〇三五年远景目标的建议〉的说明》，载《人民日报》2020年11月4日，第2版。

治、经济、文化、社会各个系统的关系调处，涉及法治系统内部各个子系统的协调，尤需坚持系统观念、注重系统思维。法治建设的系统化要求表明，在当前和未来一段时期，分散式的、内在演进式的法治建设因为其内在的利益格局、信息壁垒，已经无法满足中国特色社会主义法治建设不断向纵深发展的需要。只有以各类法治建设规划为引导，才能更加高效、系统、深入地推进法治建设。

三、"十四五"时期法治建设规划重点任务的落实

以习近平法治思想为指导，我国在"十四五"开局之初陆续颁布了"十四五"规划、《法治中国建设规划（2020—2025 年）》、《法治社会建设实施纲要（2020—2025 年）》等一系列重要的法治建设规划。"十四五"时期，应当以贯彻落实各类法治建设规划的部署为核心，统筹兼顾、突出重点，推动法治中国建设不断向前迈进。

（一）在条件成熟的立法领域推进法典编纂

完备的法律规范体系是建设中国特色社会主义法治体系的制度基础和必备前提。当前，中国特色社会主义法律体系已经基本形成，国家经济建设、政治建设、文化建设、社会建设以及生态文明建设的各个方面总体上实现了有法可依，但这并不意味着法律体系已经完备。习近平总书记指出："实践发展永无止境，立法工作也永无止境，完善中国特色社会主义法律体系任务依然很重。"①《法治中国建设规划（2020—2025 年）》明确提出："对某一领域有多部法律的，条件成熟时进行法典编纂。"这一规划

---

① 习近平：《关于〈中共中央关于全面推进依法治国若干重大问题的决定〉的说明》，载习近平：《论坚持全面依法治国》，中央文献出版社 2020 年版，第 95 页。

要求应当成为"十四五"时期立法工作的重要指导。

法典通常被认为是最高阶段的立法形式。编纂法典意味着相应领域的法规范在更高层面实现了系统化，也意味着该领域的法治条件经过长时间的发展已经趋近成熟，同时还承载着一部分政治功能，彰显国家在法治文明方面的成就。2020 年 5 月，全国人大审议通过了《民法典》。这是中国特色社会主义法治建设进程中的重要事件，既是全面依法治国的重大工程，也是法治中国的显著标志。[①] 在总结《民法典》编纂成功经验的基础上，应当在有条件的领域推进法典化，以更高级的立法形式完善中国特色社会主义法律体系。受到《民法典》顺利通过并颁布实施的鼓舞，有多个法治领域都提出了法典化的动议。但法典编纂不能陷入"立法浪漫主义"，而应当具备一些基本条件。

第一，应当具有法典化的现实需求，即该领域存在需要通过编纂法典的方式来解决的现实问题。从问题导向上看，法典编纂旨在解决相应领域法律规范的空白、重复、冲突、不协调、不统一、体系性不强等问题。尤其是当此类问题通过一般的立、改、废、释已难以得到有效解决时，就需要诉诸更高层次的法典编纂来解决。从目标导向上看，法典编纂旨在强化立法对社会重要问题的回应，推进中国特色社会主义法治体系的完善，助力于国家治理体系和治理能力的现代化。只有在具备上述需求时，法典编纂才具有实际意义。若不存在法典化的现实需求，法典编纂就可能沦为法律汇编，不仅价值有限，还会浪费立法资源。

第二，应当具有法典化的基础条件，即该领域的主要法律规范相对充分，法律关系相对稳定，学理储备较为丰富，学术界和实务界对法典编纂的认识相对统一。其中，已有立法基础是决定法典编纂的一个重要因素。

---

① 参见张文显：《中国民法典的历史方位和时代精神》，载《经贸法律评论》2018 年第 1 期，第 1 页。

立法工作具有其内在规律，如由分散到整合、由原则性到精细化等。法典作为立法的高级形式，通常需要以较为齐备的单行法律、法规为基础。同时，学术研究也会对法典编纂发挥重要作用。在关于德国民法典编纂的论战中，萨维尼就认为当时的德国法学界在没有对德国法律制度作广泛研究的情况下，还没有能力制定出一部能够体现德意志精神的优良法典。[①] 当然，对上述条件和基础应当相对看待，不能等到所有条件都齐备才开启法典化工作，否则可能会贻误立法时机。事实上，《民法典》制定过程中也一直存在重大的理论争议，诸如人格权是否应当独立成编等问题更是一直伴随了《民法典》制定的始终，并在立法过程中得到了更加深入和系统的讨论，这本身有利于立法和学术之间的互动。从我国当前的法治建设实践来看，在行政法、环境法、教育法等领域推进法典化都具备一定的现实条件。全国人大常委会 2021 年度立法工作计划也明确提出"研究启动环境法典、教育法典、行政基本法典等条件成熟的行政立法领域的法典编纂工作"。其中，行政法法典化的现实条件更为充分。与其他法律部门比较而言，行政法在规范整合、体系建构等方面的需求更加迫切，法典化的价值和意义更高。[②] 同时，行政法法典化具备相对充分的共识和基础。历经改革开放四十多年来的发展，我国行政法治建设在理论和制度层面取得了丰硕成果。[③] 现有的行政法律规范、近年来的改革实践、行政法学的理论发展和域外立法的丰富素材都为行政法法典化提供了基础条件。[④] 行政法典的编纂"将是完善中国特色社会主义法律体系的重要步骤，是促进我国建

---

① 参见封丽霞：《世界民法典编纂史上的三次论战——"法典化"与"非法典化"思想之根源与比较》，载《法制与社会发展》2002 年第 4 期，第 95 页。
② 参见薛刚凌：《行政法法典化之基本问题研究——以行政法体系建构为视角》，载《现代法学》2020 年第 6 期，第 81—82 页。
③ 参见马怀德、孔祥稳：《中国行政法治四十年：成就、经验与展望》，载《法学》2018 年第 9 期。
④ 参见章志远：《中国特色行政法法典化的模式选择》，载《法学》2018 年第 9 期，第 89—91 页。

成法治政府的极为重要的举措和通道，也将是对世界行政法发展的巨大贡献"①。

(二) 强化涉外法治建设

面对世界百年未有之大变局和日趋复杂的国际形势，我国公民、法人和其他组织海外利益拓展遇到的阻力、挑战乃至不法干预都日趋增多，国家利益和私人利益所面临的风险日趋增加。面对上述问题，习近平总书记明确指出，"要把法治应对摆在更加突出位置，用规则说话，靠规则行事，维护我国政治安全、经济安全，维护我国企业和公民合法权益"②。中央全面依法治国工作会议进一步明确提出了"坚持统筹推进国内法治和涉外法治"的命题，要求加快涉外法治工作战略布局，协调推进国内治理和国际治理，更好维护国家主权、安全、发展利益。

"涉外法治"概念的提出，实际上是以"涉外"这一因素为导向，对分散的部门法的一种统合，旨在突出各法律部门、各法治领域中的涉外议题。从广义上看，只要是法律关系中含有涉外因素的，都会涉及涉外法治工作。③ 具体而言，涉外法治可能包括如下三个层面的法律关系与法律问题：一是与我国相关的国际法问题；二是包含涉外因素的国内法问题，如外商投资法律制度；三是可能关涉我国国家利益、公共利益、私人利益并需要我国通过法律机制予以回应的外国法问题，如某些国家实施的所谓"长臂管辖"制度。

各类法治建设规划对于涉外法治建设给予了高度重视。"十四五"规

---

① 应松年：《关于行政法总则的期望与构想》，载《行政法学研究》2021年第1期，第9页。

② 习近平：《为做好党和国家各项工作营造良好法治环境》，载习近平：《论坚持全面依法治国》，中央文献出版社2020年版，第256－257页。

③ 参见莫纪宏：《加强涉外法治体系建设是重大的法学理论命题》，载《探索与争鸣》2020年第12期，第34页。

划和《法治中国建设规划（2020—2025 年）》都明确提出要"加强重点领域、新兴领域、涉外领域立法"，相较"重点领域"和"新兴领域"，加强涉外领域立法的指向更加具体和明确，应当成为立法规划的重点。《法治中国建设规划（2020—2025 年）》更是在第八部分专门就推进涉外法治作出部署，要求"适应高水平对外开放工作需要，完善涉外法律和规则体系，补齐短板，提高涉外工作法治化水平"。总之，"十四五"时期的法治建设应当紧紧抓住涉外法治建设这一重点，将涉外法治工作纳入法治建设全局。

强化涉外法治建设，要在维护国际基本秩序的基础上推动全球治理变革。要加强和提升运用国际法的能力，构建司法、外交、商务、国际合作各部门协同处理国际法律事务的常态化工作机制，强化驻外机构的法治支撑，强化学术科研机构与实务部门的合作，为处理国际法律事务提供更丰富的资源和更有力的保障；要积极参与、支持各类国际组织的工作，主动参与并引领国际规则制定，推动形成公正合理透明的国际规则体系，在此基础上推动国际关系法治化，推动各方在国际关系中遵守国际法和公认的国际关系基本原则。[1]

强化涉外法治建设，现阶段的核心任务是完善涉外法律制度的建设。抓住涉外法律斗争的"防"和"攻"两个面向：一方面，要建立针对他国法律和措施不当域外适用的应对机制，如完善对国外"长臂管辖"的阻断机制，有效防范他国对我国核心利益的非法侵犯；另一方面，要加快推进我国法域外适用的制度建设，在涉及国家安全和对外交往核心利益的重要领域如国家安全、反恐怖主义、反洗钱、网络安全等立法中添加域外适用条款，建立以保护管辖权为基础的域外适用规则[2]，并持续强化执法能

---

[1] 参见卓泽渊：《习近平法治思想要义的法理解读》，载《中国法学》2021 年第 1 期，第 25 页。
[2] 参见廖诗评：《中国法域外适用法律体系：现状、问题与完善》，载《中国法学》2019 年第 6 期，第 20 - 38 页。

力，探索运用负面信息披露、设定"不可靠实体清单"等多种执法方式拓展执法空间。在立法形式上，既可制定专门立法，也可在重要立法中增加涉外条款。

强化涉外法治建设，还需要落实保障机制，尤其是落实人才方面的保障。要按照相关法治建设规划的要求，加大涉外法治人才的培养力度，完善高等学校涉外法学专业学科设置，探索更加专业化、精细化的涉外法治人才培养模式。教育部门、司法部门可考虑制定发布专门的涉外法治人才培养规划。同时，要推动建设多支高素质涉外法律服务队伍，建设一批高水平涉外法律服务机构，为海外中国机构、企业和公民提供全面、稳定、可靠的法律服务。

（三）强化绿色发展的法治保障

绿色发展是新发展理念的内在要求，也是"十四五"规划明确提出的经济社会发展要求之一。绿色发展同样是法治要求。《宪法》第14条第2款规定，国家厉行节约，反对浪费，表明节约是一项国家基本方针。2018年通过的宪法修正案在总则中添加了"生态文明"和"美丽中国"的相关内容，意味着生态保护、绿色发展的相关理念成为宪法所规定的基本价值。《民法典》第9条"绿色原则"也规定："民事主体从事民事活动，应当有利于节约资源、保护生态环境。"绿色发展的理念正在我国实定法中不断具体化，绿色发展的法治保障体系正在形成。

强化绿色发展的法治保障，要以绿色原则指导法治建设，将绿色原则具体化、制度化。要在各部门法中植入绿色原则的理念和要求，以绿色原则指导执法、司法活动。要进一步完善生态环境法律体系，提高生态环境领域法律规则的系统化程度；要强化生态环境领域执法，强化生态环境公益诉讼监督，探索发展生态修复等机制。要在宪法规定的自然资源国家所有制基础上，建立健全符合"绿色发展"原则的自然资源产权法律制度和交易法律制度，解决自然资源所有权和用益权虚置问题①，推进自然资源节约、高效、循环利用。要强化绿色发展的法律和政策保障，完善绿色金融、绿色技术创新相关法律支撑。

强化绿色发展的法治保障，重中之重是加强生态环境领域的执法工作。从近年来发布的重要法治建设规划中可以看出，生态环境法律制度是当前法治建设的重要命题。《法治中国建设规划（2020—2025年）》在多个地方都反复提到生态环境问题，如在"建设完备法律规范体系"部分提出要"统筹解决食品药品、生态环境、安全生产等领域法律法规存在的该硬不硬、该严不严、该重不重问题"；在"严格执法"部分提出要"加大食品药品、公共卫生、生态环境、安全生产、劳动保障、野生动物保护等关系群众切身利益的重点领域执法力度"。规划将生态环境问题与食品药品、安全生产等问题并列，反映出生态环境问题与食品药品、安全生产等问题具有同类特征，都存在较高的系统性风险，应当投入更多资源进行有效治理。

（四）推动法治政府建设向纵深迈进

坚持法治国家、法治政府、法治社会一体建设，法治政府建设是重点任务和主体工程，这一核心判断在"十四五"时期应当毫不动摇地坚持。行政机关作为法律实施的重要主体，其执法是否严格规范公正文明直接决定了法律法规的执行状况。同时，行政机关作为社会治理的主体，其守法程度对社会法治观念有着重大影响。习近平总书记明确指出："领导干部尊不尊法、学不学法、守不守法、用不用法，人民群众看在眼里、记在心

---

① 参见吕忠梅：《中国民法典的"绿色"需求及功能实现》，载《法律科学》2018年第6期，第111页。

上，并且会在自己的行动中效法。"① 此外，从历史发展来看，我国法治社会的建设基础相对薄弱。与广大人民群众联系最密切、承担法律实施最主要任务的行政机关及其工作人员不仅可以通过行政执法树立并强化法治的权威，还可以深入发挥动员社会、教育群众、文化培育等功能，不断凝聚共识，使法治这种现代治理方式深入地植入中国社会。②

当前法治政府建设已经跨入"深水区"，即从搭建依法行政基本制度的初步阶段，迈入了追求制度实效的纵深阶段。近年来，法治政府建设总体上进步明显，但仍存在一些深层次问题有待破解，如部分地方的法治政府建设存在形式主义，部分制度的实施情况不够理想，执法不规范、不严格、不透明、不文明，不作为、乱作为等问题依然存在。"十四五"时期，要在《法治政府建设实施纲要（2015—2020年）》的基础上制定新的法治政府建设规划：一方面，继续完善依法行政的制度体系，通过完善行政组织立法、修改《行政复议法》等进一步完善依法行政的体制机制；另一方面，着力推进制度落实，在强化对重大行政决策、行政执法等重点环节监督问责的同时，引入多元化的动力机制，改变法治政府建设以"内循环"为主的状态，形成法治政府建设的合力。

行政执法是法治政府建设中的关键环节，也是行政机关依法行政水平最直观的展示窗口。多份法治建设规划都对此作出明确要求：要坚持严格规范公正文明执法，深入推进行政执法"三项制度"，规范执法裁量权；要改进和创新执法方式，充分运用行政指导等非强制手段，既体现严格执法的力度，也体现人文关怀的温度，防止"一刀切"等机械、僵硬的执法；要完善失信惩戒机制，依法依规实施失信惩戒，准确认定严重失信主

---

① 习近平：《各级领导干部要做尊法学法守法用法的模范》，载习近平：《论坚持全面依法治国》，中央文献出版社2020年版，第141页。

② 参见马怀德：《论习近平法治思想中的法治政府理论》，载《政法论坛》2020年第6期，第20页。

体，审慎采用对当事人权益影响较大的惩戒措施，坚决防止失信惩戒的泛用和滥用，确保过惩相当。

"十四五"时期，法治国家、法治政府、法治社会一体建设已经进入纵深阶段，应当进一步发挥法治政府建设的示范带动作用，在"一体"上着力，在"共建"上下功夫。要以《法治社会建设实施纲要（2020—2025年)》的部署为依据，结合"八五"普法规划的实施，落实好"谁执法谁普法"等制度，广泛宣传《民法典》《行政处罚法》等新颁布和修订的、与人民群众切身利益紧密相关的法律，把案件依法处理的过程变成生动鲜活的普法公开课。

（五）增强对科技创新的法治回应

创新发展是新发展理念最重要的价值之一，"十四五"规划纲要将创新放在社会主义现代化建设全局的核心位置，把科技自立自强作为国家发展的重要战略支撑，体现出对于科技创新的高度重视。从制度经济学的视角出发，与金钱资本、人力资本、技术资本等相比，制度资本同样是经济发展的重要决定因素。如，没有适宜于创新的产权制度、分配制度、市场环境，就无法形成可持续的创新体系。[①] "十四五"时期的法治建设要着眼于科技创新能力的提升，完善鼓励和保护科技创新的法律制度。

首先，在科技成果的研发层面，要优化科技创新体制机制，完善科技治理的法律体系，形成鼓励科研、鼓励创新的制度环境。要在法治轨道上推进国家科技计划体系和运行机制进一步优化，加强重大科技项目组织管理的制度化、法治化建设；要及时修订相关规范，巩固科研院所改革和扩大科研自主权的成果；要探索实行知识产权侵权惩罚性赔偿制度，有效激励和保护科技创新；要继续完善科技成果转化应用的法律制度，大幅提高科技成果转移转化成效。

[①] 参见江必新、邵长茂：《贯彻五大发展理念的法治保障》，载《现代法学》2016年第6期，第9页。

其次，在科技成果的应用层面，要积极、有效地回应科技创新所带来的法治挑战，这构成"十四五"时期法治建设的重大命题。科技创新的持续推进必然带来新技术的广泛应用，从而影响传统生产关系[①]，进而冲击既有的法律秩序，促使法律价值、法律关系、法律行为等发生全面而深刻的变革。这种变革一方面可能给社会发展赋予新的动能，创造新的社会价值，增进社会福祉；另一方面也可能给社会带来风险甚至损害，减损社会福利。这种风险和损害表现在社会的各个层面。如，在国家和社会公共利益层面，一些特定数据的跨境流动可能会使国家安全风险升高，"深度伪造"等技术的滥用则已展现出其政治安全风险；在个人权利层面，个性化推荐等数字技术的不当应用可能造成对人格利益的侵犯，"数字鸿沟"的出现则使老年人、残疾人的基本服务可及性难以保障。科技发展应用的这种两面性对法治的风险控制能力提出了要求。

面对创新所带来的法治挑战，法治建设需要在保护与规制之间寻求可欲的平衡。一方面，要重视对科技创新的保护，为科技创新提供更优良的制度环境。要结合新技术新产业新业态的特点，调整完善法律规范和监管体系，探索实验型规制等"创新友好型"的监管方式，对新产业和新业态给予更多的包容度，避免监管措施的僵化。[②] 另一方面，要正确评估新技术新产业新业态存在的风险，尤其是要注重其可能对国家安全、市场秩序、公民权利等重要法益所造成的影响，通过加强引导、激励共治、行政规制等多种方式调试法律控制机制，防止因为技术和法律变革造成国家利益、社会公共利益和个人利益保护的真空，确保创新始终在法治框架下进行。[③]

---

① 参见张文显：《构建智能社会的法律秩序》，载《东方法学》2020年第5期，第8页。

② 参见孔祥稳：《面向人工智能风险的行政规制革新——以自动驾驶汽车的行政规制为中心而展开》，载《行政法学研究》2020年第4期，第28-30页。

③ 参见赵鹏：《数字技术的广泛应用与法律体系的变革》，载《中国科技论坛》2018年第11期，第21-22页。

在推进全面依法治国的伟大实践中，我们创造性地探索出了以法治建设规划引领法治建设发展这样一条具有中国特色的经验，法治中国建设迈向"规划"时代。"十三五"时期，我国经济社会发展取得历史性成就，法治建设成果丰硕，科学合理的法治建设规划在其中发挥了不可或缺的作用。进入"十四五"时期，法治建设面临各种新形势和新挑战，法治建设规划的重要性更加凸显。推进全面依法治国，必须坚持以习近平法治思想为指导，全面实施各类法治建设规划，用好"规划"这一具有中国特色的治理工具，开创法治建设新局面，以更加完善的中国特色社会主义法治体系，推进国家治理体系与治理能力现代化，夺取全面建设社会主义现代化国家的新胜利！

第五节　民法典时代的政府治理现代化*

政府治理现代化是中国行政法治的时代命题，《中华人民共和国民法典》（以下简称《民法典》）的颁布实施为政府治理现代化提供了重要标尺。政府治理与《民法典》实施的关系本质上是行政与民法的关系的表征，而政府治理现代化必然要顺应二者深度融合的内在规律和发展趋势。《民法典》内部存在大量行政法规范，它们设定了行政任务、规定了行政职责、划定了行政边界，发挥着重要的行政调控功能。行政机关应当以《民法典》的有效实施作为推进法治政府建设的重要抓手，并抓住政府治理现代化的时代契机。具体来说，政府治理体系和治理能力的现代化需要充分运用《民法典》规定的平等原则、诚信原则、公序良俗原则和绿色原则等；需要注重援引《民法典》规定的法人制度、产权制度、合同制度等；需要强化保障民法典规定的消极的自由类权利和积极的社会类权

---

　　* 原载于《现代法学》2023 年第 6 期，第 3-16 页。本书出版时根据实际情况，对正文内容作了文字调整。

利等。

政府治理现代化是我国行政法治持续关注的时代命题。习近平总书记指出："各级政府要以保证民法典有效实施为重要抓手推进法治政府建设，把民法典作为行政决策、行政管理、行政监督的重要标尺，不得违背法律法规随意作出减损公民、法人和其他组织合法权益或增加其义务的决定。"① 这充分表明，《民法典》的有效实施不能脱离政府的支持、配合与保障；政府治理现代化也不能脱离《民法典》这个重要抓手和重要标尺。从现实意义上看，呈现出公私法融合特征的民法典规范，不仅为法治政府建设提供了新的价值标尺，也为政府治理现代化提出了任务。在民法学者看来，"中国民法的法典化与治理体系的现代化之间存在着辩证性的互动关系"②，这尤其体现在《民法典》与政府治理体系和治理能力现代化的关系上。《民法典》内部存在大量行政法规范，它们设定了行政任务、规定了行政职责、划定了行政边界，发挥着对行政的重要调控功能。③ 所以，政府治理现代化应当以《民法典》为重要抓手和重要标尺，积极在保障公民合法权益、维护社会公平正义、完善政府治理体系和治理能力上下功夫。下文试图从行政与民法的基本关系出发，指出《民法典》与政府治理现代化之间存在的互动关系，探索通过《民法典》推动政府治理现代化的有效途径。

一、行政与民法的关系变迁

行政是国家初始职能，它主要是美国行政法学者弗兰克·约翰逊·古

---

① 习近平：《充分认识颁布实施民法典重大意义依法更好保障人民合法权益》，载《求是》2020年第12期，第7页。

② 石佳友：《治理体系的完善与民法典的时代精神》，载《法学研究》2016年第1期，第3页。

③ 参见马怀德：《民法典时代行政法的发展与完善》，载《光明日报》2020年6月3日，第11版。

德诺（Frank Johnson Goodnow）所谓的相对"国家意志的表达"（政治）
而存在的"国家意志的执行"①（行政），前者在此表达为制度性的行政
法，后者则表现为机能性的政府活动。传统上的行政与民法一直保持着界
分对立关系。大陆法系固守公私部门法划分的学说，这导致了行政与民法
之间的关系自始保持着界分和对立的关系。中华法系也有公私之分，如
"公私之交，存亡之本也"②；"明主之道，明于公私之分，明法制去私
恩"③ 等。中国古代的治理者以天下为公、公私分明、先公后私作为国家
治理的基本准则，并将这一理念推行到整个社会，使社会逐渐形成并持续
遵循"公义"的道德准则。因此，处于民事领域的"私事"始终要让位于
国家行政管理方面的"公事"，这种由历史发展而形成的普遍观念，一直
延伸到社会生活的方方面面。

近代以来，西方传统行政法理论通常遵从罗马法学家乌尔比安
（Domitius Ulpianus）在《学说汇纂》中所创立的公私法划分标准，以
"公法关乎政体，私法涉及个人"④ 的论断为界分标准，将归属于公法的
行政法和归属于私法的民法作出明确的区分，使二者互不关联。公、私法
界分理论经历了西方世界约三个世纪的发展时期后，在美国《独立宣言》、
法国《人权宣言》，以及19世纪欧洲各国的立宪浪潮和法典编纂推动下，
公法与私法划分理论达到高峰，并且得到广泛应用，成为大陆法系的基本
语境。⑤ 德国行政法学者奥托·迈耶（Otto Mayer）认为，行政适用公法
形式是一种"固定的法律结构"，所以行政法学需要在脱离民法及其学说

① ［美］Frank.J.古德诺：《政治与行政》，王元、杨百朋译，华夏出版社1987年版，第12页。
② （战国）商鞅：《商君书·修权》。
③ （战国）韩非：《韩非子·饰邪》。
④ ［意］彼得罗·彭梵得：《罗马法教科书》，黄风译，中国政法大学出版社2005年版，第9页。
⑤ 参见［美］约翰·亨利·梅利曼：《大陆法系》（第2版），顾培东、禄正平译，李浩校，法律
出版社2004年版，第97页。

的基础上，对这种法律结构予以证明。^①古德诺所提出的"传送带理论"，将行政与公法的关系结合得更为紧密，要求政府活动必须严格依照公法规范展开。在这种界分标准之下，行政是指国家机关或其工作人员依法实施公共权力，管理国家事务和行使行政职能的活动；民法是以合理规范个人与个人、个人与社会之间的私法关系为目的的部门法规范。在近代行政法快速发展过程中，理论和实践层面的这种"界分"现象更为明显，主要体现在强调公共行政适用行政法于公法的层面。换言之，在传统"公法与私法"的二元划分理论中，高权行政与私权民法之间存在明确的关系界分。

然而，为解决"市场失灵"与"政府失灵"带来的问题，行政与民法逐步突破了界分与对立，并尝试建构外部性关联。20世纪"市场失灵"带来的周期性经济危机使西方各国政府一改"守夜人"的角色定位，开始加强经济干预和市场监管。20世纪70年代之后，推崇有限政府、规则法治和控权模式的政府在国家目标和任务的实现上又出现"政府失灵"。因此，民法与行政二元划分的理论，已经无法适应时代变迁的需求。西方法治理论尝试从行政与民法的理论与规则的外部关联入手，从公私领域划分，公、私法划分两方面展开反思。

一是基于客观现实需求对公共行政和私人领域的交互反思，重新认识国家与公民、政府与市场的客观联系。首先，国家干预的加强使行政管制与民事领域之间的界限逐渐模糊，这进一步推动了近年来"公法私法化"和"私法公法化"的两股双向浪潮。对这种现象哈贝马斯（Juergen Hobermas）就曾描述为"国家的社会化"与"社会的国家化"，并指出在现代福利国家中，简单的公私法划分标准难以有效分门别类地划分复杂的

---

① 参见［德］奥拓·迈耶：《德国行政法》，刘飞译，商务印书馆2016年版，第125页。

社会现实，所以"公共权力即使在行使其分配与促进职能时也运用私法措施，公法的古典标准彻底失效了"①。其次，公民的现实生活无法脱离国家，即在生存和发展中都需要国家创造一个合乎正义、合乎社会现实的"生存照顾"和"取用机会"②。马克思在《黑格尔法哲学批判》中指出："黑格尔觉得市民社会和政治社会的分离是一种矛盾……但是，错误在于：他满足于这种解决办法的表面现象，并把这种表面现象当作事情的本质。"③ 所以，"市民社会在很大意义上并非一种外在于政治权力的领域"④，这反映了"市民社会"在现代社会条件中难以自足、不能自洽。由此观之，行政与民法的对立界分恐怕也只有理论意义，缺乏客观现实基础。最后，行政和民法调控领域具有高度复合性，如民事交易活动中的欺诈行为同样也在行政监管范围内；行政给付同样会通过私法组织、私法手段来实现等。从根本上说，公法和私法在目标上是统一的：一方面，要保护并限制私人生活，即便是眷顾私人利益的私法，也要为公共福祉而限制私人自由；另一方面，建构并保障公共领域，即使是侧重公共秩序的公法，仍要为保护私益兼顾个体正义。

二是基于公私法划分对行政与民法的关系进行重新审视，尝试突破公私法划分的界限，并以一种更加开放务实的态度认识二者的关系。公私法划分标准为大陆法系所继承，目的在于防止政府权力的扩张。但是，作为控权依据的行政法在限制政府权力的同时，是否也会束缚政府"为善"的可能？换言之，控权论下的行政法是政府行动的"固定的法律结构"⑤，

---

① ［德］尤尔根·哈贝马斯：《公共领域的结构转型》，曹卫东等译，学林出版社1999年版，第178页。

② 陈新民：《公法学札记》，法律出版社2010年版，第44—45页。

③ 中共中央马克思恩格斯列宁斯大林著作编译局：《马克思恩格斯全集》（第3卷），人民出版社2002年版，第94页。

④ 马长山：《国家、市民社会与法治》，商务印书馆2015年版，第132页。

⑤ ［德］奥拓·迈耶：《德国行政法》，刘飞译，商务印书馆2016年版，第125页。

但同时也可能构成政府治理的"不当限制"。然而,"私法公法化"进程中的私法也开始担负起社会使命,并认识到"即使法律被划分为私法和公法时,也仅是暂时性地忽略作为整体性的个体和作为个体性的整体"①。萨维尼(V. Savigny)认为公私法的区分只是基于它们自身固有的区别:"在公法中社会整体被当作了目的,个体看上去是从属的;而在私法中个体的人是自身的目的,每一个法律关系只能被当成一种手段,它与个人的存在或个人的特殊状态有关。"② 不论如何强调甚至是夸大这种区别,都不得不承认二者的相通性和亲缘性。坦言之,个人存在和公共生活是同时发生的,二者在现实中是无法割裂的辩证统一体,它只可能在观念想象中加以区分。因此,在现代政府治理过程中,公私法划分作为学理描述或诉讼指引有某种合理性,但如果在政府治理过程中刻板地固守公私法不同性质的分界而加以理解,则与政府治理现代化的理念相悖。

大陆法系与英美法系的划分只是一种传统的划分方法,但无论大陆法系还是英美法系,从社会发展的视角看,都属于资本主义法系。中国特色的社会主义法律体系在本质上区别于所有资产阶级法系。因此,在研究和理解行政法与民法的关系时,不能照搬西方公私法理论。我们应当把马克思主义基本原理同中国具体实际相结合,科学认识和正确处理政府与市场的关系,坚持以人民为中心完善政府治理体系。政府治理是具有中国特色的本土概念,它经历了时代变迁、理论发展、现实变化等诸多因素之形塑。政府治理与民法典的关系,本质上是行政与民法关系之表征,二者均经历了"界分—关联—融合"的历史变迁过程。国家与公民、行政法与民法、政府与市场等经典的关系议题,不仅是行政与民法关系变迁的线索,

---

① [德]奥拓·基尔克:《私法的社会使命》,杨若濛译,商务印书馆2021年版,第9页。
② F. K. v. Savigny, *System des heutigen römischen Rechts*,Berlin, 1840 (1), pp. 22-23. 转引自[德]米歇尔·施托莱斯:《德国公法史:国家法学说和行政学(1800—1914)》,雷勇译,法律出版社2007年版,第21页。

更与政府治理现代化的发展进程息息相关、相互对应。

当前，行政与民法的关系转向了治理上的深度融合。客观来说，社会公众对现代政府治理的期待越来越高，行政机关也因此承担起多元化的职责。经过对西方法治理论中行政与民法关系的镜鉴与反思，中国在政府治理、市场治理、社会治理等方面独立探索，逐步形成了行政与民法相互融合的关系。自 1989 年《中华人民共和国行政诉讼法》（以下简称《行政诉讼法》）制定并于 1990 年施行以来，行政与民法既有基于规范的明确区分，也有在原则与精神适用方面的交互融合。许多行政法观念、理论和制度脱胎于民法，推动了行政法规范体系的完善，如诚信原则沿袭民法上的诚实信用原则，行政协议制度以民事合同制度为蓝本，《国家赔偿法》从原《民法通则》中侵权责任部分独立出来等。在成功编纂《民法典》的背景下，《民法典》中有关许可登记等一揽子具有行政属性的规范，进一步推动了行政与民法关系的实证法融合。在行政法体系仍然有待完善的背景下，需要借助民法理念及规范体系的发展动力，进一步突破行政领域传统的"主体—行为—救济"法律适用逻辑，让《民法典》规范成为"依法行政"中"法"的外延，推动行政领域立法、执法、司法上的进化。

具体来说，一方面，在落实依法行政目标过程中，行政法规范与民法规范交互融合。目前，在行政基本法典成功编纂以前，行政实体法和诉讼法体系尚不完备，在履行行政职责、解决行政争议时，行政法规范常常陷入供给不足的困境，需要借助民法规范的适用与指导。而且，我国宪法规定公民在法律面前一律平等，在行政法出现漏洞时适用或参照适用最相类似的民法规范，有助于维护法秩序的统一性。此时，适用或参照民法规范也属于严格执法和公正司法的必然要求。另一方面，在推进法治政府建设过程中，政府治理理念与民法理念相互印证、相互融合。在"行政权力—行政机构—行政任务"的政府治理体系架构之下，行政与民法之间的关系从规范论和法教义学意义上被逐渐构建为一个基本概念和规范体系。所以，二者可以相互补充以共同实现法治政府建设、完成公共事务、调整社会关系、维护合法权益的目标功能。其中，公共行政中包括涉及行政手续、行政程序、行政许可和行政裁量等部分，一定程度上影响了民事关系的形成和内容；相反，《民法典》发挥着制约行政权力的功能，即以《民法典》规范行政机关和行政人员的行为，限制行政权力的范围和方式，从而保护公民的合法权益。

二、《民法典》对行政的调控功能

长期以来，普通人在一定程度上存有这样的误解，认为作为行政主体的政府机关属于公权力主体，其行政行为是公权力行为，因此，对于行政机关依法行政的法律依据的理解也就限于行政法，而不包括民事法律规范，或者说民事法律规范不属于依法行政的法律依据。而行政法学界对于《民法典》是否能调整行政主体与公民个人或法人等的关系，以及如何调整这类关系，也存在不同认识。如有学者在依法行政实践的早期认为："中国行政法上的行政合法性原则，是中国社会主义法制原则的基本内容在行政法领域的转化和体系"，故依法行政的核心就在于"行政主体实施行政行为必须依照和遵守行政法律规范"[1]。然而，在《民法典》制定后，该观点基于三重原因又发生了转向：一是立法技术上不可能实现"法律规范"与"法律部门"的绝对"对应性"；二是许多行为会同时竞合多种法律规范和多个法律部门；三是诸如人身权、财产权等这些基础性权利，在各个部门法中都是相通的。[2] 也有学者认为，《民法典》中行政法规范的

---

[1] 胡建淼：《关于中国行政法上的合法性原则的探讨》，载《中国法学》1998年第1期，第71页。
[2] 参见胡建淼：《民法典是政府机关依法行政的法律依据》，载《学习时报》2020年6月24日，第A2版。

价值目标在于使政府守卫和扩展私法自治，此时就必须使并非"纯粹"的《民法典》成为依法行政的法渊源。[1] 也有民法学者认为，《民法典》中存在诸多"行政法因素"（如审批登记等），政府履行这些"民法领域"的职责或义务不会完全表现为行政行为。[2] 也有学者明确提出应当在规则上，将《民法典》规范纳入依法行政的法依据范畴之中等。[3] 尽管这些观点不完全一致，甚至出现过一定反复，但面对《民法典》中大量的行政法规范这个事实，学界都开始重新审思"依法行政"之"法"的概念范畴，并有望达成基本共识。

事实上，《民法典》与行政法不是非此即彼的对立存在，民事权利的保护与法治政府的建设也非毫无相干的过程。习近平总书记指出："我们要坚持辩证法、两点论，继续在社会主义基本制度与市场经济的结合上下功夫，把两方面优势都发挥好，既要'有效的市场'，也要'有为的政府'，努力在实践中破解这道经济学上的世界性难题。"[4] 这充分表明，我们要发挥"有效的市场"和"有为的政府"的各自优势。政府治理现代化进程中，从有限政府到有为政府的转型主要体现在三个方面：行政价值取向由政府本位到公民本位和社会本位的转型；政府职权与职责由无限到有限、从有责到有为的转变；治理方式由单一管制到多元民主的转变。[5] "纯粹的民法"可能只存在于古希腊罗马时代的"理想国"之中，在日益社会化的今天就变得尤为不合时宜。《民法典》新设一批行政法规范，乃

---

① 参见章剑生：《作为介入和扩展私法自治领域的行政法》，载《当代法学》2021 年第 3 期，第 43—54 页。

② 参见李永军：《民法典编纂中的行政法因素》，载《行政法学研究》2019 年第 5 期，第 3—19 页。

③ 参见王青斌：《民法典时代的法治政府建设转型》，载《中国法学》2022 年第 6 期，第 47—69 页。

④ 习近平：《不断开拓当代中国马克思主义政治经济学新境界》，载《求是》2020 年第 16 期，第 9 页。

⑤ 参见陈德顺：《在有限与有为之间——西方立宪政府的理论与现实》，四川大学出版社 2007 年版，第 308 页。

是因应现实变迁、回应时代潮流的做法。进入新时代，《民法典》是构建"有效的市场"之法律基础，同时也是打造"有为的政府"的重要依据。在政府治理现代化进程中，行政机关应当主动把握《民法典》的内涵和精神，在行政执法中遵循《民法典》基本原则、对接《民法典》实定规则。

(一)《民法典》设定行政任务

有学者将公法上的公共任务依政府介入的强度和范围分为六个等级，其中仅第一等级可以完全交由社会私人自治完成，而第二等级到第六等级的公共任务就必须端赖政府通过亲自监督、审查、规划、合作、接管等方式完成。① 这些公共任务通常在宪法法律和国家政策中得到确立，而政府则是这些公共任务的"第一责任人"。《民法典》设定了一系列政策性目标，包括从宏观层面设定了四个方面的行政任务，确立了当前和未来一段时期法治政府建设的重点任务。相较于一般政策性规定，《民法典》明文规定的行政任务更具有规范效力上的优先性、稳定性和长期性，不论是行政立法还是行政执法都要受到其规范。

第一，《民法典》为政府设定了保护人格权益的行政任务。人格权独立成编是此次《民法典》编纂的一大创新亮点，而强调保护人格权益的目标是深刻吸取历史教训、全面总结历史经验的结果；同时，也是落实《宪法》第 38 条关于人格尊严受保护条款的必然要求。受管理论或控权论宰制的行政法缺乏对相对人的人文关怀，容易忽略行政相对人在具体的行政法律关系中享有的人格权益，尤其是行政法上的特别权力关系，如行政机关与公务员、高校与学生之间的关系等，公权力机关必须更加重视保护弱势一方的人格权益。

---

① 参见陈征：《公共任务与国家任务》，载《学术交流》2010 年第 4 期，第 8 页。

第二，《民法典》为政府设定了强化产权保护的行政任务。法谚云，"无财产权者无自由"。这表达了财产权是其他权利自由的基础。《民法典》提出的强化产权保护的目标体现在三个方面：其一，从有形实体到无形虚拟的产权范围保护扩大化的目标，譬如，《民法典》第 127 条等对虚拟财产进行保护，第 336 条等对居住权进行保护等；其二，推动产权增值保护商业化的目标，例如，《民法典》第 334 条等构建了农村土地集体所有权、承包权、经营权"三权"分置的产权保护结构，第 1021 条、第 1023 条等规定了肖像权、姓名权的许可利用等；其三，强化产权收益保护全面化的目标，比如，《民法典》第 123 条充实并细化知识产权的内容，第 282 条申明业主对共有部分产生收益的共有原则等。强化产权保护同样是法治政府建设的重要目标：一方面，在行政执法中不仅要注重平等保护不同私法主体的产权，同样要在执法中平等保护公有产权和私有产权，坚决反对以公益为名随意处分公有产权、侵害私有产权的现象；另一方面，行政机关必须积极履行产权保护责任，包括提供产权的确权登记、流转交易、许可利用等方面的保护，防止行政不作为成为公民产权实现的障碍。

第三，《民法典》为政府设定了优化营商环境的行政任务。第十三届全国人大常委会副委员长王晨在《关于〈中华人民共和国民法典（草案）〉的说明》中多次提及优化营商环境的立法目标，例如，《民法典》第 762 条增设保理合同以适应我国保理行业的发展，进一步完善担保物权制度为优化营商环境提供法治保障等。① 作为优化营商环境的基础性法律，《民法典》是政府优化营商环境的重要依据和行动指南。具体来说，《民法典》第 4 条规定的平等原则应当成为依法行政的重要遵循，政府必须在执法中平等保护各类市场主体，平等保护各类民事权利，始终维护平等的市场秩

---

① 参见王晨：《关于〈中华人民共和国民法典（草案）〉的说明——二○二○年五月二十二日在第十三届全国人民代表大会第三次会议上》，载《人民日报》2020 年 5 月 23 日，第 6 版。

序；《民法典》第 5 条规定的自愿原则应当成为行政活动的界限，政府必须减少对市场经营活动的干预，给市场主体预留充足的自主决定、自行选择、自由行动的空间，继续大力推进"放管服"改革等，打造服务型政府。

第四，《民法典》为政府设定了构建诚信政府的行政任务。《民法典》第 7 条规定了诚实信用原则，而诚信政府的构建目标的提倡和确立正是民法中诚实信用原则向行政法领域扩展延伸的结果。政府信用对整个社会信用起到基础性、方向性和导向性的作用，所以诚信政府的构建居于整个社会诚信体系建设的关键位置。中共中央、国务院印发的《法治政府建设实施纲要（2021—2025 年）》特别提出，要建设"廉洁诚信"的法治政府，这对强化政务诚信，不断优化稳定、透明、公平和可预期的法治化营商环境有着重要意义。当前，要继续推动政务信息及时全面公开，扎实推进政府承诺按时兑现，建立相应制度确保在法治轨道上建设诚信政府。一是要构建政务失信记录制度。构建这一制度的关键在于全面、公正、客观地记录和公布政府履约信息，要求明确政府违约失信的具体情形、统一纳入失信记录的裁量尺度、科学设计记录失信信息的程序规则，必须通过立法保证制度的正当性、合理性和稳定性。二是完善政府失信惩戒制度。除了依靠市场机制约束政府履约行为外，行政甚至刑事措施是更加直接的惩戒手段。尽管目前尚无针对政府失信惩戒措施的集中规范，但以不同制裁对象为标准，大致可分为两类，即针对行政机关的惩戒措施和针对有关责任人员（个人）的惩戒措施。

（二）《民法典》规定行政职责

现代民法和行政法共同遵循着保障公民权利这一终极目标，所以二者在推崇权利本位的时代越来越呈现出公私法融合发展的趋势。《民法典》

中规定法治政府建设的行政责任清单，即这种趋势的表征。换言之，对公权力进行规范是保障私权的必由之路。《民法典》以直接或间接的方式规定了政府治理过程中行政机关应当履行的法定职责，进而实现私权保障的目标。《民法典》中规定的行政机关行政职责可分为四类：

一是确认私主体合法权利的行政职责，主要是行政登记责任。《民法典》第 25 条等规定了户籍身份登记，第 58 条等规定了法人设立、变更和注销登记，第 210 条等规定了物权设立、变更、消灭转让登记，第 402 条等规定了抵押登记，第 1049 条等规定了婚姻登记，第 1105 条等规定了收养登记等。此外，《民法典》还直接在第 212 条规定了登记机构的四项积极作为的行政责任清单，在第 213 条规定了三项消极禁止的行政责任清单，在第 222 条规定了不动产登记错误造成损害时登记机构所应承担的赔偿责任。行政机关需要依法履行《民法典》所直接或间接规定的行政登记等法定职责，从而更好地保护公民的人身权和财产权。

二是协助或辅助社会弱势群体的行政职责，主要是行政机关对收养行为的评估审查责任。《民法典》第 1105 条规定了县级以上民政部门应当依法进行收养评估。政府在收养过程中应当发挥的作用不再只是行政许可或行政确认，而应当根据《民法典》第 1093 条~第 1104 条规定的收养条件履行评估审查责任。进言之，收养评估审查必须从形式审查走向实质审查，包括对送养人和收养人资格条件、生活状态、收养动机、身心健康等具体内容进行评估审查，对送养人、收养人和被收养人的真实意愿进行评估审查，对收养中出现的特殊情形进行评估审查等。这种评估审查责任实质上是政府对被收养人应尽的生存照顾责任，即帮扶被收养儿童选择一个符合收养标准的新生家庭，确保被收养人能够得到妥善的安置、受到完善的监护，进而实现收养制度的目的。只有政府认真履行该职责，才能为被收养儿童的权益托底，在收养评估审查环节实现其利益最大化。

三是帮助受到风险侵害的公民获得救济的行政职责，包括高空抛物的调查责任等。《民法典》第 1254 条规定了不明抛掷物、坠落物致人损害的，公安机关应当及时调查、查清责任人。该条款表明，某些民事法律关系必须借助公权力的支持甚至介入才能实现。[①] 现代城市住宅的特点使公民"头顶上的安全"处于悬置状态，虽然法律规定禁止居民从建筑物中向外抛掷物品，但这种意外风险一旦发生便会造成巨大损害。因此，《民法典》规定损害赔偿责任由侵权人承担，不能确定侵权人的则由不能证明自己并非侵权人的可能加害人集体补偿。这种兼具一般和特殊的责任归责体系是因应现代风险社会的重要机制，但该机制的有效运转需要借助行政机关的专业调查能力和水平，即寻找真正的侵权人承担一般侵权责任，在不能找到真正侵权人时则确定可能的加害人共同承担公平补偿责任。《民法典》规定由行政机关承担起高空抛物的调查责任，彰显了立法融合民事公平和行政效率为多元价值导向的风险化解方法。有学者就认为，该条款投射到国家与社会、政府与个人的关系上，可以充分体现"有限政府"与"有为政府"的辅助性角色。[②]

四是对私权的行使或享有加以指导、平衡、限制的行政职责，包括指导和协助成立业主大会和选举业主委员会、依法履行住宅续期责任等。《民法典》在第 359 条规定了住宅建设用地使用权期限届满后自动续期，但续期费用以及相关手续应当按照法律、行政法规的规定办理。由于城市土地上建设的住宅具有期限性（一般为 70 年），所以该住宅续期条款承载了公民对住宅财产权受到圆满保护的时间上之期待。只有续期费用的缴纳和续期手续的办理适应本土具体情况，才能更好地实现社会和谐稳定发

---

① 参见马怀德：《民法典时代：行政法的发展与完善》，载《民主法制建设》2020 年第 7 期，第 11-12 页。

② 参见张莹莹：《论高空抛坠物侵权案件中公安机关的调查权》，载《政治与法律》2021 年第 4 期，第 148-161 页。

展。行政机关在履行住宅续期责任的过程中，必须做好公共利益和私人利益的平衡，准确把握续期费用缴纳及相关手续的公平性、合理性与科学性。

（三）《民法典》划定行政边界

《民法典》在总则部分对民事权利进行了集中列举，并在分则部分以物权、合同、人格权、婚姻家庭、继承和侵权责任这六编对公民应当享有的各种权利进行了详尽而周延的体系化构建。从法治政府建设的角度来看，民事权利划定了行政活动的边界。只有应时而动、知所行止的"有限政府"，才能使意思自治领域免受公权力侵扰。

《民法典》通过建构民事权利体系，赋予公民行使权利之自由。自由从来不是抽象的政治宣传口号，而必须落实到《民法典》实实在在所保护的所有权自由、契约自由、人格自由、婚姻自由和遗嘱自由等自由权利中。《民法典》所列举一系列的自由类权利正是为了维护私法自治之根基，但要实现完整的私法自治，首先端赖于国家公权力的自我约束与克制，从而避免私法自治领域受到公权力的恣意侵扰。因此，《民法典》规定行政不得侵犯民事主体的合法权利。依据《民法典》第 207 条规定，各民事主体的物权受到法律平等保护，任何组织或者个人不得侵犯。在民法学者看来，公权力对民事主体权利合法行使的不作为，实际上属于行政机关应承担的一种消极义务。[①] 申言之，《民法典》所列举的自由类权利清单在法理上对接的是古典形式行政法治的精神，即要求行政法作为控权法来控制政府行为，从而构建一个稳固的行政法治秩序，为一系列自由类民事权利的圆满实现创造良好的外部秩序环境。任何政府都是它的人民——它所建基的社会中所有人以某种方式建立或支持的；所以，《民法典》在私法上

---

① 参见谢鸿飞：《〈民法典〉中的"国家"》，载《法学评论》2020 年第 5 期，第 14 页。

塑造什么样的"人",同样间接在公法上塑造什么样的政府。因此,《民法典》在确立、保护社会自治的疆界时,也划清、勘定了政府干预的边界;《民法典》在支持公民组织主张和实现法典赋予的自由权利时,也在建立和支持与之相匹配、相适应的有限有为政府。

自 1990 年《行政诉讼法》实施以来,我国三十多年法治政府建设的基本进路就在于通过稳步收缩传统行政管理的固有疆界来扩大公民私人生活和社会交往的自由空间,通过严格控制行政权力来构建良好稳定的市场和社会秩序,最终为民事主体的自由类权利提供有力保护。三十多年后的今天,我国政府仍然在持续转变政府职能中简政放权,将社会主义的自由权利保护理念贯穿始终。简政放权,一是在简政中使政府只管自己应该管的和必须管的事;二是在放权中下放行政权,把公民、组织自己可以决定的权力放还个人、组织,把基层自治组织和社会组织能够自律的权力放还自治组织和社会组织。① 这种控权理念的自由权保护思路是符合理论逻辑和历史规律的,更有利于激发亿万人民群众的创造活力。把《民法典》作为行政决策、行政管理、行政监督的重要标尺,就是要在法治政府建设中将自由类权利保护清单作为划定政府公权力疆界的标尺,严格恪守职权法定原则,对照权利保护清单来准确把握国家与社会、政府与市场、公权与私权之间的界限。

三、民法典时代的政府治理现代化维度

习近平总书记关于"一个现代化国家必然是法治国家"② "法治是人

---

① 参见应松年:《简政放权的法治之路》,载《行政管理改革》2016 年第 1 期,第 16 页。
② 习近平:《提高国防和军队建设法治化水平(二〇一四年十二月二十六日)》,载习近平:《论坚持全面依法治国》,中央文献出版社 2020 年版,第 130 页。

类政治文明的重要成果，是现代社会治理的基本手段"① 等重要论断深刻表明，法治化是国家治理体系和治理能力现代化的必然要求。《民法典》的实施推动了国家治理法治化，可谓是国家"治理现代化的私法表达"②。在这种公私法划分语境中，《民法典》作为当代中国"社会生活的百科全书"，不仅构建、支撑着私法的内部体系，也形塑、影响着公法尤其是行政法这个相对于私法而言的外部体系。具言之，《民法典》内部规范主要有民法原则、民法制度和民事权利，它们不仅对既有私法体系进行填补空白、消弭冲突、完善修正，而且对公权力进行规范、对公法制度加以补充、对公法精神予以表达。因此，《民法典》不仅是推进法治政府建设的重要抓手和重要标尺，更是政府治理现代化的方向指南和时代底色。

（一）在政府治理中运用民法原则

在政府治理中运用民法原则的治理方式，本身是《民法典》源于国家权力承继的固有状态，也体现出《民法典》并非纯粹私法的属性，而存在与公法理念和价值层面的内在联系，实现以民法原则的内容发挥对公法原则的补充功能。有法理学者认为，民法典维护交换正义、分配正义、矫正正义的价值取向与政府治理具有同一面向。③《民法典》确立了平等原则、自愿原则、公平原则、诚信原则、公序良俗原则和绿色原则，在政府治理过程中运用民法原则能够为行政体系的运行提供更大的透明度、公正性和预见性，从而有效维护公民的合法权益，促进行政机关的规范运作。通过运用民法原则，行政机关可以更好地履行职责，有效维护社会公平正义，

---

① 习近平:《坚持法治精神，实现公平正义（二〇一七年九月二十六日）》，载习近平:《论坚持全面依法治国》，中央文献出版社 2020 年版，第 183 页。
② 石佳友、刘忠炫:《民法典: 治理现代化的私法表达》，载《社会治理》2020 年第 7 期，第 39 页。
③ 参见黄文艺:《民法典与社会治理现代化》，载《法制与社会发展》2020 年第 5 期，第 29 - 30 页。

推动行政法治建设深入发展。

首先，政府治理现代化应当更加强调平等原则和权利保护原则。其一，民法原则中的平等原则要求人与人之间在法律面前一律平等，无论其身份、地位等，都应被法律保护和尊重。政府在治理中应当依法平等对待所有公民，不得歧视或偏袒任何个体或群体。例如，在招标采购过程中，行政机关应当依法公开、公平、公正地进行，确保每个参与者都有平等的机会参与竞争，避免歧视或任意对待。其二，民法原则中强调公平保护公民的人身权利、合法的财产权利和合同权利等，这些权益在行政活动中同样需要得到充分尊重和保护。在行政协议的签订上，政府与公民及其他主体之间的合作可以依据自愿原则，通过合同形式进行约束和规范。政府与公民、企业、非营利组织等签订合同，明确各方的权利和义务，建立良好的合作关系。行政机关在行使职权时，应当按照法定程序和要求，切实尊重和保护公民的合法权益。例如，在征地拆迁过程中，行政机关应当依法给予被征收人公正、合理的补偿，并保证其合法居住权利不受侵犯。

其次，政府治理现代化应当更加重视诚实信用原则。《民法典》中的诚信原则要求各方当事人在交易过程中应当讲信用、重承诺。落实全面依法治国战略布局，必须将诚信和法治相结合，为诚信政府增添法治保障，为法治政府厚植诚信底色。行政法上的诚信原则，意味着行政机关应当按照规定的程序和要求行使职权、遵守诺言和承诺。从理论上说，政府行为一经作出，非因法定事由、非经法定程序，不得随意变更、撤回、撤销；因行政行为变更、撤回、撤销给公民造成损失的，政府应依法给予补偿或赔偿。当前，有的地方政府在招商引资过程中存在失信、违约行为，任意改变和民营企业签署的招商引资合同，民营企业的合法权益没有得到充分保障，民营投资者的信心受挫，这样的结果，从长期看，不仅不利于发展地方经济，还可能动摇社会各界对法治政府建设的信心。因此，不论政府是作为民事主体签订民事合同，还是作为行政主体签署行政协议，都必须更加重视诚实信用原则，营造一个稳定、透明、公平和可预期的法治化的营商环境。

最后，政府治理现代化应当更加遵循"绿色原则"。《民法典》中的"绿色原则"要求民事主体从事民事活动时，应采取有利于节约资源、保护生态环境的各项举措。在政府治理过程中，行政机关也应遵从绿色原则的要求，强化环境发展的法律保障。政府治理必须更新自然资源开发和利用的价值理念，提升公众对资源高效利用的认识，在举措上兼顾人类需要和大自然需要，在制度上兼顾当代需要和后代需要，实现可持续发展。政府要实行生态环境保护责任清单制度，各级领导干部都要对生态环境保护负起主体责任，在这一重大问题上实行党政同责，并且在责任清单中实现党委决策责任和政府执行责任的全覆盖，促进领导干部树立正确的政绩观，主动承担生态环境保护责任等。

（二）在政府治理中援引民法制度

行政法的原旨功能在于规定行政权之来源与形式，依行政法原理，行政法虽然能够明确回答行政权存在与行使的形式合法性问题，但相对封闭的行政法规范体系难以回应现代行政功能的结构性转变。[1] 因此，在行政法中援引民法制度是一种特定的法律应用情况，它强调了政府治理与民法领域之间的综合性和相互关联性，实现了对公法制度的拓展，以及对政府治理现代化结构性转变的现实回应。尽管行政法与民法在立法目的、适用范围和规则体系上存在差异，但民法中的一般法律原则、制度，以及法律技术性规定等通常可以直接适用于行政法领域。在政府治理实践中，适当地

---

[1] 参见王青斌：《民法典时代的法治政府建设转型》，载《中国法学》2022年第6期，第59页。

援引民法制度有助于弥补行政法在实质内容方面的不足之处，确保政府治理过程的公正性和合法性。在政府治理中援引民法制度具有其必要性和合理性。

第一，政府治理过程中需要遵从依法行政之原则。从形式上而言；依法行政之"法"是作为维护国家权力秩序和保护公民权益的行政法律体系，但现代政府活动准据不应仅仅局限于部门行政法。这是因为有限的公法组织和手段形式不能因应无限的公共利益需求，因而政府在承担公共任务、增进公共福祉过程中，可以选择私法组织和手段形式展开政府治理活动。事实上，行政法本身也并不能兼及所有与行政相关的问题，尤其是在处置行政争议和保护当事人权益的过程中，可能需要借助民法原则和规则进行解释适用。例如，行政机关在处理财产权纠纷时，可以参考民法上关于物权归属、取得时效、无因管理、不当得利等制度来确定权益归属。这样的援引有助于提供更完善的法律保障，使行政活动更加公正合理。

第二，政府治理过程中所依据的行政法与民法在法律精神、价值取向和基本原则上存在一定的一致性。行政权的行使应当遵循法治原则、公正原则和保护合法权益的原则，而这些原则与民法中的平等自由原则、自治原则等密切相关。因此，在某些情况下，援引民法制度可以作为理解行政法规定背后的法律精神和普遍价值观的手段。这种援引有助于保证行政法规定的正确理解和适用，确保行政行为符合社会公众对公平、正义的期待。

第三，援引民法制度在一定程度上有助于弥补行政法规定的不足，并提供了更具体明确的权利义务规则。民法以物权、合同、侵权等领域为核心，包含了丰富的权利制度和责任规范。在行政法中，当需要规范行政机关与个人之间的权利义务关系或者确定行政机关的责任时，援引民法的相关规定能够提供具体明确的法律依据，如援引传统民法上的代理制度、无因管理制度、危险责任制度可以妥善化解行政法上的疑难案件纠纷。①

（三）在政府治理中保障民事权利

为了实现新时代人民对美好生活的向往，《民法典》不仅在总则编直接充分列举了一系列自由类权利，还通过创设立体开放的人格权体系来确保人格尊严、生命健康和生活安宁得到保障，并在分则侵权责任编构建完整的侵权责任救济体系，加强对公民所享有的各种经济社会权利的保护，包括对发展权、人格权、生命权、健康权、环境权、个人信息权的保护等，形成了内容丰富、体系完整的民事权利体系。然而，从权利保护的视角来看，政府行动倘若仅依据消极的控权性行政法规范，开展有限的行政活动，则不能充分完成保障民事权利这项重要任务。现代国家的政府职能日益增加、责任不断扩大，尤其是福利国家理念承载的"生存照顾"职能不断扩容，政府不仅要保障私权不受侵害，而且负有保障私权得到充分实现的责任。这在观念上表征为"权利本位"的内在转型，即从"自由权本位"转变为"福利权本位"②。对于《民法典》所确定的民事权利，行政机关应当在政府治理过程中采取规范所要求的作为方式，保障该种权利得到充分实现。至于《民法典》对宪法基本权利的细化以及对未列举权利的明确，同样可以构成整体客观法秩序的要素，从而要求政府在现代治理过程中予以完整保护。

《民法典》规定的发展权、环境权、健康权、个人信息权等权利主要

---

① 参见任沫蓉：《论行政法中表见代理的法律后果》，载《行政法学研究》2023 年第 2 期，第 158 - 167 页；昝强龙：《论行政法上的无因管理》，载《行政法学研究》2022 年第 6 期，第 126 - 138 页；张航：《论轻罪重判超期羁押的国家责任——从结果归责到危险归责的范式转型》，载《行政法学研究》2022 年第 6 期，第 161 - 176 页，等等。

② 孙笑侠：《法律对行政的控制——现代行政法的法理解释》，山东人民出版社 1999 年版，第 64 页。

属于社会权，主要依靠加强服务型政府的建设予以实现。目前，我国正在大力建设服务型政府，加快推进"放管服"的改革就是在放开政府管控的同时，为市场"管出公平、管出质量"，为人民群众"服出便利、服出实惠"，政府要主动变"人找政策"为"政策找人"，使困难群众及时得到关照。这与公法理论所提倡的"服务行政"和"生存照顾"理论不谋而合，即认为国家负有满足人民生存照顾之义务，要求政府创造一个合乎正义，也就是创造合乎社会现状的取用机会。虽然《民法典》就政府应当作为以及应当如何作为等问题只是作了零散规定，但当《民法典》作为社会性权利的间接保护规范基础时，实质行政法治就要求政府在对标《民法典》的权利清单中积极主动作为。譬如，《民法典》第 206 条列举了市场主体享有的平等权和发展权，这就主要依靠政府来落实，政府要为各种市场主体、各种所有制企业和各类经济组织创造平等发展的机会和秩序，要持续主动打造稳定公平透明、可预期的法治化营商环境，为保障平等权和发展权的实现提供现实性条件。再如，《民法典》第 110、111 条所列举的生命权、健康权、人格权等，就要求政府积极主动保障公共卫生安全，切实保护公民的生命健康等。

法治政府建设是法治国家建设的"重点任务和主体工程"，这要求我们在全面推进依法治国系统工程中注重适应法治国家、法治政府、法治社会系统关联、相辅相成的特点。当代法治政府建设既要全面依法行政，采取"自上而下"的模式推进，同时还要在民法典时代政府治理现代化的语境下开拓创新。[①]《民法典》通过设定行政任务、规定行政职责、划分行政边界，发挥重要的行政调控功能。行政机关应当把《民法典》的有效实施作为重要抓手，在行政决策、行政管理、行政监督中将《民法典》的精神、原则和制度作为重要标尺，扎实推进依法行政和政府治理体系和能力现代化。

---

① 参见马怀德、张航：《推进法治中国建设的立场观点方法》，载《法律科学（西北政法大学学报）》2023 年第 2 期，第 12-13 页。

第二章 法治政府的使命任务

第一节 面向政府治理变革的行政法理念[*]

党的十一届三中全会后，我国行政法治建设步入正轨，以行政立法为先导快速发展。以"依法治国"方略的提出为标志，推进行政法治建设的合力逐步形成，依法行政进入了新阶段。党的十八大以来，在建设法治中国的命题下，行政法治建设奋力向前、攻坚克难，逐渐成为推进国家治理体系和治理能力现代化的重要内容。[①] 由行政法理论界和实务界费时四十余年共同书写的法治篇章贯穿了一条红线，即行政法理念。行政法理念的价值既体现在行政法学的发展路径中，也体现在各个领域的行政法治实践中。它既指导中国特色行政法学理论体系的形成和完善，又为立法、执

---

  * 本文原载于《行政法学精论》（中国检察出版社 2022 年版）"序言"。本书出版时根据实际情况，对正文内容作了文字调整。

  ① 参见马怀德、孔祥稳：《中国行政法治四十年：成就、经验与展望》，载《法学》2018 年第 9 期。

法、司法的具体实践提供指引，持续推动各项改革向纵深方向发展。随着
政府治理迎来深刻变革，行政法理论界和实务界需要回应新的法治需求，
行政法理念迎来新的发展契机。在新的时代背景下把握行政法理念的内涵
和特征，构建现代行政法理念的体系，具有重要意义。

一、行政法理念的内涵

"理念"是国家治理体系和治理能力现代化进程中的高频词。重大改
革的推进几乎都要首先强调理念上的转变和革新。然而，纵览我国行政法
学界浩如烟海的理论研究成果，对行政法理念的讨论并不多见。学界鲜有
专门讨论行政法理念的专著，一般只将"行政法的基本理念"作为行政法
基础理论的一个章节。行政法学者对行政法理念的理解见仁见智，对其具
体内容的认识更是存在明显差异。有的明确列举了行政法基本理念的具体
内容，如《中国行政法总论》一书中提出，现代行政法在概括意义上大致
包括法治行政、民主行政、服务行政三种基本理念[1]；有的将行政法基本
理念理解为行政法基础理论的下位概念，如《案例行政法教程》一书将
"行政法的基本理念"与"行政法的基本原则"并列，在绪论编中独立成
章[2]；还有的将行政法的基本理念等同于行政法理论基础。[3]

研究行政法理念必须要回归到"理念"概念本身。"理念"属于哲学
范畴，诸多学术流派都对其进行过解读，结论各不相同。与法律结合后，
原本就没有明确、清晰词义的"理念"概念被进一步延伸。法律理念既是
"具体法形态的内在"，也是"法之本体的存有"[4]。在内容上，行政法理

---

① 参见江国华：《中国行政法总论》，武汉大学出版社 2012 年版，第 49 页。
② 参见莫于川：《案例行政法教程》（第 2 版），中国人民大学出版社 2016 年版。
③ 参见何永红：《现代行政法》，浙江大学出版社 2014 年版，第 35 页。
④ 江山：《中国法理念》，山东人民出版社 2000 年版，自序。

念与行政法基本原则、行政法理论基础等概念存在一定重合。例如，依法行政既是一种理念，也是被行政法学界和实务界普遍认可的行政法基本原则。又如，"平衡""控权"等理念既指导了行政法学理论体系的构建和完善，也是现代行政法治建设不可忽视的价值取向。但就表现特征和存在形式而言，行政法理念与行政法基本原则、行政法理论基础等概念存在本质区别。

在表现特征方面，行政法理念具有明显的动态性。根据行政法治实践的需要，在不同时期、不同领域内，行政法追求的价值不尽相同，所强调的行政法理念对应存在差异。党中央的方针政策、制度体系的发展完善、司法裁判的典型案例都不断为行政法理念增添新的内容。相较于行政法理念，行政法基本原则具有相对确定的框架和内容。学界通说认为，行政法基本原则应当具有普遍性和特殊性。普遍性指行政法基本原则应当贯穿于行政组织规范、行政行为规范和行政监督规范之中。特殊性指行政法基本原则应当独立于其他部门法的基本原则，体现行政法的独有特征。在这些判断标准的共同作用下，对行政法基本原则的讨论多在合法性原则和合理性原则的框架下展开。基本原则的内容也因此相对固定，只是在表述上略有不同。理论争点在于各原则间的相互关系，例如，在比例原则和合理性原则中，应当以何者为上位概念等。

在存在形式方面，行政法理念是适用于行政法学理论研究和行政法治实践理念的集合。一方面，行政法基本原则和行政法基础理论构成行政法理念的重要来源和载体。行政法基本原则是行政法原则中最具有普遍性和特殊性的部分，是制定和实施行政法律规范时必须遵循的原则。行政法基础理论是建构行政法理论体系的基石，被行政法学者用以解释理论界和实务界的各种行政法现象。这种基础性地位使行政法基本原则和行政法基础理论集中体现了行政法的价值追求，构成行政法理念的重要来源。同时，行政法理念又以行政法原则和行政法基础理论为载体，实现对行政法学理论研究和行政法治建设的全面指引。以行政法原则为例，行政法规则的具体构建需要遵循多项原则，其中部分行政法原则通过立法程序进入实定法，成为规则的补充。然而，即使尚未被立法所确认，各项行政法原则的生成和发展都源于对行政法理念的把握。行政法原则中必然会体现若干行政法理念，这一点并不因该原则是否成为实定法而改变。另一方面，行政法理念超越行政法原则和制度而存在。行政法理念对行政法学理论成果、行政法制度体系、改革成果进行了高度抽象和概括，但这并不意味着行政法理念的来源会因此受到局限。"法治""民主"等部门法中共同存在的理念，党在方针和政策中的决策部署等，都可能转化为行政法的理念。由于现代行政法理念的来源的广泛性，行政法理念内涵的丰富和适用范围的扩大，往往要先于行政法学理论研究和行政法治实践的发展。

因此，仅凭行政法基本原则和理论基础并不足以反映行政法理念的全貌。由于来源和适用范围的广泛性，行政法理念的内容根据行政法治实践和行政法理论研究的需要持续调整。随着时代背景的改变和理论研究的深入，这种调整的动态性呈现扩大化趋势。对行政法理念内涵的把握既需要充分掌握行政法学理论研究的最新成果，又要结合行政法理念发展的时代背景，观察其在行政法治建设实践中的运用情况。

二、行政法理念发展的时代背景

法与时转则治，治与世宜则有功。在新时代的发展方位下，行政法理念的内容来源和作用范围都面临新的挑战。一方面，行政法学研究需回应政府治理和社会变迁带来的理论变革，拓宽研究视野，获取更加丰富的研究素材；另一方面，行政法治建设需适应时代潮流，不断调整制度体系和机制体制改革的完善方向。行政法理念的发展始终与所处的时代背景保持同步。在讨论行政法理念的具体内容前，应当首先明确行政法理念面向的时代背景。

（一）社会主要矛盾发生变化

随着中国特色社会主义进入新时代，经济高质量发展，社会生产水平大幅提升。人民对美好生活的需要不再局限于物质文化生活方面，民主、法治、公平、正义、安全、环境等方面的要求同样日益增长。不平衡、不充分的发展成为满足人民日益增长的美好生活需要的主要制约因素。在此背景下，党的十九大报告对我国社会的主要矛盾作出了全新研判。报告提出，我国社会主要矛盾已经转化为人民日益增长的美好生活需要和不平衡、不充分的发展之间的矛盾。[①]

社会主要矛盾的转变是对马克思主义矛盾理论的最新发展，更是推进国家治理体系和治理能力现代化时所要依据的现实基础。法治能够将法律这套规则体系转化成治理效能，是国家治理体系和治理能力现代化的必由之路。法治兴则国家兴，法治衰则国家乱。我国行政法治建设历经四十几年，在立法、执法、司法、守法方面取得的成就有目共睹。在肯定已经取得的可喜成绩的同时，也应当注意到，行政法实务界和学术界依旧面临日渐复杂的任务和挑战，行政法治建设任重道远。现行立法在质量和效率上仍然存在提高空间，依法行政的制度体系需要进一步健全。社会公平正义的法治保障需要进一步加强，确保执法严格规范公正文明，司法公正高效权威。法律实施的效果需要进一步提升，保证行政权、审判权、检察权、监察权依法正确行使。这些问题的解决都需要精准把握社会主要矛盾的变

---

① 参见习近平：《决胜全面建成小康社会 夺取新时代中国特色社会主义伟大胜利——在中国共产党第十九次全国代表大会上的报告》，载《人民日报》2017年10月28日，第1版。

化。在此基础上，协调推进行政法治建设的战略布局，规划其发展路径，最终实现建设社会主义法治国家的总目标。

社会主要矛盾的转变对行政法治建设的指引体现在"不变"和"变"两个方面。不变的是以人民利益作为基本出发点的根本立场，变的是更加明确的法治建设重心和建设标准。就前者而言，习近平总书记多次强调，要坚持密切同人民群众的联系，用法治保障人民权益、增进民生福祉。[①]无论如何设计法治建设的具体方案，依法治国的实现过程都要始终聚焦人民的现实需要，保障人民在法治建设中的主体地位。党将建设人民满意的法治政府作为全面依法治国的重点任务，正是法治建设以人民利益为出发点的重要体现。就后者而言，从党的十五大确立依法治国的基本方略，到中央全面依法治国委员会统筹推进全面依法治国工作，党对依法治国的重视不断达到新高度，统筹谋划法治建设的广度和深度前所未有。具有中国特色的行政法学理论体系和制度体系已经初步形成。不平衡、不充分的发展与人民对法治国家、法治政府和法治社会的迫切需要间的矛盾成为法治建设面临的最大挑战。对此，党的十九届四中全会进一步明晰了法治建设的总体思路和重点任务。会议从战略层面规划了未来全面推进依法治国的重点任务和举措，将法治建设的重心和目标确定为建设中国特色社会主义法治体系，建设社会主义法治国家。

（二）公共行政内涵逐渐扩展

行政法是规范公共行政的法。公共行政既是行政法学者的研究对象，又是实务界需要回应的事项。公共行政是一个动态的概念，在不同的时期有着不同的内涵。传统行政仅指国家行政，其领域狭窄，一般仅限于维护

---

① 参见习近平：《用法治保障人民权益、增进民生福祉》，载《人民日报海外版》2019年7月19日，第1版。

社会治安、税收等领域；主体单一，以国家行政机关为管理行政事务的唯一主体；在行政方式上表现为权力行政。[①] 改革开放后的数十年间，随着行政法面临的司法实践日趋复杂，国家的职能大为扩张，行政权力急剧膨胀，活动范围随之扩展，涉及社会生活的各个方面。在观念层面，行政法的定位从传统的"行政管理"不断向"公共治理"转变，公私合作等多元形式与传统的行政规制渐成分庭抗礼之势，仅将行政解释为国家行政已经难以应对现实需要。公共行政涉及的领域正在不断拓宽，覆盖了行政目标实现的全过程。

公共行政内涵的拓展对行政法理论界和实务界形成了全方位的冲击。一方面，随着行政法调整范围的不断扩展，行政法实务界的实践需要为行政法学理论研究提供了更多的研究课题和更广阔的研究视野。面对疫情防控实践的现实需要，在法治轨道上统筹推进各项防控工作至关重要。在应急状态下，更要以法治思维加强对公民基本权利的保障，解决公、私权之间的平衡问题。习近平总书记多次强调依法防控疫情的必要性。2020 年 2月 14 日，习近平总书记在中央全面深化改革委员会第十二次会议上提出了公共卫生法治保障、应急物资保障体系等完善疫情防控制度体系的五个重要方面，并在一系列重要会议上就疫情依法防控作出重要部署。[②] 可以预见，应急状态下法律原则和规则的构建将在一段时间内成为行政法学界的重点论题之一。通过行政法学者的踊跃建言，应急法律制度体系的完善和应急法治的发展将获得充分的理论支持。另一方面，传统研究领域的行政法理论研究将成为法治建设的有效助力。检察机关提起行政公益诉讼制度的确立是理论走向现实的典例。行政公益诉讼在案件范围、线索来源、

---

① 参见马怀德：《行政法概述》，载应松年主编：《当代中国行政法》，中国方正出版社 2005 年版，第 6 页。

② 参见习近平：《全面提高依法防控依法治理能力　健全国家公共卫生应急管理体系》，载《求是》2020 年第 5 期。

诉前程序、起诉人的身份地位、起诉期限等多方面都具有与普通行政诉讼不同的特征。囿于《行政诉讼法》关于原告资格的规定，虽然在司法实践中早已经出现行政公益诉讼的雏形，但立法长期滞后于实践需要。有感于此，多位行政法学者投身于对行政公益诉讼的理论研究中，相关探索可以追溯到 20 世纪末。多个版本的《行政诉讼法》专家建议稿都曾涉及行政公益诉讼相关的内容。学界对不同起诉模式进行了优劣比较，并基于所选择的起诉模式展开理论研究和制度设计。坚实的理论基础为公益诉讼的试点和试点结束后的修法作出了贡献，使行政公益诉讼制度在我国真正落地生根。

（三）多项改革进入"后改革时期"

改革是新时代的主题词，是社会主义现代化建设的动力源泉。新中国成立以来，在党的领导下，我国在政治、经济、文化等领域内开展了多项改革，理论和实践层面都取得了重要成果。社会主义现代化建设事业各方面取得的成就与这些成果密不可分。2013 年 11 月 12 日，中国共产党第十八届中央委员会第三次全体会议通过《中共中央关于全面深化改革若干重大问题的决定》。该决定贯彻落实了党的十八大关于全面深化改革的战略部署，解答了全面深化改革的重大意义、指导思想等若干重大问题。决定提出，2020 年时，重要领域和关键环节的改革要取得决定性成果。时至今日，多项改革已经取得丰硕战果，开始步入攻坚期和深水区，开启"后改革时期"。在这一时期，既要总结前期的改革经验，重新审视改革方向的选择和改革路径的设计，又要在前期改革成果的基础上完善后续改革方案，使各项制度向更加成熟、更加定型靠拢。

同为"四个全面"战略布局的重要组成部分，全面依法治国与全面深化改革始终相辅相成。习近平总书记将改革和法治的关系比喻为鸟之双翼、车之两轮，指出要在法治下推进改革，在改革中完善法治。做好改革发展稳定各项工作离不开法治，改革开放越深入越要强调法治。凡属重大改革都要于法有据，确保在法治轨道上推进改革。① 法治和改革始终密不可分。一方面，改革的全过程都要求积极发挥法治的引领、推动和保障作用。法治建设中的实践需要为改革的开展提供了空间。现行立法为改革方案的顺利实施提供了制度保障。法治思维和法治方式能够有效化解推进改革的过程中可能出现的矛盾。在改革取得初步成效后，法治的护航作用进一步凸显。能否将先期的改革经验以法律的形式固定，将直接决定改革能否在全社会范围内为各方主体提供指引，将改革的"破"和"变"转化为法治的"立"和"定"。另一方面，改革的成果能够为中国特色社会主义法治体系的完善提供推力。中国特色社会主义法治体系包含完备的法律规范体系、高效的法治实施体系、严密的法治监督体系、有力的法治保障体系和完善的党内法规体系五个子体系。这五个子体系的发展完善都离不开改革的推动。通过改革决策和立法决策间的良好衔接，将被实践证明比较成熟的改革经验和行之有效的改革举措上升为法律、法规、规章，及时清理与改革实践脱节的立法。通过立、改、废、释并举，既巩固了改革的经验和成果，又使立法回应了改革和经济社会发展的需求。通过对法律实施机制体制的改革，法律的实施效果得到充分保证。正在深化的行政执法体制改革、"放管服"改革等都从不同角度优化了法律的实施效果。通过深化司法体制综合配套改革，确保了司法公正高效权威，让人民群众能够在每一个司法案件中感受到公平正义。

（四）法治政府建设的要求

法治政府建设是国家治理的一场深刻革命，是对人民在民主、法治、公平、正义、安全、环境等方面日益增长的要求的实质回应。我国行政法

---

① 参见沈春耀：《坚持在法治下推进改革和在改革中完善法治相统一》，载《中国人大》2015年第20期。

学界对法治政府的理论研究可以追溯到 20 世纪 90 年代。在关于行政法理论基础的讨论中，"政府法治论"从中国社会的实践需要出发，提出要建设民主型、有限型、治理型、责任型和平权型政府。法治政府的构建和发展逐渐成为行政法学各领域的理论研究共同的服务对象和目标指向。法治政府概念和基本框架的雏形就此产生。此后，党中央和国务院对法治政府建设的推动为法治政府理论研究提供了实践基础。"法治政府"从一个学术概念发展成为政策要求，进而成为法治实践的核心内容。回顾法治政府建设已经走过的十几年历程，我国法治政府建设的要求逐渐明确，路径逐渐清晰。法治政府的发展始终服务于法治建设实践的需要，与全面依法治国战略的实施保持同步。

法治政府建设的推进与具体法律制度的完善存在本质不同。一般而言，法律制度在确立时就具有相对确定的实现目标。为了能够保证法律的实施效果，完善方案也基于该目标而设计。法治政府建设的内容遍及行政组织法、行政行为法和行政救济法的调整范围，是一项综合性极强的系统工程，不可一蹴而就，更不能急于求成。在法治政府建设的进程中，每一次目标和步骤的调整都需要综合考量国家治理体系和治理能力现代化进程中的各种要素。这一点从法治政府建成时间点的不断调整上可管窥一斑。2004 年，《全面推进依法行政实施纲要》提出要用十年左右的时间基本建成法治政府。2012 年，党的十八大提出，到 2020 年全面建成小康社会时，法治政府基本建成。2017 年，党的十九大提出，到 2035 年法治国家、法治政府、法治社会基本建成。法治政府建成时间点的调整是对法治政府建设定位的精准把握，是对法治政府建设中各种制约因素进行综合考虑后作出的理性判断。[①]

---

① 参见马怀德：《法治政府建设是国家治理的一场深刻革命》，载《北京日报》2017 年 12 月 11 日，第 13 版。

　　近年来，法治政府建设已经成为实现国家治理体系和治理能力现代化的必然要求。党的十八大把法治政府基本建成确立为 2020 年全面建成小康社会的重要目标之一。此后的一系列重要会议作出重大部署，明晰了法治政府建设的功能定位和目标指向。《法治政府建设实施纲要（2015—2020 年）》相继确定了法治政府建设的标准。将"政府职能依法全面履行、依法行政制度体系完备、行政决策科学民主合法、宪法法律严格公正实施、行政权力规范透明运行、人民权益切实有效保障、依法行政能力普遍提高"确定为法治政府基本建成的衡量标准。2015 年至 2020 年间的法治政府建设的主要任务和具体措施被分解为四十余项具体任务，要求原则上在 2019 年年底前完成。通过中央和地方层面法治政府建设与责任落实督察工作的全面展开，上一阶段的法治政府建设已经进行了成果验收。2019 年 2 月 25 日，习近平总书记在中央全面依法治国委员会第二次会议上重申了法治政府建设的重要性，强调推进全面依法治国要坚持法治国家、法治政府、法治社会一体建设，法治政府建设是重点任务，对法治国家、法治社会建设具有示范带动作用。这一论述明确了现阶段法治政府建设的定位，法治政府建设的要求需要随之调整。"十四五"时期，全面建设社会主义现代化国家新征程正式开启。党的二十大报告中强调，要坚持全面依法治国，推进法治中国建设，在法治轨道上全面建设社会主义现代化国家。下一阶段，法治政府建设将以统筹推进全面依法治国的大格局和大背景为出发点，以更高的标准规划推进路线，坚持依法治国、依法执政、依法行政共同推进。

三、现代行政法理念的体系构建

　　行政的范围是变化着和发展着的。在不同时代、不同国家、不同地域，受不同的经济和社会发展状况、治理理论等因素的影响，行政"疆域"的界定很难有一个确定的答案。^① 在这片"疆域"上存在着的行政法原则、制度和体制不胜枚举，随着行政法治建设实践需求的变化而不断发展。这些行政法原则、制度和体制构成现代行政法理念的重要来源。因此，完全列举现代行政法理念的具体内容是不现实的。但是，这并不意味着行政法理念彼此孤立、不成体系。恰恰相反，在推进行政法治建设的进程中，有必要使行政法理念形成既具有内在联系、又具有开放性的体系。行政法理念的体系构建能够更好地应对行政任务、方式和手段的变化，指导行政法律制度和机制体制的完善。

（一）处于第一位阶的行政法理念

体系是将具有内在联系的若干事物按照一定的逻辑组合而成的整体。依据不同的组成逻辑，体系内部的各部分可以地位均等，也可以存在不同的位阶。行政法理念体系组成逻辑的确定应当基于行政法治建设的实际需要。当前，面向政府治理的迅速变革，我国行政法呈现多样化、复杂化、碎片化发展，行政法理念的构成呈现同样的发展趋势。因此，有必要确定一个具有统领性地位的行政法理念，构成行政法理念体系的核心。

具体而言，在现代行政法理念体系中，法治政府理念位于第一位阶。作出这一选择的依据，在于"法治政府"一词被赋予的丰富内涵。2004年发布的《全面推进依法行政实施纲要》明确提出了"法治政府"的概念，并将基本建成法治政府作为全面推进依法行政的目标。通过对这一目标的描述可以看出，法治政府的实现涵盖了行政法所能调整的方方面面，对法律法规的制定和实施、矛盾的化解都提出了要求。同时，还要求理顺

---

① 参见姜明安：《行政的"疆域"与行政法的功能》，载《求是学刊》2002年第2期。

政府与市场、政府与社会的关系，让行政权力与责任紧密挂钩、与行政权力主体利益彻底脱钩。甚至，行政机关工作人员特别是各级领导干部依法行政意识的提高等观念层面的内容都被纳入法治政府的范围。此后，《国务院关于加强法治政府建设的意见》等一系列重要文件明确了相应阶段法治政府建设的要求和具体任务。在《法治政府建设实施纲要（2015—2020年）》中，法治政府的基本特征被概括为"职能科学、权责法定、执法严明、公开公正、廉洁高效、守法诚信"。从行政法学的基本理论来看，法治政府建设的要求涵盖了行政组织法、行政行为法、行政救济法三个方面：机构和职能法定、服务型政府是行政组织法的内容；行政立法法治化、行政决策法治化、行政执法规范化、政府信息公开是行政行为法的内容；监督与问责的法治化、构建解决行政争议的法治体系是行政救济法的内容。① 法治政府建设要求的逐步调整和细化，意味着政府从"rule by law"向"rule of law"转变。法律不再被视为政府管理社会的工具，政府自身也被纳入法律的框架内。法律制约和监督着公权力运行的全过程。在此意义上，责任政府、服务政府、阳光政府等其他理念是法治政府理念的细化，应当以法治政府理念为上位概念。这些行政法理念在指导行政法律制度的制定和实施时，都需要遵循法治政府理念。

应当明确的是，将法治政府作为第一位阶的行政法理念只是行政法理念体系的一种构造方式，而非唯一解。法治政府理念自身并不具备基本理念的必要属性。之所以不在法治政府理念之上再设置更高的位阶，是因为在这些基本理念中，有相当一部分并不属于行政法独有的理念，甚至不属于公法独有的理念。2020年5月28日，《民法典》通过，我国开启了"民法典时代"。在民法典中，存在着相当多的涉及行政法规范的内容。以维

① 参见马怀德：《新时代法治政府建设的意义与要求》，载《中国高校社会科学》2018年第5期。

护公共秩序和公共利益为最终的落脚点，这种公私法规范交织将成为新常态。公私法规范共同治理的意义将越来越凸显。民法典是各级行政机关进行行政决策、行政管理、行政监督的重要标尺。民法典中体现了对生命健康、财产安全、交易便利、生活幸福、人格尊严等各方面权利平等保护的理念，这些理念同样指导着行政法律制度的完善。[①] 对法治政府理念的理解和运用需要遵循这些部门法中共同的基本法律理念，从而为统一的公共秩序的建立提供推力。

（二）处于第二位阶的行政法理念

在法治政府理念之下，多个行政法理念在行政组织法、行政行为法、行政救济法的调整范围内不断细化，共同构成行政法理念体系中的第二位阶。相较法治政府理念，这些行政法理念的适用范围往往集中于行政法的某个或某些具体领域，指导对应领域内的行政法学理论研究和行政法治实践。在此，仅列举部分具有代表性的行政法理念。

1. 责任政府理念

对于政府而言，有权必有责，用权受监督，失责要问责，违法要追究。在责任政府理念的指导下，行政权力的运行遵循权责一致的原则。政府在行使行政权力的同时，还应当承担相应的政治、法律、道德等方面的责任。违法行使职权或者权力行使不当时，政府应当依法承担法律责任。党的十八大以来，以习近平同志为核心的党中央把深化党和国家机构改革作为推进国家治理体系和治理能力现代化的一项重要任务，党和国家机构职能实现系统性、整体性重构，为党和国家事业取得历史性成就、发生历史性变革提供了有力保障，也为继续深化党和国家机构改革积累了宝贵经

---

① 参见马怀德：《民法典时代行政法的发展与完善》，载《光明日报》2020年6月3日，第11版。

验。深化党和国家机构改革，目标是构建系统完备、科学规范、运行高效的党和国家机构职能体系。

从结果层面打造责任政府，一要监督，二要问责。[①] 在监督方面，对行政权力的监督应当覆盖到公权力行使的各个领域、各个方面、各个环节。党的十九大指出，要构建党统一指挥、全面覆盖、权威高效的监督体系，把党内监督同国家机关监督、民主监督、司法监督、群众监督、舆论监督贯通起来，增强监督合力。在问责方面，问责事由、问责主体、责任形式、责任豁免事由等程序和实体内容都需要由法律进行规范。监督和问责的法治化事关对政府公信力的有效维护，既是法治政府建设的基本要求，也是权责一致原则的具体落实。

2. 简政放权理念

在新时代的背景下，政府具有经济调节、市场监管、社会管理、公共服务、生态环境保护等多种职能。职能科学是法治政府建设的首要目标之一。确保政府职能向更加科学的方向转化、深化行政体制改革始终是法治政府建设的重心所在。作为行政体制改革的重要抓手，简政放权并不意味着对政府机构职能的随意简化和对行政事务放任不管，而是要求放管要有机结合。"放"和"管"共同构成政府提高行政管理效率、依法全面履行各项职能的前提。

在行政法治实践中，简政放权理念中的"简政"体现为精简和优化政府机构和职能设置，促进政府高效履职，形成高效率的组织体系。"放权"则体现为两方面要求：第一，理顺中央和地方权责关系，上级政府向下级政府放权。地方政府直接面向基层实践，掌握第一手实践资料。因此，有必要通过厘清各级政府及其部门的权责界限，减少并规范中央和地方共同

---

① 参见马怀德：《法治政府建设的基本要求》，载《中国司法》2018 年第 5 期。

事权，赋予地方更多自主权。同时，应当同步优化行政决策、行政执行、行政监督体制，实现国家机构职能优化协同高效。第二，以政企分开、政事分开、政社分开为目标，政府向市场放权、向企业放权、向社会放权。这是现阶段简政放权的重点和难点。随着经济和社会高速发展，新兴行业不断涌现，传统行业也迎来根本性变革。纯粹依靠政府进行行政管理既在监管力度上力有不逮，也影响了资源配置的效率。通过政府的减权、限权，不断激发市场主体活力和社会创新活力，已经成为营造良好营商环境，推动更高质量、更有效率、更加公平、更可持续发展的必然选择。[①] 当前，行政审批改革持续深化，对各类行政许可、资质资格、中介服务等事项的清理和规范普遍开展，以"去行政化"为核心的行业协会脱钩改革逐步推进。政府的角色相较于早期的"划船者"向"引航人"转换，这些都是简政放权理念的体现。

3. 服务政府理念

在我国行政法治建设初期，规范行政权力依法运行，使公民等主体免遭公权力的侵犯是最迫切的需要。因此，行政法被定位为管理法，行政管理的基本原则被直接作为行政法的基本原则。随着法治建设逐步推进，政府从执法者与管理者转型为社会服务的提供者，承担提供公共服务的职能。职能上的转变要求政府的行为模式也相应转化，服务行政的行为模式开始影响政府履行法定义务的方式。[②] 在党的十九届四中全会上，服务人民群众被确定为国家行政管理的重大职责，一切行政机关为人民服务、对人民负责、受人民监督。建设人民满意的服务型政府成为政府治理体系的完善目标。这种对服务政府理念重视程度的提高，是现代行政法区别于传统行政法的重要特征。

---

① 参见肖捷：《深入推进简政放权》，载《人民日报》2018 年 4 月 23 日，第 7 版。

② 参见王敬波：《法治政府要论》，中国政法大学出版社 2013 年版，第 80 页。

服务型政府的构建既是法治政府的建设目标，也是法治政府的基本要求。法治政府不仅意味着行政机关应该依法行使权力，也强调行政机关要依法提供公共服务和社会服务，实现秩序行政与给付行政的统一、管制行政与服务行政的结合。① 在法治政府的语境中，服务型政府的构建需要满足更高的要求。在提供社会所需的各项公共服务时，政府应当需要遵守法定时限，提高行政效能，坚持以高效便民的方式进行服务。如果一个政府不能高效便民地提供公共服务，那么就很难称其为现代意义上的法治政府。

4. 阳光政府理念

阳光政府的核心在于行政权力运行的规范、透明。政府是否将行政事务的处理依法向社会公开、置于阳光下进行，直接决定了公民能否在实质意义上参与行政决策的过程。同时，获取政务的相关信息也是开展各项监督的前提。阳光政府的构建是民主政府和廉洁政府的基础，也是"民主"这一法治的基本理念在行政法领域的具体体现。

在我国现行立法中，政务公开制度的发展和完善是阳光政府理念的直接体现。我国政务公开起源于 20 世纪 80 年代以来村务公开的探索，经历了从村务公开到乡镇机关政务公开和厂务公开，再到各级人民政府的政府信息公开的发展过程。2019 年 4 月 3 日，《中华人民共和国政府信息公开条例》完成实施 11 年后的首次修订，此次修订充分结合了行政法学界的研究成果和行政法实务界的现实需要，对政府信息公开制度的程序和实体内容都进行了完善。"以公开为常态、不公开为例外"的原则已经被现行立法所确认。政府信息公开是政务公开的重要组成部分，此次修法对政府信息公开制度的发展为政务公开水平的提高提供了最直接和有效的推力。与政府信息公开相比，政务公开的公开范围更为广泛，公开形式更为灵

---

① 参见马怀德主编：《行政法前沿问题研究——中国特色社会主义法治政府要论》，中国政法大学出版社 2018 年版，前言。

活，公开制度更加规范，公开更多地依赖互联网和媒体技术。[①] 2020 年 6 月 21 日，国务院办公厅发布了《2020 年政务公开工作要点》，确定了六个方面、共计 19 项工作要点，其中，既包括落实新修订立法，加强制度执行和政策发布解读，强化保障措施，又要求围绕党中央的最新决策部署加强用权公开，围绕优化营商环境和突发事件应对等实践中的最新需要，加强重点领域内的信息公开。

（三）行政法理念的未来发展

当前，我国行政法治建设持续推进，不断取得新的理论成果、制度成果和实践成果。国家治理、社会变迁、新兴科技发展的理论和实践需求为行政法理念体系的完善提供了发展的土壤。行政法理念的发展与行政法治建设的发展彼此促进，形成良好的双向互动。在这种双向互动的作用下，行政法理念的未来发展将呈现以下两大特征。

其一，行政法理念的具体内容和适用过程将保持高度的动态性。例如，在社会的不同发展阶段，对法治政府的衡量标准相应不同。在法治政府内部，观念、实体、形式、程序方面的各要素始终处于对话、协商的交涉过程，并在达成"未完全理论化的协议"后进入下一轮的互动运作中。[②] 法治政府理念的具体体现和要求随之调整。适用上的动态性则体现在立法、执法、司法对行政法理念的选择和理解上。例如，突发事件发生后，公权力出现扩张趋势，私权利相应克减。此时，既需要在非常态下维护公民的合法权益，也要为政府采取应急措施提供法律依据。因此，立法机关在遵循民主、法治等基本理念的基础上，强调并在立法中体现应急法治理念。这是突发事件立法与调整常态下法律关系的其他立法的本质

---

① 参见马怀德：《政府信息公开制度的发展与完善》，载《中国行政管理》2018 年第 5 期。
② 参见马怀德主编：《法制现代化与法治政府》，知识产权出版社 2010 年版，第 402 页。

区别。

其二，行政法理念的发展只能够在有限的范围内超前于行政法治建设的实际。行政法理念超越行政法原则和制度而存在，能够适度超前地预测行政法律制度、机制体制改革的方向，并据此提供相应的指引。但是，这种预测必然要受制于行政法治建设的实际情况。在选择、理解并最终适用某项行政法理念时，立法、执法、司法都需要结合经济、社会发展等因素，进行全方位的综合判断。同时，由于行政法理念并不是我国行政法正式的法律渊源，即使某项行政法理念已经被行政法学界普遍认可，也不能将其直接适用于立法、执法和司法。行政法理念指引作用的发挥，需要由有权主体依法通过决策、立法等方式解释其内容，并以政策和法律制度等形式加以固定。

第二节　新时代法治政府建设的使命任务 *

党的十八大以来，我国法治政府建设蹄疾步稳，成效显著。党对法治政府建设的领导全面加强，"放管服"改革向纵深推进，依法行政制度体系进一步完善，行政执法规范化建设显著加强，开放政府和透明政府建设提质增效。但与党中央的新要求和人民群众的新期待相比，我国法治政府建设还存在一些薄弱环节。党的二十大报告为全面依法治国指明了发展方向，也为新时代法治政府建设提供了根本遵循。党的二十届三中全会决定强调深入推进依法行政，从进一步全面深化改革、推进中国式现代化的角度对法治政府建设提出了新要求。要聚焦使命任务，扎实推进依法行政，加快建设法治政府。完善行政立法，实现改革与立法的良性互动。进一步

　＊　原载于《政法论坛》2023年第1期，第14-27页。本书出版时根据实际情况，对正文内容作了文字调整。

推进行政执法规范化建设，严格规范公正文明执法。树立司法权威，推进行政争议实质性化解，防止多元化纠纷解决机制突破法律底线。坚持依法防疫和依法抗疫，保障公民合法权益。加快构建职责明确、依法行政的政府治理体系。

法治是治国理政的基本方式。习近平总书记强调："法治兴则国家兴，法治衰则国家乱。什么时候重视法治、法治昌明，什么时候就国泰民安；什么时候忽视法治、法治松弛，什么时候就国乱民怨。"① 改革开放以来，中国共产党坚持依法治国，推进法治建设，我国行政法治建设也取得了丰硕成果。② 党的十八大以来，中国特色社会主义进入新时代，我国法治政府建设也步入新时代的"快车道"。以习近平同志为核心的党中央将全面依法治国纳入"四个全面"战略布局，站在全面推进依法治国、建设社会主义法治国家的战略高度，围绕深入推进依法行政、加快建设法治政府作出一系列重大决策部署，为新时代法治政府建设提供了根本遵循和行动指南。

党的二十大报告首次将"坚持全面依法治国，推进法治中国建设"作为专章加以论述，提出"在法治轨道上全面建设社会主义现代化国家""全面推进国家各方面工作法治化"③ 等重大判断，这充分体现了党中央对全面依法治国的高度重视和坚定决心。同时，党的二十大报告也对新时代法治政府建设提出新的更高要求："转变政府职能，优化政府职责体系和组织结构，推进机构、职能、权限、程序、责任法定化，提高行政效率和公信力。深化事业单位改革。深化行政执法体制改革，全面推进严格规

---

① 中共中央文献研究室编：《习近平关于全面依法治国论述摘编》，中央文献出版社2015年版，第8页。

② 参见马怀德、孔祥稳：《中国行政法治四十年：成就、经验与展望》，载《法学》2018年第9期。

③ 习近平：《高举中国特色社会主义伟大旗帜 为全面建设社会主义现代化国家而团结奋斗——在中国共产党第二十次全国代表大会上的报告》，人民出版社2022年版，第40页。

范公正文明执法，加大关系群众切身利益的重点领域执法力度，完善行政执法程序，健全行政裁量基准。强化行政执法监督机制和能力建设，严格落实行政执法责任制和责任追究制度。完善基层综合执法体制机制。"①在迈上全面建设社会主义现代化国家新征程的关键时刻，全面梳理新时代法治政府建设所取得的成就与经验，深入总结新时代法治政府建设所面临的问题与挑战，并以党的二十大及二十届三中全会精神为指导，系统谋划新时代法治政府建设的重点任务和实现路径，对于深入贯彻落实党的二十大及二十届三中全会精神，加快建设中国特色社会主义法治政府，用法治推动和保障中国式现代化具有重要的理论和实践意义。

一、新时代法治政府建设的主要成就

（一）党对法治政府建设的领导全面加强

自 2004 年《全面推进依法行政实施纲要》率先提出"法治政府"② 以来，围绕行政立法、行政规范性文件、行政决策、行政执法、政务公开等重点领域，国务院进行了一系列部署，采取了一系列措施。如果对我国法治政府建设的内在逻辑或模式进行总结，党的十八大之前我国法治政府建设是行政系统自我领导、自我驱动、自我建设的内驱型法治政府建设模式，党的十八大之后，开始转向了党领导法治政府建设模式。③ 中国共产党是我国长期执政的政党，是最高政治领导力量，是改革开放和全面建设社会主义现代化国家的领导核心，推进法治政府建设的关键在于坚持党的

---

① 习近平：《高举中国特色社会主义伟大旗帜 为全面建设社会主义现代化国家而团结奋斗——在中国共产党第二十次全国代表大会上的报告》，人民出版社 2022 年版，第 41 页。

② 《全面推进依法行政实施纲要》，人民出版社 2004 年版，第 1 页。

③ 参见林华：《通过依法执政实现依法行政的制度逻辑》，载《政法论坛》2020 年第 6 期。

领导。党的领导是中国特色社会主义法治的根本保证，也是法治政府建设
的根本保证。坚持党的领导是法治政府建设的根本行动指南，只有有了中
国共产党的顶层设计，全面依法治国才有了总目标、总抓手、战略布局、
重大任务、重要保障，才能够顺利而持续推进。① 党的十八大之后，党中
央决定组建中央全面依法治国领导小组（党的十九大后改为中央全面依法
治国委员会），加强党对全面依法治国的集中统一领导，统筹推进包括法
治政府建设在内的全面依法治国工作。党的十八届四中全会首次以中央全
会的名义专题研究全面依法治国，颁布《中共中央关于全面推进依法治国
若干重大问题的决定》，党对法治政府建设的领导全面加强。党对法治政
府建设的组织领导是全面推进依法治国的组织保障，党的组织领导的主要
任务是履行好选人用人功能，加强法治领导干部的监督和管理工作。② 在
党领导法治政府建设的组织制度上，中共中央办公厅、国务院办公厅印发
《党政主要负责人履行推进法治建设第一责任人职责规定》和《法治政府
建设与责任落实督察工作规定》，要求各级党委履行法治建设领导职责，
党政主要负责人承担第一责任人职责，党对法治政府建设的领导全面制度
化、规范化、法治化。中央全面依法治国委员会办公室印发《关于开展法
治政府建设示范创建活动的意见》和《市县法治政府建设示范指标体系》，
充分发挥法治政府建设先进典型的示范引领作用和法治评估的检查督促作
用，有力推动了党中央决策部署的贯彻落实。在党的坚强领导下，我国新
时代法治政府建设推进机制基本形成，进程明显加快，取得了历史性成
就，发生了根本性变革。

（二）"放管服"改革向纵深推进

"放管服"改革以"简政放权""放管结合""优化服务"为主要抓手，

---

① 参见张文显：《习近平法治思想的政理、法理和哲理》，载《政法论坛》2022 年第 3 期。
② 参见黄文艺：《论党法关系的规范性原理》，载《政法论坛》2022 年第 1 期。

将提供优质的公共服务作为政府的主要职能，旨在通过优化政府结构、规范政府行为、提高政府效率、促进政府职能转变，建设人民满意的服务型政府，打造市场化法治化国际化营商环境。在新发展阶段，"放管服"改革向纵深发展，成为法治政府建设的重点领域，主要包括以下方面：

首先，法治政府建设与服务型政府建设深度融合。服务型政府首先也应当是法治政府，只有将法治融入服务型政府建设的各个环节，才能保证"放管服"改革行稳致远，增强改革的穿透力和稳定性。为进一步深化"放管服"改革，需通过将服务型政府建设与法治政府建设紧密融合，实现改革与法治的良性互动。① 2019 年，国务院颁布《优化营商环境条例》，通过制定专门的行政法规去固化和推广全国各地优化营商环境的经验做法和"放管服"改革成果，确保营商环境法治化建设"有法可依"，提高了"放管服"改革的法治化水平。根据"放管服"改革的需要，全国人大常委会在行政审批、招商引资、注册登记、进出口等领域，授权国务院在上海、广东、天津、福建等 21 个自由贸易试验区暂时调整适用有关法律规定，允许变通实施授权范围内的法律条款，使改革在法治的框架下进行，处理好改革与法治的关系。

其次，行政审批制度改革的法治化水平进一步提升。我国曾先后开展多轮行政审批制度改革，但仍存在取消事项"起死回生""多项合一""避重就轻"等诸多问题。② 近年来，国务院通过发布决定的方式公布行政审批制度改革目录，取消全部非行政许可审批，大幅取消重复审许可和不必要许可，下放大量行政许可审批层级，严格控制新设行政许可，使改革成果可视化、固定化。根据《行政许可法》第 25 条和第 26 条的规定，推进

---

① 参见王敬波：《"放管服"改革与法治政府建设深度融合的路径分析》，载《中国行政管理》2021 年第 10 期。

② 参见成协中：《"放管服"改革的行政法意义及其完善》，载《行政管理改革》2020 年第 1 期。

行政审批制度改革，建设政务服务大厅和行政审批局，相对集中行使行政许可权。全面实行行政许可事项清单式管理，明晰行政许可权力边界、规范行政许可运行，为企业和群众打造更加公平高效的审批环境。通过创新行政审批方式，促进简政放权，打造整体政府，有利于服务人民、有利于群众办事，法治化水平显著提升。

最后，政府监管和政务服务效能显著提高。"放管服"改革不是"一放了之"，而是从"严进宽管"向"宽进严管"转变。近年来，各级政府部门不断创新监管理念、监管制度和监管方式，建立健全全生命周期的事前、事中、事后监管机制。引入"互联网＋监管"和信用监管新理念，完善匹配新技术、新业态的包容审慎监管方式，提高了监管精确性和监管适配性。开展清单式监管和"双随机，一公开"监管方式，彰显了监管透明度，确保监管公平公正。全面推行证明事项和涉企经营许可事项告知承诺制，充分激发市场主体发展活力和社会创造力。在政务服务方面，"互联网＋政务服务"实现了"让数据多跑路，群众少跑路"的政策目标，"一网通办""跨省通办"打破了时间和空间对便民服务的限制，"一站式服务""一枚印章管审批""一个窗口对外"提高了公共服务的便利程度，政务服务便捷高效，有效解决老百姓"办事难""办事慢""多头跑""来回跑"等痛点。

（三）依法行政制度体系进一步完善

法治政府建设应当实现政府立法质量和效率协同并进，努力使依法行政的各方面制度体系更加健全和完善。现代法治作为国家治理中最重要的规则之治，实质上是良法善治。良法是善治之前提，立法完备性、科学性、民主性以及对行政规范性文件的有效监督是衡量法律规范体系和立法工作实效的重要指标。[1] 法治政府建设的基础在于依法行政制度体系的完

---

[1] 参见冯玉军：《中国法律规范体系与立法效果评估》，载《中国社会科学》2017 年第 12 期。

善，只有做好科学立法这一源头性工作，才能为严格执法、公正司法和全民守法提供坚实的法治保障。

第一，在行政立法的完备性、科学性和民主性方面，我国立法机制不断完善。在中央层面，2017年国务院修改《行政法规制定程序条例》和《规章制定程序条例》，规范了制定行政法规和规章的程序要求，明确了党对行政立法工作的领导。《国务院工作规则》就政府立法工作机制中的公众参与、立法协调等作出明确规定。《国务院2022年度立法工作计划》高度重视立法工作机制的完善健全，提出要坚持党对立法工作的集中统一领导，支持配合人大发挥在立法工作中的主导作用，深入践行以人民为中心的立法理念，着力提升立法的科学性和针对性，健全完善立法风险防范机制，加强法规规章备案审查，推进立法工作队伍建设。在地方层面，部分地方省市以地方性法规或政府规章的形式对立法工作机制作出了明确规定，在立法项目征集、立法过程中的合法性审查、公众参与、备案审查和清理等方面形成了相对完备的规范体系，创立立法项目主办制度，吸纳公职律师、政府法律顾问、基层立法工作者、行业领域专家等人员全程审查立法项目，有效提升了立法的质量和效率。[①]

第二，实现重大行政决策的制度化、规范化和法治化。行政决策位于行政权力运行的"上游"，是行政权力运行的起点，规范行政决策行为是法治政府建设的重点和难点。行政决策机制法治化实现了"政治术语"向法学概念的转化，通过制定法律或行政法规的方式将行政决策纳入法律话语体系，同时健全科学、民主、依法行政决策机制，提高行政决策的质量与效率。2019年国务院颁布《重大行政决策程序暂行条例》，以正面列举

---

① 参见《湖南省地方立法条例》《重庆市政府规章管理办法》《辽宁省政府规章制定办法》《黑龙江省政府立法工作规定》《山东省政府规章制定程序规定》《新疆维吾尔自治区人民政府行政立法工作规定》等地方性法规或地方政府规章。

和负面排除的方式明确了重大行政决策事项范围，确立了公众参与、专家论证、风险评估、合法性审查和集体讨论五大法定程序，明确了行政决策责任倒查和终身追责规定，有效推动了重大行政决策的科学化、民主化和规范化。

第三，行政规范性文件的制度化、规范化不断加强。在我国的行政法治实践中，普遍存在依据"规范性文件"行政的现象，并且这些规范性文件已经严重影响到行政相对人的权利义务。在行政法定原则的拘束下，行政机关的任何行为都要受到法律控制。① 只有确保行政规范性文件的合法性，才能从源头上减少行政违法行为，实质性推动依法行政。2013年《中共中央关于全面深化改革若干重大问题的决定》提出要完善规范性文件合法性审查制度。2018年，国务院办公厅先后发布了《关于加强行政规范性文件制定和监督管理工作的通知》（国办发〔2018〕37号）和《关于全面推行行政规范性文件合法性审核机制的指导意见》（国办发〔2018〕115号），全面加强行政规范性文件的制定和管理工作，初步实现了行政规范性文件的制度化、规范化。《法治政府建设实施纲要（2021—2025年)》再次提出，加强行政规范性文件制定的监督管理，依法制定行政规范性文件，全面落实行政规范性文件合法性审核机制，明确审核范围，统一审核标准。②

第四，清单管理制度普遍建立。党的十八届三中全会首次提出"推行地方各级政府及其工作部门权力清单制度，依法公开权力运行流程"③。2015年《关于推行地方各级政府工作部门权力清单制度的指导意见》出台，地方各级人民政府工作部门普遍制定并公布权力清单。随后，国务院

---

① 参见周佑勇：《行政法基本原则研究》（第2版），法律出版社2019年版，第141页。
② 参见《法治政府建设实施纲要（2021—2025年）》，人民出版社2021年版，第9-15页。
③ 《中共中央关于全面深化改革若干重大问题的决定》，人民出版社2013年版，第36页。

办公厅发布《关于印发国务院部门权力和责任清单编制试点方案的通知》，国务院部门权责清单的制定和公布工作有序推进。权责清单的推出是行政机关的一种自我革命，是自我追求良善治理的内在制度设计。[①] 当前，责任清单、负面清单和权力清单共同成为政府治理的"三张清单"，富有中国特色的行政权力清单管理制度普遍建立。

（四）行政执法规范化建设显著加强

行政执法是行政权力运行的最主要方式，能不能做到严格规范公正文明执法，事关人民群众切身利益，事关法治政府建设，事关党和政府法治形象。习近平总书记强调："执法是行政机关履行政府职能、管理经济社会事务的主要方式，各级政府必须依法全面履行职能，坚持法定职责必须为、法无授权不可为，健全依法决策机制，完善执法程序，严格执法责任，做到严格规范公正文明执法。"[②] 党的十八大以来，我国行政执法规范化建设显著加强，行政执法体制改革稳步推进，严格规范公正文明执法的制度保障日益加强。

第一，深化行政执法体制改革，确保法律有效实施。长期以来，我国行政执法体制存在着分级执法、权责脱节、基层虚弱，各自为政、界限不清、权责交叉，利益驱动、监督不到位、责任缺失等问题。[③] 行政执法体制改革是新时代法治政府建设的重要内容，也取得了一定的积极成效。在纵向执法权配置上，适当减少了行政执法层级，根据基层治理的迫切需要合理下放基层能够有效承接的行政执法权，加强基层执法力量；在横向执法权整合上，持续推进综合行政执法体制改革，推进"局队合一"体制改

---

① 参见刘启川：《权责清单优化营商环境的法治建构》，载《江苏社会科学》2021 年第 6 期。

② 中共中央文献研究室编：《习近平关于全面依法治国论述摘编》，中央文献出版社 2015 年版，第 61—62 页。

③ 参见马怀德：《法治政府建设存在的问题与主要任务》，载《理论学习与探索》2021 年第 6 期。

革，乡镇街道逐步实现"一支队伍管执法"，有效整合执法主体，相对集中行政执法权，探索跨部门跨领域综合执法，解决权责交叉、多头执法问题。

第二，推进严格规范公正文明执法。严格执法是法治政府建设的关键环节，习近平总书记对于严格执法的论述最多、最全面、最深刻，系统阐述了严格执法的重要意义。[①] 党的十八大以来，我国严格规范公正文明执法的水平明显提升。通过全面推行行政执法公示、行政执法全过程记录和重大执法决定法制审核的行政执法"三项制度"，有效整治行政执法乱象问题。通过行政执法主体和人员资格管理、执法案卷评查、行政执法考核评议等方式，加强对行政执法活动的监督。积极探索"互联网＋执法"，打造在线行政执法信息平台，推进行政执法全过程留痕，实现"非现场执法""智能办案""掌上执法 App"的应用，提高执法的规范化和精细化水平，提升行政执法队伍形象。

（五）开放政府、透明政府建设提质增效

开放政府、透明政府建设是法治政府建设的基本特征和重要内容。法治政府应当是开放、透明的政府，而政府信息公开对于法治相对落后地区可以起到"牵一发而动全身"的倒逼作用，加快法治政府建设进程。[②] 党的十八届四中全会提出，推进政务公开信息化，加强互联网政务信息数据服务平台和便民服务平台建设。[③] 这标志着我国政府信息公开与互联网、大数据等新兴技术的紧密结合。在大数据时代的背景下，开放政府、透明政府建设面临着深刻的变革。

---

① 参见马怀德：《习近平法治思想中法治政府理论的核心命题》，载《行政法学研究》2020 年第 6 期。

② 参见王敬波：《我国法治政府建设地区差异的定量分析》，载《法学研究》2017 年第 5 期。

③ 参见《中共中央关于全面推进依法治国若干重大问题的决定》，人民出版社 2014 年版，第 20 页。

一方面，政府信息公开机制更加完善。政府信息公开制度保障公民、法人和其他组织能够依法获取政府信息，提高政府工作透明度，促进依法行政。2019年，实施了12年的《政府信息公开条例》首次被修订，标志着我国政府信息公开制度更加成熟。修订后的《政府信息公开条例》确立了"以公开为常态，不公开为例外"的原则，扩大了主动公开的范围，明确了政府信息公开处理决定的具体类型①，取消了依申请公开"三需要"的前提条件，促进信息公开制度向"知情权"的主观权利客观化体系建构②，建立政府信息管理动态调整机制和依申请公开向主动公开的转化机制。

另一方面，政府数据开放成为我国数字法治政府建设的重要战略。政府数据开放与政府信息公开同步助力开放政府、透明政府建设，数据正日益成为提升国家竞争力的基础性战略资源。③ 2015年国务院印发《促进大数据发展行动纲要》，2016年中共中央办公厅、国务院办公厅发布《国家信息化发展战略纲要》，2021年《中华人民共和国数据安全法》颁布，对政府数据开放和安全提出了具体要求。

推动政府数据开放进入法治化轨道。随着数字技术与行政法的深度融合，政府数据开放共享促进了数字政府组织再造。④ 我国开放政府、透明政府建设及时回应了人民群众和市场经济对政府数据开放、数据要素市场化配置改革的需求，已经步入与大数据技术紧密结合的"3.0时代"，进一步推动我国数字法治政府进程，实现数字政府与法治政府的深度融合。

---

① 参见后向东：《论政府信息公开处理决定类型化》，载《行政法学研究》2019年第4期。

② 参见蒋红珍：《面向"知情权"的主观权利客观化体系建构：解读〈政府信息公开条例〉修改》，载《行政法学研究》2019年第4期。

③ 参见赵柯、薛岩：《西方国家开放政府数据运动研究》，载《当代世界与社会主义》2020年第3期。

④ 参见周佑勇：《中国行政基本法典的精神气质》，载《政法论坛》2022年第3期。

二、法治政府建设的挑战

随着人民群众对美好生活需要的不断增长和国内外发展环境的日益严峻复杂，我国新时代法治政府建设面临着诸多问题和挑战：一方面，国内经济发展、地方财政、社会管理等方面都面临较大压力。另一方面，国际政治博弈对我国的政治、经济、社会以及涉外法治都产生了外部影响。在国内和国际两方面背景下，我国法治政府建设面临着较大挑战，也存在一些薄弱环节，具体表现在以下方面。

(一) 行政改革的法治保障有待加强

国家治理体系现代化要求良法善治，要坚定不移地推进法治领域改革，坚决破除束缚全面推进依法治国的体制机制障碍。在全面建设社会主义现代化国家的新征程，我国同时面临着全面深化改革和全面依法治国的繁重任务。"改革与法治如鸟之两翼、车之两轮。"① 只有做到在法治下推进改革，在改革中完善法治，才能有效提升国家治理现代化水平和推进中国式法治现代化。

近年来，党中央、国务院就法治政府建设出台了一系列重要规划纲要和重大改革决策，取得了良好的改革效果，显现出行政法治改革的积极成效。但与此同时，这些有关法治政府建设的重要规划纲要和重大改革决策也存在法治保障滞后的现实困境。在重要规划纲要方面，中共中央、国务院先后印发《法治政府建设实施纲要（2015—2020 年）》和《法治政府建设实施纲要（2021—2025 年）》，提出了一系列推进法治政府建设的新要

---

① 习近平：《论坚持全面依法治国》，中央文献出版社 2020 年版，第 231 页。

求和行政管理中的重大改革事项，包括行政执法体制改革、创新行政执法方式、推进行政裁决工作等内容。但是，落实这些重要的改革新要求和规划新思路，亟须立法及时跟进，提供有效的法治保障。在重大改革决策方面，党中央、国务院出台一系列有关行政审批改革、"互联网＋监管"、行政规范性文件制定与监督等改革政策，但尚未实现改革与立法同步推进，行政法治改革的稳定性和穿透力不足，法治政府建设缺少法治保驾护航。例如，"放管服"改革与《行政许可法》之间就存在改革与法治之间的突出矛盾。"放管服"改革涉及行政许可领域的诸多事项，但是2004年制定的《行政许可法》距今已经有二十余年时间，在这段时间里，我国的法治环境、行政管理体制，特别是行政审批制度改革异常迅猛，但是《行政许可法》相关规定却尚未随之调整，还没有对改革措施予以及时的法治吸纳。再如，我国快速发展的平台经济和积极推进的"互联网＋监管"都需要匹配信息时代的法律规范支撑。但是，相关改革政策尚未落实为具体的法律规范，还未能为"互联网＋监管"提供稳定、可预期的法治保障。

（二）行政执法不规范的顽瘴痼疾依然存在

法律规范的实施情况和效果直接影响着国家治理效能，行政执法是行政机关实施的最为频繁、最为日常、与人民群众联系最为密切的行政活动。当前，我国已经形成相对完善的行政法律规范体系，但是法律规范的实施效果还需进一步提升。习近平总书记强调，推进严格执法，重点是解决执法不规范、不严格、不透明、不文明以及不作为、乱作为等突出问题，切实做到严格规范公正文明执法。[①] 随着法治政府建设的加快推进，我国行政执法的法治化水平显著提升，但行政执法不规范的顽疾仍然存

---

① 参见中共中央宣传部、中央全面依法治国委员会办公室编：《习近平法治思想学习纲要》，人民出版社、学习出版社2021年版，第109页。

在。在行政执法实践中，有很多行政法律规范被束之高阁或者在具体执行过程中被扭曲、疏忽、选择式执法、牟利性执法，这些都是长期以来我国在行政法律规范实施方面存在的顽疾。例如，行政机关在实施行政处罚时存在的"乱罚款"问题尚未得到有效解决，部分地方财政依然严重依赖于罚款，甚至一些地方政府的行政机关将罚款作为主要收入来源或者供养执法队伍的基本经济保证。对此，国务院已开展清理行政法规和规章中不合理罚款规定的工作，发布了《国务院关于取消和调整一批罚款事项的决定》（国发〔2022〕15 号），决定取消公安、交通运输、市场监管领域 29 个罚款事项，调整交通运输、市场监管领域 24 个罚款事项。此外，在行政许可、行政强制、行政检查等领域，也都一定程度地存在执法不规范、不严格、不文明以及不作为、乱作为等问题，未能落实严格规范公正文明执法的要求，这也直接影响了行政法律规范的有效实施，成为阻碍法治政府建设的主要因素。

（三）多元化纠纷解决机制运行不畅

纠纷解决机制是国家治理体系的重要组成部分，纠纷解决机制的现代化是国家治理体系和治理能力现代化的重要内容。相较于传统的司法"一元化"纠纷解决方式，多元化纠纷解决机制是对现代经济社会矛盾纠纷多元化的科学回应。党的十八届四中全会提出："健全社会矛盾纠纷预防化解机制，完善调解、仲裁、行政裁决、行政复议、诉讼等有机衔接、相互协调的多元化纠纷解决机制。"① 各地在处理行政争议方面大力推进多元化纠纷解决机制，综合运用行政调解、行政裁决、行政复议、行政诉讼、仲裁、信访等纠纷解决制度化解行政争议，并取得了积极进展。

---

① 《中共中央关于全面推进依法治国若干重大问题的决定》，人民出版社 2014 年版，第 29 页。

这些纠纷解决制度具有不同的特点和功能，在各个领域的纠纷解决中发挥了各自作用。但是，多元化纠纷解决机制在实践中也存在着被误解误用的情形。当前，在多元化解决行政争议的过程中，部分行政机关存在突破法律底线"化解"纠纷、忽视司法裁判拘束力的问题，特别是在运用行政调解、信访等纠纷解决机制时突破法律底线，慷国家之慨，导致一些行政争议在短时间内得到了表面上的化解，但实质上却转化为更深层次的矛盾，"案了事未了"，而且以违法的方式"化解"行政纠纷还可能造成更为严重的"后遗症"。多元化纠纷解决机制如果突破了法律底线、运行不畅，损害的不仅是这些机制本身，更会对司法的权威和公信力造成深层次的损害，导致司法机关无法正常地依法处理行政争议。例如，有相当一部分法院终审裁判的行政案件，在信访、行政调解等"实质性"化解纠纷的过程中又被推翻，于是，行政裁判的结果在多元化纠纷解决机制中被无视，导致法律底线和司法防线双双"失守"，严重影响司法权威和法治政府建设。

（四）行政滥诉与程序空转问题并存

2014年修订的《行政诉讼法》在管辖制度、行政首长出庭应诉和实质性化解行政争议等方面不断完善行政诉讼制度。最高人民法院也就行政诉讼法、行政协议、政府信息公开以及行政诉讼证据等方面发布了多个司法解释，有效支撑和推动了行政审判事业的发展。但是，我国行政诉讼实践中长期存在的行政滥诉和程序空转这两个棘手问题仍未得到有效解决，导致行政争议难以实质性化解，有损司法权威和公信力。

行政滥诉一般是指无效的行政诉讼或当事人为了诉讼而诉讼。例如，行政审判实践中有些当事人就一个信息公开事项提起上百个行政诉讼案件，以作为向政府和法院施压的"诉讼策略"。从诉权保障的角度出发，这类诉讼当然是具有意义的，当事人有权就行政争议提起诉讼。但是，诉权保障不意味着可以任由人为制造诉讼案件、刻意增加诉讼案件数量。这种"诉讼策略"不仅浪费了司法资源，也不利于行政争议的实质性化解。程序空转指的是行政争议没有得到实质性化解，当事人经过一系列诉讼程序后，行政争议又回到了最初的"原点"。在实践中，经常出现某个行政争议几经诉讼，各级法院的裁判都无法解决实体上的争议或纠纷，最后还是要通过信访、检察公开听证或者其他"诉讼外方式"解决。正规的行政诉讼解决途径不畅通，会将争议引到信访等法外途径，损害法治权威。这些现象表明，针对行政滥诉、程序空转问题，还需要采取更加有效的应对措施。

（五）无限的政府责任与有限的政府权能之间的矛盾日益突出

基于传统体制的影响，人民群众对于政府的管理范围、履行能力、治理水平等要求是全面的、兜底的，或者说人民期待的政府是全能全责的政府。个人权利的有效维护是国家以及国家权力之正当性的唯一依凭①，国家为了充分保障人民的权利，需要积极介入社会各个领域。但是，在法治原因的约束下，国家权力的行使又要求职权法定，政府部门的职责和权限都应当依法而定、依法行使。党的十九大报告、十九届四中全会决定、《法治政府建设实施纲要（2021—2025年）》都明确提出要把政府的全部行为纳入法治轨道，建立职责明确、依法行政的政府治理体系。于是，"理想"政府的无限责任与现实政府的有限权能之间形成了日益突出的矛盾，这是法治政府建设必须面对的现实问题。

三、以党的二十大精神为指导，加快推进新时代法治政府建设

党的二十大报告首次将"坚持全面依法治国，推进法治中国建设"作

---

① 参见刘艳红：《刑法的根基与信仰》，载《法制与社会发展》2021年第2期。

为报告单独的一章，又将"扎实推进依法行政"作为独立的部分进行论述，提出"法治政府建设是全面依法治国的重点任务和主体工程"，并就转变政府职能、深化行政执法体制改革、完善行政执法程序、强化对行政执法监督等内容进行重要部署。① 这为加快推进新时代法治政府建设提供了行动指南。要以党的二十大精神为指导，聚焦法治政府建设的薄弱环节和现实挑战，扎实推进依法行政，加快建设法治政府。

（一）加快立法进程，实现改革与立法的良性互动

新时代法治政府建设要处理好改革和法治的关系。党的二十大报告指出："推进科学立法、民主立法、依法立法，统筹立改废释纂，增强立法系统性、整体性、协同性、时效性。"② 习近平总书记强调："以良法促进发展、保障善治。"③ 在行政立法进程中，必须考虑如何把行政改革决策、宏观改革政策及时转化为法律规范，重点解决立法与改革脱节问题。

第一，加快制定行政程序法。制定统一的行政程序法是法治政府建设的重要步骤，对于保护公民权利、限制权力恣意、克服官僚主义、提高行政效率、建设法治政府都具有十分重要的意义。

一方面，行政法领域一些基础性、综合性和全局性的法律缺失是行政法体系完善的障碍。当前，我国尚无统一的行政程序法，行政法领域的一些共通性规范分布在《行政处罚法》《行政许可法》《行政强制法》等具体领域、具体行为的单行法之中，导致行政行为、听证程序等共通性规则表现不一，行政收费、行政给付、行政协议等行政行为程序规范缺失，妨碍

---

① 参见习近平：《高举中国特色社会主义伟大旗帜 为全面建设社会主义现代化国家而团结奋斗——在中国共产党第二十次全国代表大会上的报告》，人民出版社 2022 年版，第 41 页。

② 习近平：《高举中国特色社会主义伟大旗帜 为全面建设社会主义现代化国家而团结奋斗——在中国共产党第二十次全国代表大会上的报告》，人民出版社 2022 年版，第 41 页。

③ 《习近平谈治国理政》（第三卷），外文出版社 2020 年版，第 30 页。

行政法律规范的体系化构造，不利于法治政府建设。

另一方面，相当一部分行政法治改革未能及时转化为法律。例如，正当程序是行政法的基本原则，也是法治政府建设的重要方面，但是我国正当程序原则主要是通过司法裁判、政策推进的方式建构，尚未有明确的法律规范依据，在司法实践中也引发不少的争议。因此，为了健全依法行政制度体系，应当尽快制定统一的行政程序法，建立各类行政活动的共通性程序制度，规范行政权力的行使程序。及时优化条款设计，解决行政复议与行政诉讼之间的衔接问题，为行政复议制度改革提供法律支撑。

第二，推动《行政许可法》等法律规范及时修订。"放管服"改革已经取得了良好成效，但尚缺乏法律规范的保驾护航，导致行政审批制度改革实践与行政许可法律规范存在不匹配现象。当前，亟须修改《行政许可法》，将日益成熟的"放管服"改革成果用法治方式固定下来，确保在法治轨道上推进"放管服"改革。

第三，编纂行政基本法典。在法典编纂的必要性上，行政基本法典可以为法治政府建设提供价值引领和制度供给。法治政府建设本身就蕴含了对行政法律规范体系性和完备性的内在要求，行政法律制度体系不完善是制约法治政府建设的重要原因。一方面，法典编纂可以有效整合散见于政策规划和法理学说中的正当程序原则、比例原则、信赖保护原则等行政法基本原则，形成统率整个行政法律规范体系的基本原则体系，为法治政府建设提供价值引领。另一方面，法典编纂可以实现对行政行为的全面覆盖，增强法律规范的体系性，统一法律规则，避免行政行为逸脱法律规范，减少法律适用负担。在法典编纂的可行性上，我国已经具备行政法法典化的政治、立法、学理基础。习近平总书记指出："民法典为其他领域立法法典化提供了很好的范例，要总结编纂民法典的经验，适时推动条件成熟的立法领域法典编纂工作。"①《全国人大常委会 2021 年度立法工作计划》也提出要研究启动环境法典、教育法典、行政基本法典等条件成熟的行政立法领域的法典编纂工作。近年来，学界重点研究行政立法领域的法典编纂问题，提供了诸多可行路径。② 因此，行政基本法典编纂的时机已经成熟。在行政基本法典编纂的思路上，行政基本法典应当以行政法基础性、一般性规范的整合为目标，补充空白、缺失的行政法规范，完善不完备的行政法规范，使行政法规范匹配改革进程，更加符合时代需要。

（二）进一步推进行政执法规范化建设

"法律的生命在于实施。如果有了法律而不实施，或者实施不力，搞得有法不依、执法不严、违法不究，那制定再多法律也无济于事。"③ 党的二十大报告指出："深化行政执法体制改革，全面推进严格规范公正文明执法，加大关系群众切身利益的重点领域执法力度，完善行政执法程序，健全行政裁量基准。强化行政执法监督机制和能力建设，严格落实行政执法责任制和责任追究制度。"④ 严格规范公正文明执法是习近平法治思想中法治政府理论的核心命题，对于推进法治政府建设具有举足轻重的作用。⑤ 推进行政执法规范化建设，需要重点解决执法不作为、乱作为，不依法履职履责、滥用职权，尤其是"牟利性执法"损害人民群众利益的问题。

① 习近平：《坚定不移走中国特色社会主义法治道路 为全面建设社会主义现代化国家提供有力法治保障》，载《求是》2021 年第 5 期。
② 参见应松年、张航：《中国行政法法典化的正当性与编纂逻辑》，载《政法论坛》2022 年第 3 期；王万华：《我国行政法法典编纂的程序主义进路选择》，载《中国法学》2021 年第 4 期；杨伟东：《基本行政法典的确立、定位与架构》，载《法学研究》2021 年第 6 期；周佑勇：《中国行政法学学术体系的构造》，载《中国社会科学》2022 年第 5 期等。
③ 中共中央文献研究室编：《习近平关于全面依法治国论述摘编》，中央文献出版社 2015 年版，第 57 页。
④ 习近平：《高举中国特色社会主义伟大旗帜 为全面建设社会主义现代化国家而团结奋斗——在中国共产党第二十次全国代表大会上的报告》，人民出版社 2022 年版，第 41 页。
⑤ 参见章志远：《习近平法治思想中的严格执法理论》，载《比较法研究》2022 年第 3 期。

第一，约束行政机关的裁量权行使，保障行政执法公平公正。行政裁量权有助于实现执法的个案正义，同时也可能因滥用而威胁公民的权利与自由。习近平总书记指出："权力不论大小，只要不受制约和监督，都可能被滥用。"[1] 行政裁量基准是防止行政权滥用最为有效的技术性工具。《法治政府建设实施纲要（2021—2025年）》指出："全面落实行政裁量权基准制度，细化量化本地区各行政执法行为的裁量范围、种类、幅度等并对外公布。"[2] 2021年修订的《行政处罚法》第34条规定："行政机关可以依法制定行政处罚裁量基准，规范行使行政处罚裁量权。"国务院办公厅也公布《关于进一步规范行政裁量权基准制定和管理工作的意见》，对裁量基准的制定与管理提出了明确要求。裁量基准的正当性获得取决于正当化的制度设计，只有通过正当性制度的建构，才能从根本上克服裁量基准作为一种规则化治理模式的局限性。[3] 因此，在新时代法治政府建设过程中应高度重视裁量基准制定与管理的合法性问题，明确裁量基准的法律性质，确定裁量基准的制定主体和制定程序，确保裁量基准的内容不违反上位法，把握裁量基准与个案正义之间的适度平衡，有效推进行政执法规范化建设。

第二，强化以法治为重要指标的政绩考核评价体系和行政执法考核评议制度建设。习近平总书记指出："我们要加强对执法活动的监督，坚决排除对执法活动的非法干预，坚决防止和克服地方保护主义和部门保护主义，坚决防止和克服执法工作中的利益驱动，坚决惩治腐败现象，做到有权必有责、用权受监督、违法必追究。"[4] 要引导各级行政机关和工作人

---

[1] 中共中央文献研究室编：《习近平关于全面依法治国论述摘编》，中央文献出版社2015年版，第59页。

[2] 《法治政府建设实施纲要（2021—2025年）》，人民出版社2021年版，第13页。

[3] 参见周佑勇：《裁量基准的正当性问题研究》，载《中国法学》2007年第6期。

[4] 中共中央文献研究室编：《习近平关于全面依法治国论述摘编》，中央文献出版社2015年版，第58页。

员牢固树立，法治政府就是形象，严格执法就是政绩的观念。"对执法机关严格执法，只要符合法律和程序的，各级党委和政府都要给予支持和保护，不要认为执法机关给自己找了麻烦，也不要担心会给自己的形象和政绩带来什么不利影响。"① 《法治政府建设实施纲要（2021—2025 年）》提出："加大考核力度，提升考核权重，将依法行政情况作为对地方政府、政府部门及其领导干部综合绩效考核的重要内容。"② 新时代法治政府建设应当强化以法治为重要指标的政绩考核评价体系，对于地方政府领导的考核评价不能仅看工作实绩，还要考核其是否具有法律意识，是否能用法治思维和法治方式深化改革和化解矛盾；加强行政执法案卷管理和评查、行政执法机关处理投诉举报、行政执法考核评议等制度建设，明确执法责任，杜绝利益性、牟利性执法，保障法律运行的刚性和硬度。

（三）树立司法权威，防止多元化纠纷解决机制突破法律底线

行政争议解决的公正与否直接关系到权利保障和社会稳定。党的二十大报告指出："公正司法是维护社会公平正义的最后一道防线。深化司法体制综合配套改革，全面准确落实司法责任制，加快建设公正高效权威的社会主义司法制度，努力让人民群众在每一个司法案件中感受到公平正义。"③ 在多元化纠纷解决机制的功能定位中，行政复议制度应当是作为解决行政争议的"主渠道"，行政诉讼制度应是行政争议解决的"最后一道防线"，信访是密切联系群众的制度化渠道，并非要发挥行政争议解决的功能。而行政调解、行政裁决等争议解决机制应当在特定案件和各自领

---

① 中共中央文献研究室编：《习近平关于全面依法治国论述摘编》，中央文献出版社 2015 年版，第 59 页。

② 《法治政府建设实施纲要（2021—2025 年）》，人民出版社 2021 年版，第 13 页。

③ 习近平：《高举中国特色社会主义伟大旗帜 为全面建设社会主义现代化国家而团结奋斗——在中国共产党第二十次全国代表大会上的报告》，人民出版社 2022 年版，第 42 页。

域内发挥相应的作用。

多元化纠纷解决机制的适用，需要实现行政诉讼制度功能的发挥和其他纠纷解决制度的法治化，形成内外合力，树立司法权威。一方面，保障行政诉讼制度的有效运行，高度重视司法权威，贯彻司法最终原则，确保司法权威不被损害。行政诉讼是解决行政争议的最后一道防线，应当确保司法公正高效权威，努力让人民群众在每一个行政诉讼案件中感受到公平正义。司法裁判是所有纠纷解决的最后关口，司法最终原则必须得到落实。行政诉讼是法院以诉讼方式解决行政争议的法律制度，能够通过司法程序理性解决官民争议，化解和疏导相对人对政府违法行使权力的怨恨和不满，维护社会公平和正义。多元化争议解决机制应当贯彻司法最终原则，即使法院的生效裁判确实存在不公正的问题，也应当依照法定的再审程序进行。政府不得以出具"红头文件"或者所谓的"多元化纠纷解决行为"推翻法院的生效裁判。行政机关有落实司法裁判法律效果的义务，这是司法裁判拘束力的具体体现。[①] 在行政审判中，实质性化解行政纠纷不能以牺牲合法性审查为代价，行政诉讼在解决行政纠纷的过程中也应当坚守合法性审查的底线。另一方面，推进行政裁决、行政调解、信访等多元化纠纷解决机制的法治化。行政复议、行政裁决、行政仲裁等制度具有一定的优势，行政机关解决纠纷具有力量完备、专业技术强、快捷、廉价等优点。要充分发挥行政裁决、行政复议、行政调解的作用，引导人民群众通过法定途径反映诉求、解决纠纷、维护合法权益。特别是要发挥行政复议在解决行政争议中的主渠道作用，改革行政复议体制，完善行政复议程序，及时、有效地解决行政争议。当前，我国行政裁决、行政调解等行政司法的法治化可考虑设立相对独立的行政司法机构、培育专门行政司法人

---

① 参见王贵松：《行政诉讼判决对行政机关的拘束力——以撤销判决为中心》，载《清华法学》2017年第4期。

才、建立统一的行政司法程序等。[1] 此外，行政裁决、行政调解等争议解决制度具有专业性强、方便快捷、力量完备等优势，但也需清晰界定各自的适用范围。因此，需要对多元化纠纷解决机制有着清醒的认识，认识到在行政调解、行政裁决、行政复议和信访的过程中政府的权力界限，防止政府突破法律底线解决行政纠纷。

（四）解决行政滥诉和程序空转，促进行政争议的实质性化解

法治政府建设的"问题导向"不是就问题谈问题，而应当将实践中法治政府建设面临的现实问题转化为相应层次的学术命题[2]，并进行理论层面的提炼和应对。行政滥诉和程序空转这一对相互关联的现实问题，本质上是诉的利益问题。因此，解决行政滥诉和程序空转问题的关键，在于成熟性原则和穷尽行政救济原则在行政审判过程中的有效适用。

成熟性原则和穷尽行政救济原则都是国外行政法确立的重要原则。所谓成熟性原则，指的是行政行为只有发展到一定阶段，才允许相对人对其提起司法审查。[3] 当前，我国法律尚未确立明确的行政行为成熟性标准，但在司法解释和指导性案例中已经体现了对"成熟的行政行为方可起诉"的精神。《最高人民法院关于适用〈中华人民共和国行政诉讼法〉的解释》第1条第2款第6项、第10项规定："行政机关为作出行政行为而实施的准备、论证、研究、层报、咨询等过程性行为""对公民、法人或者其他组织权利义务不产生实际影响的行为"不属于行政诉讼的受案范围。最高人民法院发布的第69号指导性案例"王明德诉乐山市人力资源和社会保障局工伤认定案"也指出，如果行政行为不涉及终局性问题，对相对人的

---

① 参见刘青：《习近平法治思想中的系统观与法治政府建设》，载《行政法学研究》2022年第1期。
② 参见章志远：《基本建成法治政府呼唤行政法学基础理论创新》，载《法学论坛》2017年第2期。
③ 参见王名扬：《美国行政法》，中国法制出版社1995年版，第642页。

权利义务没有实质影响的，属于不成熟的行政行为，不具有可诉性。① 穷尽行政救济原则指的是行政相对人在没有利用一切可能的行政内部的救济手段以前，不能向法院申请救济。② 类似于成熟性原则，我国法律规范也没有对穷尽行政救济原则作出明确规定，仅在我国《行政诉讼法》《行政复议法》和其他法律法规规定了"复议前置"，而且适用范围比较有限。例如，《行政复议法》第 23 条规定，"有下列情形之一的，申请人应当先向行政复议机关申请行政复议，对行政复议决定不服的，可以再依法向人民法院提起行政诉讼：（一）对当场作出的行政处罚决定不服；（二）对行政机关作出的侵犯其已经依法取得的自然资源的所有权或者使用权的决定不服；（三）认为行政机关存在本法第十一条规定的未履行法定职责情形；（四）申请政府信息公开，行政机关不予公开；（五）法律、行政法规规定应当先向行政复议机关申请行政复议的其他情形。"理论上，这是为了在行政权与司法权之间保持适当平衡，合理配置司法资源，既要发挥司法权及时有效监督行政权力行使，又要避免司法权的过早介入，影响行政权的正常运转或者过早涉及宜由行政机关内部先行处理的案件。因此，我国在应对行政滥诉和程序空转问题时，需要加强对成熟性原则和穷尽行政救济原则的理论研究。此外，行政争议的实质性化解意味着对被诉行政行为合法性的全面审查，灵活多样地协调化解争议，一揽子解决相关争议，切实有效保护起诉人的正当诉求。③ 在正确识别当事人"诉的利益"基础上，还应强化溯源治理、增强诉中引导、做好判后释明、建立府院互动协调机制，改革不合理的"数量型"司法考核制度，推动行政争议的实质性化解。

① 参见四川省乐山市市中区人民法院（2013）乐中行初字第 36 号行政判决书。
② 参见王名扬：《美国行政法》，中国法制出版社 1995 年版，第 651 页。
③ 参见章志远：《行政争议实质性解决的法理解读》，载《中国法学》2020 年第 6 期。

（五）加强应急法治保障，公共安全体系更加完善

习近平总书记强调："我们要打赢防范化解重大风险攻坚战，必须坚持和完善中国特色社会主义制度、推进国家治理体系和治理能力现代化，运用制度威力应对风险挑战的冲击。"[①]

我国是世界上自然灾害发生最为频繁的国家之一，各类潜在的安全隐患和风险因素相互交织，使得公共安全面临巨大挑战，迫切需要更新和完善突发事件应对法，切实回应实践中的新挑战，为新时代突发事件的应对提供坚实的法律基础。《法治政府建设实施纲要》明确提出，要完善突发事件应对制度，规范引导基层组织和社会力量参与应急处置，不断提升依法应对和处置突发事件的能力。[②] 新修订的《中华人民共和国突发事件应对法》自 2024 年 11 月 1 日起正式施行。此次修订进一步完善了突发事件应对的治理体系，明确了媒体、社会组织及公民依法有序参与的规范，加强了基本人权保障。这一修订有助于将法律制度优势转化为治理效能，提升防灾减灾救灾能力以及重大突发公共事件的应对保障水平，加速推进应急管理体系和能力现代化进程。[③]

未来，在习近平法治思想关于应急法治观念的指引下，应进一步加强应急法治教育、完善应急法治体系、实施应急法治举措、提升公务人员的应急法治观念和能力、完善应急法律规范和预案体系并增强操作性、积极

---

① 《下好先手棋 打好主动仗——习近平总书记关于防范化解重大风险重要论述综述》，载《人民日报》2021 年 4 月 15 日，第 1 版。

② 参见全国人大常委会法工委宪法室 应急管理部政策法规司：《深入贯彻实施修订后的突发事件应对法 全面提高应急管理的法治化、规范化水平》，载应急管理部官网，https：//www.mem.gov.cn/xw/yjglbgzdt/202407/t20240726_496132.shtml？slb=true，2024 年 10 月 15 日访问。

③ 参见马怀德：《加强应急法治保障 完善公共安全体系——修订后的突发事件应对法解读》，载应急管理部官网，https：//www.mem.gov.cn/gk/zcjd/202408/t20240815_497648.shtml，2024 年 10 月 15 日访问。

推动出台关于紧急状态制度化的重要立法。[①] 同时，加快自然灾害防治法、防震减灾法等法律的制定修改，及时完善配套制度，进一步健全应急法律制度体系，为全面准确贯彻新修订的《突发事件应对法》做好充足准备。

（六）加快建立职责明确、依法行政的政府治理体系

机构和职能法定是法治政府的基本要求，"法无授权不可为，法定职责必须为"，行政机关的所有权力都来源于法律的授权。党的二十大报告也提出："转变政府职能，优化政府职责体系和组织结构，推进机构、职能、权限、程序、责任法定化，提高行政效率和公信力。"[②] 因此，新时代法治政府建设需要加快建立职责明确、依法行政的政府治理体系，转变"全能政府""政府无限责任"的观念，坚持"法无授权不可为，法定职责必须为"的现代法治政府理念。一方面，推进行政组织法、行政编制法的制定与修改。职权法定是现代法治的基本理念，要通过行政组织法和行政编制法约束行政权力，确保国家机关按照法定权限和程序行使权力。当前，法治政府建设需要加强对行政组织法基础理论的研究，适时修改《国务院组织法》和《国务院行政机构设置和编制管理条例》，制定单独的地方各级人民政府组织法、机关运行保障法[③]、国务院和地方各级人民政府编制法，推动行政组织和行政编制的法定化。另一方面，需回应党政机关合并设立、合署办公的时代命题。

党的十八大以来，我国法治政府建设取得历史性成就，发生历史性变

---

① 参见莫于川：《习近平法治思想之应急法治论述探讨——从坚守应急法治原则、加强应急法治建设的视角》，载《中国法治》2024 年第 1 期。

② 习近平：《高举中国特色社会主义伟大旗帜 为全面建设社会主义现代化国家而团结奋斗——在中国共产党第二十次全国代表大会上的报告》，人民出版社 2022 年版，第 41 页。

③ 参见马怀德：《机关运行保障立法的意义、原则和任务》，载《中国法学》2020 年第 1 期。

革，根本原因就在于党中央对法治政府建设的领导，将法治政府建设作为全面依法治国的重点任务和主体工程来统筹部署和协同推进。党的二十大报告明确了到 2035 年基本建成法治国家、法治政府、法治社会，并对新时代法治政府建设的重点任务作出重要部署。推进新时代法治政府建设，要深入贯彻党的二十大精神，坚持走中国特色社会主义法治道路，扎实推进依法行政，加快建设法治政府，为全面建设社会主义现代化国家提供有力法治保障。

第三节　习近平法治思想中的法治政府理论 *

习近平法治思想涵盖了全面依法治国的各领域、全过程，法治政府理论是其重要组成部分。习近平法治思想中的法治政府理论回应了我国法治政府建设的价值立场、建设路径、重点任务和未来发展等重大问题。以人民为中心是我国法治政府建设的价值立场，分步推进和加强党的领导是法治政府建设的基本路径。法治政府建设的重点任务包括推动行政法律体系的完善、规范重大行政决策程序、坚持严格规范公正文明执法、深入推进"放管服"改革、构建多元纠纷解决体系、抓好法治政府建设中的"关键少数"。以法治政府建设引领法治社会形成、以制度执行力检验法治政府建设成效、以智慧法治建设提升政府效能则体现了习近平总书记对法治政府建设未来发展的战略思考。

习近平法治思想视野宏阔、内涵丰富、思想深刻，涵盖了全面依法治国的各领域、全过程，建设法治政府的理论就是其重要组成部分。党的十八大以来，以习近平同志为核心的党中央紧紧围绕深入推进依法行政、加

---

　　* 原载于《政法论坛》2020 年第 6 期，第 11 - 22 页。本书出版时根据实际情况，对正文内容作了文字调整。

快建设法治政府这一重大课题，形成了一系列法治政府建设的新理念、新思想、新战略，发展成一套内涵科学、逻辑严密、思想创新的理论体系，为推动新时代法治政府建设提供了根本遵循。作为习近平法治思想的重要组成部分，法治政府理论的形成过程、重要意义、核心要义和对未来法治政府建设的影响等，都值得深入研究和阐释。

一、习近平法治思想中法治政府理论的形成过程

时代是思想之母，实践是理论之源。法治政府建设是全面推进依法治国的重要组成部分，是一项长期重大的历史任务，是政府治理领域的一场深刻革命。对于为什么要建设法治政府、建设什么样的法治政府、怎样建设法治政府，习近平总书记在长期治国理政的实践中不断深化认识，又回到实践进行检验，最终形成了习近平法治思想中的法治政府理论。

（一）先行试验、率先垂范：习近平法治政府理论的地方探索试验

习近平总书记在地方工作期间就高度重视法治政府建设工作。在福建，他率先推动组建省政府法律顾问团，推动了福建省的机关效能建设，率先推进服务型政府建设；在浙江工作期间，他率先在省域层面对法治建设的战略布局进行探索，作出建设"法治浙江"的重大决策。他提出了"依法规范行政权力、全面建设法治政府，是建设'法治浙江'的关键所在"这一重要论断，并明确了"职权法定、依法行政、有效监督、高效便民"的法治政府建设要求；他在上海工作期间，也把法治政府建设放在了十分重要的位置，着力将依法行政落实到政府工作的各个环节、各个方面。习近平总书记在地方工作期间的这些实践创造、探索试验为他法治政府理论的形成发展提供了直接的实践经验支撑和相应的理论准备。

（二）守正创新、突出重点：习近平法治政府理论的初步形成

党的十八大以来，习近平总书记对于如何推进法治政府建设工作，从一些关键环节进行思考和部署，逐步形成了习近平法治政府理论的主要观点。

一方面，他将推进严格规范公正文明执法作为法治政府建设的先手棋。法治政府建设是一项系统工程，需要一个重点突出、以点带面的抓手。中国特色社会主义法律体系基本建成以后，法律有效实施的重要性日益凸显，而行政执法是法律实施的主要方式，因此，习近平总书记反复强调必须坚持严格规范公正文明执法，并以此推动法治政府建设向前发展。

2012年12月，他在首都各界纪念现行宪法公布施行30周年大会上指出，"国务院和地方各级人民政府作为国家权力机关的执行机关，作为行政机关，负有严格贯彻实施宪法和法律的重要职责，要规范政府行为，切实做到严格规范公正文明执法"[1]。2013年2月，他在主持十八届中央政治局第四次集体学习时进一步强调，"行政机关是实施法律法规的重要主体，要带头严格执法，维护公共利益、人民权益和社会秩序。执法者必须忠实于法律，既不能以权压法、以身试法，也不能法外开恩、徇情枉法"[2]。随后，党的十八届三中全会审议通过的《中共中央关于全面深化改革若干重大问题的决定》针对执法实践中的具体问题，把深化执法体制改革作为建设法治中国的一项重要任务，明确了完善执法体制、执法程序、落实执法监督等重要内容。

另一方面，习近平总书记也重视推进法治政府建设向实质意义上的

---

① 习近平：《在首都各界纪念现行宪法公布施行30周年大会上的讲话》，人民出版社2012年版，第9页。

② 习近平：《在十八届中央政治局第四次集体学习时的讲话》，载中共中央文献研究室编：《习近平关于全面依法治国论述摘编》，中央文献出版社2015年版，第57页。

良法善治拓展。严格规范公正文明执法意在增强法律的权威和制度的刚性，但是，要使人民群众从执法活动中增强获得感，还需保证所执之法是"良法"，唯此，才能建设实质意义上的法治政府。但是，在行政管理领域，一些法律、法规对行政机关设置的职权过大，还不同程度存在泛化行政立法、破坏市场运行规律等现象。① 因此，要确保法治政府建设向良法善治方向拓展，必然会提出通过全面深化改革来转变政府职能的要求。

对此，习近平总书记有十分深刻的认识和非常清晰的规划。党的十八届三中全会提出全面深化改革。全会根据实践发展，拓展和深化了对市场和政府关系的认识，提出了新的重大理论观点和科学定位，即"使市场在资源配置中起决定性作用和更好发挥政府作用"②。对于这一定位，习近平总书记阐述道，使市场在资源配置中起决定性作用，就是要做到着力解决市场体系不完善、政府干预过多和监管不到位问题；与此同时，更好发挥政府作用，则强调政府的职责和作用主要是保持宏观经济稳定，加强和优化公共服务，保障公平竞争，加强市场监管，维护市场秩序，推动可持续发展，促进共同富裕，弥补市场失灵。③ 这一系列重要论述和生动实践进一步丰富了法治政府的内涵，使其向更加实质意义上的良法善治拓展。

（三）统筹布局、系统集成：习近平法治政府理论的全面成熟

党的十八届四中全会制定了全面推进依法治国的顶层设计、路线图、施工图，并提出了"建设中国特色社会主义法治体系，建设社会主义法治

---

① 参见中国法学会编写：《法治中国建设问答》，法律出版社 2015 年版，第 118 页。
② 《中国共产党第十八届中央委员会第三次全体会议公报》，人民出版社 2013 年版，第 7 页。
③ 参见习近平：《关于〈中共中央关于全面深化改革若干重大问题的决定〉的说明》，载《人民日报》2013 年 11 月 16 日，第 1 版。

国家"的总目标。① 此时，习近平总书记深刻地意识到法治建设需要系统推进，"全面依法治国是一个系统工程"②。在这种着眼于"系统"建构的思维引领下，习近平总书记对法治政府建设的思考也逐步进入统筹布局、系统集成阶段。

党的十八届四中全会系统明确了法治政府的理论内涵和建设目标，即"职能科学、权责法定、执法严明、公开公正、廉洁高效、守法诚信"③。而关于如何建设这样的法治政府，习近平总书记统筹谋划了一系列组合性的措施。他提出，各级政府"要以建设法治政府为目标，建立行政机关内部重大决策合法性审查机制，积极推行政府法律顾问制度，推进机构、职能、权限、程序、责任法定化，推进各级政府事权规范化、法律化。要全面推进政务公开，强化对行政权力的制约和监督，建立权责统一、权威高效的依法行政体制。要严格执法资质、完善执法程序，建立健全行政裁量权基准制度，确保法律公正、有效实施"④。

在这种统筹布局、系统集成的理论下，法治政府建设的目标成为一个立体、全面、严密、有机的体系，覆盖了以前视野中相对关注不够的盲区，统合了以前相对分散推进的任务，能够更大程度地释放法治支撑政府治理体系现代化的价值。

（四）聚焦实践、着眼根本：习近平法治政府理论的深化发展

党的十九大宣告中国特色社会主义进入新时代。这是我国发展新的历

---

① 参见《中共中央关于全面推进依法治国若干重大问题的决定》，载《中国共产党第十八届中央委员会第四次全体会议文件汇编》，人民出版社 2014 年版，第 21 页。

② 中共中央宣传部：《习近平总书记系列重要讲话读本》，学习出版社、人民出版社 2016 年版，第 97 页。

③ 《中共中央关于全面推进依法治国若干重大问题的决定》，载《中国共产党第十八届中央委员会第四次全体会议文件汇编》，人民出版社 2014 年版，第 35 页。

④ 习近平：《加快建设社会主义法治国家》，载《求是》2015 年第 1 期。

史方位，也是深化和拓展中国特色社会主义法治道路、推进全面依法治国新的历史方位，开启了新时代法治中国建设的新征程。① 党的十九大以来，习近平总书记紧扣中国社会主要矛盾的发展变化，将法治政府建设纳入国家制度建设和治理体系、治理能力现代化建设之中，在实践中不断深化和发展习近平法治政府理论。

其一，将机构改革与制度完善有机结合。党的十九届三中全会部署了党和国家机构改革，从组织、机构等方面强化了对法治政府建设的支撑。习近平总书记指出，深化党和国家机构改革，目的是"下决心解决党和国家机构设置和职能配置中存在的突出矛盾和问题"②。长时间以来，机构设置的不合理导致政府履行法定职责的能力受到钳制，影响了各项制度落实的绩效。因此，以破解机构设置和职能配置中的各种突出矛盾为抓手来推进各方面工作，充分体现了习近平总书记致力于将机构改革和制度完善有机统一的思想，这进一步深化了法治政府建设与组织机构法律制度完善之间关系的认识。

其二，确立政府治理体系建设的基本要求和基本立场。在鲜明的制度意识引领下，党的十九届四中全会通过了《中共中央关于坚持和完善中国特色社会主义制度、推进国家治理体系和治理能力现代化若干重大问题的决定》，全会明确提出"坚持和完善中国特色社会主义行政体制，构建职责明确、依法行政的政府治理体系"，并强调"必须坚持一切行政机关为人民服务、对人民负责、受人民监督，创新行政方式，提高行政效能，建设人民满意的服务型政府"的要求。③

---

① 参见李林：《新时代坚定不移走中国特色社会主义法治道路》，载《中国法学》2019 年第 3 期。

② 习近平：《关于深化党和国家机构改革决定稿和方案稿的说明》，载《〈中共中央关于深化党和国家机构改革的决定〉〈深化党和国家机构改革方案〉辅导读本》，人民出版社 2018 年版，第 76 页。

③ 参见《中共中央关于坚持和完善中国特色社会主义制度、推进国家治理体系和治理能力现代化若干重大问题的决定》，载《〈中共中央关于坚持和完善中国特色社会主义制度、推进国家治理体系和治理能力现代化若干重大问题的决定〉辅导读本》，人民出版社 2019 年版，第 17 页。

上述内容是习近平法治政府理论向纵深领域深化发展的新的里程碑。一方面，正如习近平总书记指出的，这次全会的一个基本背景是要更加重视制度建设，立足于建章立制，构建体系，"推动各方面制度更加成熟更加定型"①，而将"职责明确、依法行政"作为政府治理体系建设的基本要求，这意味着未来政府治理体系的建设将与法治政府建设互为支撑、一体推进。另一方面，在法治政府建设的价值立场上，全会决定进一步强化了以人民为中心的服务型政府理念，丰富了法治政府建设的实践内涵。

二、法治政府建设的重要意义、价值立场与建设路径

全面推进依法治国是国家治理领域一场广泛而深刻的革命，法治政府建设也是包含其中政府治理领域广泛而深刻的革命。这场革命能否有效推进，取决于对法治政府建设工作重要意义的认识，取决于对法治政府建设价值立场的明确，同时也取决于对建设路径的合理构建。对此，习近平总书记有缜密的思考和系统的规划。

（一）法治政府建设的重要意义

坚持全面依法治国是新时代坚持和发展中国特色社会主义基本方略的重要内容。对于法治政府建设在全面依法治国这一系统工程中占据何种地位，具有何种重要意义，习近平总书记有深入的思考。

习近平总书记指出，能不能做到依法治国"关键在于党能不能坚持依法执政，各级政府能不能依法行政"②，从而将依法行政定位为依法治国

---

① 《中共中央关于坚持和完善中国特色社会主义制度、推进国家治理体系和治理能力现代化若干重大问题的决定》，载《〈中共中央关于坚持和完善中国特色社会主义制度、推进国家治理体系和治理能力现代化若干重大问题的决定〉辅导读本》，人民出版社2019年版，第56页。

② 习近平：《加快建设社会主义法治国家》，载《求是》2015年第1期。

的关键之一。此后，他在强调坚持法治国家、法治政府、法治社会一体建设的基础上，进一步阐述了三者的关系，即"法治国家是法治建设的目标，法治政府是建设法治国家的主体，法治社会是构筑法治国家的基础"①，提出了法治政府是建设法治国家的主体这一重要论断。

由此，在习近平法治思想中，法治政府在法治国家建设中居于主体地位，是法治国家建设的支柱和风向标。法治政府的建设和建成，将直接决定整个国家的法治水平，也在相当程度上构成了法治国家建设的内容。从制定良法到实现善治，需要借助法治政府的力量；从司法运作到实现公平正义，需要法治政府的协调配合；从尊法信法到守法用法护法，也需要法治政府的典型示范。这种对法治政府重要性的强调，具有深刻的实践逻辑和理论逻辑：

一方面，法治政府在法治国家建设中的主体地位源于政府治理的转型。习近平总书记指出，"人类社会发展的事实证明，依法治理是最可靠、最稳定的治理"②。这是对人类社会发展规律的总结，也是对我们既有治理模式的反思。在历史上的一段时期，我们政府对社会、经济等领域的治理并不是采用法治的方式进行的。直到今天，虽然我们在法治政府建设方面取得了巨大的成就，但也还很难说政府在治理过程中已经充分发挥了法律的作用，充分做到了严格规范公正文明执法，在守法上全面成为人民群众的表率。正因如此，一个长远有效的政府治理体系应当将依法行政作为基本准则。习近平总书记指出，"在统筹推进伟大斗争、伟大工程、伟大事业、伟大梦想，全面建设社会主义现代化国家的新征程上，我们要更好发挥法治固根本、稳预期、利长远的保障作用"③。因此，政府治理的思

---

① 习近平：《加强党对全面依法治国的领导》，载《求是》2019 年第 4 期。
② 习近平：《在庆祝澳门回归祖国十五周年大会暨澳门特别行政区第四届政府就职典礼上的讲话》，载《人民日报》2014 年 12 月 21 日，第 1 版。
③ 习近平：《加强党对全面依法治国的领导》，载《求是》2019 年第 4 期。

维和路径全面转向法治，是提升政府治理水平、实现长效稳定治理的必由之路，是实现政府治理同社会调节、居民自治良性互动的基本通道，更是带动法治国家各方面建设的动力源。

另一方面，法治政府在法治国家建设中的主体地位也源于法治建设的发展。经过四十余年的法治建设，中国特色社会主义法律体系已经形成，但正如习近平总书记指出的，"法律的生命力在于实施。如果有了法律而不实施，或者实施不力，搞得有法不依、执法不严、违法不究，那制定再多法律也无济于事"①。法律能否得到有效实施，是建设法治国家的重点和难点。要破解这一问题，势必应当先着力提升法治政府在法治国家建设中的权重，将其作为主体工程：首先，徒法不足以自行，法律的有效实施需要一个能够依法全面履行职能的法治政府。通过机构改革和重组，增强包括市场监管、自然资源和生态环境等在内的政府部门履行职能的能力，提升严格规范公正文明执法的水平，即借助外在的政府履职管理体制和执法体制实施法律，实现法治。其次，法律的有效实施需要强化对政府的制约和监督。"任何国家，法治的重心都是制约和控制行政权力，防止其滥用和异化。我国依法治国、依法治权的核心也是针对行政权力及其行使。"② 正如习近平总书记所强调的，"权力不论大小，只要不受制约和监督，都可能被滥用"③。权责法定是监督制约政府权力的重要方式。为此，需要通过法律规定不同层级、类型行政机关的权力和责任，建构科学合理的权力结构，确保法律实施的稳定性。廉洁高效是增强监督合力和实效的自然成果。政府是重要的执法主体，建立健全制约监督政府权力的体系，

---

① 习近平：《在十八届中央政治局第四次集体学习时的讲话》，载中共中央文献研究室编：《习近平关于全面依法治国论述摘编》，中央文献出版社 2015 年版，第 57 页。

② 张文显：《建设中国特色社会主义法治体系》，载《法学研究》2014 年第 6 期。

③ 习近平：《在第十八届中央纪律检查委员会第三次全体会议上的讲话》，载中共中央文献研究室编：《习近平关于全面依法治国论述摘编》，中央文献出版社 2015 年版，第 59 页。

才能确保法律公正实施。最后，法律的有效实施需要政府发挥引领示范作用。唯有政府守法诚信，在实施各项行政活动过程中坚守法治底线，信守承诺，不朝令夕改，不破坏人民群众对政府的合法合理期待，才能真正树立法律权威，才能使人民群众真正做到办事依法、遇事找法、解决问题用法、化解矛盾靠法，也才能真正带动实现全民守法。

（二）法治政府建设的价值立场

"法治为民"是习近平法治思想的民心指向。他立基于良法善治的崇高理念，从立党为公、执政为民的战略高度，阐释了"以人民为中心"的核心价值。他说，"坚持人民主体地位，必须坚持法治为了人民、依靠人民、造福人民、保护人民"，"要把体现人民利益、反映人民愿望、维护人民权益、增进人民福祉落实到依法治国全过程，使法律及其实施充分体现人民意志"①。法治政府建设是法治国家建设的主体，更需要遵循以人民为中心的建设思路。这是习近平法治政府理论最鲜明的价值定位。

这种"以人民为中心"的价值定位，首先体现在习近平总书记将推进严格规范公正文明执法作为推进法治政府建设的先手棋上。他丝毫不回避法治实践中存在的各种问题，严厉指出，"政府是执法主体，对执法领域存在的有法不依、执法不严、违法不究甚至以权压法、权钱交易、徇私枉法等突出问题，老百姓深恶痛绝，必须下大气力解决"②。这体现了习近平总书记在推进法治政府建设中，首先从人民群众最关心的事情做起，从人民群众意见最大的领域入手。这是"以人民为中心"思想的生动写照。

---

① 习近平：《加快建设社会主义法治国家》，载《求是》2015年第1期。
② 习近平：《关于〈中共中央关于全面推进依法治国若干重大问题的决定〉的说明》，载《〈中共中央关于全面推进依法治国若干重大问题的决定〉辅导读本》，人民出版社2014年版，第56页。

这种"以人民为中心"的法治政府理论同样反映在习近平总书记对其他政府职责的强调上。例如，国家行政管理承担着按照党和国家决策部署推动经济社会发展、管理社会事务、服务人民群众的重大职责。为此，习近平总书记要求各级政府"从解决人民最关心最直接最现实的利益问题入手，增强政府职责，提高公共服务共建能力和共享水平"[①]。

党的十九大指出，我国社会主要矛盾已经转化为人民日益增长的美好生活需要和不平衡不充分的发展之间的矛盾。就此，习近平总书记阐释道，"人民美好生活需要日益广泛，不仅对物质文化生活提出了更高要求，而且在民主、法治、公平、正义、安全、环境等方面的要求日益增长"[②]。在这一思想的指引下，党的十九届四中全会将"必须坚持一切行政机关为人民服务、对人民负责、受人民监督，创新行政方式，提高行政效能，建设人民满意的服务型政府"写入全会决定，成为法治政府建设基本的价值立场。在中央全面依法治国工作会议上，习近平总书记强调，行政执法工作面广量大，一头连着政府，一头连着人民群众，直接关系群众对党和政府的信任，对法治的信心。要推进严格规范公正文明执法，提高司法公信力。

这一思路突破了传统形式法治的静态之维，把能否不断增强人民群众的获得感、幸福感和安全感确立为评价法治政府建设成效的试金石，扩展了法治政府建设的内涵和外延，是"法治为民"思想在法治政府建设领域的具体展开，是习近平法治政府理论中价值立场的集中体现。值得一提的是，这种"以人民为中心"的价值立场，在全国各级政府依法防控、抗击新冠肺炎疫情的过程中得到非常生动的体现，充分展现了我们制度的显著

---

① 《中共中央关于制定国民经济和社会发展第十三个五年规划的建议》，人民出版社 2015 年版，第 32 页。

② 习近平：《决胜全面建成小康社会夺取新时代中国特色社会主义伟大胜利——在中国共产党第十九次全国代表大会上的报告》，人民出版社 2017 年版。

优势，体现了法治政府建设的成效。

（三）法治政府的建设路径

在中国这样一个拥有独特历史传承、文化传统、经济社会发展基础的社会中推进法治建设，要求中国共产党作为执政党要主动设计理想的法治图景，有规划地促成适应社会主义市场经济条件、符合国家治理体系和治理能力现代化需要的法治体系的建立。具体到法治政府建设层面，就需要统筹推进，既形成科学的规划步骤，又通过加强党的领导来引领法治政府的建设方向并提供有效的推进动力。这也是习近平法治政府理论的重要组成部分：

其一，形成分步推进法治政府建设的规划步骤。习近平总书记指出，"全面推进依法治国，必须从我国实际出发，同推进国家治理体系和治理能力现代化相适应，既不能罔顾国情、超越阶段，也不能因循守旧、墨守成规"[①]。体现到法治政府建设，就是要做到法治政府建设的推进与政府职能转变、政府治理体系的完善相适应，与法治国家的整体目标和法治社会的基础水平相适应。

就此而言，党的十九大报告对 21 世纪中叶之前的时段进行了划分，即划分了"从现在到 2020 年、从 2020 年到 2035 年、从 2035 年到本世纪中叶不同时段、不同阶段的法治建设目标，为依法治国和建设法治强国指明了前进方向和实践路径，也极大地丰富、创新了法治发展和法治现代化理论"[②]。

其中，从 2020 年到 2035 年，要基本实现社会主义现代化。到那时，法治国家、法治政府、法治社会基本建成。可见，法治政府建设要与社会

---

① 习近平：《加快建设社会主义法治国家》，载《求是》2015 年第 1 期。
② 张文显：《新时代全面依法治国的思想、方略和实践》，载《中国法学》2017 年第 6 期。

主义现代化的基本实现相匹配，作为上层建筑，避免对现代化的生产力发展产生阻碍作用。同时，法治政府建设也是整个法治建设系统的有机组成部分，要更好地为国家、政府、社会的发展提供支撑。对该阶段法治政府建设的评估，不能局限于其自身内部构成，而是要同步考察其对法治国家、法治社会有何积极作用。

从 2035 年到 21 世纪中叶，我国要在基本实现现代化的基础上，把我国建成富强民主文明和谐美丽的社会主义现代化强国。这意味着，在这一阶段，法治政府要在基本建成的基础上，因应"强国"目标而进一步深化拓展。实际上，习近平总书记对强国与法治之间的关系有非常深刻的论述。他引经据典强调，"国无常强，无常弱。奉法者强则国强，奉法者弱则国弱"①。因此，因应社会主义现代化强国这一目标，奉法而治要更加内化为整个政府治理体系的行为方式和精神气质，法治政府建设要实现政府治理从外在形式到内在精神的全面法治化。

其二，加强党对法治政府建设的领导。坚持党的领导，是社会主义法治的根本要求，是党和国家的根本所在、命脉所在，是全国各族人民的利益所系、幸福所系，是全面推进依法治国的题中应有之义。② 党的领导是社会主义法治的根本保证，也是法治政府建设的根本保证。无论是保证法治政府建设的正确道路方向和价值立场，还是深入推进改革，确保政府职能与社会经济现实、国家治理能力要求相适应，都需要加强党的领导。

在党的十八大以后推进严格规范公正文明执法的过程中，习近平总书记就敏锐地洞察到，执法不仅仅是执法机构的事务，它需要一个良好的环境，因为，忠于法律的执法活动符合党和国家的根本利益，但在具体的案件中，则难免与一些其他利益发生冲突而受到抵制。因此，他很早就提出

---

① （清）王先慎撰、钟哲点校：《韩非子集解》，中华书局 1998 年版。
② 参见《中共中央关于全面推进依法治国若干重大问题的决定》，人民出版社 2014 年版，第 5 页。

了党要"保证执法"的思想。① 他还进一步阐述道,"对执法机关严格执法,只要符合法律和程序的,各级党委和政府都要给予支持和保护,不要认为执法机关给自己找了麻烦,也不要担心会给自己的形象和政绩带来什么不利影响"②。党的十八届四中全会决定进一步强调,"各级政府必须坚持在党的领导下、在法治轨道上开展工作"③。

加强党对法治政府建设领导的一项关键性举措就是党中央决定成立中央全面依法治国委员会,健全党领导全面依法治国的制度和工作机制,更加有力地推动党中央决策部署贯彻落实。在解释成立中央全面依法治国委员会的重大意义时,习近平总书记就指出,"当前,立法、执法、司法、守法等方面都存在不少薄弱环节,法治领域改革面临许多难啃的硬骨头,迫切需要从党中央层面加强统筹协调"④。他还以甘肃祁连山国家级自然保护区生态环境立法上"放水"、执法上"放弃"的教训为例,来具体指明这种需要加强党的领导的薄弱环节。

加强党对法治政府建设的领导,保证了法治政府建设的方向和立场,也为法治政府建设提供了强劲的动力。在党的领导下,特别是党中央的集中统一领导下,《党政主要负责人履行推进法治建设第一责任人职责规定》《法治政府建设与责任落实督察工作规定》等重要制度相继出台并执行,法治政府建设示范创建活动有序开展。一些曾经阻碍法治政府建设深入推进的障碍甚至掣肘因素逐步得到解决,法治政府建设得以不断往纵深发展。

———————————

① 参见习近平:《在首都各界纪念现行宪法公布施行 30 周年大会上的讲话》,人民出版社 2012年版,第 11 页。

② 习近平:《严格执法,公正司法》,载中共中央文献研究室编:《习近平关于全面依法治国论述摘编》,中央文献出版社 2015 年版,第 59 页。

③ 《中共中央关于全面推进依法治国若干重大问题的决定》,载《中国共产党第十八届中央委员会第四次全体会议文件汇编》,人民出版社 2014 年版,第 15 页。

④ 习近平:《加强党对全面依法治国的领导》,载《求是》2019 年第 4 期。

三、法治政府理论的核心命题

党的十八大以来，以习近平同志为核心的党中央站在全面推进依法治国、建设社会主义法治国家的战略全局，着眼于实现"两个一百年"奋斗目标、实现中华民族伟大复兴的中国梦，创造性提出了为什么要建设法治政府、建设什么样的法治政府、怎样建设法治政府等一系列新理念、新思想、新战略，形成了习近平法治思想中的法治政府理论，对于深入推进依法行政、加快建设法治政府具有重要指导意义。其核心命题包括：坚持党的领导是法治政府建设的根本保证，坚持以人民为中心是法治政府建设的本质要求，坚持法治国家、法治政府和法治社会一体建设是法治政府建设的基本路径，依法全面履行政府职能是法治政府建设的关键环节，严格执法是法治政府建设的主要内容。

（一）坚持党的领导是法治政府建设的根本保证

习近平总书记在党的十八届四中全会第二次全体会议上强调："党的领导是中国特色社会主义最本质的特征，是社会主义法治最根本的保证。坚持中国特色社会主义法治道路，最根本的是坚持中国共产党的领导。"党的十八届四中全会决定也明确指出："各级政府必须坚持在党的领导下、在法治轨道上开展工作，加快建设职能科学、权责法定、执法严明、公开公正、廉洁高效、守法诚信的法治政府。"法治政府是法治国家建设的主体，党的领导对于法治政府建设具有重要意义，因为行政决策、行政执法、行政争议解决等都并非行政系统内部的单一事务，而是涉及公共权力运行的方方面面，单靠政府推动无法解决法治政府建设的深层次问题。党的十八大之后，中央成立了中央全面依法治国委员会，加强党对全面依法治国的集中统一领导，统筹推进全面依法治国工作，强化党中央在科学立法、严格执法、公正司法、全民守法等方面的领导；中办和国办印发《党政主要负责人履行推进法治建设第一责任人职责规定》，地方党委对法治政府建设的领导明显加强；中央开展的法治政府建设示范创建评估活动，有力推动了党中央关于法治政府建设决策部署的贯彻落实。在党的坚强领导下，我国的法治政府建设蹄疾步稳，行政决策程序制度建设、"放管服"改革和政府职能转变、行政执法体制改革等深层次复杂问题都取得了重大成果，依法行政深入推进，法治政府建设明显加快。

（二）坚持以人民为中心是法治政府建设的本质要求

党的十九大报告将坚持以人民为中心作为新时代坚持和发展中国特色社会主义的基本方略。习近平总书记在中央全面依法治国工作会议上强调"要坚持以人民为中心。全面依法治国最广泛、最深厚的基础是人民，必须坚持为了人民、依靠人民"。我国社会主义制度保证了人民当家作主的主体地位，也保证了人民在全面推进依法治国中的主体地位。这是我们的制度优势，也是中国特色社会主义法治区别于资本主义法治的根本所在。全心全意为人民服务是中国共产党的根本宗旨，坚持以人民为中心是法治政府建设的本质要求。党的十八大以来，法治政府建设紧紧围绕为了人民、依靠人民、造福人民、保护人民，转变政府职能，推动"放管服"改革和简政便民，深化行政执法体制改革，推进严格公正文明规范执法，努力让人民群众在每一个执法决定中感受到公平正义。

第一，回应人民群众的诉求关切是推进法治政府建设的聚焦点和发力点。习近平总书记在中央全面依法治国委员会第一次会议上强调："人民群众对执法乱作为、不作为以及司法不公的意见比较集中，这要成为我们厉行法治的聚焦点和发力点。"人民群众与行政机关的日常联系最为紧密、问题矛盾最为集中、利益纠纷最为频繁，人民群众提出的问题、反映的意见、表达的诉求凸显出法治政府建设存在的问题和短板，也构成了未来法治政府建设的聚焦点和发力点。

第二，保障人民群众的合法权益是建设法治政府的出发点和落脚点。法治政府建设的实质和精髓在于规范行政权力，维护和保障公民权利。行政立法和行政决策要反映人民意志、体现人民利益，行政执法要尊重和保障人民权益，作为行政争议解决机制的行政诉讼、行政复议、行政调解等制度的主要功能和目的也是保障人民权益。近年来，全国人大常委会修改《行政诉讼法》《行政复议法》，国务院修订《行政法规制定程序条例》和《规章制定程序条例》、出台《重大行政决策程序暂行条例》、推行行政执法"三项制度"等工作充分体现了以人民为中心的法治政府建设理念。

第三，人民群众的评价是法治政府建设成效的基本标准。习近平总书记在中央全面深化改革领导小组第二十一次会议上指出："把是否给人民群众带来实实在在的获得感，作为改革成效的评价标准。"法治政府建设归根结底是为了人民，人民群众的评价是法治政府建设成效的基本标准，法治政府是否建成最终也由人民群众说了算，法治政府建设要着力增强人民群众的获得感、幸福感、安全感。

（三）法治国家、法治政府和法治社会一体建设是法治政府建设的基本路径

习近平总书记在党的十八届四中全会第二次全体会议上强调"准确把握全面推进依法治国工作布局，坚持依法治国、依法执政、依法行政共同推进，坚持法治国家、法治政府、法治社会一体建设。全面推进依法治国是一项庞大的系统工程，必须统筹兼顾、把握重点、整体谋划，在共同推进上着力，在一体建设上用劲"。"法治国家、法治政府、法治社会三者各

有侧重、相辅相成，法治国家是法治建设的目标，法治政府是建设法治国家的主体，法治社会是构筑法治国家的基础。"习近平总书记的重要论述深刻揭示了法治国家、法治政府和法治社会的辩证关系并清晰描绘了法治政府建设的基本路径，体现了我们党对法治建设规律认识的深化，是中国特色社会主义法治理论的新发展。

"共同推进、一体建设"符合法治建设的规律。任何社会事务都是相互关联的，不可能割裂开来看待。全面依法治国是一个系统工程，要整体谋划，更要注重系统性、整体性、协同性。"依法治国是我国宪法确定的治理国家的基本方略，而能不能做到依法治国，关键在于党能不能坚持依法执政，各级政府能不能依法行政。"我们党先后提出依法治国、依法执政和依法行政的要求，都是从当时所处的历史阶段，为了解决当时的问题所提出的。从法治建设发展规律上看，依法治国、依法执政、依法行政都是紧密联系、相互支撑的，不同历史阶段可以有所侧重，但最终还是要"共同推进"；法治国家、法治政府、法治社会建设可以有各自的建设重点，但最终是要"一体建设"，只有这样，才符合法治建设的规律。

"共同推进、一体建设"必须在"共同"上下功夫，在"一体"上做文章。依法治国是就国家和社会治理而言的，依法执政是就党的建设和执政方式而言的，依法行政是政府自身建设的要求，看似不同的着力点，实质上都是服务于"法治中国"建设的重要内容。在"共同"上下功夫，就要求在法治中国目标引导下，按照"紧密联系、相辅相成"的要求，做到依法治国、依法执政、依法行政共同推进、协调发展。很难想象"各拉各的调，各吹各的号"能够建成法治中国。在"一体"上做文章，就是要在理念上把法治国家、法治政府、法治社会当作一个整体来认识，不能割裂三者之间的关系。

"共同推进、一体建设"要突出法治政府建设这个重点。法治政府建设是重点任务和主体工程，要率先突破，用法治给行政权力定规矩、划界限，规范行政决策程序，加快转变政府职能。要严格规范公正文明执法，提高政府公信力。一方面，法治政府是依法治国的关键，没有法治政府，就无法落实依法治国各项要求，也不可能建成法治国家和法治社会，更谈不上国家治理体系和治理能力现代化。政府是执法主体，与社会民众联系最为密切、接触最为频繁，执法规范化是衡量法治建设状况最重要的指标。另一方面，法治政府建设对法治国家、法治社会建设具有示范带动作用。习近平总书记在中央全面依法治国委员会第二次会议上强调："推进全面依法治国，要坚持法治国家、法治政府、法治社会一体建设，法治政府建设是重点任务，对法治国家、法治社会建设具有示范带动作用。"坚持法治国家、法治政府、法治社会一体建设，精准把握了我国法治政府建设存在的长期困境，也清晰描绘了未来法治政府建设的系统路径，具有重要的理论意义和实践意义。

（四）依法全面履行政府职能是法治政府建设的首要任务

习近平总书记在党的十八届四中全会第二次全体会议上强调"执法是行政机关履行政府职能、管理经济社会事务的主要方式，各级政府必须依法全面履行职能，坚持法定职责必须为、法无授权不可为，健全依法决策机制，完善执法程序，严格执法责任，做到严格规范公正文明执法。""各级政府一定要严格依法行政，切实履行职责，该管的事一定要管好、管到位，该放的权一定要放足、放到位，坚决克服政府职能错位、越位、缺位现象。"依法全面履行政府职能包括两个层面的内涵，不可偏废：一是"依法履行政府职能"，这意味着行政机关行使权力需要有法律授权，法无授权不可为，并严格按照法律规定的条件、程序、方式等履行政府职责；二是"全面履行政府职能"，这意味着行政机关必须忠实、全面地履行法律规定的各项职责，法定职责必须为，防止行政不作为、政府职能缺位、克服懒政和怠政。党的十八大以来，我们坚持依法全面履行政府职能是法治政府建设关键环节的理念，持续深化"放管服"改革，着力转变政府职能，推行权责清单制度，推进各级政府事权规范化，出台《重大行政决策程序暂行条例》，这些重要举措都有力保证了依法全面履行政府职能的实现。

(五) 严格执法是法治政府建设的关键环节

党的十九大报告指出，"建设法治政府，推进依法行政，严格规范公正文明执法"，其关于法治政府的论述强调了严格规范公正文明执法。习近平总书记在十八届中央政治局第四次集体学习时提出："全面推进依法治国，必须坚持严格执法。法律的生命力在于实施。如果有了法律而不实施，或者实施不力，搞得有法不依、执法不严、违法不究，那制定再多法律也无济于事。"党的十八届四中全会决定从科学立法、严格执法、公正司法、全民守法四个方面建构全面推进依法治国的基本框架，严格执法对应于行政机关和行政权力的要求。行政执法是行政机关最主要的职能，也是与人民群众联系最直接、最密切的职能。因此，严格执法是法治政府建设的主要内容。做不到严格执法，就不可能建成法治政府。党的十八大以来，相比行政立法、行政决策、行政司法等法治政府建设的其他环节，习近平总书记对于严格执法的论述最多、最全面、最深刻，系统阐述了严格执法的重要意义。深化行政执法体制改革、完善行政执法程序、落实行政执法责任制、加强对行政执法活动的监督以及推行人性化执法、柔性执法、阳光执法等重要内容，为推动综合行政执法、完善行政裁量权基准制度、全面推行行政执法"三项制度"和行政执法责任制等制度、深入推进依法行政、加快建设法治政府提供了根本遵循。

四、法治政府建设的重点任务

法治政府建设是一个系统工程，但在不同的时期，面对的形势、矛盾会有所不同。党的十八大以来，习近平总书记基于对以往法治政府建设经验的总结、对当下社会主要矛盾的判断，提出了一系列直指法治政府建设痛点、人民群众需求迫切的重点任务，是习近平法治政府理论在方法论层面的具体表现。针对法治政府建设中的短板弱项，习近平总书记在中央全面依法治国工作会议上强调，要用法治给行政权力定规矩、划界限，规范行政决策程序，加快转变政府职能。

（一）推动行政法律体系的完善

在中国特色社会主义法律体系形成之后，需要更加关注法治质量高不高的问题。为此，习近平总书记提出了建设"完备的法律规范体系"这一更高的目标，创造性地提出了"良法善治论"[①]。完善行政法律规范体系是其中的重要一环。

习近平总书记指出，"要把体现人民利益、反映人民愿望、维护人民权益、增进人民福祉落实到依法治国全过程，使法律及其实施充分体现人民意志"[②]。因此，完善行政法律体系的一个核心主线便是完善维护人民权益的法律制度。党的十八大以来，为解决行政诉讼中存在的"立案难、审理难、执行难"等突出问题，《行政诉讼法》顺利完成实施二十多年来的第一次修改；与此同时，《行政复议法》的修改也提上议程。除了关注末端权利救济法律制度的完善以外，习近平总书记对信息公开之于建设法

---

① 李林：《习近平全面依法治国思想的理论逻辑与创新发展》，载《法学研究》2016 年第 2 期。
② 习近平：《加快建设社会主义法治国家》，载《求是》2015 年第 1 期。

治政府的积极作用也予以高度关注。他指出,"要强化公开,依法公开权力运行流程,让广大干部群众在公开中监督,保证权力正确行使"①。基于这一思想,《政府信息公开条例》获得修订,"以公开为常态、不公开为例外"等原则得以落实。

在行政法律体系不断完善的同时,从源头上提升规则供给质量也是习近平法治思想的重要内容。由于立法程序和机制是确保科学立法、民主立法、依法立法的制度基础和核心要求,在立法权下放的背景下,完善行政立法权限和程序对于确保行政立法科学、民主、合法具有极为重要的意义。习近平总书记提出,"加强和改进政府立法制度建设,完善行政法规、规章制定程序,完善公众参与政府立法机制;重要行政管理法律法规由政府法制机构组织起草;对部门间争议较大的重要立法事项,由决策机关引入第三方评估,不能久拖不决"②。根据这一思想,2015 年修改《立法法》时,进一步完善了行政立法的权限、程序和机制。2017 年,国务院修改《行政法规制定程序条例》和《规章制定程序条例》,进一步规范了制定行政法规和规章的程序要求。

(二)规范重大行政决策程序

重大行政决策是各级人民政府履行政府职能的重要方式。行政决策经常会通过配置公共资源,影响不特定多数人的权益,因此,规范重大决策是法治政府建设的重要内容。鉴于行政决策内容的复杂性和多样性,难以从实体层面作出统一规范,从程序角度实现重大行政决策的科学、民主、合法,就成为推进法治政府建设的必然选择。对此,习近平总书记要求,

---

① 《认真学习习近平总书记在十八届中央纪委三次全会上重要讲话精神》,人民出版社 2014 年版,第 4 页。
② 习近平:《关于〈中共中央关于全面推进依法治国若干重大问题的决定〉的说明》,载《〈中共中央关于全面推进依法治国若干重大问题的决定〉辅导读本》,人民出版社 2014 年版,第 53 页。

"要以建设法治政府为目标，建立行政机关内部重大决策合法性审查机制，积极推行政府法律顾问制度，推进机构、职能、权限、程序、责任法定化，推进各级政府事权规范化、法律化"①。2019 年 2 月 25 日，习近平总书记主持召开中央全面依法治国委员会第二次会议，审议通过了《重大行政决策程序暂行条例（草案）》。

具体而言，习近平总书记规范重大行政决策的思想主要包括以下几方面的内容：

其一，把党的领导贯穿于重大行政决策全过程和各方面。坚持党对重大行政决策的领导是确保重大行政决策坚持正确政治方向的关键性制度要求。习近平总书记指出，"要把党的领导贯穿于重大行政决策全过程和各方面"②。《重大行政决策程序暂行条例》明确要求重大行政决策必须坚持和加强党的全面领导，全面贯彻党的路线方针政策和决策部署，发挥党的领导核心作用，把党的领导贯彻到重大行政决策全过程，要求决策事项目录和标准须经同级党委同意后向社会公布，要求重大行政决策出台前应当按照规定向同级党委请示报告。

其二，严格履行决策法定程序。规范重大行政决策程序是推进科学民主依法决策的必然要求。党的十八届四中全会提出，要健全依法决策机制，把公众参与、专家论证、风险评估、合法性审查、集体讨论决定确定为重大行政决策的法定程序。《重大行政决策程序暂行条例》逐一明确、细化了这五大法定程序的具体要求，并对重大行政决策的启动、公布等作了规定。

其三，坚持科学决策、民主决策、依法决策的统一。在习近平法治政

---

① 习近平：《加快建设社会主义法治国家》，载《求是》2015 年第 1 期。

② 《习近平主持召开中央全面依法治国委员会第二次会议强调完善法治建设规划提高立法工作质量效率为推进改革发展稳定工作营造良好法治环境》，载《人民日报》2019 年 2 月 26 日，第 1 版。

府理论中，对重大行政决策程序规范的要求并非单向度的、片面的，而是一个层次分明、结构清晰、内在统一的整体。这其中，科学决策是行政决策内在理性的表现，民主决策是"以人民为中心"的治理理念在行政决策领域的具体体现，依法决策体现了法治原则对于行政决策的规范要求，三者的结构性完善，体现了习近平法治政府理论在决策领域的系统完备。

（三）坚持严格规范公正文明执法的统一性

习近平总书记将坚持严格规范公正文明执法作为推进法治政府建设的一项重点任务。坚持严格规范公正文明执法的统一性，旨在通过具体执法案件传递法治的要求，实现让人民群众在每一个具体案件中感受到公平正义的目标。具体而言，习近平总书记有关坚持严格规范公正文明执法统一性的思想包括以下重要内容：

其一，严格规范文明公正执法是一个统一整体，不可机械地、片面地理解和实施。习近平总书记明确指出，"严格文明公正执法是一个整体，要全面贯彻。文明执法、公正执法要强调，严格执法也要强调，不能畸轻畸重。如果不严格执法，执法司法公信力也难以建立起来。现实生活中出现的很多问题，往往同执法失之于宽、失之于松有很大关系。涉及群众的问题，要准确把握社会心态和群众情绪，充分考虑执法对象的切身感受，规范执法言行，推行人性化执法、柔性执法、阳光执法，不要搞粗暴执法、'委托暴力'那一套。但是，不论怎么做，对违法行为一定要严格尺度、依法处理"①。因此，坚持严格规范公正文明执法的统一性，体现了坚持法治系统论的思路，将依法惩治各类违法行为、完善执法程序、建立健全行政裁量权基准制度、加强行政执法信息化建设和信息共享，以及完

---

① 习近平：《严格执法，公正司法》，载中共中央文献研究室编：《习近平关于全面依法治国论述摘编》，中央文献出版社 2015 年版，第 58 页。

善执法责任制有机结合。

其二，严格规范公正文明执法体现对执法活动的监督和保护的统一。习近平总书记指出，"法律需要人来执行，如果执法的人自己不守法，那法律再好也没用！我们要加强对执法活动的监督，坚决排除对执法活动的非法干预，坚决防止和克服地方保护主义和部门保护主义，坚决防止和克服执法工作中的利益驱动，坚决惩治腐败现象，做到有权必有责、用权受监督、违法必追究"①。与此同时，执法过程要切实运行，发挥实效，还取决于诸多条件。对此，习近平总书记指出，"我们说要敢于担当，严格执法就是很重要的担当"②。因此，对依法开展的执法活动要给予坚决支持和保护，支持执法的社会环境的营造、执法机构预算编制的投入，执法机构间分工协调机制的形成，执法人员的激励与约束等要素缺一不可。

其三，加强综合执法。推进综合执法是行政执法体制改革的重要内容，其对于节约执法资源、提升执法效率、增强执法实效，具有重要意义。党的十八大以来，全国各地综合行政执法体制改革稳步推进。按照党的十九大提出的"深化行政执法体制改革，统筹配置行政处罚职能和执法资源"的要求，党的十九届三中全会通过的《深化党和国家机构改革方案》明确，要"根据不同层级政府的事权和职能，按照减少层次、整合队伍、提高效率的原则，大幅减少执法队伍种类，合理配置执法力量。一个部门设有多支执法队伍的，原则上整合为一支队伍。推动整合同一领域或相近领域执法队伍，实行综合设置"③。

---

① 习近平：《在十八届中央政治局第四次集体学习时的讲话》，载中共中央文献研究室编：《习近平关于全面依法治国论述摘编》，中央文献出版社 2015 年版，第 58 页。

② 习近平：《严格执法，公正司法》，载中共中央文献研究室编：《习近平关于全面依法治国论述摘编》，中央文献出版社 2015 年版，第 59 页。

③ 《中共中央关于深化党和国家机构改革的决定》，载《〈中共中央关于深化党和国家机构改革的决定〉〈深化党和国家机构改革方案〉辅导读本》，人民出版社 2018 年版，第 14 页。

（四）深入推进"放管服"改革，持续改善优化营商环境

法治政府建设的关键之一是处理好政府、市场与社会的关系。在习近平法治政府理论中，通过法治方式来厘清政府、市场与社会的边界，优化政府的经济监管职责，始终是推进法治政府建设的一大要务。具体而言，这一理论的主要内容包括：

其一，将市场在资源配置中起决定性作用与更好发挥政府作用放在同等重要的位置。处理好政府和市场的关系，不仅是经济体制改革的核心问题，也是行政管理体制改革的核心问题。在习近平法治政府理论中，对政府和市场关系的认识，突破了既往理论中单独强调市场作用或政府作用的片面观点，强调发展社会主义市场经济，既要发挥市场作用，也要发挥政府作用，但市场作用和政府作用的职能是不同的。为此，一是进一步明确权力清单的内容，深入推进简政放权。要求政府在充分尊重市场规律的基础上，用政策引导市场预期，用规划明确投资方向，用法治规范市场行为，使其更多地从管理者转向服务者。二是以法治方式完善市场机制，围绕推动高质量发展，建设现代化经济体系，把该营造的环境营造好，该制定的规则制定好，充分激发市场主体活力，使市场充分发挥在资源配置中的决定性作用。

其二，强调运用法治方式引导和规范政府职能转变。在习近平法治政府理论中，政府职能的转变与法治建设是并行不悖、有机统一的。习近平总书记指出："政府职能转变到哪一步，法治建设就要跟进到哪一步。要发挥法治对转变政府职能的引导和规范作用，既要重视通过制定新的法律法规来固定转变政府职能已经取得的成果，引导和推动转变政府职能的下一步工作，又要重视通过修改或废止不合适的现行法律法规为转变政府职能扫除障碍。"① 不能以政府职能转变为由突破既有法律的约束，也不能以既有法律规定为由停止政府职能的转变。

其三，持续优化营商环境的法治保障。法治是最好的营商环境。在目前特殊的经济发展格局下，推动营商环境优化，激发市场活力，具有极为迫切的意义。习近平总书记在主持召开中央全面依法治国委员会第二次会议时强调，"要把工作重点放在完善制度环境上，健全法规制度、标准体系，加强社会信用体系建设，加强普法工作"②。在企业家座谈会上，他进一步强调，"要依法保护企业家合法权益，加强产权和知识产权保护，形成长期稳定发展预期，鼓励创新、宽容失败，营造激励企业家干事创业的浓厚氛围。要推进简政放权，全面实施市场准入负面清单制度，支持企业更好参与市场合作和竞争"③。

（五）构建多元纠纷解决体系

社会矛盾化解是重要的政府职能，也是执政为民理念落实与否的重要试金石。纠纷的行政解决，是多元纠纷体系的重要组成部分，具有司法救济不可比拟的功能优势。党的十八届四中全会提出："健全社会矛盾纠纷预防化解机制，完善调解、仲裁、行政裁决、行政复议、诉讼等有机衔接、相互协调的多元化纠纷解决机制。"④ 具体而言，习近平对多元纠纷解决体系的思想主要包括：

其一，强调纠纷非诉解决的优先地位。纠纷的非诉解决能够有效降低

---

① 习近平：《在党的十八届二中全会第二次全体会议上的讲话》，载中共中央文献研究室编：《习近平关于全面依法治国论述摘编》，中央文献出版社 2015 年版，第 45 页。

② 《习近平主持召开中央全面依法治国委员会第二次会议强调完善法治建设规划提高立法工作质量效率为推进改革发展稳定工作营造良好法治环境》，载《人民日报》2019 年 2 月 26 日，第 1 版。

③ 习近平：《在企业家座谈会上的讲话》，人民出版社 2020 年版，第 4 页。

④ 《中共中央关于全面推进依法治国若干重大问题的决定》，载《中国共产党第十八届中央委员会第四次全体会议文件汇编》，人民出版社 2014 年版，第 52－53 页。

当事人的纠纷解决成本，维护社会稳定。习近平总书记强调，"把非诉讼纠纷解决机制挺在前面"①，要进一步加强预防纠纷工作，着力从源头上预防化解矛盾纠纷，让大量矛盾纠纷化于未发、止于未诉。这种坚持源头治理的思路，对于减少矛盾纠纷，维护社会和谐稳定具有重要意义，同时也对行政机关开展行政调解等诉源治理提供了重要指导。

其二，重视不同纠纷解决机制的衔接配合。不同纠纷解决方式有其内在的功能优势。要从整体上减少矛盾化解纠纷，就需要建构多元化的纠纷解决方式。习近平总书记强调，要着力完善制度、健全机制、搭建平台、强化保障，推动各种矛盾纠纷化解方式的衔接配合，建立健全有机衔接、协调联动、高效便捷的矛盾纠纷多元化解机制。②

其三，重视行政裁决解决民事纠纷的制度优势。法治政府要求依法有效化解社会矛盾纠纷，即要求行政机关在构建多元纠纷解决机制中发挥新的作用，行政机关不仅是法治政府建设的对象，同时也是主体，通过参与纠纷化解，增强法治国家和法治社会的说服力。基于此，党的十八届四中全会决定提出："健全行政裁决制度，强化行政机关解决同行政管理活动密切相关的民事纠纷功能。"③ 2019 年，中共中央办公厅、国务院办公厅印发《关于健全行政裁决制度 加强行政裁决工作的意见》，明确要求起草、修改法律法规时，对于可以通过行政裁决化解的民事纠纷，起草部门应当认真研究设定行政裁决的必要性、可行性，积极建立行政裁决制度，对于进一步健全行政裁决制度，加强行政裁决与行政复议、行政诉讼的衔

---

① 全国人民代表大会常务委员会办公厅：《中华人民共和国第十三届全国人民代表大会第二次会议文件汇编》，人民出版社 2019 年版，第 233 页。

② 参见《习近平主持召开中央全面深化改革领导小组第十七次会议强调鼓励基层改革创新大胆探索推动改革落地生根造福群众》，载《人民日报》2015 年 10 月 14 日，第 1 版。

③ 《中共中央关于全面推进依法治国若干重大问题的决定》，载《中国共产党第十八届中央委员会第四次全体会议文件汇编》，人民出版社 2014 年版，第 53 页。

接具有重要意义。

其四，发挥行政复议解决行政争议的主渠道作用。行政复议是建设法治政府的重要抓手，是解决行政争议的重要制度。健全行政复议制度是推进国家治理体系和治理能力现代化的必然要求。《行政复议法》实施二十多年来，制度建设不断完善，实践探索成效明显，在解决行政争议、监督依法行政、维护群众合法权益等方面发挥了重要作用。但总体看，行政复议的制度优势尚未得到充分发挥。为此，习近平总书记要求落实行政复议体制改革方案，优化行政复议资源配置。新修订的《行政复议法》把握行政复议制度定位和特点，贯彻落实改革部署，总结改革经验，旨在从根本性改变"小复议、中诉讼、大信访"的格局，解决群众不愿复议、不会复议、不敢复议等问题，发挥行政复议公正高效、便民为民的制度优势和化解行政争议的主渠道作用。

（六）抓好法治政府建设中的"关键少数"

习近平总书记曾指出，"各级领导干部在推进依法治国方面肩负着重要责任，全面依法治国必须抓住领导干部这个'关键少数'"①。实践中，"一些党员、干部仍然存在人治思想和长官意识，认为依法办事条条框框多、束缚手脚，凡事都要自己说了算，根本不知道有法律存在，大搞以言代法、以权压法"②。要彻底改变这种现状，就必须抓住领导干部这个"关键少数"。

具体而言，抓"关键少数"以推动法治政府建设的思想包括以下主要内容：

---

① 习近平：《在省部级主要领导干部学习贯彻党的十八届四中全会精神全面推进依法治国专题研讨班上的讲话》，载中共中央文献研究室编：《习近平关于全面依法治国论述摘编》，中央文献出版社 2015 年版，第 118 页。

② 习近平：《加快建设社会主义法治国家》，载《求是》2015 年第 1 期。

其一，强调领导干部要带头依法办事。领导干部带头依法办事，既是领导干部的法律责任，也是其政治责任。习近平总书记指出："各级领导干部要带头依法办事，带头遵守法律，对宪法和法律保持敬畏之心，牢固确立法律红线不能触碰、法律底线不能逾越的观念，不要去行使依法不该由自己行使的权力，也不要去干预依法自己不能干预的事情，更不能以言代法、以权压法、徇私枉法，做到法律面前不为私心所扰、不为人情所困、不为关系所累、不为利益所惑。"① 在中央全面依法治国工作会议上，习近平总书记再次强调，领导干部这个"关键少数"要带头尊崇法治、敬畏法律，了解法律、掌握法律，不断提高运用法治思维和法治方式深化改革、推动发展、化解矛盾、维护稳定、应对风险的能力，做尊法学法守法用法的模范。

其二，领导干部要提高运用法治思维和法治方式的能力。领导干部的法治意识不能仅仅停留在口头上，更要落实到实际工作中。各级领导干部在工作岗位上，要不断提高运用法治思维和法治方式深化改革、推动发展、化解矛盾、维护稳定能力。"党政主要负责人要履行推进法治建设第一责任人职责，统筹推进科学立法、严格执法、公正司法、全民守法。"② "各级党政机关和每一位领导干部、每一位工作人员都要增强法治观念、法律意识，坚持有法必依，善于运用法治方式开展工作，让人民群众在日常生产生活中都能感受到公平正义。对有法不依、执法不严、徇私枉法的要严肃问责、依法惩治。"③

---

① 习近平：《在十八届中央政治局第四次集体学习时的讲话》，载中共中央纪律检查委员会、中共中央文献研究室编：《习近平关于党风廉政建设和反腐败斗争论述摘编》，中央文献出版社、中国方正出版社 2015 年版，第 123 页。

② 中共中央宣传部：《习近平总书记系列重要讲话读本》，学习出版社、人民出版社 2016 年版，第 99 页。

③ 习近平：《参加十二届全国人大三次会议广西代表团审议时的讲话》，载《人民日报》2015 年 3 月 9 日，第 1 版。

其三，加强对领导干部违法行为的责任追究。要使"关键少数"在法治政府建设方面的责任落到实处，必须加强对领导干部违法行为的责任追究。习近平总书记经常强调，"对各级领导干部，不管什么人，不管涉及谁，只要违反法律就要依法追究责任，绝不允许出现执法和司法的'空挡'。要把法治建设成效作为衡量各级领导班子和领导干部工作实绩重要内容，把能不能遵守法律、依法办事作为考察干部重要依据"①。

五、面向未来的法治政府建设

习近平总书记关于法治政府建设重点任务的思想深刻地反映了他对当下法治政府建设中紧迫矛盾的精准判断。除了对这些眼下问题的深入思考，习近平总书记还系统论述了法治政府建设的长远战略，形成了面向未来的法治政府建设理论。

（一）以法治政府建设引领法治社会形成

习近平总书记在中央全面依法治国工作会议上强调，全面依法治国是一个系统工程，要整体谋划，更加注重系统性、整体性、协同性。法治国家、法治政府、法治社会相辅相成，法治国家是法治建设的目标，法治政府是建设法治国家的重点，法治社会是构筑法治国家的基础。在处理法治政府与法治社会的关系上，必须重视法治社会的基础作用。"只有铭刻在人们心中的法治，才是真正牢不可破的法治。"② 这要求法治的价值、制度、程序与运行能够有效嵌入社会的日常生活，为人民生活各个主要面向

---

① 习近平：《加快建设社会主义法治国家》，载《求是》2015 年第 1 期。
② 习近平：《在十八届中央政治局第四次集体学习时的讲话》，载中共中央纪律检查委员会、中共中央文献研究室编：《习近平关于党风廉政建设和反腐败斗争论述摘编》，中央文献出版社、中国方正出版社 2015 年版，第 121 页。

建立起既有实效、又符合日常生活伦理的秩序。正因如此，习近平总书记强调，"法治社会是构筑法治国家的基础"①。同时，要以法治政府建设引领法治社会形成。法治政府建设是重点任务和主体工程，对法治国家、法治社会建设具有示范带动作用，要率先突破。

此外，我国法治社会建设还面临一些独特的挑战。中国传统文化中的一些思想观念、心理习惯、行为方式等还存在不少与现代法治相抵触的因素。正是基于对中国法治建设中这种结构性的约束条件的精确判断和深入思考，习近平总书记逐步形成了以法治政府建设来引领法治社会形成的思想。他明确指出，"领导干部尊不尊法、学不学法、守不守法、用不用法，人民群众看在眼里、记在心上，并且会在自己的行动中效法"②。这既契合了"以吏为师"的传统文化，又深刻地回应了政府及领导干部作为社会的治理主体和最重要的执法者，其是否能够严格守法对社会的法治观念有着重大影响的现实。党的十八届四中全会决定进一步明确要求"实行国家机关'谁执法谁普法'的普法责任制"，让人民群众更好地理解法律规定，在法治实践中感受法治精神。此后，习近平总书记在主持召开中央全面依法治国委员会第二次会议时进一步明确，法治政府建设是重点任务，对法治国家、法治社会建设具有示范带动作用。

实际上，中国的现代化一个主要特点是，传统社会不能自发生长出包括法治在内的现代化因素，不得不从上层政治革命切入，进而通过国家政权的运用推动社会变革，实现国家的转型。因此，在法治的社会基础比较薄弱的情况下，通过法治政府建设来引领法治社会形成具有关键意义。与广大人民群众联系最密切、承担法律实施任务最重的行政机关及其领导干

---

① 习近平：《加强党对全面依法治国的领导》，载《求是》2019年第4期。
② 习近平：《在省部级主要领导干部学习贯彻党的十八届四中全会精神全面推进依法治国专题研讨班上的讲话》，载中共中央文献研究室编：《习近平关于全面依法治国论述摘编》，中央文献出版社2015年版，第125页。

部既可以通过严格规范公正文明的执法来逐步树立并强化法治的权威，同时也可以深入地发挥动员社会、教育群众、进行文化层面的培育等作用，从而不断地在社会中凝聚共识，使法治这种现代治理方式深入地植入中国社会。

（二）以制度执行力检验法治政府建设成效

在推进全面依法治国的进程中，习近平总书记高度关注制度的实施情况，指出"制度的生命力在于执行"①，要求"强化制度执行力，加强制度执行的监督，切实把我国制度优势转化为治理效能"②。与此同时，习近平总书记也高度关注各级领导干部运用法治思维和法治方式解决实际问题的能力，指出，"各级领导干部要把责任担起来，不搞花架子、做表面文章，不能一年开一两次会、讲一两次话了事"③，要"努力以法治凝聚改革共识、规范发展行为、促进矛盾化解、保障社会和谐"④。

重视制度执行力也深刻地反映在习近平法治政府理论中。针对法治政府建设中存在的一些领导干部特别是基层领导干部中存在"喊在嘴上、写在纸上""说起来重要、做起来次要、忙起来不要"的现象。2019 年，中共中央、国务院印发《法治政府建设与责任落实督察工作规定》，明确了督察的主体、对象、内容、组织实施方式、责任追究等具体事项，这种以督察落实建设责任的推进思路，就将为法治政府建设中各项任务、责任和

① 习近平：《坚持和完善中国特色社会主义制度推进国家治理体系和治理能力现代化》，载《求是》2020 年第 1 期。

② 习近平：《坚持、完善和发展中国特色社会主义国家制度与法律制度》，载《求是》2019 年第 23 期。

③ 习近平：《在省部级主要领导干部学习贯彻党的十八届四中全会精神全面推进依法治国专题研讨班上的讲话》，载中共中央文献研究室编：《习近平关于全面依法治国论述摘编》，中央文献出版社 2015 年版，第 126 页。

④ 习近平：《在十八届中央政治局第四次集体学习时的讲话》，载中共中央文献研究室编：《习近平关于全面依法治国论述摘编》，中央文献出版社 2015 年版，第 110 页。

效果的落实推进提供持续的促进动力，确保整体布局规划逐步得到实现。习近平总书记在中央全面依法治国委员会第二次会议上决定推进法治政府示范建设活动时，又再一次明确强调，要加强对示范创建活动的指导，杜绝形式主义，务求实效。①

在过去的抗击新冠疫情工作中，习近平总书记曾结合疫情防控工作指出，"各级党委和政府要全面依法履行职责，坚持运用法治思维和法治方式开展疫情防控工作，在处置重大突发事件中推进法治政府建设，提高依法执政、依法行政水平"②。这种在紧急情况下依然强调要坚持运用法治思维和法治方式开展工作的思路，实际上就是对法治政府建设进行"压力测试"，以观察法治政府建设的成色。

上述思想反映出习近平总书记对法治政府建设的实效性的重视。在法治政府建设的制度架构已经基本成熟之后，未来的法治政府建设必须加强制度的落实，使法治思维、法治方式能够真正内化为政府治理的各个环节。

（三）以智慧法治建设提升政府效能

特定的科学技术环境总是构成法律实施成本、效率的一个结构性约束条件。当科学技术取得革命性的发展后，如果能够高效、规范地运用这些技术，将有力促进法治建设提质增效。例如，当代法庭科学的兴起，就深刻地重塑了司法活动，使司法维护正义的能力和效率相较于传统社会有了革命性的提升。

因此，习近平总书记高度重视科学技术在国家治理中的作用，他明确

---

① 参见《习近平主持召开中央全面依法治国委员会第二次会议强调完善法治建设规划提高立法工作质量效率为推进改革发展稳定工作营造良好法治环境》，载《人民日报》2019年2月26日，第1版。

② 习近平：《全面提高依法防控依法治理能力健全国家公共卫生应急管理体系》，载《求是》2020年第5期。

指出，要运用大数据提升国家治理现代化水平。"要建立健全大数据辅助科学决策和社会治理的机制，推进政府管理和社会治理模式创新，实现政府决策科学化、社会治理精准化、公共服务高效化。"① 具体到法治政府建设而言，习近平总书记的上述论述提出了要回应和体现现代科学技术的发展，实现信息化、数据化、智能化，以"智慧法治"提升政府效能的命题。

这一命题是对当今社会科学技术发展现实的回应。互联网、大数据、人工智能、区块链等现代科学技术的发展正在对社会经济产生深刻影响，同时也对作为上层建筑的法治体系发生作用，为中国特色社会主义法治政府建设实现跨越式发展和"弯道超车"作出重要贡献。具体而言，习近平总书记的上述论述，对法治政府建设提出了以下要求：

要依托智慧法治建设，推进政府决策的科学化。充分利用大数据、人工智能等技术构建和优化信息平台，全面收集决策相关信息，准确预测和研判决策的潜在风险与预期影响，提高对风险因素的感知、预测、防范能力，优化决策调研、咨询、论证、公众参与等流程，提高依法决策、科学决策、民主决策、高效决策的能力。

要依托智慧法治建设，推进社会治理的精准化。借助现代信息技术助推社会治理变革，推动多元主体共同参与社会治理，更加科学、合理地分配执法资源，实现精准执法、智慧执法，推进自动化行政的应用，促进执法流程的公开透明，强化对执法活动的监督。

要依托智慧法治建设，推进公共服务的高效化。推进数字政府建设，构建方便快捷、公平普惠、优质高效的公共服务信息体系，全面推进政务公开，推动政府数据的共享、开放、有序利用，促进公共服务在线化、集

---

① 《习近平在中共中央政治局第二次集体学习时强调审时度势精心谋划超前布局力争主动实施国家大数据战略加快建设数字中国》，载《人民日报》2017 年 12 月 10 日，第 1 版。

约化、协同化、智能化，全面提升公共服务效能。

习近平总书记关于在法治政府建设中推进智慧法治建设的重要理论，是法治政府建设的供给侧结构性改革。他抓住新一轮科技革命和加快推进科技强国、网络强国、数字中国建设带来的重大战略机遇，把"智慧法治"推向全面建设的新格局，能够促进和实现法律体系和法治能力的现代化，更好地满足人民群众的法治需求，提高人民群众的法治获得感。

第三章　法治政府的制度创新

第一节　政府信息公开制度的发展与完善[*]

政府信息公开制度的建立健全离不开中国共产党对民主与法治工作的坚强领导和村务公开、厂务公开的早期实践探索。《政府信息公开条例》的实施，有力推进了法治政府建设进程，为加强民主监督、预防腐败提供了制度保障，对规范市场经济秩序、维护社会稳定发挥了重要作用，为群众生产、生活和经济社会活动提供了便捷服务。但政府信息公开制度还存在法律体系不健全、无法满足新时代背景下政务公开的内涵与要求等自身难以克服的缺陷。政府信息公开制度的完善、升级，还有赖于制定《政务公开法》。

---

[*] 原载于《中国行政管理》2018 年第 5 期，第 11-16 页。本书出版时根据实际情况，对正文内容作了文字调整。

《政府信息公开条例》（以下简称《条例》）实施以来，在提高政府工作透明度，促进依法行政，为公众提供服务方面取得了显著成就。但政府信息公开制度的运行也面临诸多问题。近年来学界围绕《条例》的修订进行了广泛、深入的探讨。党的十九大宣告中国特色社会主义进入新时代，指出人民美好生活需要日益广泛，不仅对物质文化生活提出了更高要求，而且在民主、法治、公平、正义、安全、环境等方面的要求日益增长。政府信息公开是承载着民主与法治、公平与正义等多元价值的重要法律制度，也是不断促进依法行政、推动法治政府建设的重要举措。因此，有必要以《条例》的修订为契机，在总结政府信息公开制度发展经验的基础上，把握新时代赋予政府信息公开制度的更高要求和期望，不断推动政府信息公开制度的发展完善。

一、政府信息公开制度的发展历程

政府信息公开制度的建立并非一蹴而就，而是经历了从村务公开到乡镇机关政务公开和厂务公开，再到各级人民政府的政府信息公开这一发展过程。2017年11月《中国共产党党务公开条例（试行）》[以下简称《党务公开条例（试行）》]公布、实施，标志着我国党务公开全面纳入制度化、规范化和程序化轨道。党务、政务公开制度建立健全的过程，展现了中国共产党不断推进民主与法治建设，行政权力运行制约和监督体系不断健全完善的历程。

（一）党对民主与法治工作的坚强领导有力推动了政府信息公开制度的建立健全

政府信息公开理念的确立和制度的发展，离不开我们党对民主与法治工作的领导和推动。早在 1987 年，党的十三大报告强调："要提高领导机关的开放程度，重大情况让人民知道，重大问题经人民讨论。"其中，"重大情况让人民知道"反映了对人民群众"知情权"的尊重，"重大问题经人民讨论"则确认了人民群众对国家重大问题的"有权参与"。由此奠定了实行政务公开与建立政府信息公开制度的思想和政策基础。① 1997 年，党的十五大将公开作为民主监督制度的重要环节，指出："城乡基层政权机关和基层群众性自治组织，都要健全民主选举制度，实行政务和财务公开，让群众参与讨论和决定基层公共事务和公益事业，对干部实行民主监督……要深化改革，完善监督法制，建立健全依法行使权力的制约机制。坚持公平、公正、公开的原则，直接涉及群众切身利益的部门要实行公开办事制度。"2007 年，党的十七大将"保障人民的知情权、参与权、表达权、监督权"写入报告，指出："要健全民主制度，丰富民主形式，拓宽民主渠道，依法实行民主选举、民主决策、民主管理、民主监督，保障人民的知情权、参与权、表达权、监督权。"2012 年，党的十八大报告要求"推进信息公开"，强调"要健全基层党组织领导的充满活力的基层群众自治机制，以扩大有序参与、推进信息公开、加强议事协商、强化权力监督为重点，拓宽范围和途径，丰富内容和形式，保障人民享有更多更切实的民主权利。"2017 年，党的十九大首次提出"党务公开"，明确"扩大党内基层民主，推进党务公开，畅通党员参与党内事务、监督党的组织和干部、向上级党组织提出意见和建议的渠道"。党的十三大以来，民主监督的范围不断扩大、内容和形式不断丰富、制度不断完善，有力推动了政府信息公开制度的建立健全。

---

① 参见赵正群：《中国的知情权保障与信息公开制度的发展进程》，载《南开学报（哲学社会科学版）》2011 年第 2 期。

（二）村务公开、厂务公开的制度探索为政府信息公开奠定了实践基础

政府信息公开制度起源于 20 世纪 80 年代以来村务公开的探索发展。1982 年《宪法》确立了农村实行村民自治制度，规定："城市和农村按居民居住地区设立的居民委员会或者村民委员会是基层群众性自治组织。居民委员会、村民委员会的主任、副主任和委员由居民选举（第 111 条）"。居民委员会、村民委员会的领导班子都要由居民、村民投票选举产生，促进了村务公开的萌生与发展。江苏省大丰市白驹镇北新河村自实行家庭联产承包责任后，就开展了财务管理、宅基地管理、计划生育指标管理的民主管理"三公开"①。这一时期信息公开的组织者是村党支部和村民委员会，主要由各村自发探索开展，公开的形式、内容、程序也都存在较大差异。

直到 1987 年，《中华人民共和国村民委员会组织法（试行）》[以下简称《村委会组织法（试行）》] 的制定首次将村务公开作为一项法律制度固定下来。该法第 17 条规定："村民委员会办理本村的公共事务和公益事业所需的费用，经村民会议讨论决定，可以向本村经济组织或者村民筹集。收支账目应当按期公布，接受村民和本村经济组织的监督。"《村委会组织法（试行）》虽仅就村委会收支账目按期公布，接受村民和本村经济组织的监督作出规定，但这一规定极大推动了村务公开的规范化和制度化，使村务公开制度得以在全国范围普遍推开，信息公开的价值理念扎根于广大基层乡村。

1990 年，《中共中央关于批转〈全国村级组织建设工作座谈会纪要〉的通知》要求"要增加村务公开程度，接受村民对村民委员会工作的监

---

① 米有录、王爱平：《静悄悄的革命》，中国社会出版社 1999 年版，第 868 页。

督"。1994 年，《中共中央关于加强农村基层组织建设的通知》强调应着重抓好"村务公开制度"，要求"凡涉及全村群众利益的事情，特别是财务收支、宅基地审批、当年获准生育的妇女名单及各种罚款的处理等，都必须定期向村民张榜公布，接受群众监督"。1998 年，中办、国办印发《关于在农村普遍实行村务公开和民主管理制度的通知》，对村务公开的内容和方法、村务公开的制度保障及领导和督促检查都作出细致规定，全面促进了村务公开制度的健全和发展。党中央对村务公开工作作出部署后，村务公开制度在全国各地普遍实行并逐步规范，各地也加强了村务公开工作的制度化建设，摸索并总结出执行村务公开工作的运行机制，在消除农村基层矛盾、联系干部群众方面发挥了积极作用。

在村务公开探索的基础上，乡镇机关政务公开和企业厂务公开制度相继建立。2000 年，中办、国办发布《关于在全国乡镇政权机关全面推行政务公开制度的通知》，将村务公开的范围扩展到乡镇，要求在全国乡镇政权机关和派驻乡镇的站所全面推行政务公开制度，将政府信息公开制度提升到一个新的高度。2002 年，中办、国办印发《关于在国有企业、集体企业及其控股企业深入实行厂务公开制度的通知》，要求国有企业、集体企业及其控股企业都要实行厂务公开，重点就企业重大决策问题、企业生产经营管理方面的重要问题、涉及职工切身利益方面的问题、与企业领导班子建设和党风廉政建设密切相关的问题通过职工代表大会和厂务公开栏、厂情发布会等日常形式予以公开。2005 年，党中央印发《建立健全教育、制度、监督并重的惩治和预防腐败体系实施纲要》（中发〔2005〕3号），再次强调"健全政务公开、厂务公开、村务公开制度"。厂务公开制度的推广进一步拓展了信息公开的范围，丰富了信息公开的内容。

（三）《条例》的颁布实施标志着政府信息公开制度的正式建立

2002 年，国务院正式启动《条例》的起草工作。2003 年的国务院立法工作计划首次将制定《条例》列入"需要抓紧研究、条件成熟时适时提请审议的法律、行政法规"之中,并归为"规范政府共同行为需要制定的行政法规"类别,明确其起草部门是国务院信息化工作办公室。在随后两年的国务院立法工作计划中,国务院都将起草《条例》的任务列在"需要抓紧研究、条件成熟适时提请审议的法律、行政法规"之中。2004年3月,国务院印发《全面推进依法行政实施纲要》(国发〔2004〕10号),强调"除涉及国家秘密和依法受到保护的商业秘密、个人隐私的事项外,行政机关应当公开政府信息。对公开的政府信息,公众有权查阅。行政机关应当为公众查阅政府信息提供便利条件"。2006年,国务院立法工作计划将《条例》的起草工作列入"力争年内出台的重点立法项目",并归入"规范政府行为、加强廉政建设需要提请全国人大常委会审议的法律草案以及需要制定的行政法规"类别。① 在国务院立法工作计划之外,2005年中办、国办联合印发的《关于进一步推行政务公开的意见》提出积极探索和推进政务公开的立法工作,抓紧制定《条例》的要求。

21世纪以来国内外一系列重大事件对政府的考验,也为制定《条例》提供了契机与动力。2001年中国加入世贸组织,促使我国政府开始思考有关货物贸易、服务贸易、知识产权保护等法律、法规、规章和其他政策、措施是否应当公开以及公开的程度、方式等问题。中国要加入世贸组织,就必须在议定书中签字同意向成员国公开相关信息并且接受成员国的咨询。因此,中国加入世贸组织就承担起了公开特定政府信息的国际义务,政府信息公开制度首先在我国贸易合作领域初成体系。2003年"非典"疫情不仅使行政机关意识到对信息的封锁不符合社会发展潮流,不利于维护社会安全与稳定,还激发了公众对"知情权"和建立政府信息公开

---

① 参见后向东:《信息公开法基础理论》,中国法制出版社2017年版,第35页。

制度的强烈要求。在应对和抗击"非典"疫情的过程中，《条例》首次被列入国务院立法工作计划。

《条例》经 2007 年 1 月 17 日国务院第 165 次常务会议通过，自 2008 年 5 月 1 日起施行。《条例》的颁布实施，标志着我国政府信息公开制度的正式建立，我国向建成阳光政府、开放政府、法治政府又迈出了重要一步。尔后，随着改革的深入和社会信息化的快速发展，《条例》在实施过程中遇到一些新情况、新问题，2019 年对《条例》的修订，坚决贯彻落实党中央、国务院全面推进政务公开的精神，加大政府信息公开力度，提升公开数量，优化公开质量，积极回应人民群众对于政府信息公开的需求：一是坚持公开为常态，不公开为例外，明确政府信息公开的范围，扩大主动公开范围。二是完善依申请公开程序，切实保障申请人及相关各方的合法权益，同时对少数申请人不当行使申请权，影响政府信息公开工作正常开展的行为作出必要规范。三是强化便民服务要求，通过加强信息化手段的运用提高政府信息公开实效，切实发挥政府信息对人民群众生产、生活和经济社会活动的服务作用。

二、政府信息公开制度的主要特点

（一）明确各级政府主动公开政府信息的范围

采用列举方式对政府信息公开范围作出规定是《条例》的一大特点。首先，《条例》第 9 条肯定列举了"涉及公民、法人或者其他组织切身利益"等四类行政机关主动公开政府信息的情形，这一规定有利于行政机关把握主动公开各类政府信息的标准。其次，《条例》第 10、11、12 条分别列举了县级以上各级人民政府及其部门、设区的市级人民政府与县级人民政府及其部门、乡（镇）人民政府三类不同层级行政机关应当重点公开的政府信息。这些政府信息可以主要归纳为三类：一是涉及公共财政资金的收取、管理和使用的信息；二是行政行为信息，包括行政收费、政府采购、行政许可、重大建设项目、征收或者征用等行政权力运行和公共资源配置信息；三是突发事件应对、环境保护、公共卫生、安全生产、食品药品、产品质量等关系公共安全和公共健康的信息。《条例》第 10、11、12 条所列举的事项只是不同层级行政机关应当重点公开的内容，而非行政机关应主动公开的全部政府信息。对于不在上述列举范围之内，但属于《条例》第 9 条所包含的政府应当主动公开的四类情形的政府信息，行政机关也应主动公开。

（二）确立依申请公开政府信息制度及其标准

《条例》第 13 条规定，除了政府主动公开的信息外，公民、法人或者其他组织还可以根据自身生产、生活、科研等特殊需要，向国务院部门、地方各级人民政府及县级以上地方人民政府部门申请获取相关政府信息。根据这一规定，除了行政机关应当主动公开的政府信息，公民、法人或者其他组织还可以申请公开行政机关未予主动公开的政府信息。但公民、法人或者其他组织申请获取政府信息，还需基于生产、生活、科研等特殊需要。《国务院办公厅关于施行〈中华人民共和国政府信息公开条例〉若干问题的意见》（国办发〔2008〕36 号）也规定："行政机关对申请人申请公开与本人生产、生活、科研等特殊需要无关的政府信息，可以不予提供。""三需要"条款虽然可以防止申请人滥用申请权，浪费政府信息公开资源，但该条款限定只有与信息具有特殊关联的人才享有获取该政府信息的权利和利益，这并不符合政府信息公开的制度理念。政府信息公开的目的不仅在于为人民群众生产、生活和经济社会活动提供服务，更在于提高政府工作的透明度，监督行政机关依法行政。因此，从政府信息公开制度的初衷来看，政府信息公开申请人的申请目的不应成为获取政府信息的前提条件。

（三）在不同利益主体之间进行充分利益平衡

《条例》开宗明义指出，制定《条例》的目的在于保障公民、法人和其他组织依法获取政府信息，提高政府工作的透明度，促进依法行政，充分发挥政府信息对人民群众生产、生活和经济社会活动的服务作用。获得政府相关信息，是《条例》赋予公民的一项权利。但公民在行使该项权利的同时不得损害国家、社会、集体利益以及其他公民的合法权益。因此，根据《条例》规定，当公民申请公开的政府信息公开可能会影响国家安全、公共安全、经济安全和社会稳定（简称"三安全一稳定"）时，行政机关就不能公开该项信息；当公民申请公开的政府信息涉及权利人商业秘密、个人隐私时，行政机关应当进行利益平衡，若认为不公开涉及商业秘密、个人隐私的政府信息可能对公共利益造成重大影响，则行政机关可以予以公开。通过利益衡量，可以最大程度维护公共利益，满足多元主体的利益需求，发挥政府信息对人民群众生产、生活和经济社会活动的服务作用。

（四）政府信息公开的范围不断拓展

《条例》所称的政府信息，是指行政机关在履行职责过程中制作或者获取的，以一定形式记录、保存的信息。从《条例》规定的公开范围来看，政府信息公开的外延主要包括政策文件、统计信息、报告、目录、标准，以及各级政府在行政活动中的实施、办理、应对、监督检查、建设、发放、使用等情况。总体来看，《条例》规定的需要公开的政府信息主要是经过政府加工、处理的静态信息。随着互联网技术的发展和我国民主法治建设进程的推进，"公民对政府工作的知情、参与和监督意识不断增强，对各级行政机关依法公开政府信息、及时回应公众关切和正确引导舆情提出更高要求"①。党的十八届四中全会指出："全面推进政务公开。坚持以公开为常态、不公开为例外原则，推进决策公开、执行公开、管理公开、服务公开、结果公开。"2015 年 12 月 27 日，中共中央、国务院联合印发《法治政府建设实施纲要（2015—2020 年)》(本节以下简称《纲要》) 也明确"完善政府新闻发言人、突发事件信息发布等制度，做好对热点敏感问题的舆论引导，及时回应人民群众关切。创新政务公开方式，加强互联网政务信息数据服务平台和便民服务平台建设，提高政务公开信息化、集中化水平"。此外，近年来中办和国办还印发了一系列关于推进政务公开和政府数据开放的政策文件。这些要求和实践均表明，政府信息公开的范围正在不断拓展，已经突破了《条例》要求主动公开的政府信息范围。政府信息公开的范围正在由静态信息拓展到动态信息，由结果信息拓展到过程信息，由分析处理后的信息拓展到采集到的基础数据信息。

（五）形成了多元政府信息公开渠道

《条例》实施以来，行政机关不断创新政府信息公开方式，利用互联网平台拓展政府信息公开渠道，形成了以门户网站为公开政府信息第一平台的多元信息公开渠道。根据《条例》规定，行政机关应当将主动公开的政府信息通过政府公报、政府网站、新闻发布会以及报刊、广播、电视等便于公众知晓的方式公开。同时，各级政府还应在档案馆、图书馆设置信息查阅场所，以便公民、法人或者其他组织获取政府信息。此外，微信、微博等网络传媒工具突破了空间限制，具有即时、便捷等特点。越来越多

---

① 周汉华：《打造升级版政务公开制度——论〈政府信息公开条例〉修改的基本定位》，载《行政法学研究》2016 年第 3 期。

的行政机关开通了微博、微信平台，通过互联网传媒及时、有效地向民众传递政府信息。政府信息公开渠道的多元化发展，不仅为公众获取政府信息提供了便利，还为政府信息公开范围的拓展提供了可能。

三、建立政府信息公开制度的重要意义

2008年《条例》实施以来，公开透明成为法治政府建设和依法行政的基本准则。政府信息公开制度不断完善，不仅促进了政府治理能力的全面提高，也为公众更好地行使知情权、参与权、表达权、监督权提供了制度保障。近十余年来，政府信息公开制度取得重大进展和显著成就，在国家治理体系和治理能力现代化进程中发挥了重要作用。

（一）有力推动了法治政府建设进程

党的十九大报告指出，到2035年法治国家、法治政府、法治社会基本建成。《纲要》就法治政府建设的总体要求、主要任务和具体措施等提出要求。《纲要》将公开公正作为法治政府建设的总体目标之一，将行政权力规范透明运行作为法治政府建成的重要衡量标准，将全面推进政务公开作为强化对行政权力制约和监督的重要措施。政府信息公开已成为法治政府建设的重要目标和关键环节。《条例》实施以来，各级政府机关通过多种途径公开政府信息，使政府信息公开范围不断扩展、程度不断深入、渠道不断丰富、效果不断提升。政府信息公开制度的有效实施，对行政机关依法全面履行政府职能，完善依法行政制度体系，推进行政决策科学化、民主化、法治化，坚持严格规范公正文明执法，以及行政权力的制约和监督均发挥了重要作用。政府信息公开是政府的一场自我革命，是我国民主与法治发展进程中政府主导的自我改革与完善。通过主动公开和依申

请公开政府信息，行政权运行透明度得到有效提高，为到 2035 年如期建成法治政府奠定了坚实基础。

（二）为加强民主监督、防治腐败提供了制度保障

党的十八大报告指出："保障人民知情权、参与权、表达权、监督权，是权力正确运行的重要保证。"权力只有公开运行，才能防止被滥用。20世纪 60 年代，美国制定《情报自由法》的主要宗旨就是公开行政程序，供新闻界及公众检查，从而达到强化民主政治和防治行政腐败的目的。[①]《条例》实施以来，越来越多的行政机关在政府网站公开财政预算、公共资源配置、重大建设项目批准和实施、社会公益事业建设等领域的政府信息。行政机关的相关职权、办事程序、办事结果等都让公众知晓。如此，公众不仅可以根据公开的政府信息办理各类所需事项，为生产、生活等活动提供便利；还能够监督行政机关依法全面履行职责，在行政立法、重大行政决策等行政活动中行使民主权利。如果行政机关公开政府信息的行为可能侵犯公众合法权益，权利人可以申请行政复议或者提起行政诉讼，以监督行政机关依法公开政府信息。此外，根据《条例》规定，各级人民政府及县级以上人民政府部门应当编制政府信息公开工作年度报告。行政机关通过公开信息公开工作年度报告，能够"主动自我揭短，指出本级政府在信息公开工作方面存在的主要问题，并明确提出改进措施和努力方向"[②]，从而不断完善保障人民知情权、参与权、表达权、监督权的机制，健全权力运行制约和监督制度。

（三）对规范市场经济秩序、维护社会稳定发挥了重要作用

市场失序、信用缺失、交易信息不对称等问题是长期以来制约我国经

---

① 参见王名扬：《美国行政法》，北京大学出版社 2016 年版，第 715－716 页。
② 姜明安：《中国政府信息公开制度的发展趋势》，载《比较法研究》2017 年第 2 期。

济发展的重要因素。"各种欺诈现象的存在，一个重要的原因就在于民众无法获得正确的政府信息，一旦真实的政府信息对民众公开，各种欺诈现象也就失去了藏身之所。"①《条例》实施以来，各级政府及市场监管、税务、商务等行政部门将有关市场经济活动的信息公之于众，使民众有权通过官方渠道和程序获得有关信息，从而合法、理性地参与市场经济活动。例如，2014 年 2 月，国家工商行政管理总局开发的国家企业信用信息公示系统正式上线运行。公众通过该系统平台能够查询到全国企业、农民专业合作社、个体工商户等市场主体的注册登记、许可审批、年度报告、行政处罚、抽查结果、经营异常状态等信用信息。政府信息公开对于规范社会主义市场经济秩序发挥了重要作用。此外，社会和谐稳定是中国经济社会有序发展的重要保障。政府及时、准确公开信息，有利于妥善应对各类社会风险和矛盾，保障国家长治久安、人民安居乐业。

（四）为人民群众生产、生活和经济社会活动提供便捷服务

充分发挥政府信息对人民群众生产、生活和经济社会活动的服务作用是《条例》的目的之一。近年来，各级政府在卫生、医药、教育、交通、能源、金融等领域公开越来越多的政府信息供公众使用。公众利用这些公共信息不仅获得了更多的生活便利，还将这些信息作为资源，开发了大量具有实用价值的新产品，为社会创造了更多的就业机会和经济财富。《纲要》明确要求，"创新政务公开方式，加强互联网政务信息数据服务平台和便民服务平台建设，提高政务公开信息化、集中化水平"。随着政府信息公开的范围不断扩展、程度不断深入、形式不断丰富，公众将从政府信息中获得更多更有价值的信息，从而为生活提供便利，为经济活动创造更

---

① 周汉华：《起草〈政府信息公开条例〉（专家建议稿）的基本考虑》，载《法学研究》2002 年第 6 期。

大的价值。

四、制定"政务公开法",进一步完善政府信息公开制度

《条例》实施以来,政府信息公开制度在运行中虽然取得了诸多重大成就,但随着社会发展和时代变化,政府信息公开制度本身也暴露出越来越多的问题。针对政府信息公开实践中存在的问题,一部分可以通过修改《条例》予以解决,比如明确信息公开范围,取消对申请人的资格限制,确定信息公开主体,健全依申请公开程序等,但还有很多问题是修改《条例》本身难以解决的。政府信息公开制度的完善、升级,还有赖于制定更高位阶的"政务公开法"。

首先,规范政府信息公开制度的法律体系不健全。目前,规范政府信息公开制度的法律体系包括《条例》和位阶更低的规章和规范性文件。规范政府信息公开制度的法律位阶较低,就不易与政府信息公开相关的上位法律协调、配合。例如,"《档案法》就档案资料的开放与利用规定了一套与《条例》完全不同的权限和程序"[1]。"当申请人要求公开的信息已交由行政机关档案部门保管或者已转交国家档案馆保管时,因两部规范调整事项的重叠且均未明确各自对处于不同阶段文件资料的调整规则"[2],就使《条例》和《档案法》产生了适用上的冲突。实践中就有行政机关将公民申请的政府信息临时移送综合档案馆以规避适用《条例》的案例[3],这显然不利于公民知情权及《条例》目的的实现。因此,只有制定"政务公开法",才能和《档案法》《保守国家秘密法》《反不正当竞争法》等可能与

---

① 李广宇:《政府信息公开司法解释读本》,法律出版社 2015 年版,第 215 页。
② 王敬波、李帅:《我国政府信息公开的问题、对策与前瞻》,载《行政法学研究》2017 年第 2 期。
③ 参见上海市高级人民法院:《政府信息公开法律问题研究》,载最高人民法院行政审判庭编:《行政执法与行政审判(2008 年第 1 集)》,中国法制出版社 2008 年版,第 126-163 页。

政府信息公开范围存在交叉、重叠的法律进行更好的协调、配合。

其次，无法满足新时代背景下政务公开的内涵与要求。党的十八大以来，以习近平同志为核心的党中央统筹推进"五位一体"总体布局、协调推进"四个全面"战略布局，高度重视法治在国家治理和社会治理中的作用，把法治作为治国理政的基本方式，对政务公开、党务公开、实施国家大数据战略提出了一系列要求，为政府信息公开制度的发展完善明确了方向。2014年《中共中央关于全面推进依法治国若干重大问题的决定》强调："坚持以公开为常态、不公开为例外原则，推进决策公开、执行公开、管理公开、服务公开、结果公开。"而《条例》并没有明确规定"公开为原则，不公开为例外"这一原则，在公开范围上也无法涵盖该决定所要求的"决策公开、执行公开、管理公开、服务公开、结果公开"。《纲要》将政务公开作为强化对行政权力制约和监督的重要举措，提出了制定《条例》时未考虑到的新要求，如"创新政务公开方式，加强互联网政务信息数据服务平台和便民服务平台建设，提高政务公开信息化、集中化水平"。此外，2016年2月，中办、国办印发《关于全面推进政务公开工作的意见》，明确公开透明是法治政府的基本特征，并提出推进决策公开、执行公开、管理公开、服务公开、结果公开，推进政府数据开放、加强政策解读、扩大公众参与、回应社会关切、发挥媒体作用等新要求；还指出要修订《条例》，完善主动公开、依申请公开信息等规定。由此可见，政府信息公开制度是政务公开的重要内容和形式之一，但不是全部。与政府信息公开制度相比，政务公开的公开范围更为广泛，公开形式更为灵活，公开制度更加规范，公开更多地依赖互联网和媒体技术。2017年11月30日，中共中央政治局会议审议通过《党务公开条例（试行）》，对加强和规范党务公开工作提出明确要求。这是政务公开的进一步延伸。

从村务公开到乡镇机关政务公开和厂务公开，再到各级人民政府的政府信息公开，我国政府信息公开制度逐步形成并不断完善，极大推动了法治政府建设，也为满足公众生产、生活和经济社会活动需求，有效行使公众知情权、表达权、参与权和监督权提供了制度保障。随着中国特色社会主义进入新时代，人民群众在民主、法治、公平、正义、安全、环境等方面的需求日益增长，必然对知情、表达、参与和监督的程度提出更高要求，亟待健全完善包括政府信息公开在内的政务公开制度。随着全面依法治国进入新阶段，中国特色社会主义法治体系和社会主义法治国家的建设目标愈加清晰。依法治国、依法执政、依法行政共同推进，法治国家、法治政府、法治社会一体建设，迫切需要全面推进政务公开，不断完善政府信息公开体制机制。面对新时代新要求，应当尽快制定"政务公开法"，通过立法进一步完善我国的政务公开制度，确立"公开为原则，不公开为例外"的基本原则，拓展政府信息公开的范围，创新政务公开方式，推进政府数据开放，统筹协调党务公开与政务公开制度，更好地服务于党和国家事业的发展，为推进国家治理体系和治理能力现代化，实现"两个一百年"奋斗目标，实现中华民族伟大复兴的中国梦奠定坚实的制度基础。

第二节　行政处罚法的制度创新*

行政处罚是行政机关对违反行政管理秩序的行为给予的制裁。行政处罚的构成要件不应强调主观要件，因为从行政相对人违反了某种行政管理秩序、违反行政法律规范的客观结果中可推定其主观过错。在计算违法所得时，应当扣除当事人已经缴纳的税费，但不能扣除所谓的成本。不宜在

---

* 原标题为"《行政处罚法》修改中的几个争议问题"，载于《华东政法大学学报》2020年第4期，第6—16页。本书出版时根据实际情况，对标题与内容作了文字调整。

《行政处罚法》中增加责令退赔或返还的规定。对于同一个违法行为违反了多个行政法律规范的情形，可以由法定管辖机关按照罚款额度最高的规定处以罚款。行政处罚无效的情形应当包括行政处罚的实施主体不具有行政主体资格、行政处罚没有法定依据以及不遵守法定程序构成重大且明显违法等三种情形。

《行政处罚法》作为一部重要的法律，自 1996 年实施以来，对规范行政处罚的设定和实施，保障和监督行政机关实施行政管理，维护公共利益和社会秩序，保护行政相对人合法权益发挥了重要作用。尤其是《行政处罚法》所规定的基本原则和一些实体与程序要求，对我国行政法理论和后续的行政法律制定产生了深远影响。近年来，随着我国经济社会的发展变化和全面依法治国战略的深入推进，《行政处罚法》暴露出一些问题，亟待修改。在上一次《行政处罚法》的修改过程中[①]有一些争论的问题值得探讨。

一、如何定义行政处罚

在被称为"行政三法"的《行政处罚法》《行政许可法》《行政强制法》中，行政许可和行政强制在《行政许可法》和《行政强制法》的总则中有着明确的定义，唯独行政处罚在此次修法之前没有定义。尽管旧《行政处罚法》第 3 条规定："公民、法人或者其他组织违反行政管理秩序的行为，应当给予行政处罚的，依照本法由法律、法规或者规章规定，并由行政机关依照本法规定的程序实施。"但该条文并非对行政处罚的准确界定，而是在总则中对于处罚法定这一基本原则的表述。旧《行政处罚法》

---

① 2021 年 1 月 22 日第十三届全国人民代表大会常务委员会第二十五次会议通过了新《行政处罚法》，除特别说明，以下用新、旧《行政处罚法》区别修订前后的法律名称。

第 8 条具体列举了行政处罚种类，依然未对行政处罚作出明确定义。修订后的新《行政处罚法》首次明确行政处罚的定义，第 2 条规定："行政处罚是指行政机关依法对违反行政管理秩序的公民、法人或者其他组织，以减损权益或者增加义务的方式予以惩戒的行为。"新法的出台将有利于从构成要件上判断具体行政行为是否属于行政处罚行为。

（一）行政处罚是否需要定义

在《行政处罚法》的立法过程中，曾考虑过对行政处罚进行明确定义，但由于当时的立法和实践经验尚不充分，最终出台的法律未实现这一设想。虽然缺乏对行政处罚这一关键概念的明确定义，但《行政处罚法》在颁布实施后运行情况较为良好，为保护当事人合法权益和推进我国法治政府建设发挥了重要作用。因此，对于是否需要对行政处罚进行定义存在不同的观点。《行政处罚法》作为我国首部共同性行政行为法，为后续制定的《行政许可法》和《行政强制法》探索了一条清晰有效的立法路径：在行政行为类型化基础之上，通过对行政行为的分类识别，从行为种类、设定、执行的规定等方面规范行政行为。[1] 换句话说，《行政处罚法》的适用逻辑是，当一个行政行为被确定为行政处罚后，其就需要受到《行政处罚法》中诸多程序与实体性规则的约束。但是，由于《行政处罚法》在处罚类型上采取了列举式的立法方式，所列举的处罚类型又相对狭窄和封闭，在经济社会高速发展的情况下，现有的处罚措施越来越难以满足现实需要。实践中，行政机关基于提高执法效能的考虑创造了大量的行政措施，其中部分措施"以措施之名，行处罚之实，甚至有的措施较法定的行政处罚类型对当事人的权益影响更大，适用范围更广"[2]，但由于不在法

---

[1] 参见应松年：《中国行政法发展的创新之路》，载《行政法学研究》2017 年第 3 期。
[2] 张晓莹：《行政处罚视域下的失信惩戒规制》，载《行政法学研究》2019 年第 5 期。

律明确规定的行政处罚种类之列，且无法依托概念定义对其进行准确定性，这类措施通常难以受到《行政处罚法》的有效约束。例如，如果将当前行政管理实践中广泛运用的"黑名单"认定为行政处罚，那么设定黑名单的权限就要受到旧《行政处罚法》第8条第7项的限定。但实践中，这类行为逸脱在《行政处罚法》之外，由规章乃至规章以下的规范性文件随意创设，在一定程度上呈现出泛滥趋势。

此外，从为当事人提供救济的角度出发，准确界定某一行为是否属于行政处罚，不仅涉及《行政处罚法》的适用，还涉及如何确定行政诉讼管辖，如何确定起诉期限等问题。例如，将相关措施认定为是行政处罚还是其他行政行为，如行政强制，在行政诉讼的管辖上可能导向不同的结果。[①] 将相关措施认定为行政处罚抑或行政命令，也可能适用不同的起诉期限规定。[②] 因此，在《行政处罚法》中，给行政处罚下一个较为清晰的定义，确有必要。[③]

（二）行政处罚应当如何定义

传统上，界定一项行政措施是否属于行政处罚，主要是看这一类型的措施是否属于旧《行政处罚法》第8条所列举的六类行政处罚，或者依据旧《行政处罚法》第8条第7项的兜底条款，看相关措施是否列于单行法律或行政法规的"罚则"和"法律责任"章节，这也被称为形式主义的判断路径。然而，已有学者通过对立法实践的分析指出，这一路径实质上是对立法者判断的过度依赖，不利于对行政处罚进行准确界定，难以成为判定行政措施性质的有效方式。[④] 所以，对行政处罚的界定不能单纯依靠形

---

① 参见胡建淼：《"其他行政处罚"若干问题研究》，载《法学研究》2005年第1期。
② 参见陈鹏：《界定行政处罚行为的功能性考量路径》，载《法学研究》2015年第2期。
③ 新《行政处罚法》第2条首次以立法的形式明确了"行政处罚"的定义。
④ 参见胡建淼：《"其他行政处罚"若干问题研究》，载《法学研究》2005年第1期。

式标准，而必须从其本质出发，探寻行政处罚的实质。作为已高度类型化的一类行政行为，行政处罚针对行政相对人违反行政法律规范、破坏行政管理秩序的行为，给予行政法上的否定性评价，从而对相对人造成不利后果，对类似违法行为形成威慑。其功能主要有三：一是确认相对人的违法行为，二是使相对人承担因此而生的不利益，三是吓阻其将来再度违法。[①] 可以看出，行政处罚的核心在于对相对人违法行为的负面评价，评价的方式是使其承担行政法上的法律责任，以此实现制裁。正因为如此，在起草《行政处罚法》时，立法机关才将行政处罚视为与民事责任、刑事责任相并列的行政责任的重要组成部分。[②] 因此，从"维护行政管理秩序"和"给予制裁"两个要素出发，可以将行政处罚定义为"行政主体对违反行政管理秩序的行为所给予的制裁"，意在行政机关对违反行政管理秩序的公民、法人或者其他组织，依法减损权利或者增加义务，达到惩戒的目的。

基于这一定义，在理解行政处罚时应当考虑以下四个方面的内容。

行政处罚必须由行政主体实施。行政处罚是一类具体行政行为，实施行政处罚的主体是拥有行政职权的主体，即行政主体。最常见的是行政机关，当然也包括法律法规授权的组织，以及受行政机关委托的组织。从主体的角度看，行政处罚不同于审判机关、检察机关和监察机关等其他主体所实施的制裁，也不同于行政机关对于其内部工作人员所实施的处分。例如，对于法院依照《民事诉讼法》等规则作出的罚款，并不能够直接适用《行政处罚法》的规定。当然，在缺乏明确法律规则的情况下，对此类行为可以准用《行政处罚法》的部分规则。

---

① 参见翁岳生主编：《行政法》，中国法制出版社 2009 年版，第 796 页。
② 参见曹志：《关于〈中华人民共和国行政处罚法（草案）〉的说明》（1996 年 3 月 12 日在第八届全国人民代表大会第四次会议上）。

行政处罚针对的是相对人违反行政管理秩序的行为。违反行政管理秩序即违反行政法律规范。行政管理秩序是法律规定的行政机关与行政相对人之间的权利义务关系，是行政机关在行政管理活动中所追求的秩序。维护行政管理秩序是行政权存在和行使的重要目的。为实现行政秩序，行政相对人必须遵守行政法律规范设定的各项作为与不作为义务，否则将遭受制裁和惩戒。

行政处罚针对的是违反行政管理秩序的客观行为，通常不以行为人的主观过错为必备要件。在某些情况下，即使行政相对人实施违法行为时没有故意或过失，但客观上违反了行政管理秩序、损害了公共利益和他人合法权益，也应当受到制裁和惩戒。对于行政处罚中主观要件的地位，后文将进一步展开论证。

行政处罚的后果是制裁和惩戒，这也是行政处罚最突出和最核心的特征。域外有将行政处罚的性质明确为"裁罚性之不利处分"的做法，其中"裁罚性"就指的是行政处罚的制裁特性。制裁的核心是剥夺当事人已有的利益或给予其新的不利益。制裁所针对的利益应当认定为一种事实上的、价值中性的利益，而不去过多考虑其适法性。

近年来，关于行政处罚的制裁属性，学界提出了一些反对意见，认为"制裁性"不能成为界定某种行政措施是否属于行政处罚的标准，因为"制裁性"既不够明确，也难以与实定法体系相融贯。[1] 事实上，这是对"制裁性"的解释不完善所致，对于行为违法性的判断和对不利后果的界定，可以通过更加精细的解释来完成。例如，就违法性的判断而言，需要区分行为人所违反的是宪法规范还是行政法规范、权利性规范还是义务性规范、倡导性规范还是强制性规范；就不利后果的界定而言，对当事人权

---

[1]　参见陈鹏：《界定行政处罚行为的功能性考量路径》，载《法学研究》2015年第2期。

益的限制、剥夺或施加新的不利益都应当认定为不利效果。而所谓的"功能性考量路径"本质上是一种价值衡量,其过于偏重个案正义,具有高度的不确定性,无法成为稳妥的立法选择。

(三)行政处罚的分类方式

旧《行政处罚法》第 8 条明确列举了警告、罚款等六个种类的行政处罚,并以"法律、行政法规规定的其他行政处罚"作为兜底条款。从近些年的行政执法实践来看,现有的列举已经无法满足现实需要。尤其是随着社会经济、科学技术的发展,社会治理方式正在发生转变,传统的处罚类型所能发挥的实效性有限,行政机关运用新型治理手段的动机愈发强烈。从这个意义上说,法律对于行政处罚手段的规范供给不足,也是导致行政机关采取各种各样法外"措施"的重要原因。因此,在对行政处罚进行明确定义的情况下,可以通过增加列举项的方式来丰富行政处罚的种类,从而满足执法的需要。

但从长远来看,旧《行政处罚法》第 8 条所采取的列举式本身存在着难以根治的局限。因为列举总是无法排除"挂一漏万"和分类不周延等问题。此外,对具体措施的列举在实践中经常遭遇形式上的严格解释,从而导致列举缺乏包容性。例如,旧《行政处罚法》列举了警告这一处罚类型,通报批评、训诫等行为往往与警告的外观和后果高度相似,但在司法实践中,法院通常基于对"警告"形式化的严格解释,认定行政机关所作出的"训诫"等行为属于不对当事人权利义务产生实际影响的行为,从而排除司法救济。

因此,为了更加科学有效地规范行政法上的各种制裁惩戒行为,应当将行政处罚进行类型化,以归类的方式代替具体列举,分别规定为自由罚、声誉罚、财产罚、行为罚、资格罚等。新《行政处罚法》在第 9 条规定了行政处罚的种类："（一）警告、通报批评；（二）罚款、没收违法所得、没收非法财物；（三）暂扣许可证件、降低资质等级、吊销许可证件；（四）限制开展生产经营活动、责令停产停业、责令关闭、限制从业；（五）行政拘留；（六）法律、行政法规规定的其他行政处罚。"在总结以往行政执法经验的基础上，根据已在其他法律规范性文件中已有的处罚措施，增加了如通报批评、降低资质等级、限制开展生产经营活动、责令关闭、限制从业等具体处罚种类。类型化的优势在于，可以在保持大类行政处罚不变的前提下，根据实际需要增减调整具体处罚种类、内容和幅度等，为创设更有效和更符合实际需要的行政处罚创造空间。

二、对主观没有过错的违法行为是否可以不予处罚

旧《行政处罚法》第 3 条规定："公民、法人或者其他组织违反行政管理秩序的行为，应当给予行政处罚的，依照本法由法律、法规或者规章规定，并由行政机关依照本法规定的程序实施。"但是，《行政处罚法》并没有明确界定何为"违反行政管理秩序的行为"，也即未明确应当受到行政处罚行为的构成要件。这引发了学界对于应受处罚行为构成要件的争论，其中，应受处罚行为是否一定要具备主观要件曾是争论较为热烈的话题。

（一）理论争议

《行政处罚法》制定过程中，学界对行政违法责任的构成与认定也曾经展开过一些讨论，基本上形成了以下几种观点。

第一种观点认为行政违法责任的构成一般采用过错原则，即只有当违法行为人主观上有过错时才承担违法责任，主观没有故意或过失的违法人

不受处罚。[①] 有学者进一步指出，任何公正合理的制裁都必须以被制裁的行为具有可谴责性为基础，而行为的可谴责性就表现为行为人在特定情况下的过错。但在行政处罚中适用过错要件，可以考虑适用过错推定方式。只要行为人有违反法定义务的事实存在，处罚机关就可以推定义务违反者具有过错；只有在义务违反者证明其不具有过错的情况下，才能免除其法律责任。[②]

第二种观点认为，主观过错并不是应受行政处罚行为的构成要件之一，单纯客观违法即可予以处罚。因为从行政处罚的规范来看，绝大多数涉及行政处罚的法律条款并没有明定须以过错为条件，只有极少数条款规定须以"明知"或"故意"为要件；在行政处罚中，行为人的主观因素对决定行为人是否应受行政处罚不具有普遍意义，只有在某些法律、法规明确规定的特殊情况下，主观因素才具有实际意义；对绝大多数行政处罚的实施来说，行为人的主观因素往往内含于行为的违法性之中，故没有独立存在的意义。[③]

第三种观点认为旧《行政处罚法》第3条采用了过错推定原则，行政处罚的重点在于惩戒违法行为人，维护社会管理秩序，因此比司法更重效率，不可能花大量精力在调查行为人的主观状态上；再者，大多数受行政处罚的行为本身都包含了主观成分，所以除非行为人能提出自己无过错的证据，否则一律推定为其主观上有过错而予以处罚。[④] 这一观点与第一种观点相近，区别仅在于是将过错推定视为一类独立的归责原则，还是过错

---

① 参见应松年主编：《行政行为法》，人民出版社1993年版，第473页；张泽想：《行政处罚适用的构成分析》，载《政法论坛》1994年第5期。

② 参见江必新：《论应受行政处罚行为的构成要件》，载《法律适用》1996年第6期。

③ 参见汪永清主编：《行政处罚运作原理》，中国政法大学出版社1994年版，第169、170页；袁曙宏：《论行政处罚的实施》，载《法学研究》1993年第4期。

④ 参见杨海坤主编：《跨入21世纪的行政法学》，中国人事出版社2000年版，第348、349页。

原则的一种适用方式。

（二）立法与实践现状

现行法律法规关于违法行为人的主观状态的规定，通常有以下几种情况。

其一，多数情况下，只要行为人实施了违反行政管理秩序的行为，即应当予以处罚，而不苛求主观要件。例如，《道路交通安全法》第92条第1款规定："公路客运车辆载客超过额定乘员的，处二百元以上五百元以下罚款；超过额定乘员百分之二十或者违反规定载货的，处五百元以上二千元以下罚款。"根据这一条款的规定，只要公路客运车辆存在载客超过额定乘员的情况，即应当受到行政处罚。

其二，部分情况下，相对人实施违法行为，具有主观过错，才能给予行政处罚。在一些领域，针对特殊的违法行为，单有违法行为不足以构成给予行政处罚的条件。在实施处罚时，还要考虑到行为人在主观方面是否存在故意或过失。例如，《道路交通安全法》第95条第2款规定："故意遮挡、污损或者不按规定安装机动车号牌的，依照本法第九十条的规定予以处罚。"从性质上看，法律法规明确规定需要考虑主观要件的，主要是有关公共安全和社会治安，以及经济管理等领域的部分行政处罚。

其三，有些管理领域的违法行为必须主观上有过错，同时这种过错在客观上造成了危害后果才予以行政处罚。这与我国刑法理论中犯罪构成要件最相类似。这种情况主要适用于极少数的管理领域，比如森林防火、国有资产评估管理等方面。如《国有资产评估管理办法》规定的违反国有资产评估的违法行为是指国有资产评估机构作弊或者玩忽职守，致使资产评估结果失实的行为，即属此例。但这种严格的构成要件要求在立法中并不普遍。

实践中，除了法律法规中明确规定了违法行为人主观状态的情况，行政机关几乎普遍都采用"客观违法"的标准。其原因一方面在于除了部分单行法律法规，《行政处罚法》和绝大多数的单行法都没有将主观因素设定为必备要件；另一方面则是基于提高执法效率和节省执法资源的实际考虑，不苛求行政机关去探明当事人的主观意志因素。实践中，有实务工作者提出，市场监督执法中认定行政违法行为时，对行为人主观要件要求不严，主要是出于行政管理效率的考量。但是，执法实践中也不能因构成要件上要求不严格而完全放弃对主观方面的查证，至少应将违法行为人的主观状态作为违法的重要情节予以考虑，体现调查的完整性和处罚的合理性。[①]

（三）本书观点

本书认为，从构成要件上说，行政处罚不应当过多强调主观要件。一方面，基于行政处罚在秩序维护等方面的特点，大部分行政处罚均以客观违法行为作为核心要件，无论相对人有无主观过错，只要客观上违反了行政法律规范，都应该给予行政处罚。另一方面，由于相对人的主观方面需要更多的证据加以证明，而在搜集证据过程中，如果要求行政执法机关举证证明行为人存在主观过错，有故意或者过失，这会加重行政执法机关的负担。

但需要注意的是，这并不意味着行政处罚采取完全的客观归责主义，对不具备可谴责性的行为也要进行处罚。事实上，从行政相对人违反了某种行政管理秩序、违反行政法律规范的客观结果看，可以推定其主观上有故意或者过失。也即行政法律规范一般性地设定了当事人的权利义务，对

---

① 参见黄建刚、孔志洁：《行政违法行为构成要件实务研究》，载《中国工商管理研究》2015 年第 2 期。

于行政法规范的违反即可认定是违反了客观注意义务。所以《行政处罚法》原则上并无必要另外增加独立的主观要件，对于部分需要明确规定主观要件的违法行为，可以由单行立法予以明确规定。在此之外，对于这种违法即具有主观过错的推定，可否允许当事人提出反证，证明自己在主观上不存在故意或过失从而免责，可以进一步研究讨论。

三、如何理解没收违法所得

旧《行政处罚法》第 8 条将没收违法所得和没收非法财物作为行政处罚的一种。没收违法所得和没收非法财物会给相对人造成不利后果，影响相对人权益。但理论上，对于没收违法所得是否属于一类行政处罚尚存争议。执法实践中，"违法所得"应当如何认定长期困扰着执法人员。

（一）没收违法所得的性质

关于没收违法所得的性质，理论上一直存在不同的观点。一类观点认为，没收违法所得并不属于行政处罚。例如，有学者认为，没收的违法所得并不是违法者的合法财产，没收实质上具有追缴的性质，而非违法者因实施违法行为而付出的代价。[①] 有学者认为应当将没收违法所得认定为行政强制执行的一种方式，"如果没收违法所得不具有惩罚性，那么它就失去了行政处罚应有的功能；如果以这种方式去惩处行政违法行为，行政相对人充其量只要交出原本就不属于他合法拥有的财产即可，客观上难以达到行政处罚的目的。与其如此，不如把它当作一种'追缴'的行政强制执行方式更加妥当"[②]。还有学者认为，没收违法所得的功能是剥夺非法收

---

① 参见应松年：《行政法学新论》，中国方正出版社 2004 年版，第 261、262 页。
② 章剑生：《现代行政法基本理论》，法律出版社 2014 年版，第 361 页。

益，其不具备惩戒功能，因此不应当认定为行政处罚，而应当认定为一种独立的具体行政行为类型。[1]

另一类观点则主张没收违法所得属于行政处罚。例如，有学者认为："违法所得也是'所得'，这种财产利益，在未被没收之前，实际处于违法当事人的控制和支配之下，没收这种利益，即使它是违法取得的，也同样会对当事人产生惩戒的心理和精神效果。因此，没收违法所得以及没收非法财物等在性质上属于行政处罚无疑。"[2] 另有研究者提出："虽然违法所得不是合法财产，但在被查出之前实际处于当事人的控制和支配之下，对之予以剥夺必然会对当事人产生惩戒和制裁的效果，也必然会对当事人的精神造成强制和压力，从而使当事人意欲从违法行为中获利的愿望落空。"[3] 这类观点的反对者提出，行政强制措施也会产生相类似的心理和精神效果，因此心理和精神上的惩戒效果不能被视为行政处罚的本质属性。[4] 当然，如果仔细区分，二者之间还是存在着一定差异。因为行政强制措施并非因为相对人违反行政管理秩序而引发，相对人的行为在行政法评价上不具有可责难性，行政机关所采取措施的戒惧效应也就相对较低。

没收违法所得是否是一种行政处罚？从前述行政处罚的定义出发，尽管相对人的所得是违法获取的，但是这些利益在事实上仍然属于违法行为人自身所占有使用的权益、财产，那么剥夺这种权益和财产自然会对当事人产生不利的制裁和惩戒效果，因此将其视为行政处罚中的一种，并无不可。

（二）计算违法所得是否应扣除相关的成本和税费等开支

理论上，对违法所得的认定存在"总额说"与"净额说"两种观点。

---

① 参见王青斌：《行政法中的没收违法所得》，载《法学评论》2019 年第 6 期。

② 冯军：《行政处罚法新论》，中国检察出版社 2003 年版，第 120 页。

③ 晏山嵘：《行政处罚实务与判例释解》，法律出版社 2016 年版，第 100 页。

④ 参见章剑生：《现代行政法基本理论》，法律出版社 2014 年版，第 361 页。

总额说主张，以违法行为直接获得的收入作为违法所得，不扣除投资成本、纳税、人力资源成本等间接费用。[①] 净额说认为，不法利益的计算应扣除行为人取得该不法利益所缴纳的法定规费和合理支出等必要成本，以实现过罚相当。[②] 实践中，不同的行政机关对"违法所得"各有不同的解释，甚至同一行政机关在不同的行政管理领域也有不同认定。

对于没收违法所得，现在争议比较大的问题是：在计算违法所得时是否应当扣除相关的成本和税费等开支？[③] 在很多案件中，行政相对人提出应当扣除的主张，其理由是尽管生产、经营活动本身违法，但前期所支付的成本和缴纳的税费并不是违法行为的结果，在性质上也是合法的。这种主张实际上是基于对违法所得的不同认识而产生的。在执法实践中，"哪些是成本？哪些是利益？哪些违法？哪些合法？"一直困扰着执法人员。

一般而言，违法所得应该指违反法律法规等义务规范产生的全部利益，这种利益应当扣除已经缴纳的税费，但不能扣除所谓的成本。对于税费而言，当执法确定相对人的违法所得时，有一部分所得已经成为税费缴纳给有关机关，进入国库。此时如果将这部分税费认定为违法所得，实质上等于在已经确定的违法所得之外，又要求当事人额外缴纳一部分本身属于合法获取的财物，这显然超出了当事人应当对其行为所负担的责任范围。因此，在确定违法所得时，扣除当事人已经缴纳的税费是合理的。

对于当事人投入的成本而言，需要考虑到成本投入后所发生的性质转化。一方面，尽管所投入的成本在违法活动开始前可能具有适法性，但因为其用于违法活动，本身已经和违法活动及其收益发生了实质混同，成为

---

① 参见李惠宗：《追缴不法利得作为主要行政处罚的法理基础——以公平会处罚民间电厂业者为例》，载《法令月刊》2015 年第 7 期。

② 参见陈清秀：《行政罚法上不当利益之追缴问题》，载《法学丛刊》2010 年第 4 期。

③ 参见耿宝建：《行政处罚案件司法审查的数据变化与疑难问题》，载《行政法学研究》2017 年第 3 期。

违法活动经济利益的一部分，因而在没收时便不能将其排除。另一方面，在执法实践中，如何从违法所得中准确区分出成本也是一直困扰执法机关的难题，尤其是在投入成本多样化的违法活动中，很难从收益中准确计量并扣除成本。可以类比的是，在没收非法财物时，也不能扣除从事违法活动工具的购买成本。有时候用于违法行为的工具或材料，相对人在购买时本身可能并不违法，但将其用于违法行为时，它的性质就变成了非法财物。如果没收非法工具，还要在工具价值中扣除行为人之前购买工具的成本，这显然是不合理的，因而违法行为产生的全部利益扣除了已经实际缴纳的税费之后，剩余权益、财产都应当列为违法所得的范围。当然，《行政处罚法》所调整的情形千差万别，不排除在个别执法领域，扣除成本是更为公正合理的违法所得计算方法，此时违法所得的计算方式应当另行明确规定。

（三）是否应当责令退赔或返还

旧《行政处罚法》第23条规定："行政机关实施行政处罚时，应当责令当事人改正或者限期改正违法行为。"实践中经常会遇到违法的行政相对人有违法所得且有受害人的情形，有的单行法中规定违法所得如果属于消费者或者其他经营者多付价款的，责令限期退还，有的还要求责令公告查找。例如，在价格执法领域，《价格违法行为行政处罚规定》第16条规定："本规定第四条至第十三条规定中的违法所得，属于价格法第四十一条规定的消费者或者其他经营者多付价款的，责令经营者限期退还。难以查找多付价款的消费者或者其他经营者的，责令公告查找。经营者拒不按照前款规定退还消费者或者其他经营者多付的价款，以及期限届满没有退还消费者或者其他经营者多付的价款，由政府价格主管部门予以没收，消费者或者其他经营者要求退还时，由经营者依法承担民事责任。"

因此，有观点认为，在修订《行政处罚法》时，应当在旧《行政处罚法》第 23 条中增加规定："有违法所得且有确定受害人的，应当责令退赔或者返还受害人；没有受害人、无法确定受害人或者退赔、返还受害人后的剩余部分，应当依法予以没收。"对于这一修法建议，学界观点不一。其中的核心分歧在于，将作为行政处罚的没收违法所得与退赔这一民事责任结合在一起是否妥当。

本书认为，不宜在《行政处罚法》中增加关于责令退赔的规定。首先，如果行为人的违法所得确实属于受害人的合法权益，受害人完全可以在民事法律关系中寻求充分救济，不存在救济难题。其次，实践中对于寻找受害人、确定退赔数额的情形较为复杂，"责令退还"会极大增加行政执法成本，可能影响到没收的正常进行，在现阶段执法实践中缺乏现实可操作性。尤其是在受害人不确定或人数众多的情况下，责令退还程序极有可能沦为功能虚置的程序要求。例如，在价格执法领域，由于所涉服务范围广、对象多、社会影响大，主管部门下达的"责令退还多收价款通知书"往往只能是例行公文，责令公告查找并不能达到预期效果和立法目的。因此，将"责令退还"作为必经程序，不仅致使案件处置环节烦琐，案件办理期限变长，影响执法效率，增大执法成本，而且在保护广大消费者、其他经营者合法利益的功能上也并不理想。

四、"一事不再罚"中的罚款金额和处罚种类

旧《行政处罚法》第 24 条规定："对当事人的同一个违法行为，不得给予两次以上罚款的行政处罚。"这一规定被概括为"一事不再罚"原则，但行政机关在执法实践中适用这一条款时经常遇到难题，理论上对于该条款的解释也存在不同的观点和立场。

（一）"一事不再罚"的理解

"一事不再罚"又被称为"禁止双重处罚"原则，其本质是禁止国家对人民的同一行为，以相同或类似之措施多次处罚。其源自刑事诉讼法上的"一事不再理"原则，旨在明确当法院判决具有确定力后，不能再对同一行为进行新的刑事程序。[①] 尽管我国公法上并未如德国法和美国法一般，明确将"禁止双重处罚"或"禁止双重危险"作为宪法层面的一般性原则，但基于保护相对人权益，实现过罚相当等考虑，《行政处罚法》中加入了相关条款。

"一事"实质上是指"一个违法行为"。尽管学界已经普遍接受了"一事不再罚"这一概念，但"一事"更偏重于诉讼法上的概念，如"一事不再理"，其本质上相当于程序法上的"一案"；而"一个违法行为"则更偏重于实体法上确定行为的单复数用语。[②] "一个违法行为"，可界定为同一行为主体在紧密连接的同一时间空间内，基于同一意思而实施的一次行为。

就"不再罚"而言，宽泛的理解是，一个违法行为触犯了多个法规范，可以分别由多个机关来处罚的，其中一个机关先行处罚了，别的机关也应当受到此原则限制，即"先罚有效，后罚无效"[③]。但这种观点显非《行政处罚法》的立法原意。在《行政处罚法》起草过程中，由于对于"一事不再罚"是否应当成为立法的基本原则和对这一概念的理解不统一，实践中存在的重复处罚又以罚款为主，所以立法者选择了将"一事不再罚"限定为"一事不再罚款"。从文义解释的角度出发，该条文的意思应

---

① 参见翁岳生主编：《行政法》，中国法制出版社2009年版，第827页。
② 参见陈文贵：《行政罚竞合理论与实务——双重处罚禁止论》，元照出版公司2012年版，第111页。
③ 吴祖谋、葛文珠：《试述一事不再罚原则》，载《法学评论》1993年第5期。

当理解为，就同一个违法行为，在同时违反多个法律规范时，可以给予多个行政处罚。但若选择以罚款进行处罚的话，只能进行一次罚款，而不能多次罚款。

（二）"一事不再罚"中的罚款金额和处罚种类

实践中，大量存在一个违法行为违反了多个行政法律规范，而多个行政法律规范规定了不同类型的处罚和不同的罚款金额、幅度，形成法规竞合的情况。此种情况下，应当如何处罚存在不同见解。其中核心分歧在于，对于此类竞合情况，应当采取从重主义，抑或采取并罚主义。如德国即采从一重主义，奥地利则采取并罚制。我国台湾地区的学理和实践也就这一问题长期存在争议。[①]《行政处罚法》明确规定不得给予两次以上罚款，意味着就罚款而言不能采并罚制，但是否需要从一重处断则未作说明，致使"在已经实施了较小数额的罚款以后，较大数额的罚款也不得进行，这就可能使当事人规避法律责任"[②]。此外，罚款之外的其他类型处罚是否可以并处，《行政处罚法》未作说明。

本书认为，《行政处罚法》可采从重与并罚的结合模式。具体而言，可在旧《行政处罚法》第24条中增加第2款："同一违法行为违反多个行政法律规范的，应当由具有管辖权的行政机关按照法定罚款幅度内的最高限额处罚"，在罚款上确立从一重处罚的制度。这一设定与德国《违反秩序法》的立法例相近。适用该规范的前提必须是相关机关享有法定处罚管辖权，如相对人的一个行为违反由同一机关执行的不同法规范时，即可适用该条款。如果违反的多个法规范分属于多个机关执行，某个行政机关只对违反本行政机关所管辖的行政违法行为享有处罚权，而不享有其他行政

---

① 参见吴庚：《行政法之理论与实用》，三民书局2017年版，第500页。
② 胡锦光：《行政处罚研究》，法律出版社1998年版，第137页。

机关对该行为进行处罚的管辖权时，自然不可能适用其他行政机关应当适用的行政法律规范进行更高数额的处罚。当然，最先发现违法行为的主体并不一定享有最高额罚款的权限。此种情况下，应当鼓励多个行政机关进行联合执法、综合执法。通过处罚权的相对集中来解决管辖权问题，也可以解决一个行政机关适用多个行政法律规范的问题。如未实施行政处罚权的相对集中，则可通过行政协助等制度实现从一重处罚。对于罚款以外的其他类型处罚，如没收违法所得、暂扣或吊销许可证等，原则上可以并处。因为不同类型的处罚在制裁效果和目的上都有较大差异，允许并处更有利于行政目的的实现。

五、行政处罚无效的情形

旧《行政处罚法》第 3 条第 2 款规定："没有法定依据或者不遵守法定程序的，行政处罚无效。"学界普遍认为这一规定与行政行为无效理论并不一致，对行政执法实践和司法实践也缺乏指导作用，甚至会引发无效行政行为与一般违法行政行为认定的混乱。

(一) 关于行政处罚无效情形的争议

观之域外经验，行政行为的无效制度本应该是行政程序法中的重要内容，但由于我国一直未制定《行政程序法》，因而《行政诉讼法》暂时承担了这一任务。2014 年修改的《行政诉讼法》第 75 条采"重大且明显违法"标准，对行政行为的无效情形进行了明确："行政行为有实施主体不具有行政主体资格或者没有依据等重大且明显违法情形，原告申请确认行政行为无效的，人民法院判决确认无效。"根据上述规定，行政处罚如果具备以下两种情形，自然属于无效的行政处罚：一是行政处罚的实施主体不具有行政主体资格，二是行政处罚没有法定依据。具备这两种情形的行政处罚无效，基本上没有太大争议。

学界的讨论主要集中在：在行政处罚违反法定程序时，应当如何认定行政处罚的效力？能否因程序违法而认定行政处罚无效？事实上，程序违法能否导致行政行为无效也一直是各国行政法学理上存在争议的问题。[①]例如，日本法传统上就倾向于认为，行政处罚不遵守重要程序，可能影响到当事人实体权利和处罚结果的公正性的，才属于无效行政行为。即所谓"违反了重要的程序（为了保护相对方权利的程序等），被认为会对行政行为的实体性结果带来明显的影响时，违反该程序的行为无效"[②]。这种观点对于无效情形进行了限缩，强调了程序在促进实体公正上的作用。相反观点则认为，仅从"程序工具主义"角度界定和列举"重大且明显程序违法"及其具体情形是失之偏颇的，还应当列举出基于"程序独立价值"视角的"重大且明显程序违法"情形[③]，即将行政处罚重大且明显违反法定程序独立作为无效事由。

（二）行政处罚无效的情形

本书认为，"行政机关不遵守重要程序，可能影响行政处罚结果公正"，与"行政机关不遵守法定程序，构成重大且明显违法"是两种不同的情形。尽管二者在很多情况下可能发生重合，即对程序的违反既构成重大明显违法，也可能影响到处罚结果的公正，尤其是"重大且明显违法"标准中，达到重大程度的违法行为很多时候会引起法律关系中的权利义务分配的根本性变化。但是，从理论上说，程序本身的重大明显违法与结果

---

① 参见章志远：《行政行为效力论》，中国人事出版社 2003 年版，第 116 页。

② ［日］南博方：《行政法》（第 6 版），杨建顺译，中国人民大学出版社 2009 年版，第 58、59 页。

③ 参见柳砚涛：《质疑"行政处罚决定不能成立"——以我国〈行政处罚法〉第 41 条为分析对象》，载《政治与法律》2017 年第 2 期。

的公正并不具备先天、必然的联系。对于行政处罚这样一种具备制裁性的负担行为来说，应当重视其程序的独立价值。对于违反法定程序且构成重大明显违法的，应当直接认定行政处罚无效，而无须考量其是否导致了结果上的不公正。事实上，从实践来看，一个行为违反法定程序是否会影响结果公正，也很难作出准确判断。因此，将"行政机关不遵守法定程序，构成重大且明显违法"认定为无效事由，是有利于保护行政相对人利益的。

值得注意的是，旧《行政处罚法》第 41 条规定："行政机关及其执法人员在作出行政处罚决定之前，不依法告知当事人给予行政处罚的事实、理由和依据，或者拒绝听取当事人的陈述、申辩的，行政处罚不能成立。"学界对于此处的"不成立"展开过诸多讨论，指出这一立法表述混淆了行政行为的成立要件与合法要件，在司法实践中引发了一定的混乱。[①] 一般来说，行政行为成立是指行政行为的作出过程已经完成，行政主体的意思表示转化为确定的法律行为。因此，行政行为的"不成立"本质上应该是指行政行为尚未作出，不具备对外的效果意思，也不产生任何法律上的效果。不成立的行政行为不发生法律效果，但"不成立"本身并不属于对行政行为效力状态的判定。所以，本次修法应当对这一条款进行完善，摒弃在概念上不严谨的"不成立"，而将旧《行政处罚法》第 41 条所规定的程序违法事由分别纳入无效行政处罚和一般违法的行政处罚中。

综上所述，行政处罚的无效应当包括以下三种情况：第一，行政处罚的实施主体不具有行政主体资格，如行政机关的内设机构在不具备主体资格的条件下实施的处罚应当认定为无效的行政处罚。第二，行政处罚没有法定依据，当行政机关实施的行政处罚没有任何法律法规等依据时，处罚

---

① 参见柳砚涛：《质疑"行政处罚决定不能成立"——以我国〈行政处罚法〉第 41 条为分析对象》，载《政治与法律》2017 年第 2 期。

本身也没有法律效力。第三，行政处罚未遵守法定程序构成重大明显违法。在行政行为违反法定程序被撤销重作不受限制的情况下，无效行政处罚事由的界定具有重要现实意义。

需要注意的是，尽管这在一定程度上丰富了行政处罚无效的情形，但考虑到行政行为的无效是自始无效、当然无效，对行政法律秩序可能产生的影响较大，从维护法安定性、维护行政存续公益性的角度出发，对无效事由的界定应当抱持相对审慎的立场。① 这也是大陆法系国家行政法上对于违法的行政行为将撤销作为原则，认定无效作为例外的根本原因。具体而言，对于行政处罚没有法定依据的行为，应当将"没有法定依据"与作为撤销事由的"法律、法规适用错误"作出区分。如行政处罚本身具有法律依据，但仅是漏写具体条文，不应认定为无效。实践中通常将此类行为认定为"适用法律错误"或"违反法定程序"，属于违法可撤销的行政行为。② 而对于行政处罚未遵守法定程序构成重大明显违法的情形，对"重大明显违法"的认定也应当相对审慎，主要针对处罚机关遗漏和拒绝行政处罚关键程序的行为，如法律明确规定应当听证而未经听证作出的行政处罚，执法人员应当回避而未回避作出的行政处罚等。

第三节　化解行政争议主渠道的制度创新*

新修订的《行政复议法》于 2024 年 1 月 1 日正式施行。《行政复议

---

* 原标题为"化解行政争议主渠道的制度创新——《行政复议法》修订解读"，载于《法学评论》2024 年第 2 期，第 1—10 页。本书出版时根据实际情况，对标题与内容作了文字调整。

① 参见翁岳生主编：《行政法》，中国法制出版社 2009 年版，第 677 页。

② 参见最高人民法院指导案例第 41 号：宣懿成等诉浙江省衢州市国土资源局收回国有土地使用权案；《最高人民法院公报》2000 年第 4 期：兰州常德物资开发部诉兰州市人民政府收回土地使用权批复案。

法》的修订是推进全面依法治国、加快法治政府建设的重要一步，是全面推进科学立法、不断提高立法工作质量和效率的生动体现，是发挥行政复议化解行政争议主渠道作用的制度创新。此次修法调适了行政复议的功能定位，突出了高效为民的原则精神，优化了行政复议的管辖体制，完善了行政复议的审理程序等。下文重点围绕《行政复议法》修订的若干亮点特色，梳理此次修法意义、功能定位、原则精神、管辖体制、制度创新等方面的情况，研究《行政复议法》全面贯彻实施的重点方向。《行政复议法》的修订和实施有助于推动化解行政争议主渠道的制度优势转化为治理效能，开创中国行政复议工作新局面。

2023年9月1日，新修订的《行政复议法》审议通过，于2024年1月1日起正式施行。新修订的《行政复议法》通过立法正式确立了行政复议作为"化解行政争议的主渠道作用"的功能定位[①]，彰显了行政复议在行政争议多元化解体系中的重要地位。《行政复议法》本次修订对该功能定位在第1条中予以明确规定，标志着《法治政府建设实施纲要（2021—2025年）》中确立的行政复议"化解行政争议的主渠道作用"的功能定位已经被上升为法律规范，为发挥行政复议化解行政争议的主渠道作用提供了法律支撑。有学者预言未来行政争议化解的制度框架结构重心将逐步转移到行政复议渠道上来。[②] 不仅如此，《行政复议法》的修订内容，进一步完善了行政复议体制机制，推动行政复议工作迈入高质量发展的新阶段。

---

① 2023年新修订的《行政复议法》第1条将"发挥行政复议化解行政争议的主渠道作用，推进法治政府建设"确立为立法目的。在学理上，行政复议制度关于化解行政争议主渠道的功能定位，最早由应松年教授提出。参见应松年：《行政复议应当成为解决行政争议的主渠道》，载《行政管理改革》2010年第12期；应松年：《把行政复议制度建设成为我国解决行政争议的主渠道》，载《法学论坛》2011年第5期。

② 参见高家伟：《论行政复议机关实质性化解争议的角色与功能定位》，载《法律科学》2023年第2期。

客观来说，行政复议具有司法化和行政化的"双重面相"①，此次行政复议制度改革在两个方向上同时发力，充分体现了行政争议化解主渠道的制度创新。本次行政复议法修订幅度较大，涉及条款较多，相应修订内容将对行政复议工作的功能调试、原则精神、受理范围、正当程序等方面的要求予以规范化，体现了行政复议法修订的精神实质和制度创新。下文围绕《行政复议法》修订中的亮点，对修订意义、功能定位、原则精神、管辖体制、制度创新等逐一分析，试图明确全面贯彻实施行政复议法的基本要求和具体举措。

一、《行政复议法》修订的重要意义

习近平总书记在中央全面依法治国委员会第三次会议上明确指出："要落实行政复议体制改革方案，优化行政复议资源配置，推进相关法律法规修订工作，发挥行政复议公正高效、便民为民的制度优势和化解行政争议的主渠道作用。"② 在新时代全面推进依法治国、在法治轨道上全面建设社会主义现代化国家新的历史起点上，此次全面修订是行政复议制度发展历史上的重要里程碑，具有多方面重要意义。

第一，《行政复议法》修订是全面贯彻落实习近平法治思想的生动实践。行政复议体制改革是习近平总书记亲自决策部署的重大改革措施，是习近平法治思想在行政复议领域的生动体现。③ 习近平总书记强调："我国国情决定了我们不能成为'诉讼大国'。我国有14亿人口，大大小小的事都要打官司，那必然不堪重负！"④ 因此，"法治建设既要抓末端、治已

① 梅扬：《多元纠纷解决机制视域中行政复议制度的双重面相》，载《法学家》2023年第5期。
② 习近平：《论坚持全面依法治国》，中央文献出版社2020年版，第274页。
③ 参见马怀德：《论习近平法治思想中的法治政府理论》，载《政法论坛》2020年第6期。
④ 《习近平著作选读》（第2卷），人民出版社2023年版，第384页。

病，更要抓前端、治未病"①。一般来说，"司法是维护社会公平正义的最后一道防线"②。在中国这样一个人口大国，社会矛盾的化解必须关口前移、源头发力。如果等到社会矛盾海量积聚并以诉讼的方式涌入法院，那社会运行风险必然蔓延，纠纷化解难度也必然增大，问题解决的时机也容易丧失。所以，社会治理必须把握矛盾化解规律，"消未起之患、治未病之疾，医之于无事之前"③。2020 年 2 月，中央全面依法治国委员会第三次会议审议通过《行政复议体制改革方案》，明确了行政复议体制改革的宏观方向，为新时代行政复议实践工作指明了前进方向，为行政复议法律规范修订提供了根本遵循。④ 在人类法治文明特别是行政法治文明视域下，如此重视行政复议制度、主动将"化解行政争议的主渠道"交由复议环节完成，实属少见。这充分体现了中央对影响社会主义法治建设矛盾因素有着精准认识和战略预见，既"坚定不移推进法治领域改革，坚决破除束缚全面推进依法治国的体制机制障碍"⑤，又"决不能把改革变成'对标'西方法治体系、'追捧'西方法治实践"⑥ 的"翻版"。

第二，《行政复议法》修订是推进全面依法治国、加快法治政府建设的重要一步。习近平总书记强调："推进全面依法治国，法治政府建设是重点任务和主体工程，对法治国家、法治社会建设具有示范带动作用，要率先突破。"⑦ 行政复议作为行政系统实现"自我纠错"的监督制度，是推进全面依法治国、加快法治政府建设的重要抓手。行政复议能够通过纠

---

① 《习近平谈治国理政》（第 4 卷），外文出版社 2022 年版，第 295 页。
② 习近平：《论坚持全面依法治国》，中央文献出版社 2020 年版，第 98 页。
③ （东晋）葛洪：《抱朴子·内篇·地真》。
④ 参见章志远：《以习近平法治思想引领行政复议法修改》，载《法学评论》2022 年第 6 期。
⑤ 习近平：《论坚持全面依法治国》，中央文献出版社 2020 年版，第 116 页。
⑥ 习近平：《坚持走中国特色社会主义法治道路，更好推进中国特色社会主义法治体系建设》，载《求是》2022 年第 4 期。
⑦ 习近平：《以科学理论为指导，为全面建设社会主义现代化国家提供有力法治保障》，载《习近平谈治国理政》（第 4 卷），外文出版社 2022 年版，第 294 页。

正违法或不当行政行为的方式规范行政权力的行使界限，助力解决行政执法不作为、乱作为等制约法治政府建设成效的突出问题，确保行政权力在法治轨道上运行，发挥行政复议的层级监督目的。① 一方面，行政复议法自施行以来，就发挥着推进法治政府建设的重要作用。实施 24 年来，全国行政复议机关依法办理复议案件近 330 万件，不仅在监督行政机关依法行政方面发挥了重要作用，也推动实现了行政争议的诉源治理。近年来，我国围绕"实质性解决行政争议"这个命题进行了一系列体制改革和制度创新，推动行政复议、诉讼等制度从侧重于监督规范行政权力运行转向为侧重于有效化解行政争议，推动了法治政府建设从形式法治到实质法治的目标转型。另一方面，行政复议法的修订回应了全面依法治国的时代要求。新修订的《行政复议法》第 1 条就新增"推进法治政府建设"这一立法目的，并在整部法律中明确了扩大受案范围、增加便民措施、完善办案程序、强化监督机制和法律责任等内容。这些都体现了行政复议体制改革与法治政府建设目标同向发力、同步推进，与推进全面依法治国整体进程相协同、相适用。

第三，《行政复议法》修订是全面推进科学立法、不断提高立法工作质量和效率的必然选择。"立善法于天下，则天下治；立善法于一国，则一国治。"② 科学立法的核心在于尊重和体现客观规律，"立法者应该把自己看作一个自然科学家。他不是在创造法律，不是在发明法律，而仅仅是在表述法律，他用有意识的实在法把精神关系的内在规律表现出来"③。在我国当前矛盾纠纷化解机制体系中，解决行政争议的主要途径包括行政复议、信访制度和行政诉讼。其中，基于信访机制的开放性，信访渠道化

---

① 参见叶必丰：《行政复议机关的法律定位》，载《法学》2021 年第 5 期。
② （北宋）王安石：《周公》。
③ 《马克思恩格斯全集》（第 1 卷），人民出版社 1995 年版，第 347 页。

解行政争议的数量是行政复议和行政诉讼无法比拟的，故而行政复议作为化解行政争议的主渠道的定位，主要是相对于行政诉讼而言的。[①] 相较于行政诉讼，行政复议能够更好地形成普遍性的救济，发挥其实质性化解行政争议的天然优势[②]，既包括上级行政机关监督下级行政机关的层级优势，也包括对行政行为是否合法、适当作出准确判断的专业优势，还包括行政机关内部更便于调配资源以解决实际问题的系统优势。1999 年《行政复议法》的出台，正式确立了行政复议这项与行政诉讼并行并立、解决行政争议的重要法律制度，这是影响中国法治进程的一件大事。[③] 但随着经济社会的不断发展，行政复议实践中逐渐暴露出吸纳行政争议入口偏窄、案件管辖体制过于分散、审理机制不够健全等突出问题，原有规范与新形势下行政复议工作高质量发展的要求不相适应。为将行政复议发挥主渠道作用从"应然"转化为"实然"，此次修法解决了长期制约行政复议发挥作用的突出问题，彰显了化解行政争议的系统治理、依法治理、综合治理、源头治理思维，增强了行政复议法的针对性、及时性、系统性、可操作性，有助于把行政复议的制度优势更好地转化为国家治理效能。

第四，《行政复议法》修订是回应实质性解决行政争议的重要举措。事实上，"复杂的社会需要行政机关具有司法职权，使这种授权不可避免。"[④] 近年来，最高人民法院率先提出"实质性解决行政争议"的目标，并围绕该目标进行了一系列改革。[⑤] 这是由于在一段时期内，行政审判实

---

① 参见王万华：《行政复议制度属性与行政复议法完善》，载《法学杂志》2023 年第 4 期。

② 参见［英］卡罗尔·哈洛、理查德·罗斯林：《法律与行政》（下卷），杨伟东等译，商务印书馆 2004 年版，第 702 页。

③ 参见马怀德：《行政监督与救济制度的新突破——〈行政复议法〉评介》，载《政法论坛》1994 年第 4 期。

④ ［美］伯纳德·施瓦茨：《行政法》，徐炳译，中国法制出版社 1986 年版，第 55 页。

⑤ 参见江必新：《论行政争议的实质性解决》，载《人民司法》2012 年第 9 期。

务普遍存在"案结事不了"的反常现象，长期受到"两高四低"[①]的困扰。这不仅导致程序空转、浪费司法资源、损害司法权威，也不利于当事人权益保障。究其原因，行政诉讼本身以行政行为的合法性审查为中心，天然地偏重于形式法治要求。然而，在无限丰富的社会生活中，规则不仅是机械的，更是贫穷的。倘若我们将化解行政争议的大部分或全部希望都寄托于行政诉讼，"将只能在法律规范层面解决行政合法性问题，实现的是客观公法秩序，无法触碰到争议的核心内容及原告实体权益"[②]，这就更易衍生出救济权利和化解争议的"治乱循环"。为此，此次行政复议法的修订突出表现在化解行政争议主渠道的制度创新上，在注重发挥行政系统自我净化大部分矛盾作用的同时，保证了司法系统对极少数重大疑难复杂案件的终极裁判功能，有助于形成行政复议、行政诉讼之间分工合理、衔接有序、协同高效、优势互补的纠纷化解格局。尤其是将行政复议定位为化解行政争议的主渠道，能够发挥行政复议受案范围广、审查强度深、程序高效、成本低廉以及对规范性文件附带审查更彻底等比较优势。所以近年来，中央和地方司法行政机关认真履职尽责，推动行政复议化解行政争议主渠道建设取得积极成效。以 2022 年为例，全国行政复议立案 26.9 万件，其中调解结案约 3 万件，调解率达 14.3%，约 70% 的行政复议案件实现了"定分止争"[③]。当然，目前行政复议距离完全承担化解行政争议主渠道的任务尚有一定距离，这就需要认真对待此次行政复议法的修改，把握修法精神并贯彻落实相关制度创新。

---

① 一段时间内，我国行政审判领域长期存在"上诉率高、申诉率高、实体裁判率低、老百姓胜诉率低、发回重审和改判率低、老百姓服判息诉率低"的"两高四低"反常现象。参见沈福俊：《积极化解争议是行政审判应有内涵》，载《人民法院报》2016 年 12 月 8 日，第 5 版。

② 王万华：《行政复议法的修改与完善——以实质性解决行政争议为视角》，载《法学研究》2019 年第 5 期。

③ 《司法部 2022 年法治政府建设年度报告》，中华人民共和国司法部（中国政府法制信息网），https：//www.moj.gov.cn/pub/sfbgw/gwxw/xwyw/202303，2023 年 12 月 4 日访问。

二、行政复议功能定位的演进

特定法律制度的功能定位始终是该项法律制度的基础法哲学问题，这恰如本杰明·N. 卡多佐所言："哲学在告诉我们法律应当努力达到的目的之时，也将同时告诉我们法律的合理功能。"① 此次《行政复议法》的修订对行政复议的功能价值和基本原则作出了相应调整，重新指明了行政复议工作体系建设的发展方向。行政复议的功能定位体现了行政复议的制度目的，因而是全部行政复议具体制度设计的逻辑起点。"目的是全部法律的创造者，每条法律规则的产生都源于一种目的，即一种事实上的动机。"② 正确理解行政复议的价值目标和功能定位，是理解行政复议制度内涵、指导行政复议工作实践的前提和基础。准确把握行政复议的功能定位，对于提升行政复议制度的有效性具有重要意义。"无论什么样的纠纷解决制度，在现实中其解决纠纷的形态和功能总是为社会的各种条件所规定的。"③ 行政复议立法的历史演变，首先体现在立法对行政复议的功能定位总是由特定历史条件所决定，与具体政治经济社会文化背景相适应、相匹配上。④

首先，改革开放初期，行政复议制度呈现分散立法的局面，不同法律、法规和规章对行政复议称谓不一，包括"申诉"、"复审"、"复查"或

---

① ［美］本杰明·N. 卡多佐：《法律的成长，法律科学的悖论》，董炯、彭冰译，中国法制出版社 2002 年版，第 63 页。

② ［美］E. 博登海默：《法理学：法律哲学与法律方法》，邓正来译，中国政法大学出版社 2017年版，第 122 页。

③ ［日］棚濑孝雄：《纠纷的解决与审判制度》，王亚新译，中国政法大学出版社 1994 年版，第21 页。

④ 参见马怀德主编：《行政法学精论》，中国检察出版社 2022 年版，第 268 - 270 页。

"复检"①。1989 年初建行政诉讼制度后，制定统一行政复议制度的呼声越来越高。② 在当时看来，行政复议是"一种由行政相对人所提出的救济请求引起的行政申诉制度"③，故将行政复议视为行政诉讼的补充、配套制度，是由行政立法建构起来的、近似行政申诉的救济制度。所以，1990年《行政复议条例》对行政复议的功能定位首先是从行政机关自身出发，即以"维护和监督行政机关依法行使职权"作为首要功能定位，然后才是层级监督和权益保护。

其次，为了适应行政法治建设和依法行政实践的需要，我们开始认识到"行政复议是行政机关内部纠正错误的一种监督制度"，具有正式立法的必要性。这主要是由于《行政复议条例》实施近十年来，复议申请条条框框多，给申请人带来极大不便；行政机关怕麻烦，经常应受理而不受理；存在"官官相护"现象，行政机关对违法不当行政行为不撤销、不变更。④ 所以，1999 年《行政复议法》正式立法，将首要功能定位修正为"保障和监督行政机关依法行使职权"，并将其调整到层级监督和权益保护目的之后。

再次，行政立法和依法行政加速推进阶段，行政争议类型和数量陡增，新颁布的《行政复议法》增加"解决行政争议"的功能定位，这实际上是在内部层级监督功能之外拓展了纠纷化解功能。比较而言，内部层级监督和外部权益保障的功能定位表现为不同的价值取向，"解决行政争议"

① 国务院法制局编：《行政复议条例释义》，中国法制出版社 1991 年版，第 2 页。
② 参见冯吉祁：《试论行政争议与行政申诉（复议）》，载《法治论丛》1990 年第 1 期；苏健：《及时制定和颁布〈行政复议条例〉》，载《法学》1990 年第 8 期；魏凤：《关于制定〈行政复议条例〉的讨论综述》，载《河北法学》1990 年第 5 期。
③ 周卫平：《行政复议制度的属性剖析》，载《法学杂志》1991 年第 5 期。
④ 参见杨景宇：《关于〈中华人民共和国行政复议法（草案）〉的说明》（1998 年 10 月 27 日在第九届全国人民代表大会常务委员会第五次会议上）。

则是相对中性的价值定位。"行政复议制度由此应当具有司法的秉性"①，这也为诸如受案范围拓展等制度创新以及后来的"主渠道"定位奠定了基础。行政层级监督是建立在行政争议化解和公民权益救济的实现基础上的，属于行政复议的"附属目的"②。正因如此，越来越多的学者开始主张"解决行政争议"才是行政复议的基础功能、主要定位。③

最后，进入新时代后，围绕"主渠道"的功能定位，2023 年《行政复议法》修订时进行了一系列制度创新，不仅增加了"发挥行政复议化解行政争议的主渠道作用，推进法治政府建设"的功能定位，而且对"保障和监督"的顺序作出调整，明确监督在先、保障在后，强化行政复议的监督功能。"法与时转则治，治与世宜则有功。"习近平总书记关于"发挥行政复议化解行政争议的主渠道作用"的重要论述是行政复议法修订的根本遵循。回溯行政复议功能定位和基本原则的发展历程，必须认识到检验法律制度的最终标准是实体，而不仅仅是程序或者形式。④ 因此，有学者就进一步提出"解决行政争议是复议的基础功能，监督和保护是具体的目的"⑤ 之判断。有理由相信，具有中国特色、回应时代需求、满足人民期待的行政复议功能定位，将作为行政复议具体制度设计的逻辑起点，在行政复议工作中发挥统筹全局、提纲挈领的作用。

---

① 刘莘：《行政复议的定位之争》，载《法学论坛》2011 年第 5 期。

② 刘权：《主渠道视野下行政复议与诉讼关系的重构》，载《中国政法大学学报》2021 年第 6 期。

③ 参见曹康泰：《中华人民共和国行政复议法实施条例释义》，中国法制出版社 2007 年版，第 8 页；沈开举、郑磊：《论我国行政复议改革的逻辑起点和现实路径》，载《甘肃行政学院学报》2009 年第 4 期；徐运凯：《论新时代行政复议的功能定位及其评价体系》，载《行政法学研究》2019 年第 6 期；曹鎏：《作为化解行政争议主渠道的行政复议：功能反思及路径优化》，载《中国法学》2020 年第 2 期等。

④ 参见 [美] 弗里德曼：《法律制度》，李琼英等译，中国政法大学出版社 1994 年版，第 29 页。

⑤ 应松年：《对行政复议法修改的意见》，载《行政法学研究》2019 年第 2 期。

表 1 行政复议功能定位的立法演变

年份	法律法规条文	行政复议的功能定位
1990	《行政复议条例》第 1 条	"为了维护和监督行政机关依法行使职权，防止和纠正违法或者不当的具体行政行为，保护公民、法人和其他组织的合法权益"
1999	《行政复议法》第 1 条	"为了防止和纠正违法的或者不当的具体行政行为，保护公民、法人和其他组织的合法权益，保障和监督行政机关依法行使职权"
2007	《行政复议法实施条例》第 1 条	"为了进一步发挥行政复议制度在解决行政争议、建设法治政府、构建社会主义和谐社会中的作用"
2023	《行政复议法》第 1 条	"为了防止和纠正违法的或者不当的行政行为，保护公民、法人和其他组织的合法权益，监督和保障行政机关依法行使职权，发挥行政复议化解行政争议的主渠道作用，推进法治政府建设"

三、行政复议高效为民的精神

行政复议的"主渠道"不仅意味着其受案范围能够承接广泛的诉请需求，而且在效果上能够公正有效地化解争议，更需要发挥它自身程序简易、高效便捷的比较优势。质言之，行政复议活动中程序推进的便捷性、及时性，是决定当事人是否选择通过复议渠道解决争议的关键。因为，当事人在意的是能否及时、有效地实现诉请，补救损失，而非等待旷日持久的"打官司"以及姗姗来迟的"公平正义"[1]。正是为了防止"迟来的正义"，行政复议个案处理就必须遵循现代行政法治的效率性原则，即更有效率、更加灵活地回应多元诉请，满足救济需求。事实上，早有学者提出行政复议机关应当遵循高效便民原则[2]，这一原则旨在为人民群众申请行

---

[1] 杨海坤、朱恒顺：《行政复议的理念调整与制度完善——事关我国〈行政复议法〉及相关法律的重要修改》，载《法学评论》2014 年第 4 期。

[2] 参见青锋：《中国行政复议制度的发展、现状和展望》，载《上海政法学院学报》2006 年第 1 期。

政复议提供更多便利，并促进复议制度的公正性与有效性。

新修订的《行政复议法》将"合法、公正、公开、及时、便民的原则"修改为"合法、公正、公开、高效、便民、为民的原则"①。具言之，一方面，将"及时"原则修改为"高效"原则，在注重复议效率的同时，更加强调复议实效；另一方面，增加"为民"原则，在行政复议工作中落实"为民"原则，坚持人民立场，广泛听取人民群众意见，积极回应人民群众诉求。这一修订丰富和完善了行政复议工作的基本原则，提出了"高效"和"为民"这两个贯穿行政复议各环节的根本性、规律性要求。事实上，"高效""为民"不仅作为行政复议法明定的原则存在，而且体现在行政复议法修法精神的始终，尤其是此次修法强化了调解在行政复议中的运用。较早有学者提出，行政复议存在适用调解的法理基础和制度空间，这是行政裁量权的必然结论，即行政机关在法律允许的范围内可以灵活应变、便宜行事。② 长期以来，我国行政复议严格限制调解适用的案件范围，这严重限制了行政复议化解行政争议的功能作用，甚至因此被批评为"一种作用不大的摆设"③。为了从源头上提升维护社会稳定的能力和水平，有必要强化调解在行政复议中的作用，以形成和强化法的中介机制来扬弃行政命令与民间调解的耦合。④ 客观来说，在行政系统内部进行调解是更高效、为民的纠纷解决方式。因为相比于行政诉讼，行政复议更有利于在行政主管机关的主持下，行政主体和相对人在透明场景、充分信息中

---

① 《行政复议法》（2017年）第4条规定："行政复议机关履行行政复议职责，应当遵循合法、公正、公开、及时、便民的原则，坚持有错必纠，保障法律、法规的正确实施。"新修订的《行政复议法》（2023年）第3条第2款规定："行政复议机关履行行政复议职责，应当遵循合法、公正、公开、高效、便民、为民的原则，坚持有错必纠，保障法律、法规的正确实施。"
② 参见王青斌：《行政复议调解的正当性及制度建构》，载《法制与社会发展》2013年第4期；林日华：《论行政复议适用调解》，载《广西政法管理干部学院学报》2009年第5期。
③ 郜风涛：《行政复议典型案例选编》（第二辑），中国法制出版社2011年版，第78页。
④ 参见［美］R.M.昂格尔：《现代社会中的法律》，吴玉章、周汉华译，译林出版社2001年版，第287页。

实现和解，同时也能增加相对人选择调解的自由空间和信赖程度。① 新修订的《行政复议法》不仅在总则规定调解可以作为一般案件办理方式（第5条），不再限制调解适用的案件类型，而且规定调解是行政复议中止的法定情形（第39条），赋予行政复议调解书法律效力以及行政机关的执行义务和法律责任（第77、83条）。

习近平总书记强调："行政执法工作面广量大，一头连着政府，一头连着群众，直接关系群众对党和政府的信任、对法治的信心。"② 因此，推进依法行政和法治政府建设要以人民为中心，坚持便民为民"不是一个抽象的、玄奥的概念，不能只停留在口头上、止步于思想环节"③。此次修法不仅在"便民"基础上增加"为民"原则，而且在具体制度的改革完善上新设了许多便民为民举措。具体来说：一是扩容受案范围（第11条），包括对行政机关作出的赔偿决定不服的、对不予受理工伤认定申请或工伤认定结论不服的、对行政协议订立履行变更或解除不服的、对政府信息公开侵犯合法权益的等。受案范围的扩容不仅强化了化解行政争议的主渠道作用，而且都是人民群众急难愁盼的问题。二是增设互联网作为申请渠道（第22条），明确申请人可以通过互联网渠道提交复议申请，这是顺应时代潮流、满足人民需求的体现。三是简化常见案件的复议申请手续（第32条），即规定当场作出行政处罚决定和依据电子技术监控设备记录的违法事实作出的处罚决定，相对人可以直接向原机关提交复议申请，若原机关认为需要维持的，应当在5日内将复议申请转送复议机关。这两类案件是现实生活中常见的处罚案件，前述制度设计将极大便利人民群众运用复议渠道、保障合法权益。四是提供复议法律援助（第18条），即规定

---

① 参见［日］小岛武司、伊藤真编：《诉讼外纠纷解决法》，丁婕译，中国政法大学出版社2005年版，第72－85页。

② 习近平：《论坚持全面依法治国》，中央文献出版社2020年版，第23页。

③ 《习近平谈治国理政》（第2卷），外文出版社2017年版，第213－214页。

了法律援助机构应当为符合条件的申请人提供法律援助,这补齐了行政复议的制度短板,惠及广大维权能力弱势群众,打通了行政复议便民为民、服务群众的"最后一公里"。可见,行政复议法修订体现出强烈的实用主义改革进路,始终以满足主体需求为导向,把人民是否拥护、是否赞成、是否高兴、是否答应作为设计各方面制度的出发点和落脚点。

四、行政复议管辖体制的优化完善

在《行政复议法》修订以前,从全国人大常委会对《行政复议法》实施情况的执法检查报告来看,县级以上政府和政府相关部门都有行政复议职权,导致复议资源分散、复议效率偏低,复议工作常常出现"无人办案"和"无案可办"的情况。这反映了行政复议体制和工作机制不够完善是行政复议法有效实施的主要问题。在实务中,旧《行政复议法》确立的"选择管辖"为主、"条条管辖"和"自我管辖"为辅的管辖模式,容易形成管辖冲突、审查标准冲突乃至"同案不同审"的问题。[1] 不仅如此,复议机关多方林立、"多头共存",再加上行政机关之间职权转移、上下级行政机关地域分散等问题,复议申请人经常会找不到、找不准、找不对复议机关,徒增复议维权救济成本。[2] 因此,为了优化复议资源配置、完善复议管辖体制、便于人民群众寻找复议渠道,相对集中复议管辖体制的改革思路成为本次修法共识。[3] 此次修法在"行政复议申请"一章专设"行政

---

[1] 参见梁凤云、朱晓宁:《关于行政复议法修改若干重大问题的思考》,载《浙江工商大学学报》2021年第6期。

[2] 参见刘莘、陈悦:《行政复议制度改革成效与进路分析——行政复议制度调研报告》,载《行政法学研究》2016年第5期;刘恒、陆艳:《我国行政复议条条管辖制度之缺陷分析》,载《法学研究》2004年第2期。

[3] 参见马怀德:《论我国行政复议管辖体制的完善——〈行政复议法(征求意见稿)〉第30-34条评介》,载《法学》2021年第5期。

复议管辖"一节，在立法体例上试图"一揽子"确立关于行政复议管辖体制的相关问题。

第一，将地方复议职权收归县级以上政府统一行使（第 24 条）。此前，众多机关拥有复议管辖权，造成机关间推诿扯皮，严重影响行政复议的内部监督功能。[1] 实际上，从"条块结合"到"块块管辖"亦经历了相当长的相对集中复议管辖体制改革试点探索。事实证明，取消地方政府工作部门的复议职权后，有利于"精兵简政"和"主渠道作用"的发挥，不仅可以推动行政复议工作队伍专业化、职业化、规范化发展，而且有利于节省行政复议活动人财物开支，最终也将刺激复议案件的增加。[2] 当然，这一改革并没有搞"一刀切"，传统上实行垂直领导的海关、金融、外汇管理行政机关和专业性、特殊性较强的税务和国家安全机关，仍然保留复议职权，继续实行"条条管辖"（第 27 条）。这一改革方案遵循了普遍性和特殊性相结合的原则，充分尊重和体现了不同部门、不同领域、不同事项的复议工作规律，提升了复议管辖体制的科学性。

第二，收紧国务院部门管辖的行政复议案件范围（第 25 条）。具言之，此次修法后，国务院部门仅管辖申请人对本部门作出的行政行为、本部门依法设立的派出机构以自己名义作出的行政行为和本部门管理的被授权组织作出的行政行为不服的复议案件。此次修法前，国务院部门除上述案件外，还要管辖申请人对相应的省级政府工作部门作出的行为不服的复议案件，这是基于二者领导与被领导关系所形成的管辖体制。进言之，根据《地方各级人民代表大会和地方各级人民政府组织法》第 66 条的规定，

---

[1]　参见湛中乐：《论我国〈行政复议法〉修改的若干问题》，载《行政法学研究》2013 年第 1 期。

[2]　相对集中行政复议管辖体制改革曾在地方试点探索，积累了丰富经验，如较早的"义乌模式"取得明显成效：行政复议案件显著增加、行政复议机构独立性增强、行政复议人员素质显著提高、行政复议程序更加规范等。参见方宜圣、陈枭翾：《行政复议体制改革"义乌模式"的思考》，载《行政法学研究》2016 年第 5 期。

省级政府工作部门受到省级政府的"统一领导"和国务院主管部门的"业务指导或者领导",这种"双重领导"决定了修法前我国长期以来施行的复议案件"条块管辖"体制。① 但是,行政复议的层级监督功能并非基于行政领导权或指导权产生,而是基于法律规定的争议化解和案件裁判之授权定位中形成的②,这最终仍是指向了化解行政争议的主渠道定位。所以,在此次行政复议法修订中,除前述特殊部门(第 27 条)仍然继续沿袭"条条管辖"外,从地方到中央政府及其工作部门都逐步取消了"条条管辖"。因此,在修法后,复议管辖体制完全打破了以往行政领导与复议管辖的一一对应关系,形成了以"以块为原则、以条为例外"的复议管辖体制,有效克服了复议资源分散、审理标准不一、人民群众申请困难、复议审理公正性不足等问题。

第三,保留有限的"自我管辖"(第 24 条第 2 款、第 25 条和第 28 条)。行政法上的自然公正原则要求,"任何人不得作自己案件的法官"③。从程序正义的角度出发,理论界和实务界不少观点主张应当取消"自我管辖"④。因为,对于直接向作出被申请行政行为的原机关提出复议申请,不仅复议审理的公正性、有效性得不到保证,而且申请人对这种安排恐怕未必再有意愿和动力去选择复议渠道。但是,修订后的《行政复议法》仍然保留了部分"自我管辖"的情况。一方面,国务院部门和省级人民政府管辖对本部门、本机关作出行政行为不服的行政复议案件。究其原因,一是国务院部门和省级人民政府属于较高级别的行政机关,其对依法行政和

---

① 参见全国人大常委会法制工作委员会研究室编:《中华人民共和国行政复议法条文释义及实用指南》,中国民主法制出版社 1999 年版,第 83—86 页。

② 参见石佑启、王成明:《论我国行政复议管辖体制的缺陷及其重构》,载《环球法律评论》2004 年第 1 期。

③ [英]威廉·韦德:《行政法》,徐炳等译,中国大百科全书出版社 1997 年版,第 95 页。

④ 练育强:《功能与结构视野下的行政复议制度变革》,载《法学》2021 年第 6 期;曹鎏、李月:《我国行政复议体制改革的发展演进、目标构成及修法回应》,载《行政管理改革》2022 年第 4 期等。

复议审理的情况和能力具有保证；二是如果按照行政领导关系，复议机关当属地位特殊的国务院，如此安排会影响复议申请人后续的诉讼救济可能；三是"自我管辖"并非终局安排，复议申请人对"自我管辖"的复议决定不服的，仍然可以向法院提起诉讼或向国务院申请"最终裁决"（第26条）。另一方面，地方人民政府司法行政部门也可能管辖到对本部门所作行政行为不服的行政复议案件。因为，被申请人为司法行政部门的复议案件虽然向本级人民政府提出复议申请，但履行行政复议职责、具体承办案件的机构仍然是该司法行政部门。《行政复议法》第28条在这种特殊情况中保留了"条条管辖"的例外①，即同时允许复议申请人向上一级司法行政部门申请行政复议，在一定程度上避免了事实上可能造成的"自我管辖"。

五、行政复议审理程序的制度创新

行政复议审理程序的制度创新是强化"主渠道作用"的关键环节。相较而言，行政诉讼对行政行为的司法审查存在局限，尤其是"对于罩着一层合法外衣的行政裁量行为而言，其控制的实际效果往往是不尽如人意的"②。作为行政系统内部的纠错机制，行政复议对行政行为的审查具有天然优势，即有效避免了司法权对行政权的过分干预之虞。实质性化解行政争议的审理程序，必须满足裁判程序及时公正、审查内容全面深入、裁判结果彻底有效这三个条件。③ 行政复议审理程序的优化完善有助于深入

---

① 新修订的《行政复议法》第28条规定："对履行行政复议机构职责的地方人民政府司法行政部门的行政行为不服的，可以向本级人民政府申请行政复议，也可以向上一级司法行政部门申请行政复议。"

② 方军：《论中国行政复议的观念更新和制度重构》，载周汉华主编：《行政复议司法化：理论、实践与改革》，北京大学出版社2005年版。

③ 参见徐云凯：《行政复议法修改对实质性解决行政争议的回应》，载《法学》2021年第6期。

剖析行政行为、纠正不当决策、作出审理决定，使当事人的程序性权利转化为争议的实质性化解及合法权利的实质救济。① 新修订的《行政复议法》着眼于公平公正，将"行政复议审理"从"行政复议决定"章节中独立出来，对行政复议案件审理的具体程序进行了多方面的制度创新。下文对行政复议审理程序的制度创新重点解读如下三个方面。

第一，增设行政复议简易程序。一般来说，简易程序是相对普通程序（一般、正式审理程序）而言的，最早出现在 19 世纪中叶英国轻微犯罪的刑事审理中，是指"以相对快速、简单的方式解决争议或处理案件的没有陪审团的程序"②。简易程序随后被广泛推广到现代刑事诉讼、民事诉讼活动中，并随即引入法国和德国行政诉讼中。③ 事实上，"行政诉讼与诉愿（行政复议）之区别，乃专为形式上之区别，非实质上之区别"④。因此，新修订的《行政复议法》比照《行政诉讼法》，在行政复议审理一章规定普通程序的基础上，专节增设简易程序，构成此次修法的一大创新亮点。具言之，当被申请复议的行政行为是警告或通报批评，或者是当场作出的，抑或案件属于政府信息公开案件或案件涉及款额 3 000 元以下的，行政复议机关可以选择适用简易程序；对其他案件来说，经当事人各方同意，也可以适用简易程序（第 53 条）。简易程序从行政诉讼审理推广至行政复议审理，体现了现代法治的效率取向。这恰如法律经济主义代表者波斯纳所揭示的那样："法本身——它的规范、程序和制度——极大地注重

① 参见姜明安：《建构和完善兼具解纷、救济和监督优势的行政复议制度》，载《法学杂志》2023 年第 4 期。

② ［英］戴维·M. 沃克（David M. Walker）：《牛津法律大辞典》，北京社会与科技发展研究所译，光明日报出版社 1988 年版，第 866 页。

③ 法国地方行政法院可以在管辖区域内委派一名行政法官，单独对行政诉讼案件采简易程序作出判决；德国建立了"法院裁决"和"范例诉讼"两种简易程序，旨在维护行政法院正常功能，同时为公民提供有效法律保护。参见［法］古斯塔夫·佩泽尔：《法国行政法》，廖坤明等译，国家行政学院出版社 2002 年版，第 282 页；翁岳生编：《行政法》（下册），中国法制出版社 2009 年版，第 1532 页。

④ ［日］美浓部达吉：《行政裁判法》，邓定人译，中国政法大学出版社 2005 年版，第 29 页。

于促进经济效益。"① 法律经济分析的观点同样适用于行政法领域:"争诉必须能被快速而经济地解决,这既是为了公共利益,也是为了请求人的利益。"② 不论是在行政诉讼还是行政复议审理中,普通程序的保障注重程序设计之严密、审理对抗之激烈、审级救济之完备等,但这有可能忽略"正义的第二种含义——也许是最普遍的含义——是效率"③。这种效率价值就是一种"成本—收益"之比率:不仅关系当事人双方在烦琐、持久的争诉中付出的成本负担与诉请的利益主张是否相称的问题,而且关系国家投入司法或行政资源与化解某一行政争议后所带来的社会增益是否相称的问题。但是,此次修法增设的简易程序之简易性和优越性似乎体现得并不明显。④ 除第54条规定的受理后的材料发送期限和被申请人答复和提交证据材料期限相比第48条缩短之外(从"7日+10日"缩短为"3日+5日"),简易程序还规定了"可以书面审理",但采用书面审理未必就意味着提高了效率。

第二,引入行政复议听证制度。听证是行政法上的重要程序性制度,"听取利害关系人意见的程序,法律术语称为听证"⑤。修订后的《行政复议法》第50条规定了"应当听证"和"可以听证"两类,前者适用于审理重大、疑难、复杂的行政复议案件,后者则是行政复议机构认为有必要听证或申请人请求听证的,由复议机构决定是否听证。鉴于"行政复议审理"一章并没有公开审理这样类似法院开庭审理的程序制度规定,再结合

---

① Richard A. Posner, *Economic Analysis of Law*, Little, Brow and Company, 1977, p. 517.

② [英]威廉·韦德、克里斯托弗·福赛:《行政法》(第10版),骆梅英等译,中国人民大学出版社2018年版,第690页。

③ [美]理查德·A. 波斯纳:《法律的经济分析》,蒋兆康译,中国大百科全书出版社1997年版,第31页。

④ 参见王春业:《论行政复议审理程序的再优化》,载《法学杂志》2023年第4期。

⑤ 此处的听证制度与《行政处罚法》第63~65条规定的行政处罚听证制度如出一辙。参见王万华:《行政复议制度属性与行政复议法完善》,载《法学杂志》2023年第4期。

第 49 条的听取意见制度以及第 61 条第 2 款关于应当根据听证笔录、审查认定的事实和证据作出行政复议决定的规定，这一法定复议听证制度本质上是执法性的，而非复议案件庭审机制。[①] 这种立法安排体现了对引入听证制度的审慎态度，即如同英国行政复议制度那样，不走行政复议"司法化"的道路，这反而使听证更加符合行政复议灵活、高效的特征与优势。[②] 即便如此，在复议审理程序中引入听证制度意义重大，它是对长期以来以书面审查为主、以听取意见为辅的复议审理原则的纠偏。听证在行政主体和相对人之间形成对话互动关系，这让相对人不再只是接受行政指令、承受行政处分的被动一方，而是作为积极主动的一方。因此，引入复议听证制度，不仅满足了公众参与的要求，还是行政复议审理程序提升公正性和实效性的必然选择。"听证程序系以行政官署之程序上义务及程序关系人之程序上权利为构成要求"[③]，这为复议申请人提供了一个深度参与复议审理过程的机会，并通过听证制度获得正式的身份权利得以"自卫"和"防御"，从而缩小了与被申请行政机关之间事实上的不平等地位。当然，目前复议听证制度的构建尚不完善，未能满足学界对该制度的期待，但可以等待后续实施条例进一步完善，并在实务中通过行政法上正当程序等原理补充、完善。譬如，行政复议听证应当遵循回避原则、听证主持人应当具备特定资格、听证笔录应当具有一定法律效力等。

第三，完善行政复议第三人制度。此次修法新增 9 个条文，设立了相对完整的第三人制度。一是扩大第三人范围。第三人范围的扩张体现了行

[①] 参见李洪雷：《英国行政复议制度初论》，载《环球法律评论》2004 年第 1 期；彭錞：《再论英国行政复议制度》，载《中国政法大学学报》2021 年第 6 期。

[②] 参见［日］盐野宏：《行政法》，杨建顺译，法律出版社 1999 年版，第 232 页。

[③] 成协中：《从相邻权到空间利益公平分配权：规划许可诉讼中"合法权益"的内涵扩张》，载《中国法学》2022 年第 4 期；王世杰：《行政法上第三人保护的权利基础》，载《法制与社会发展》2022 年第 2 期；王青斌：《行政复议原理》，法律出版社 2023 年版，第 107 - 108 页。

政争诉领域"利害关系"标准的扩张，其实质是现代行政法治理论中主观
公权利范围的扩张。① 原《行政复议法》第 10 条第 3 款将第三人限定为
"同申请行政复议的具体行政行为有利害关系的其他公民、法人或者其他
组织"，而修订后的《行政复议法》第 16 条第 1 款则变更为"申请人以外
的同被申请行政复议的行政行为或者行政复议案件处理结果有利害关系的
公民、法人或者其他组织"，即利害关系的标准从"行为"扩大到"行
为＋结果"，事实上将复议中无独立请求权的第三人也纳入进来。二是明
确第三人参加行政复议的方式以及不参加的后果。原《行政复议法》明确
了第三人参加复议的资格，但复议机关经常不通知有利害关系的第三人参
加，进而导致后续行政诉讼的判决据此认定复议机关违反法定程序。② 因
此，此次修法在第 16 条明确规定，第三人可以申请参加或者由行政复议
机构通知其作为第三人参加行政复议，但第三人不参加行政复议的，不影
响案件审理。三是赋予第三人行政复议中的地位和权利。新修订的《行政
复议法》第 17 条在规定委托律师或其他代理人的问题上，第 42 条在规定
复议期间申请原行政行为停止执行以及第 47 条在复议期间查阅、复制有
关材料等问题上，赋予了第三人同申请人一样的地位和权利。四是充分尊
重和保障第三人合法权益。新修订的《行政复议法》第 63 条规定行政复
议机关原则上不得作出对申请人更为不利的变更决定，但第三人提出相反
请求除外；第 70 条规定行政行为涉及第三人合法权益的，被申请人若在
行政复议中不按规定或怠于提出书面答复、提交证据或材料时，允许第三
人提供证据，此时复议机关应当听取第三人陈述申辩。通过对第三人制度
的完善可以看出，此次行政复议法修订吸收了许多行政诉讼法中的有益做

---

① 参见郭修江：《完善〈行政复议法〉充分发挥行政复议化解行政争议主渠道作用》，载《人民
司法》2022 年第 2 期。

② 参见王名扬：《美国行政法》，中国法制出版社 1995 年版，第 382 页。

法，这同时也有效推动了复议和诉讼之间的对应衔接。

"天下之事，不难于立法，而难于法之必行。"① 在《行政复议法》修订的背景下，行政复议工作迎来了高质量发展的历史机遇。在全面依法治国向纵深发展和法治政府建设进入新的历史阶段后，必须在认识到行政复议既是一种监督制度，又是一种救济制度，还是一种解决行政争议制度的基础上②，准确把握行政复议法的立法宗旨。可以预见，《行政复议法》的修订将极大释放行政复议作为"化解行政争议主渠道作用"的潜力，未来行政复议案件必将明显增加。这就要求未来行政复议实务工作准确把握修法要求，同时行政法规和地方政府规章也要为行政复议法的实施提供配套制度，为全面准确贯彻新修订的《行政复议法》做好充足准备。行政复议法越是修订完善，对行政复议工作人员的履职水平要求就越高。恰如德国法哲学家考夫曼所提出的："法律人的才能主要不在于认识制定法，而正是在于有能力能够在法律的——规范的观点之下分析生活事实。"③ 行政复议机关应积极采取措施，推动建设德才兼备的高素质人才队伍，健全行政复议队伍建设相关机制，建设一支政治素质过硬、人员储备充足、专业素养良好的行政复议工作队伍。

第四节　行政复议前置的法理与适用*

新行政复议法扩大行政复议前置范围，能够发挥行政复议化解行政争

　＊　原载于《法律适用》2024 年第 5 期，第 47－59 页。本书出版时根据实际情况，对正文内容作了文字调整。

　①　（明）张居正：《请稽查章奏随事考成以修实政疏》。

　②　参见应松年：《把行政复议制度建设成为我国解决行政争议的主渠道》，载《法学论坛》2011 年第 5 期。

　③　［德］亚图·考夫曼：《类推与"事物本质"——兼论类型理论》，吴从周译，学林文化事业有限公司 1999 年版，第 87 页。

议的主渠道作用和公正高效、便民利民的行政优势，有利于过滤行政争议、节约司法资源。行政复议前置范围扩大的法理基础，在目标导向上指向行政复议主渠道定位所展现的理想追求，在逻辑前提上归因于穷尽行政救济原则所揭示的行政优势。据此，为推动修改后的行政复议前置制度的适用，应当厘清"未履行法定职责"的五种类型，明确"不予公开政府信息"的四种类型以及其与"未履行法定职责"的关系，确立法律、行政法规复议前置设定权的设定标准，并辅之以严格的绩效考评等配套机制。

行政复议是行政系统内部自我纠错、化解行政争议的重要制度，对于监督行政机关依法行政，保障公民、法人和其他组织合法权益，化解行政争议具有重要意义。2020 年中央全面依法治国委员会第三次会议审议通过的《行政复议体制改革方案》要求发挥行政复议化解行政争议的主渠道作用。[1] 2023 年修订、2024 年施行的《行政复议法》第 1 条明确规定"发挥行政复议化解行政争议的主渠道作用"。《行政复议法》第 23 条扩大行政复议前置范围，旨在发挥行政复议化解行政争议主渠道作用。为此，有必要深入研究行政复议前置的意义、法理和适用问题。以往研究既有支持复议诉讼自由选择模式者，亦有支持复议前置者，还有主张在上述两种模式基础上微调者，莫衷一是。[2] 从发挥行政复议主渠道作用看，行政复议应尽可能吸纳和化解行政争议，扩大复议前置范围是必然要求，且比较法上的穷尽行政救济原则亦具有一定借鉴价值。鉴此，下文依次研究探讨复议前置的修法意义、法理基础和理解适用问题，为发挥行政复议化解行政争议的主渠道作用提供理论支撑。

---

① 参见《全面提高依法防控依法治理能力　为疫情防控提供有力法治保障》，载《人民日报》2020 年 2 月 6 日，第 1 版。

② 代表性文献，参见叶必丰：《行政复议前置设定的法治实践》，载《法学评论》2024 年第 1 期，第 123－135 页；杨伟东：《复议前置抑或自由选择——我国行政复议与行政诉讼关系的处理》，载《行政法学研究》2012 年第 2 期，第 71－76 页；章志远：《行政复议与行政诉讼衔接关系新论——基于解决行政争议视角的观察》，载《法律适用》2017 年第 23 期，第 31 页；刘权：《主渠道视野下行政复议与诉讼关系的重构》，载《中国政法大学学报》2021 年第 6 期，第 141－152 页；等等。

一、行政复议前置的意义

1999 年行政复议法规定了行政复议前置制度。此后虽然于 2009 年、2017 年两次修改行政复议法，但未修改行政复议前置制度。直到 2023 年，行政复议法对行政复议前置进行了较大修改。修改前的行政复议前置是作为例外存在的，即"以自由选择为原则、以复议前置为例外"，在比较法上更接近法国、日本的自由选择模式。① 可以概括为"1 列举＋2 程序＋3 设定"的构造："1 列举"是指列举自然资源权属争议应当复议前置；"2 程序"是指在法定期限内不得起诉，以及复议结束起 15 日内起诉；"3 设定"是指法律、行政法规和地方性法规三类立法享有复议前置设定权。2023 年修改后的行政复议前置主要规定在《行政复议法》第 23 条、第 34 条，其规范构造可概括为"4 列举＋2 程序＋2 设定"："4 列举"是指明确列举当场作出行政处罚、自然资源权属、未履行法定职责、不予公开政府信息四类争议应当复议前置；"2 程序"是指复议前置告知程序、复议结束起 15 日内起诉两个程序规定；"2 设定"是指法律、行政法规两类立法享有复议前置设定权。总体上看，修改后的行政复议前置依然属于"以自由选择为原则、以复议前置为例外"。但前置范围的扩大表明其在方向上有别于法国、日本的自由选择模式，而向美国穷尽行政救济模式②和德国的诉讼类型模式靠拢。③ 特别是《行政复议法》第 23 条第 1 款第 3、

---

① 参见章志远：《我国行政复议与行政诉讼程序衔接之再思考》，载《现代法学》2005 年第 4 期，第 80 - 81 页。

② See Myers v. Bethlehem Shipbuilding Corp., 82 L. Ed. 638 (1938); Mckart v. United States, 23 L. Ed. 2d 194 (1969); Mccarthy v. Madigan, 503 U. S. 140 (1992).

③ 德国《行政法院法》第 68 条规定："提起撤销诉讼前，须于先行程序审查行政行为的合法性及合目的性。但法律有特别规定或有下列情形者，不需要该审查：(1) 行政行为是由联邦最高行政机关或一个州的最高行政机关作出的，除非法律规定对此必须审查；(2) 纠正性质的决定或复议决定首次包含了一个负担。申请行政机关为行政行为而遭拒绝的，所提起的义务之诉准用第一款的规定。"

4 项有关未履行法定职责属于复议前置范围的规定，使我国复议前置与履行之诉相对应，类似于德国的诉讼类型模式，具有重要的制度价值和实践意义。扩大行政复议前置的主要意义在于：

第一，发挥行政复议化解行政争议的主渠道作用。2020 年 2 月，习近平总书记主持召开中央全面依法治国委员会第三次会议，审议通过《行政复议体制改革方案》，要求发挥行政复议公正高效、便民为民的制度优势和化解行政争议的主渠道作用。[①] 行政复议是行政机关运用行政手段化解行政争议的主要渠道。相比于行政调解、行政诉讼、行政信访等争议解决渠道，行政复议兼具行政性和司法性的特征，能够兼顾公正和效率，在化解行政争议方面具有更加高效便民的制度优势，理应充分吸纳并化解大多数行政争议，成为化解行政争议的主渠道。据此，行政争议化解体系应当呈现"大复议、小诉讼、小信访"的局面。但长期以来，实践中很多本属于行政复议受案范围的案件却没有流入行政复议，而是进入了信访、诉讼等渠道，造成"大信访、中诉讼、小复议"的争议化解体系，导致行政复议难以有效吸纳进而化解大多数行政争议，距离主渠道的目标还有一定差距。据调查，行政复议年均办案约 20 万件，行政诉讼一审案件约 30 万件，行政信访案件 400 万～600 万件[②]，分别是行政复议的 1.5 倍、20～30 倍。

基于上述现状，修改后的《行政复议法》第 1 条立法目的明确规定"发挥行政复议化解行政争议的主渠道作用"。据此，相关条文扩大了行政复议前置范围，将当场作出行政处罚、未履行法定职责、不予公开政府信息三类案件增加纳入复议前置范围。在实践中，根据司法部历年的统计数

① 参见《全面提高依法防控依法治理能力 为疫情防控提供有力法治保障》，载《人民日报》2020 年 2 月 6 日，第 1 版。

② 参见朱宁宁：《扩大范围发挥行政复议化解行政争议主渠道作用》，载《法治日报》2023 年 7 月 4 日，第 5 版。

据，行政处罚、行政不作为、政府信息公开三类案件占行政复议案件比例为50％至65％。① 可见，三类案件数量多、占比高，是行政复议案件的主要类型。2022年度，仅仅政府信息公开和行政不作为两类行政复议案件合计35 240件，占比15.77％；两类行政应诉案件合计32 722件，占比13.35％。根据行政复议70％的争议化解率②大致估算，如果这两类案件均实行复议前置，两类案件的行政复议收案数量将增加约22 150件、增长约62.85％，占2022年全年行政复议收案数量的9.91％，接近1/10。③如再加上当场作出行政处罚案件，这一比例还会更高。这表明此次修法扩大行政复议前置范围，意在通过行政复议，最大程度吸纳三类行政争议案件，减轻法院的诉讼压力，节约司法资源，充分发挥行政复议化解行政争议主渠道作用。

第二，发挥行政复议公正高效、便民利民的行政优势。与行政诉讼、信访等相比，行政复议是行政机关运用行政方式解决下级行政机关与行政相对人之间的行政争议的手段，具有公正高效、便民利民的行政优势。其原因在于行政复议程序作为具有准司法特征的行政程序，能够兼顾公正和效率两种价值。行政复议的行政程序针对效率价值，体现在行政主体的专业性、复议期限较短、审查强度及于合理性审查、复议决定更具针对性、行政资源丰富等方面；行政复议的准司法性针对公正价值，体现在行政复议的法定性、复议程序的正当性等方面。特别是较之于法院，行政复议可

---

① 参见司法部：《统计信息》，https：//www.moj.gov.cn/pub/sfbgw/zwxxgk/fdzdgknr/fdzdgknrtjxx/，2024年4月20日访问。

② 参见张璁：《行政复议化解行政争议主渠道建设有力推进》，载《人民日报》2024年2月5日，第10版。

③ 参见司法部：《2022年全国行政复议行政应诉案件统计数据》，https：//www.moj.gov.cn/pub/sfbgw/zwxxgk/fdzdgknr/fdzdgkn-rtjxx/202307/t20230711_482419.html，2024年4月20日访问。

以审查"裁量行为的合理性问题"①，对于不作为案件和轻微处罚案件具有效率、专业的复议优势，有些复议争议案件则可以通过配置行政资源得以化解。而行政诉讼则更加注重公正价值，成本较高、周期较长。信访制度由于其特殊的制度安排，不适宜作为化解行政争议的主渠道。在行政复议法修改前，由于吸纳行政争议的入口偏窄，大量行政争议无法进入行政复议，而是流入行政诉讼、信访等渠道。同时，行政复议前置的设定权原为法律和法规，稍显宽泛；加之绝大多数案件均属于自由选择型，又没有明确的告知程序，导致行政相对人程序权利得不到充分保障，不利于相对人找准、找对复议机关。这也就导致行政复议的行政优势没有发挥作用的空间。

基于此，行政复议法修订的"首要任务，就是充分发挥行政复议便捷高效、专业、有效的比较优势"②，使行政复议优势能够充分作用于行政争议化解和公民权利保障的全过程、全方面。行政复议前置范围的扩大，使得当场作出行政处罚、未履行法定职责、不予公开政府信息等更多案件进入行政复议渠道，从而为行政复议行政优势的发挥提供了作用空间，避免复议资源的闲置。而且，这三类案件在事实认定、法律适用等方面较为简单、较容易获得公正的处理结果。在基本能确保结果公正的前提下，如果适用行政诉讼则会因审判程序复杂、审判周期较长而不够高效便民；纳入行政复议前置则会因复议程序简洁、复议周期较短而高效便民利民。同时，此次修法增加了行政复议前置告知程序，有利于保障相对人知情权等合法权益。此次修改取消地方性法规的行政复议前置设定权，可以防止地方性法规随意增设复议前置、阻碍起诉的情形，有利于保障公民的诉权。

---

① 应松年：《中国行政复议制度的发展与面临的问题》，载《中国法律评论》2019年第5期，第17页。

② 赵大程：《打造新时代中国特色社会主义行政复议制度体系》，载《中国法律评论》2019年第5期，第35页。

并且，扩大复议前置的案件范围，"看似限制了相对人的程序选择权"①，实则能够帮助行政相对人有效选择行政复议程序，穷尽行政救济，切实保障相对人合法权益。

第三，过滤行政争议，节约司法资源。行政诉讼与行政复议存在相互竞争、相互协同的制度联系。根据我国行政复议公正高效、便民利民的制度优势和化解行政争议主渠道的目标定位，行政复议本应发挥行政诉讼"过滤阀"的作用，吸纳和化解大多数行政争议，仅仅保留少量行政争议流入行政诉讼，以充分节约和利用司法资源。② 但修法前的实践情况却不容乐观。法院受理案件的数量急剧增加，但法官人数并未随之增长，案多人少的问题相当严峻。自 2013 年以来，全国各级法院案件总量年均增速 13%，10 年增加 2.4 倍；法官年人均办案量由 2017 年的 187 件骤增至 2023 年的 357 件。③ 虽然行政诉讼案件占全部诉讼案件比例不高，但由于从事行政审判的法官人数相对较少，行政诉讼领域案多人少的矛盾同样不容小觑。对比之下可发现，不仅全国法院行政案件收案数量明显高于全国行政复议案件数量，一审行政案件数量也高于全国行政复议案件数量。以 2022 年为例，全国法院行政案件收案数量 664 486 件，全国一审行政案件 278 304 件，分别是全国行政复议案件数量 223 516 件的约 2.97 倍、1.25 倍。与有些国家相比，我国法院的审判压力则更为明显。在实行穷尽行政救济原则的美国，绝大多数案件由隶属于行政系统的行政法法官审理结案，

---

① 王青斌：《行政复议制度的变革与重构——兼论〈行政复议法〉的修改》，中国政法大学出版社 2013 年版，第 55 页。

② 参见马怀德：《化解行政争议主渠道的制度创新——〈行政复议法〉修订解读》，载《法学评论》2024 年第 2 期，第 1-10 页。

③ 参见最高人民法院院长张军：《最高人民法院工作报告——2024 年 3 月 8 日在第十四届全国人民代表大会第二次会议上》，载新华网，http://www.xinhuanet.com/legal/20240315/da905473514046479418b56630adfbde/c.html。

进入普通法院的不足 10%。[①] 英国行政裁判所同样处理了绝大多数行政案件，进入法院的案件比例甚至低于美国。[②] 如上文所述，行政复议本应成为化解行政争议的主渠道，但从收案数量上看，行政复议却未能有效过滤行政争议，导致大量行政争议流入行政诉讼，给行政审判带来巨大压力，消耗了大量司法资源。

鉴于此，行政复议法扩大复议前置范围，将当场作出行政处罚、未履行法定职责、不予公开政府信息三类案件纳入前置范围，对于行政复议吸纳和化解大多数行政争议具有重要意义。前置范围扩大后，行政复议将吸纳和化解原本属于行政诉讼的案件，复议案件数量将实质性增加，从而使更多案件进入行政复议。加之作为"过滤阀"的行政复议具有 70% 的案结事了比例[③]，经过行政复议进入行政诉讼的案件将实质性减少，可以有效节约司法资源。从今后发展看，行政复议案件数量有望超过行政诉讼案件数量。根据司法部的统计，2022 年全国一审行政案件 278 304 件和全国行政复议案件 223 516 件。[④] 根据行政复议 70% 的争议化解率大致估算，如果未履行法定职责、政府信息公开两类案件实行复议前置，行政诉讼案件将减少 15 505 件，占 2022 年全年一审行政案件数量的 5.57%，再加上数量庞大的当场作出行政处罚案件，这一比例还会更高。届时，全国行政复议案件将增加不少于 22 150 件。

---

① 参见美国学者琳达·D. 杰卢姆 2016 年在中国行政法学研究会主办的"行政复议国际研讨会"上有关美国行政复议制度的报告。

② 参见应松年：《对〈行政复议法〉修改的意见》，载《行政法学研究》2019 年第 2 期，第 4—5 页。

③ 参见张璁：《行政复议化解行政争议主渠道建设有力推进》，载《人民日报》2024 年 2 月 5 日，第 10 版。

④ 参见司法部：《2022 年全国行政复议行政应诉案件统计数据》，https：// www. moj. gov. cn/pub/sfbgw/zwxxgk/fdzdgknr/fdzdgkn-rtjxx/202307/t20230711＿482419. html，2024 年 4 月 20 日访问。

二、行政复议前置的法理基础

行政复议前置范围的扩大，不仅具有重要的实践意义，还具有深厚的法理基础。这种法理基础，在目标导向上指向行政复议的主渠道定位，在逻辑前提上归因于穷尽行政救济原则，从而推理出行政复议前置的总体方向。

（一）化解行政争议主渠道的目标导向

此次修订行政复议法，最主要的目标是发挥行政复议的主渠道作用。2023 年《行政复议法》第 1 条在立法目的部分增加规定"发挥行政复议化解行政争议的主渠道作用"。行政复议之所以应当成为化解行政争议的主渠道，是因为其在程序特征上兼具行政性和司法性，是"类似法院的司法裁决行为"[1]，如在复议主体、期限等方面具有行政性；在程序启动、审理程序的被动性等方面具有司法性。[2] 因此行政复议能兼具效率和公正两种价值。[3] 行政复议的司法性类似于行政诉讼的特性，是复议和诉讼共有的特征。而行政性则是行政复议的本质特征，也是成就主渠道目标的主要原因。

行政复议的主渠道目标意味着，行政复议吸纳并实质性化解大多数行政争议。[4] 具体而言：一是行政复议吸纳大多数行政争议，而非行政诉

---

① 余凌云：《取消"双被告"之后法院对行政复议决定的评判》，载《法学》2021 年第 5 期，第 60 页。

② 参见杨小君：《我国行政复议制度研究》，法律出版社 2002 年版，第 2 页；李策：《行政法治的新发展与行政法法典化——中国法学会行政法学研究会 2021 年年会综述》，载《行政法学研究》2022 年第 3 期，第 26-38 页。

③ 参见应松年：《把行政复议制度建设成为我国解决行政争议的主渠道》，载《法学论坛》2011 年第 5 期，第 8-9 页。

④ 参见王万华：《行政复议法的修改与完善——以"实质性解决行政争议"为视角》，载《法学研究》2019 年第 5 期，第 104 页；马怀德、李策：《关照时代命题的行政法学》，载《湖南科技大学学报（社会科学版）》2022 年第 4 期，第 102-103 页。

讼、信访等途径；二是行政复议实质性化解大多数行政争议，复议后未被其他法律程序纠错。两者分别体现了行政复议的吸纳争议能力、化解争议能力。

作为行政复议"入口"的关键制度，复议前置是发挥行政复议主渠道作用的主要制度设计，服务于主渠道的立法目的。早在 2014 年行政诉讼法修改时，就有"一些意见提出要实行复议前置"[1]。2023 年行政复议法则是明确扩大了行政复议前置范围。详言之，主渠道目标对复议前置提出了两方面的要求。一是为使大多数行政争议进入行政复议，应当尽可能实行复议前置。唯其如此，行政复议才能成为"主"渠道。据此，理论上，自由选择复议或诉讼的情形应当尽可能少，复议前置应当尽可能多。即使在实践中无法做到如此绝对，那么自由选择也只能成为一种迫不得已的例外。二是为了使复议前置的争议得到实质性化解，应尽可能提升行政复议实质性化解行政争议的能力。这是复议前置的必然要求。实行复议前置，只解决了行政争议进入复议的问题，尚无法解决实质性化解行政争议的问题。即只解决"入口"不解决"出口"问题。如果不解决"出口"问题，不仅无法实质性化解行政争议，还会产生复议资源浪费、当事人诉累、法院审判压力加大、社会不稳定等一系列反效果。因此，与复议前置相配套的是，必须实质性化解实行复议前置的行政争议。唯其如此，复议前置才真正有价值、有意义，不会沦为"程序空转"。

一言以蔽之，复议前置和实质性化解如车之两轮、鸟之两翼，相辅相成、缺一不可。如上所述，当前，我国行政复议实质性化解行政争议的能力正在不断提升，2023 年行政复议法适当扩大复议前置范围，使二者步伐一致、相互协调、彼此匹配。如此可以基本保证通过复议前置进入行政

---

① 袁杰主编：《中华人民共和国行政诉讼法解读》，中国法制出版社 2014 年版，第 122 页。

复议的案件得到实质性化解，不会出现案件进入复议却无法化解或者复议能够化解却无案可办的情况。

（二）穷尽行政救济原则的逻辑前提

行政复议主渠道定位及其对复议前置扩大的要求，不仅契合我国行政复议实践，而且有域外穷尽行政救济原则的比较法支撑。穷尽行政救济原则是美国行政救济和司法审查的重要原则，起源于 1938 年的迈尔斯诉贝斯乐亨案。在该案中，联邦最高法院明确："在未穷尽（法律、规章）规定的行政救济前，任何人不得对可能的或潜在的伤害寻求司法救济。"[①]1946 年美国《联邦行政程序法》第 704 条为该原则提供了默示成文法依据，蕴含"穷尽行政救济，行政行为方为完成，才可寻求司法救济"的规范意味。之后，联邦最高法院通过 1969 年麦卡特诉美国政府案和 1992 年麦卡锡诉麦迪根案不断发展该原则，明确了该原则的理由、意义和例外。坚持该原则的理由：一是保证行政机关利用其专门知识和裁量权；二是审查结果比审查过程更有效；三是保护行政自主性；四是防止行政机关妨碍司法审查；五是节约司法资源；六是防止降低行政效率[②]；七是行政机关享有行政权，就应当承担相应责任，这是权责一致的要求。[③] 并且在特定情况下，即司法救济明显更能够保护相对人权益时，允许该原则的例外存在。[④] 该原则的进一步发展是在 1993 年，联邦最高法院在达比诉西斯内罗斯案中指出，除非相关法律或规章明确规定穷尽行政救济，否则法院应允

---

① Myers v. Bethlehem Shipbuilding Corp., 303 U. S. 41, 50-1 (1938).
② 参见王名扬：《美国行政法》（下），中国法制出版社 1995 年版，第 652-653 页。
③ See Myers v. Bethlehem Shipbuilding Corp., 82 L. Ed. 638 (1938)；Mckart v. United States, 23 L. Ed. 2d 194 (1969)；Mccarthy v. Madigan, 503 U. S. 140 (1992).
④ See Myers v. Bethlehem Shipbuilding Corp., 82 L. Ed. 638 (1938)；Mckart v. United States, 23 L. Ed. 2d 194 (1969)；Mccarthy v. Madigan, 503 U. S. 140 (1992).

许相对人未穷尽行政救济时寻求司法救济。① 该原则的例外情形主要包括：宪法问题；纯粹法律问题；行政机关超越法定权限；穷尽行政救济会给相对人造成无法弥补的损失；行政机关无法提供有效救济。②

行政复议的主渠道定位为复议前置提供了价值论上的目标导向，而穷尽行政救济原则为复议前置提供了逻辑上的前提。前者是复议前置的目标，后者是复议前置的前提。二者共同将行政复议的行政优势作为制度前提，在客观上都能够达成行政复议主渠道的目标追求，具有前提一致性和目标一致性，共同构成复议前置的法理基础。新修改的行政复议法规定并扩大复议前置范围，构成复议前置的法律依据，这也与达比诉西斯内罗斯案确定的规则相一致，即立法一致性。正是基于这种前提一致性、目标一致性和立法一致性，穷尽行政救济原则在我国才有了借鉴价值。这启发我们进一步扩大行政复议前置范围，推动行政复议吸纳大多数行政争议，使其成为化解行政争议的主渠道。

穷尽行政救济原则之所以在美国大行其道，其背后的原因是行政救济具有正当程序、行政效率等优势，进而有能力实质性化解行政争议。事实上也确实如此，绝大多数行政争议通过行政救济（行政法法官和听证官制度）得到化解，进入司法程序的不足10%。③ 如果行政救济不能实质性化解行政争议，那么该原则只能导致无意义的"程序空转"，该原则也早就被废除了。这也启发我们，在借鉴穷尽行政救济原则时，要考虑其赖以生存的基础条件，不断提升我国行政复议实质性化解行政争议的能力，防止

① See Darby v. Cisneros，509 U. S. 137（1993）.

② See Myers v. Bethlehem Shipbuilding Corp.，303 U. S. 41，50-1（1938）；Mckart v. United States，395 U. S. 185（1969）；Kuehner v. Schweiker，717 F. 2d 813，822-823（3rd cir. 1983）；EEOC v. Karuk Tribe Housing Authority，260 F. 3d 1071（9th Cir. 2001）.

③ 参见美国学者琳达·D. 杰卢姆2016年在中国行政法学研究会主办的"行政复议国际研讨会"上有关《美国行政复议制度》的报告。

复议前置无法实质性化解行政争议导致"程序空转"问题。

(三) 作为原则的复议前置

行政复议的主渠道目标和穷尽行政救济原则,要求原则上所有的行政争议都应先进入行政复议。也即将复议前置作为一项原则对待,除非有特殊情况,否则所有行政争议进入诉讼程序之前一律先进行行政复议。

首先,这可以确保行政权与审判权得到充分行使。"不管行政复议是前置,还是选择,其实是反映本土需求的。"① 穷尽行政救济原则要求当事人"利用一切可能的行政救济"②。美国强调行政救济的独立性和行政程序的连续性。③ 与此不同,根据我国宪法,我国实行人民代表大会制度,行政机关行使行政权;人民法院行使审判权。二者职责不同、分工不同。基于行政一体原则,行政机关是一个整体,行政争议是由行政权行使引发的,故行政机关有义务优先解决其"分内之事"④。如果允许当事人直接向法院起诉,由法院行使审判权,则由于司法最终原则的存在,事实上导致行政机关无法充分行使行政权化解相关争议。而实行复议前置,则意味着行政机关可以行使行政权先行化解行政争议。如果复议后再向法院起诉,则法院也可以充分行使审判权。这就使行政权与审判权互不抵牾冲突,均得到充分行使。因此,基于行政权与审判权分工负责的原则,也应当实行复议前置。由此可见,复议前置并非剥夺相对人诉权,而是在确保充分行使申请复议权的同时,促进相对人更加有效地行使诉权。

---

① 曹鎏:《五国行政复议制度的启示与借鉴》,载《行政法学研究》2017 年第 5 期,第 27 页。

② 王万华:《行政复议法的修改与完善研究——以实质性解决行政争议为视角》,中国政法大学出版社 2020 年版,第 131 页。

③ 参见王名扬:《美国行政法》(下),中国法制出版社 1995 年版,第 652-653 页。

④ 耿宝建、殷勤:《〈行政复议法〉修改如何体现"行政一体原则"?》,载《河南财经政法大学学报》2020 年第 6 期,第 19 页;王敬波:《面向整体政府的改革与行政主体理论的重塑》,载《中国社会科学》2020 年第 7 期,第 103 页。

其次，有利于充分发挥行政复议的比较优势。在行政诉讼制度发展完善阶段，"不得不寄希望于通过完善一个更加难以获取独立裁决权的行政复议机构，来破解新时期日益严峻的官民矛盾"①。较之于行政诉讼，行政复议具有明显的比较优势：在查明事实方面具有专业性和技术性优势②；在审查强度方面具有合理性审查优势，行政诉讼则主要是合法性审查而合理性审查仅限明显不当③；在程序推进、时间期限、决定执行方面具有"方便快捷、程序灵活"的效率优势。④ 如不实行复议前置，会有大量行政争议跳过行政复议而进入行政诉讼，"抑制行政复议功能的发挥"⑤。原则上实行复议前置，大量争议必须先进入复议，则行政复议能够在吸纳化解争议过程中充分发挥其事实专业、合理性审查、效率的比较优势，以较低成本发挥保障公民权益、监督行政、化解行政争议的主渠道作用。

最后，其可以加强对行政复议的监督。根据复议与诉讼的制度分工，行政诉讼是化解行政争议的最后一道防线，重在公正；行政复议旨在吸纳化解大多数行政争议，重在效率。⑥ 如果不实行复议前置，则行政争议可不经复议而直接进入诉讼，行政诉讼无法监督此类行政复议活动。复议前置作为原则，意味着行政争议必须先复议再诉讼。由此，人民法院可以通过撤销、履行、变更、重作等裁判方式对行政复议化解争议的过程和结果

---

① 耿宝建：《行政复议法修改展望》，法律出版社 2016 年版，第 159 页。

② 参见许安标：《行政复议程序应当多样化》，载《法学研究》2004 年第 2 期，第 154 页。

③ 参见王天华：《行政诉讼的构造：日本行政诉讼法研究》，法律出版社 2010 年版，第 125 页；何海波：《论行政行为"明显不当"》，载《法学研究》2016 年第 3 期，第 70 - 88 页。

④ 参见王青斌：《行政复议制度的变革与重构——兼论〈行政复议法〉的修改》，中国政法大学出版社 2013 年版，第 54 页。

⑤ 沙金：《论中国行政复议制度的司法化改革》，载《河北法学》2015 年第 8 期，第 82 页；郑烁：《论美国的"穷尽行政救济原则"》，载《行政法学研究》2012 年第 3 期，第 133 页。

⑥ 这更加凸显了具备中立性的行政复议委员会的必要性。参见马怀德、李策：《行政复议委员会的检讨与改革》，载《法学评论》2021 年第 4 期，第 12 - 23 页。

进行监督。在此情形下，行政复议将充分发挥化解行政争议主渠道作用，实质性化解行政争议。

（四）作为例外的自由选择

行政复议的主渠道目标和穷尽行政救济原则，不意味着行政争议应当一律实行复议前置。特殊情况下，为充分发挥行政诉讼等争议解决方式的比较优势，推动行政复议与行政诉讼的良性竞争，最大限度实质性化解行政争议，有必要允许相对人自由选择复议或者诉讼。

一方面，充分发挥行政诉讼的比较优势。相比行政复议，行政诉讼在适用法律方面具有专业优势；在诉讼程序和结果方面具有公正优势。特殊情况下允许相对人自由选择，使其有机会跳过行政复议"直达"行政诉讼，从而充分发挥行政诉讼法律适用的专业性和公正性优势，吸纳和实质性化解行政争议。尤其是在行政相对人特别注重程序公正的背景下，即使行政复议结果公正，但由于复议程序公正较之于诉讼为弱，行政相对人在复议后仍可能提起诉讼以寻求程序公正。在这种"行政纠纷日益多样化、复杂化"的时代背景下，行政诉讼有时比行政复议更能实质性化解行政争议。[1]

另一方面，推动行政复议与行政诉讼的良性制度竞争。行政复议旨在吸纳和化解大多数行政争议，首要价值是效率[2]；行政诉讼是公平正义的最后防线，首要价值是公正。在自由选择情况下，复议与诉讼形成良性制度竞争。"为避免案件在诉讼阶段被'纠错'，复议机关倾向于参考法院的审查标准和判例来处理复议案件。"[3] 行政复议和行政诉讼都能够较好地

---

[1]　参见章志远：《我国行政复议与行政诉讼程序衔接之再思考》，载《现代法学》2005年第4期，第81页。

[2]　参见张春生主编：《中华人民共和国行政复议法释义》，法律出版社1999年版，第6页。

[3]　许安标：《行政复议法实施二十周年回顾与展望》，载《中国法律评论》2019年第5期，第28页。

处理公正和效率两种价值，从而更好地发挥行政复议化解行政争议的主渠道作用和行政诉讼化解行政争议的"最后一道防线"[①] 作用。

自由选择行政复议或者行政诉讼的标准是什么？概而言之，着眼于行政复议主渠道目标和穷尽行政救济原则，可以细化为两个标准：一是公正标准，这是指行政复议无法实质性化解行政争议的，应允许当事人自由选择。这主要适用于"自我管辖"即以国务院部门或省级人民政府为被申请人的复议案件等。这类案件因存在"自己作自己案件的法官"之嫌，复议的公正性受到怀疑，难以实质性化解行政争议。既然行政复议不能解决问题，就没必要通过复议前置让"程序空转"。二是权益标准，这是指如果复议前置将会给公民权益造成不能弥补的损害，则应允许当事人自由选择。这主要适用于涉及公民人身自由的行政处罚或强制措施、行政强拆等不可逆的行政强制等案件[②]，而且"在因拆迁等引发的行政争议中尤其明显"[③]。如果复议后提起诉讼，其受损权益也无法完全弥补[④]；此时，应当允许相对人在复议和诉讼之间自由选择。

三、行政复议前置的适用

基于行政复议主渠道作用和穷尽行政救济原则，应当通过修改行政复议法实施条例、法律解释等方法，对复议前置的理解与适用问题加以

---

① 马怀德：《新时代法治政府建设的使命任务》，载《政法论坛》2023 年第 1 期，第 24 页。

② 虽然 2023 年《行政复议法》第 42 条和《行政诉讼法》第 56 条对复议或诉讼不停止执行的规定比较相似，但一是在行政诉讼中，当事人对停止执行或者不停止执行的裁定不服的，可以申请复议一次，行政复议法则无此规定；二是复议机关可能基于其与被申请人之间上下级的关系，裁定停止执行或者不停止执行，导致与法院的裁定结果不同。

③ 刘莘：《行政复议的定位之争》，载《法学论坛》2011 年第 5 期，第 13 页。

④ 参见耿宝建：《"泛司法化"下的行政纠纷解决——兼谈〈行政复议法〉的修改路径》，载《中国法律评论》2016 年第 3 期，第 234 页。

明确。

（一）"未履行法定职责"的五种类型

《行政复议法》第 23 条第 1 款第 3 项规定"行政机关存在本法第十一条规定的未履行法定职责情形"，属于复议前置范围。《行政复议法》第 11 条将"未履行法定职责"分为"拒绝履行、未依法履行、不予答复"三种。然而，这三种类型仍可能存在交叉、混淆等不明确情形，因此，有必要进一步解释。

拒绝履行，是明示意思表示，含义与《最高人民法院关于适用〈中华人民共和国行政诉讼法〉的解释》第 91 条①的"拒绝履行"相近。根据是否经过实体处理，可分为不予受理（程序性拒绝履行）和狭义拒绝履行（实体性拒绝履行）。前者是指对当事人的申请不予受理；后者是指受理申请后拒绝履行职责。前者如不予受理投诉申请，后者如受理投诉后明确拒绝予以查处。如在丁某不服原保监会信访投诉处理案中，原保监会对丁某投诉作出《信访投诉告知书》，明确拒绝履行查处职责，而后复议机关依据行政复议法撤销告知书并责令被申请人履行法定职责。② 关于上述情形，有观点认为，这不是对法定职责的消极怠惰，故不属于拒绝履行，违法时应予撤销。③ 这与日本 2004 年修改《行政案件诉讼法》之前的做法一致，修改后的《行政案件诉讼法》将对于拒绝申请决定的撤销诉讼与课予义务诉讼合并提起。④ 其实，如果以是否按照申请人的申请履行法定职责

---

① 《最高人民法院关于适用〈中华人民共和国行政诉讼法〉的解释》第 91 条规定："原告请求被告履行法定职责的理由成立，被告违法拒绝履行或者无正当理由逾期不予答复的……"

② 参见郜风涛主编：《行政复议典型案例选编》（第 2 辑），中国法制出版社 2011 年版，第 37 - 41 页。

③ 参见全国人大常委会法制工作委员会行政法室编：《〈中华人民共和国行政诉讼法〉解读与适用》，法律出版社 2015 年版，第 161 页。

④ 参见 ［日］盐野宏：《行政救济法》，杨建顺译，北京大学出版社 2008 年版，第 119 页。

为标准判断，实体性拒绝履行也属于拒绝履行。这与德国行政诉讼法的做法一致。德国法上，对申请的否定性决定涉及否定决定之诉，仍然是要求履行义务，不意味着撤销否定决定，应适用义务之诉。① 若采纳此种观点的话，拒绝履行的适用范围将扩大，复议前置的范围也会扩张。

不予答复，是一种消极状态，有两种具体形态：一是程序性不予答复，即狭义不予答复，指行政机关不理不睬、没有任何答复。② 如在杨某不服某市国土资源局不作为案中，某市国土资源局在法定期限内未对杨某的申请作任何答复。③ 二是实体性不予答复，即拖延履行，指行政机关答复申请人予以受理，但在法定或合理期限内未终结行政程序④，没有将处理结果答复给申请人。如在霍某诉天津市河西区市场监督管理局撤销告知书案中，天津市河西区市场监督管理局答复霍某受理申请，但在法定期限内没有作出最终的行政行为履行法定职责。⑤

未依法履行，广义上可以包括拒绝履行和不予答复。狭义未依法履行则是指瑕疵履行，即行政机关作出了履行行为，但却与法律的要求不甚符合。其与拒绝履行和不予答复的根本区别在于是否存在履行行为。由于行政复议法将三者并列，故此处的"未依法履行"应采狭义理解。狭义未依法履行，其实是作出了行政行为（只不过不符合法律要求），根据《行政复议法》第11条第11项，属于针对依申请行政行为的撤销复议⑥，可能

---

① 不过，在义务之诉的判决中通常都会宣布对否定决定或者复议决定的撤销。参见［德］弗里德赫尔穆·胡芬：《行政诉讼法》（第5版），莫光华译，法律出版社2003年版，第283页。

② 参见郜风涛主编：《中华人民共和国行政复议法实施条例释解与应用》，人民出版社2007年版，第175页。

③ 参见郜风涛主编：《行政复议典型案例选编》（第3辑），中国法制出版社2013年版，第93-95页。

④ 参见章剑生：《行政诉讼履行法定职责判决论——基于〈行政诉讼法〉第54条第3项规定之展开》，载《中国法学》2011年第1期，第145页。

⑤ 参见中国法学会行政法学研究会、中国政法大学法治政府研究院编：《行政复议法实施二十周年研究报告》，中国法制出版社2019年版，第256-257页。

⑥ 撤销复议是行政复议的类型之一，是相对于撤销诉讼而言的概念。

同时附属有作为履行复议①的重作复议。② 二者是并列关系而非包含关系。故复议前置同时适用于履行复议和撤销复议。

（二）"不予公开政府信息"的四种类型以及其与"未履行法定职责"的关系

《行政复议法》第 23 条第 1 款第 3 项规定了"未履行法定职责"属于复议前置范围，第 4 项又规定"不予公开政府信息"属于复议前置范围。从文义上看，"不予公开政府信息"中的"不予"属于"未履行法定职责"中的"未履行"范畴，"公开政府信息"属于"法定职责"范畴。故第 4 项的"不予公开政府信息"似乎应属于第 3 项的"未履行法定职责"的特殊类型。而纵观《行政复议法》第 23 条第 1 款的 5 项内容可见，各项之间基本上是并列关系。由此，《行政复议法》第 23 条第 1 款将本属于包含关系的二者并列规定，是否妥当？这就需要明确"不予公开政府信息"的具体类型及其与"未履行法定职责"的关系。

《行政复议法》第 23 条第 1 款第 4 项规定的不予公开政府信息，同样包括拒绝公开和不予答复两大类四小类。拒绝公开，是明示意思表示，包括不予受理（程序性拒绝公开）和狭义拒绝公开（实体性拒绝公开）。前者是指对于申请人的公开申请不予受理；后者是指受理公开申请后明确拒绝公开。如在苏某等 5 人请求责令某区人民政府履行政府信息公开职责案中，某区人民政府责成办事机构书面告知申请人因为保密而不能公开相关政府信息，复议机关认定某区人民政府的行为构成不履行法定职责，遂责令其履行法定职责。③ 这就是实体性拒绝公开。不予答复包括程序性不予

---

① 履行复议是行政复议的类型之一，是相对于履行诉讼而言的概念。

② 参见李策：《行政复议重作决定的理论基础、适用要件与效力》，载《华东政法大学学报》2022 年第 4 期，第 185 - 186 页。

③ 参见部风涛主编：《行政复议典型案例选编》（第 2 辑），中国法制出版社 2011 年版，第 118 - 119 页。

答复（狭义不予答复）和实体性不予答复（拖延履行）。前者是指对当事人的申请没有任何答复；后者是指答复申请人受理公开申请后在法定期限内没有答复申请人处理结果。如在李某不服某县人民政府信息公开不作为案中，复议机关认定被申请人某县人民政府未在法定期限内对李某的申请进行答复，遂责令被申请人收到复议决定书之日起 15 日内根据《政府信息公开条例》履行答复职责。① 此外，从文义上看，《行政复议法》第 23 条第 1 款第 4 项的"申请政府信息公开，行政机关不予公开"，是指行政机关根本没有公开，即没有作出信息公开行为，而非已作出公开行为但不符合法律要求。如果是瑕疵履行即作出公开行为但不合法，应表述为"不（未）依法公开"。故此处的"不予公开"不包括狭义未公开政府信息即瑕疵公开。

综合考虑"未履行法定职责"的五种类型和"不予公开政府信息"四种类型，可知"未履行法定职责"包括"不予公开政府信息"，二者是包含关系，后者属于前者的特殊情形。《行政复议法》第 23 条第 1 款将二者并列，使"不予公开政府信息"单列一项，在一定程度上能起到强调和突出的作用。而瑕疵公开虽然不属于第 4 项的"不予公开政府信息"，但却可以归属于第 3 项"未履行法定职责"中的未依法履行即瑕疵履行情形，仍应适用复议前置。

（三）法律、行政法规复议前置设定权的设定标准

《行政复议法》第 23 条第 1 款保留了法律、行政法规的复议前置设定权，但未明确法律、行政法规设定复议前置的标准。实践中，法律、行政法规设定复议前置存在标准不统一、标准缺乏说服力的问题。即使在"同

---

① 参见郜风涛主编：《行政复议典型案例选编》（第 2 辑），中国法制出版社 2011 年版，第 114 - 117 页。

一种类的法律法规之间、同一类型或同一机关管辖的案件之间甚至同一部法律法规不同的条款之间的规定"，也存在或复议前置或自由选择的不同情形。① 例如，行政复议法规定自然资源权属争议属于复议前置，主要是为了"充分发挥行政机关的专业性和政策性优势"②。而《电影产业促进法》将电影公映许可纳入复议前置，则不完全出于专业性考虑。因为当前我国已经设置知识产权法院或法庭专门审理知识产权案件，且电影公映许可的技术性和专业性并不特别复杂。也即，"并非所有行政案件的审理都涉及法官无法判断的专业性问题"③。再如，《宗教事务条例》将宗教事务部门的行政行为纳入复议前置，则主要是出于"保障公民宗教信仰自由，维护宗教和睦与社会和谐"（第 1 条）的考量。

行政复议法保留法律、行政法规设定复议前置权限，符合扩大复议前置范围的总体方向，有利于发挥行政复议化解行政争议主渠道作用。总体而言，法律、行政法规设定复议前置，应当与复议机关吸纳和化解行政争议的复议能力相匹配。行政复议能力越强，法律、行政法规设定复议前置就可以越多；行政复议能力越弱，法律、行政法规设定复议前置就可以越少。具体而言，参酌复议诉讼自由选择的设置标准，法律、行政法规设定复议前置应当同时符合下述三项标准：一是效率标准，即复议前置更加便捷高效。如相比于提起行政诉讼，对于案件事实清楚、法律适用明晰、争议不大的简易案件，以及医疗用毒性药品管理等专业性强的案件，行政复议的专业性更强，程序更加简单灵活，能够在更短周期内解决问题。二是公正标准，即复议前置能够公正化解行政争议。行政复议不能实质性化解行政争议的情况，往往是由于公正性不足。如"自我管辖"案件、复议终

---

① 参见章志远：《我国行政复议与行政诉讼程序衔接之再思考》，载《现代法学》2005 年第 4 期，第 83 页。

② 许安标：《行政复议程序应当多样化》，载《法学研究》2004 年第 2 期，第 154 页。

③ 王万华：《完善行政复议与行政诉讼的衔接机制》，载《中国司法》2019 年第 10 期，第 54 页。

局案件等存在公正性质疑的案件，不宜设置复议前置，即行政复议能解决问题的，才能设置复议前置。三是权益标准，即复议前置不会造成公民权益不可弥补的损害。在涉及公民人身自由的行政处罚或强制措施等不可逆的行政行为引发的案件中，复议前置有可能耽误相对人请求救济，造成不可弥补的损害，此种情形不宜设置复议前置。

除了保留法律、行政法规的复议前置设定权外，此次修订行政复议法，取消了地方性法规的复议前置设定权。取消前，地方性法规设置复议前置的数量众多，以至于难以统计①，而且同样存在设置标准不统一、标准缺乏说服力、设置过于分散的问题，乃至出现了"没有任何标准限制"②的评价，造成复议前置法制不统一，相同案件不同救济程序，损害了行政复议的公信力。为此，行政复议法修改，取消地方性法规的复议前置设定权，有利于减少随意设置情形、统一设置标准、提升设置标准说服力、避免设置过于分散，进而促进行政复议法制统一，实现相同案件相同救济程序，提升行政复议的公信力。

（四）配套机制

作为整个行政复议制度的一部分，行政复议前置制度的良好实施，尚需要一系列的配套机制。

首先，完善行政复议立案机制。实施复议前置后，大量案件将直接涌入行政复议，复议机关的立案数量和压力将大幅增长。为此，应当增加行政复议立案工作的人财物供给，设置专门的接待场所，扩建行政复议受理中心，配备相应复议人员。同时在政府网站开设行政复议专栏以增加网上

---

① 参见叶必丰：《行政复议前置设定的法治实践》，载《法学评论》2024 年第 1 期，第 127—128 页。
② 杨伟东：《复议前置抑或自由选择——我国行政复议与行政诉讼关系的处理》，载《行政法学研究》2012 年第 2 期，第 76 页。

受理比例，争取实现 100％网上立案率。此外，应当推进立案程序规范化建设，规范申请材料接收审查制度，依法依规审查申请材料，在法定期限内作出是否受理决定，规范案件受理后的分流程序，及时制作并送达相关文书，健全案件立案全流程查询制度，做到立案全过程透明、可查询。

其次，完善行政复议化解争议机制。行政复议前置及其适用，针对的是吸纳行政争议的问题，即"入口"问题。而"出口"问题，即实质性化解大多数行政争议的问题则仰赖于除复议前置外的全部复议制度的努力。应当进一步规范行政复议审理工作，明确审理原则，规范被申请人答复，规范审理形式和程序，在自愿合法的基础上积极运用调解和解制度，充分利用行政复议委员会的"智囊"优势。① 规范行政复议决定，确保依法及时作出复议决定，大力推广复议决定网上公开，实现"以公开为常态、不公开为例外"，健全复议决定跟踪反馈等监督工作，强化复议意见书的适用。严格执行行政复议决定，规范复议文书送达工作，健全履行情况反馈机制、案件回访机制、执行督促机制。

最后，完善行政复议绩效考评体系。"徒法不足以自行。"② 行政复议制度运行良善需要立法良善和执法严格两大要素齐备。通过再次修法，行政复议前置的立法条件已臻于完善，但仅仅通过立法尚不足以使之完全落实并促成行政复议主渠道的立法目标，还需要通过强有力的绩效考评体系来确保修改后的复议前置得到行政机关不打折扣的贯彻和执行，使复议前置真正"长出牙齿"、发挥威力。在绩效考评的制度设计上，应当从入口上的是否依法吸纳大多数行政争议、过程上的是否符合正当程序、出口上的是否实质性化解行政争议三方面来展开考评，并将考评结果与复议机关

---

① 参见马怀德、李策:《行政复议委员会的检讨与改革》，载《法学评论》2021 年第 4 期，第 12-23 页。

② 《孟子·离娄上》。

和复议人员的奖惩挂钩，提升考评结果在奖惩中的权重，充分运用奖惩机制确保复议机关和人员忠实地贯彻行政复议前置制度。

行政复议前置是促进行政复议吸纳更多行政争议的实效性制度设计。基于行政复议的行政优势，此次修法扩大复议前置范围在吸纳行政争议的"入口"上能够促成行政复议主渠道目标的实现。行政复议前置范围的扩大，面向主渠道的价值目标，立基于穷尽行政救济的逻辑前提。这也成为行政复议前置理解与适用的基本要求。要知道，复议前置是一项动态制度，会随着复议与诉讼的关系、当事人的权益、行政争议的变化等因素而不断发展，后续将哪些案件陆续纳入前置范围，如何对美国穷尽行政救济模式和德国诉讼类型模式取长补短、取精去糙，尚有待进一步探讨。而且，主渠道目标的成就是一个系统工程。复议前置只是吸纳争议制度的一部分，尚有复议范围制度以及复议审理决定执行等争议化解制度需要进一步适用和完善。特别是如何在保证效率性的前提下破除对行政复议公正性不足、"官官相护"的质疑，也即何以破除效率与公正两种价值的矛盾纠缠，殊为不易。长远来看，建立有中国特色的行政法院也许是一条化解之道，然而行政法院的中立性课题及其与普通法院的关系课题，尚需要深入研究。相信行政复议前置必将推动发挥行政复议化解行政争议的主渠道作用，期待具有中国特色、世界一流的行政复议制度早日雄视全球！

第五节　日臻完善的国家赔偿制度*

改革开放以来，以 1994 年《国家赔偿法》的颁布施行和 2010 年《国家赔偿法》的修订为标志，我国国家赔偿制度取得长足发展。国家赔偿的

---

　　*　原标题为"我国国家赔偿制度的发展历程、现状与未来"，与孔祥稳合作，载于《北京行政学院学报》2018 年第 6 期，第 1-12 页。本书出版时据根据实际情况，对标题与内容作了文字调整。

归责原则从单一到多元，赔偿程序日益便利，赔偿标准逐步提高，国家赔偿制度日臻完善。但制度运行尚存在案件总量低、赔偿率低、赔偿标准低、受政策影响大等一系列问题。未来应当在理念层面坚持以救济为先的导向和"有利于受害人"原则，处理好国家赔偿与国家补偿、国家救助的关系；在制度层面通过修法扩大赔偿范围，提高赔偿标准，增加监察赔偿等。

法谚云："无救济则无权利。"是否存在切实有效的救济途径，是衡量公民基本权利实现状况的重要标准。在公法领域，除了依托行政诉讼等制度规范监督行政行为，救济相对人合法权益外，依托国家赔偿制度对当事人所受损害予以弥补同样是法治国家的题中应有之义。世界范围内，国家责任"主权绝对豁免"黯然退场的历史证明，国家赔偿制度的建立是从人治走向法治的重要标志之一，是社会文明化、法治化的重要表现。[①] 我国国家赔偿制度建立以来，在落实宪法关于尊重和保障人权的基本原则，为公民、法人和其他组织提供救济，监督国家机关依法行使职权等方面发挥了重要作用。

一、我国国家赔偿制度的发展历程

（一）我国国家赔偿制度的立法沿革

1. 宪法基础：1982 年《宪法》第 41 条

平反冤错案件是推动我国国家赔偿制度建立和发展的一个重要因素。1954 年《宪法》第 97 条规定："由于国家机关工作人员侵犯公民权利而受到损失的人，有取得赔偿的权利。"以此为依据，部分法律法规和政策

---

① 参见马怀德：《国家赔偿问题研究》，法律出版社 2006 年版，第 1 页。

对冤狱赔偿作出了相应规定，如 1956 年颁布的《司法部关于冤狱补助费
开支问题的答复》、1963 年颁布的《劳动部关于被甄别平反人员的补发工
资问题》等均带有国家赔偿责任的性质。① "文化大革命"结束后，平反
工作系统展开，通过恢复职务、补发工资、支付医疗费、死亡赔偿金等形
式，国家在一定程度上承担了责任。② 此类实践对国家赔偿提出了制度化
要求，从而成为我国国家赔偿立法的一个重要动因。③ 1982 年《宪法》第
41 条明确规定"由于国家机关和国家机关工作人员侵犯公民权利而受到
损失的人有依照法律规定取得赔偿的权利"。从宪法文本来看，相较于
1954 年《宪法》第 97 条，1982 年《宪法》第 41 条就国家赔偿的问题增
加了"依照法律规定"的表述，为国家赔偿的单行立法提供了基础。④

2. 制度雏形：《民法通则》与 1989 年《行政诉讼法》

1986 年 4 月 12 日，六届全国人大四次会议审议通过《民法通则》，该
法第 121 条规定："国家机关或者国家机关工作人员在执行职务中，侵犯
公民、法人的合法权益造成损害的，应当承担民事责任。"这是我国法律
层面对国家责任的最初规定，由于当时国家赔偿制度还处于探索阶段，并
未形成单独的国家责任体系，因此立法将其吸收到民事责任当中。这与行
政诉讼程序发端于 1982 年《民事诉讼法（试行）》具有相似的逻辑。在明
确公民可以获得赔偿的前提下，国家赔偿制度的落实还需提供具体的救济
途径。1989 年《行政诉讼法》于第 67 条至第 69 条规定了国家赔偿制度，
明确了公民、法人或者其他组织的合法权益受到行政机关或者行政机关工
作人员作出的具体行政行为侵犯，造成损害的，有权向行政机关提出损害

---

① 参见江必新、梁凤云、梁清：《国家赔偿法理论与实务》，中国社会科学出版社 2010 年版，
第 94 页。
② 参见高家伟：《国家赔偿法》，商务印书馆 2005 年版，第 51-52 页。
③ 参见应松年、何海波：《与法同行》，中国政法大学出版社 2015 年版，第 119 页。
④ 参见顾昂然：《国家赔偿法制定情况和主要问题》，载《中国法学》1995 年第 2 期。

赔偿请求。如果对行政机关的处理不服的，可以向人民法院提起行政赔偿诉讼。

3. 制度初建：1994 年《国家赔偿法》

1989 年《行政诉讼法》出台后，立法机关开始着手制定专门的国家赔偿法。经过四年努力，八届全国人大常委会七次会议于 1994 年 5 月 12 日通过了《国家赔偿法》。应当说，1994 年《国家赔偿法》是一部颇具特色且具有开创意义的法律，反映了立法者在保障公民权益和兼顾国家经济社会发展水平上的考虑，当然也在一定程度上体现出当时立法理念和技术的局限。在立法体例上，该法采用了行政赔偿和刑事赔偿合一的体例，即在一部统一的《国家赔偿法》中分章节规定行政赔偿与刑事赔偿。之所以采用这一立法方案，是因为立法者认为"行政赔偿、刑事赔偿有不同的情况，但许多问题是一样的，如赔偿的原则、标准等等"[①]。

由于采用了统一的立法体例，《国家赔偿法》涉及民法、刑法、行政法、刑事诉讼法、民事诉讼法、行政诉讼法等多个部门法，也涉及人民法院、人民检察院、公安机关和监狱等司法机关以及行政机关的职权，法律关系较为复杂。再加上 1994 年制定《国家赔偿法》时，一部分制度性、程序性问题在立法中规定得比较原则，留下了较大的解释空间。为保障制度落地，最高人民法院、最高人民检察院制定、颁布了一系列有关国家赔偿的司法解释，为具体化《国家赔偿法》的规定作出了重要贡献。

4. 制度改进：2010 年《国家赔偿法》及指导性案例制度的建立

进入 21 世纪，随着社会经济的高速发展和人民权利意识的觉醒，国家赔偿范围狭窄、标准偏低、程序公正性不足等问题日益凸显。长期以来，国家赔偿案件的数量都在低位徘徊，制度缺乏公信力，《国家赔偿法》

---

① 顾昂然：《国家赔偿法制定情况和主要问题》，载《中国法学》1995 年第 2 期。

甚至一度被戏称为"国家不赔法"①。在这样的背景下，修法的动议时常被提起。至 2008 年，全国人大代表中共有 2 053 人次提出了 61 件修改国家赔偿法的议案和 14 件建议。综合考虑上述情况后，全国人大常委会法工委从 2005 年年底开始着手国家赔偿法的修改工作。② 2010 年 4 月 29 日，十一届全国人大常委会四次会议通过了《关于修改〈中华人民共和国国家赔偿法〉的决定》。至此，历时五年，历经四次审议的新《国家赔偿法》终于出台。该法在归责原则、具体程序、举证责任等诸多方面对旧法进行了修改完善，推动了国家赔偿制度的发展。

国家赔偿制度与一般的公法制度不同，是典型的救济法，公民个人在赔偿案件中提出要求的动因更加强烈，以个案推动制度完善的可能也更大。从世界范围内国家赔偿制度形成的经验来看，各国国家赔偿制度的建立都与判例有着紧密联系。例如法国的布朗哥案是法国国家赔偿制度建立的重要动因，英国亚当斯诉内勒案件则促进了其《王权诉讼法》的出台。③ 就我国而言，《最高人民法院公报》于 1990 年第 2 期刊载的"王烈风诉千阳县公路管理段人身损害赔偿案"等国家赔偿案件对于推动建立国家赔偿制度具有重要意义。在 1994 年《国家赔偿法》出台到 2010 年修法这十余年时间里，《最高人民法院公报》共刊载了十余例国家赔偿案件，其中既包括陈宁诉庄河市公安局行政赔偿纠纷案、尹琛琰诉卢氏县公安局 110 报警不作为案等具有重要意义的行政赔偿案件，也涵盖了辽宁省海城市甘泉镇光华制兜厂申请国家赔偿确认案等典型的司法赔偿案件。社会媒体对"麻旦旦案""佘祥林案""赵作海案"等热点案件中所反映出来的问题也给予了充分关注。这些典型案件无论是从理论上还是实践上都有力推

---

① 庄会宁、黄玉蓉：《〈国家赔偿法〉缘何名不副实》，载《瞭望新闻周刊》2001 年第 38 期。

② 参见李适时：《关于〈中华人民共和国国家赔偿法修正案（草案）〉的说明》（2008 年 10 月 23 日在第十一届全国人民代表大会常务委员会第五次会议上）。

③ 参见马怀德：《国外国家赔偿制度的建立》，载《人民公安》2015 年第 1 期。

动了国家赔偿制度的进步与发展。在指导性案例制度建立后，最高人民法院已经发布了三件国家赔偿案例①，这三起案件均为《最高人民法院公报》曾经刊载过的案例，但以指导性案例的规格重新发布，意味着其具有了更强的规范效应。

(二) 国家发展赔偿制度的趋势

1. 归责原则由单一到多元

1994 年《国家赔偿法》第 2 条第 1 款规定："国家机关和国家机关工作人员违法行使职权侵犯公民、法人和其他组织的合法权益造成损害的，受害人有依照本法取得国家赔偿的权利。"这表明 1994 年《国家赔偿法》在归责原则上采用了违法归责原则。之所以选择这一归责原则，主要考虑是违法归责原则较为客观，有利于保护赔偿请求人的利益。② 时任全国人大常委会法工委主任的顾昂然就曾明确提出："我国国家赔偿法采取违法原则，即以是否违背法律规定，作为是否承担责任的标准，只要是违反法律规定的，不管主观上有无过错，都要承担赔偿责任。这样规定，对国家机关和国家机关工作人员执法提出严格的要求，有利于更好地保护公民的合法权益。"③

然而，尽管违法归责原则在一定程度上降低了实践操作难度，但同时也限制了国家赔偿的实践，缩小了赔偿范围。在行政赔偿中，公有公共设施致害、事实行为致害等无法被纳入赔偿范围；刑事司法活动中，受限于对司法活动的认知局限等一系列因素，实施符合法律规定的行为同样有可

---

① 分别为指导性案例第 42 号：朱红蔚申请无罪逮捕赔偿案、第 43 号：国泰君安证券股份有限公司海口滨海大道（天福酒店）证券营业部申请错误执行赔偿案、第 44 号：卜新光申请刑事违法追缴赔偿案。

② 参见应松年、何海波：《与法同行》，中国政法大学出版社 2015 年版，第 120－121 页。

③ 顾昂然：《国家赔偿法制定情况和主要问题》，载《中国法学》1995 年第 2 期。

能造成当事人的权利损害，采用违法归责原则将使当事人无法得到救济。面对此种情况，学界在呼吁修法的同时，还尝试着对"违法"作扩张解释，将违反广义上的法以及违反法律原则与法律精神的行为也认定为"违法"，以扩大国家赔偿可能覆盖的范围。[①] 如有研究者提出，违反宪法、法律、法规、规章，以及违反其他具有普遍约束力的规范性文件，违反一般原则如诚信原则、尊重人权原则、公序良俗原则等均应当被认定为《国家赔偿法》中所规定的"违法"[②]。在 2010 年《国家赔偿法》修订时，第 2 条中的"违法"二字被删除。一般认为，这意味着国家赔偿改变了以违法归责为中心的单一归责体系，转而实行包括违法归责原则和结果归责原则在内的多元归责体系。这有利于处理事实行为和刑事司法行为致害的赔偿问题。尤其是在刑事司法中，当司法机关作出撤案、不起诉或者无罪判决，但无法证明此前的羁押行为违法时，采用结果归责原则可将此类行为纳入救济范围，有利于受害人取得赔偿。

2. 赔偿程序日益便利，公正性有所增强

按照 1994 年《国家赔偿法》的规定，赔偿请求人获得刑事赔偿，需先由赔偿义务机关对刑事司法行为进行确认，其后还要履行十分繁复冗长的程序。职权主义的赔偿义务机关模式下，违法行使职权的机关往往就是赔偿义务机关，对于赔偿与否、赔偿多少有强烈的利害关系，故实践中经常出现赔偿义务机关找各种理由拒绝确认或拖延不办的情况，严重影响到当事人的权利救济。为解决这一症结，2010 年修改后的《国家赔偿法》

[①] 有研究者提出，违法归责原则的根本问题在于，混淆了法律责任构成中的"客观不法性"和"主观有责性"二元核心要素。在学界、司法实务界并不明确区分"不法"与"违法"的情形中，以纯粹学理上的解释来对实践中已经根深蒂固的讹误进行修正，实际效果不容乐观。参见余军：《行政法上的"违法"与"不法"概念——我国行政法研究中若干错误观点之澄清》，载《行政法学研究》2011 年第 1 期。

[②] 马怀德、高辰年：《国家赔偿法的发展与完善》，载《中国法学会行政法学研究会 2004 年年会论文集》。

规定，赔偿义务机关应当自收到申请之日起 2 个月内作出是否赔偿的决定，逾期不予赔偿或者请求人对相关决定不服的，可以向上一级机关申请复议。如对复议结果不服，还可向人民法院赔偿委员会申请作出赔偿决定。这一规定消除了原制度中确认环节的"权利堵点"，提供了更为便利和公正的救济。

1994 年《国家赔偿法》颁布时，立法基础相对薄弱，对国家赔偿的程序缺乏细致规定。成文规则所留下的空间过大，导致各机关在办理国家赔偿案件时较为随意。2010 年《国家赔偿法》明确了具体赔偿程序，使赔偿制度的具体运作"有法可依"。如规定赔偿请求人递交申请书后，赔偿义务机关应当出具加盖本行政机关印章并注明收讫日期的书面凭证（第12 条）。赔偿义务机关应当自收到申请之日起 2 个月内，作出是否赔偿的决定（第 13 条），等等。此外，各赔偿义务机关也陆续出台规则，对本机关国家赔偿案件的办理程序进行了规范。如《公安机关办理国家赔偿案件程序规定》《人民检察院国家赔偿工作规定》《最高人民法院关于人民法院赔偿委员会审理国家赔偿案件程序的规定》等分别就公安机关、人民检察院，人民法院办理国家赔偿案件的程序作出了规定。

在赔偿费用发放方面，1994 年《国家赔偿法》规定行政赔偿费用从各级财政列支，同时还规定了各级人民政府可以责令有责任的行政机关支付赔偿费用。在实践中，通常由赔偿义务机关垫付赔偿金后，再向财政核销，即"先赔偿后报销"。然而，由于各地财政状况不同，且财政预算体制改革不断推进，部门预算细化，各国家机关均较难保留垫付资金，从而影响到赔偿金的足额、及时发放。因此，2010 年《国家赔偿法》专门规定，国家赔偿的费用要列入各级财政预算。赔偿请求人凭生效的判决书、复议决定书、赔偿决定书或者调解书，向赔偿义务机关申请支付赔偿金。赔偿义务机关应当自收到支付赔偿金申请之日起 7 日内依照预算管理权限

向有关的财政部门提出支付申请。财政部门应当自收到支付申请之日起
15 日内支付赔偿金。国务院出台的《国家赔偿费用管理条例》对这一制
度进行了细化，通过明确赔偿义务机关、财政部门的具体义务，为当事人
及时、足额领取赔偿金提供了保障。

3. 赔偿范围不断扩大

在行政赔偿方面，1994 年《国家赔偿法》对赔偿范围进行了明确列
举，并规定了兜底条款。实践中，通过解释兜底条款等方式，行政赔偿的
范围得到了一定扩张。例如，无论是 1994 年《国家赔偿法》还是 2010 年
《国家赔偿法》都未将行政不作为致害纳入明确列举的赔偿范围中。但随
着学理与实践的发展，行政不作为致害逐渐被纳入国家赔偿范围当中。由
于在实践中出现了劳教人员被同监室人员殴打致死一类案件，1999 年
《最高人民法院关于劳动教养管理所不履行法定职责是否承担行政赔偿责
任问题的批复》就疏于管理的劳教所应当承担行政赔偿责任进行了明确。
2001 年《最高人民法院关于公安机关不履行法定行政职责是否承担行政
赔偿责任问题的批复》也明确"由于公安机关不履行法定行政职责，致使
公民、法人和其他组织的合法权益遭受损害的，应当承担行政赔偿责任"。
这表明行政怠于履行职责致害赔偿已经基本在司法实务中形成了共识。[①]
两年后，《最高人民法院公报》2003 年第 2 期刊载了"尹琛琰诉卢氏县公
安局 110 报警不作为行政赔偿案"，该案审理法院在确定了不作为的不法
性、不作为与原告利益之间的具体关系、不作为与损害结果之间的因果关
系等几个要素后，认定被告应当承担赔偿责任。2010 年修法时，在第 3
条第 3 项中所规定的"放纵他人以殴打、虐待等行为造成公民身体伤害或
者死亡"就是从以往案件中总结和抽象出相关规则从而制定的规范，是对

---

① 参见沈岿：《论怠于履行职责致害的国家赔偿》，载《中外法学》2011 年第 1 期。

不作为形态的具体列举。

在司法赔偿方面，2010 年修法之前，刑事赔偿主要面向因"错拘、错捕、错判"而遭受侵害的当事人，这导致只有从事实上被证明完全无辜的受害人才能得到赔偿。在 2010 年《国家赔偿法》修订之后，刑事赔偿的范围有所扩大，尤其是对结果归责原则的引入，使赔偿跳出了"违法"要件的限制，无论司法行为是否违法，只要受到追诉的人最终没有被继续追诉或定罪，被追诉的人就有权请求赔偿其所遭受的损失。应当说，这是我国法治进步的客观体现。因为刑事司法机关在刑事侦查、起诉、审判和执行过程中，所采取的强制措施可能在当时符合法律的规定，并不存在违法或主观的过错。但是随着刑事诉讼程序的不断推进，司法机关发现无法证明犯罪嫌疑人或者被告人有罪，从而终止追究刑事责任，或由法院作出无罪判决。在这样的情况下，应当认可当事人的赔偿请求。最高人民法院 2015 年《关于办理刑事赔偿案件适用法律若干问题的解释》（以下简称《刑事赔偿解释》）通过具体解释"终止追究刑事责任的具体情形"，对刑事赔偿的范围进行了再明确，明确列举了多种无法定罪又不撤案的"罪疑从挂"情形，客观上进一步扩大了刑事赔偿的范围，对于保护冤狱赔偿请求人具有重要意义。[①]

4. 确立了精神损害赔偿制度

建立精神损害赔偿制度是法治文明进步发展的重要体现，"标志着法律从注重对财产权及外部物质条件的保护，转而更加关注人身权和其他精神性权利不受侵害的平静的精神世界"[②]。1994 年《国家赔偿法》制定时，考虑到精神损害难以计量，以及国家经济发展和财政状况等现实因素，并未规定精神损害赔偿制度，仅规定了国家机关造成受害人名誉权、荣誉权损害的，应当消除影响、恢复名誉、赔礼道歉。然而，国家赔偿实践的困

[①] 参见马怀德：《〈刑事赔偿解释〉对刑事赔偿范围的影响》，载《中国法律评论》2016 年第 2 期。

[②] 马怀德、张红：《论国家侵权精神损害赔偿》，载《天津行政学院学报》2005 年第 1 期。

境愈发彰显出精神赔偿的重要性。在轰动一时的"处女嫖娼案"一审中，麻旦旦提出的精神损害赔偿申请因"不属于国家赔偿法规定的赔偿范围"而被拒绝，最终仅获得了 74.66 元的人身自由赔偿金和部分医疗费、交通费支出共计 9 000 余元。时隔数年后，因"亡者归来"而沉冤得雪的佘祥林所提出的精神损害赔偿请求也因缺乏法律基础而未得到支持。这一系列案件引发了社会各界对于国家赔偿中精神损害赔偿的关注。在学界和社会的一致呼吁下，2010 年《国家赔偿法》于第 35 条规定，致人精神损害的，赔偿义务机关应当在侵权行为影响范围内为受害人消除影响、恢复名誉、赔礼道歉；造成严重后果的，应当支付相应的精神损害抚慰金。由于精神损害程度的个别性较强，往往因案而异、因人而异，且与社会发展变化相关度较大，《国家赔偿法》并未设定一个完全统一的标准，而是为实践留下了裁量空间。经过数年实践的探索和总结，最高人民法院于 2014 年 7 月出台了《关于人民法院赔偿委员会审理国家赔偿案件适用精神损害赔偿若干问题的意见》（以下简称《精神损害赔偿若干问题意见》），对精神损害赔偿的构成要件等作出了细化规定，同时对精神损害赔偿的具体衡量标准提出了指导性意见，即原则上不超过人身自由赔偿金、生命健康赔偿金总额的 35％，最低不少于 1 000 元。

党的十八大以来，加强人权司法保障、平反冤错案件成为全国各级司法机关的工作重心之一。在此背景下，精神损害赔偿的适用也在个案中呈现出新的面貌。在张氏叔侄案中，法院"综合考虑赔偿请求人张辉、张高平被错误定罪量刑、刑罚执行和工作生活受到的影响等具体情况"，决定分别支付二人精神损害抚慰金 45 万元，创下国家赔偿中精神损害抚慰制度建立以来的最高纪录。[①] 此后，这一纪录不断被"刷新"。2014 年作出赔偿决定的呼格吉勒图案中，法院最终确定的精神损害抚慰金为 100 万

---

① 参见杜仪方：《国家赔偿中的"相应"精神损害抚慰金——（2013）浙法赔字第 1/2 号浙江省高院张氏叔侄赔偿决定书评析及展开》，载《浙江学刊》2015 年第 1 期。

元；同年作出赔偿决定的念斌案中，精神抚慰金为 55 万余元；2016 年作出赔偿决定的陈满案中，精神损害抚慰金为 90 万元；2017 年作出赔偿决定的聂树斌案中，法院最终确定的精神损害抚慰金达到了 130 万元。从精神损害抚慰金与侵犯人身自由赔偿金、生命健康赔偿金的比例来看，上述案件全部超过了《精神损害赔偿若干问题意见》所提出的 35% 这一原则性比例（参见表 2），在聂树斌案中，精神损害抚慰金与侵犯人身自由赔偿金、生命健康赔偿金的比例甚至接近了 1∶1。

表 2　典型案件精神损害抚慰金占比表

典型案件	侵犯人身自由赔偿金、生命健康赔偿金总额	精神损害抚慰金总额	占比
张氏叔侄案	130 余万元	90 万元	69%
呼格吉勒图案	105 万元	100 万元	95%
念斌案	64 万元	55 万元	86%
陈满案	185 万元	90 万元	49%
聂树斌案	130 余万元	130 万元	100%

二、国家赔偿制度运行状况分析

分析国家赔偿制度的运行状况，通常需要从国家赔偿案件的数量入手。然而，对国家赔偿案件的数量进行全面统计存在较大难度。因为《国家赔偿法》规定由行使职权时造成损害的国家机关作为赔偿义务机关，这使检察机关、公安机关、司法行政机关等均可能成为办理国家赔偿案件的义务机关，国家赔偿案件数量的统计缺乏统一口径。但从公开途径检索到的数据来看，法院依然是办理国家赔偿案件的主体。《国家赔偿法》规定，当事人对赔偿义务机关的处理结果不服，可向人民法院赔偿委员会申请作出赔偿决定，这使大量案件流向法院。在 1995 年《国家赔偿法》生效到

2015 年的 20 年时间里，全国各级人民检察院处理的刑事赔偿案件共计
1.3 万件，全国各级人民法院审理的国家赔偿案件共计 13.4 万件，前者
仅为后者的 1/10。① 司法行政机关的案件办理数量则更少——2015 年，全
国各级司法行政机关收到和办理的国家赔偿案件仅为 30 件，2016 年为
100 件。② 故重点观察人民法院审理国家赔偿案件的数据，能够大致看出
国家赔偿制度的运行情况。

（一）案件的总体数量少且波动大

通过对全国各级法院自 2002 年以来受理国家赔偿案件的数量进行分
析可以看出③，我国国家赔偿的案件数量始终处于一个较低的水平（参见
表 3）。

表 3　历年全国法院审理国家赔偿案件收案量统计表（2003—2015 年）

全国法院审理国家赔偿案件收案数量					
年份	行政赔偿	司法赔偿			总计
		刑事赔偿	非刑事司法赔偿	合计	
2003	5 710	1 775	1 241	3 016	8 726
2004	5 884	1 878	1 420	3 298	9 182
2005	4 723	1 652	1 404	3 056	7 779
2006	3 620	1 263	1 070	2 333	5 953

---

① 参见王胜俊：《在国家赔偿法实施 20 周年座谈会上的讲话》，载《检察日报》2015 年 1 月 8
日，第 1 版。

② 数据参考司法部网站：《2016 年全国司法行政机关办理行政复议行政应诉和国家赔偿案件情
况》，地址：http://www.moj.gov.cn/organization/content/2017 - 09/12/fzssjxw _ 6988.html，2018
年 9 月 10 日访问。

③ 下文以最高人民法院公开发布的《全国法院司法统计公报》（2002 年—2016 年）和中国法学
会所编纂的《中国法律年鉴》中所载的数据作为分析样本。因《全国法院司法统计公报》和《中国法
律年鉴》均自 2002 年开始单独汇总记录全国法院审理国家赔偿案件的数据，故下文将 2002 年作为分
析起点。由于公开途径中未能检索到 2002 年与 2016 年行政赔偿案件的数据，故表 2 和表 3 中仅考察
了 2003～2015 年的相关数据。

续表

全国法院审理国家赔偿案件收案数量				
年份	行政赔偿	司法赔偿		总计
		刑事赔偿	非刑事司法赔偿	合计	
2007	3 608	961	697	1 658	5 266
2008	5 076	902	633	1 535	6 611
2009	4 996	732	792	1 524	6 520
2010	6 547	609	763	1 372	7 919
2011	4 936	913	1 195	2 108	7 044
2012	6 285	881	1 190	2 071	8 356
2013	7 414	896	1 154	2 050	9 464
2014	8 050	1 290	1 541	2 831	10 881
2015	19 347	2 699	3 145	5 844	25 191

尽管在 1994 年《国家赔偿法》出台之后，国家赔偿制度的缓慢发展带来了案件量的逐年上升，在 2004 年左右全国国家赔偿案件数量一度达到 9 000 余件的小波峰，但此后便转而回落甚至逐年降低。其中，行政赔偿案件数量的上下浮动较大，在多个年份与前一年度相比，案件量增幅跌幅均接近甚至超过 30%；司法赔偿则在 2007 年至 2010 年的四年间处于案件量的最低谷，年均仅有 1 000 余件。自 2011 年开始，国家赔偿案件数量开始逐渐回升，其原因应当是 2010 年《国家赔偿法》的修订带来的制度利好。尤其是在 2014 年和 2015 年前后，国家赔偿的案件总量大幅跃升。2015 年，国家赔偿案件达到 25 191 件，同比上涨幅度达到 130%。这与党的十八大后落实立案登记制与平反冤错案件有着紧密关联。然而即便如此，全国法院审理国家赔偿案件的数量总体上依然处于低位水平。《国家赔偿法》生效二十多年以来，全国法院所受理的国家赔偿案件总量仅有十余万件，年均不到 1 万件。这一数字与行政诉讼中行政机关败诉案件的数量及刑事案件中冤错案件的数量相比存在着一定落差。例如，2016

年全国刑事赔偿案件数量为 2 699 件，但同年全国法院所审理的二审刑事案件中，改判和发回重审案件的数量分别达到了 15 571 件和 9 648 件，前者仅是后二者之和的 1/10。尽管不能认为改判和发回重审的案件均为冤错案件，但过大的案件数量差表明有很多争议未能进入国家赔偿的救济渠道。[①]

造成这一现象的原因是多重的，其中国家赔偿程序的公正性不足是重要因素。如前所言，1994 年《国家赔偿法》规定的赔偿义务机关制度便于受害人提出赔偿请求，也便于赔偿义务机关了解具体情况，正确审理案件。然而，其所蕴含的内在问题是，赔偿义务机关需要"自己做自己的法官"，与赔偿有高度利害关系的赔偿义务机关自然先天倾向于不赔或者少赔。尤其是对于司法赔偿而言，1994 年《国家赔偿法》还规定赔偿请求人只有在刑事司法行为被确认为违法之后才能单独提起刑事赔偿，这更是增加了当事人的程序负担。尽管 2010 年修法时取消了确认程序，并保障法院的最终裁决权，但是并没有彻底解决程序的公正性问题。党的十八大以来，一部分冤错案件的迅速平反，尤其是媒体所报道的呼格吉勒图案、聂树斌案等重大典型案件中，纠错和赔偿的程序均是因为"真凶再现"后，办案机关在各方压力之下启动。在普通案件中，获得国家赔偿往往更加困难。此外，赔偿率和赔偿数额偏低也使当事人对国家赔偿制度缺乏足够的信心。上述多方面因素交叉作用，导致国家赔偿案件的总体数量长期偏低。

（二）赔偿率长期处于低位水平

与案件总体数量偏低相类似，国家赔偿案件的赔偿率长期也处于低位

---

① 参见《2016 年全国法院司法统计公报》，载《最高人民法院公报》2017 年第 4 期，第 13—15 页。

徘徊的水平。其中，行政赔偿的赔偿率又远远低于司法赔偿的赔偿率。以
2005 年以来每年行政赔偿诉讼的结案量减去调解结案的数量，即可大致
掌握每年行政赔偿诉讼以判决和裁定形式结案的数量。将这一数据与该年
度判决赔偿的案件量比较，可得出行政赔偿诉讼的赔偿率（具体参见
表 4）。① 可以看出，行政赔偿案件中的赔偿率（即原告胜诉率）自 2005
年以来逐年下降，2010 年之后均在 5％左右徘徊。这一数据远远低于普通
行政诉讼案件的胜诉率。②

表 4　全国法院审理行政赔偿案件赔偿率统计表（2005—2015 年）

全国法院审理行政赔偿案件赔偿率统计				
年份	收案量	结案量	调解结案	判决赔偿	赔偿率
2005	4 723	4 120	129	807	20％
2006	3 620	3 236	345	492	17％
2007	3 608	3 167	348	405	14％
2008	5 076	4 546	310	342	8％
2009	4 996	5 270	326	394	8％
2010	6 547	5 863	662	305	6％
2011	4 936	4 751	197	291	6％
2012	6 285	6 141	275	222	4％
2013	7 414	7 260	278	309	4％
2014	8 050	7 881	308	394	5％
2015	19 347	16 732	278	814	5％

相比较而言，司法赔偿案件中的赔偿率比行政赔偿案件更高。在
2002 年到 2009 年间，司法赔偿的赔偿率也出现小幅波动，但始终保持在

---

① 需要注意，从当下法院系统的统计口径来看，结案量中还包括了撤诉案件。但由于无法单独
统计行政赔偿诉讼撤诉案件的具体数量，故最终计算结果可能存在一定偏差。关于撤诉案件的数据统
计问题，可参见何海波：《行政诉讼撤诉考》，载《中外法学》2001 年第 2 期。

② 在 2014 年《行政诉讼法》修订后，行政诉讼案件的平均胜诉率能够达到 13％左右。

了 30% 左右。但与行政赔偿相似的是，自 2010 年起，司法赔偿案件的赔偿率也开始出现大幅下降，并连续多年在 15% 上下徘徊（参见表 5）。由此出现了一个值得分析的情况，即在 2010 年后，国家赔偿案件的数量呈现逐渐增加的趋势，但案件赔偿率却呈现出下降和低位徘徊的趋势。究其缘由，一方面可能是案件量的增加带来了诸多当事人在事实与理由方面不够充分的案件，致使案件中判处赔偿的整体比例降低；另一方面，则有可能是因为国家赔偿制度的整体容纳量不足，使大量进入赔偿程序的案件无法得到公正和有效的审理。

表5　全国法院审理司法赔偿案件赔偿率统计表（2002—2016 年）

年份	案件总量	决定赔偿案件	赔偿率
2002	2 818	879	31%
2003	3 016	1 065	35%
2004	3 298	932	28%
2005	3 056	941	31%
2006	2 333	782	34%
2007	1 658	585	35%
2008	1 535	543	35%
2009	1 524	450	30%
2010	1 372	355	26%
2011	2 108	420	20%
2012	2 071	351	17%
2013	2 050	342	17%
2014	2 831	482	17%
2015	5 844	763	13%
2016	5 824	849	15%

（三）部分赔偿标准有待进一步提高

自 1994 年《国家赔偿法》制定颁布至今，国家赔偿的范围和标准已经经历了多次调整。但与社会经济发展状况相比较，无论是侵犯人身自由的赔偿标准，抑或侵犯财产权的赔偿标准，都存在一定的滞后性。精神损害抚慰金则只在少数个案中达到较高数值，整体水平依然偏低。

首先，侵犯公民人身自由权的赔偿标准过低。按照《国家赔偿法》第33条的规定，侵犯公民人身自由的，每日赔偿金按照国家上年度职工日平均工资计算。尽管最高人民法院每年均会以下发通知的方式公布上年度职工的日平均工资标准，展示其逐步调高相应标准的立场，但这一标准从总体上看，与公民人身自由所受到的侵害依然不成比例关系。例如，2018年5月，最高人民法院、最高人民检察院分别下发通知，要求自2017年5月16日起作出的国家赔偿决定涉及侵犯公民人身自由权的赔偿金标准调整至每日242.30元，该标准虽然较上年度增加了22.58元，却无法充分弥补人身自由遭到侵害之损失。从补偿正义的角度出发，侵害公民人身自由权的行为发生时，公民往往是丧失了24小时内的自由，但平均工资却是以一般劳动者的8小时日均工作量作为计算的基准，这意味着公民8小时工作时间之外的法益是被立法所忽略的。从内容上讲，公民失去人身自由，其损害并不仅仅是误工一项，还有自由活动空间、选择空间、发展空间的丧失等。因此，以单一的日平均工资标准作为侵犯公民人身自由权的赔偿衡量标准并不合理。

其次，侵犯财产权的赔偿标准不够细致和明确。《国家赔偿法》第36条规定了财产权侵权的赔偿。其中第2项规定，查封、扣押、冻结财产造成财产损坏或者灭失的，依照第3项、第4项的规定赔偿。第36条第3项规定，应当返还的财产损坏的，能够恢复原状的恢复原状，不能恢复原状的，按照损害程度给付相应的赔偿金；第4项规定，应当返还的财产灭失的，给付相应的赔偿金。但对于如何界定"相应"，《国家赔偿法》却未置一词。从文义解释上看，此处的"相应"可以解释为与财产价值相符，但如何计量财产价值本身就是需要解释的问题。同时，第 36 条第 5 项还规定，财产已经拍卖或者变卖的，给付拍卖或者变卖所得的价款；变卖的价款明显低于财产价值的，应当支付相应的赔偿金。同样，该条文也未对何为"相应"进行界定，且未区分合法与违法拍卖、变卖所造成的损失。党的十八大以来，对冤错案件的集中纠正使得一批时间跨度较长的国家赔偿案件重新进入媒体和公众视野，在漫长的时间跨度中，财物价值往往发生了较大变动，从而彰显了法解释学上的难题。[①] 其中最为典型的是吉林于润龙案。2002 年 9 月，吉林商人于润龙因涉嫌非法经营被刑事拘留，其携带的 46 千克黄金被警方扣押。历经多次审判后，于润龙在 2013 年最终被确定无罪，但是 46 千克黄金却早在其被捕 5 天后，就由吉林市警方交售银行折价 384 万元出售。倘若按照最终决定赔偿时的市场价格衡量，46 千克黄金价值已经涨到 1 300 万元。此时，采用何种标准进行赔偿引发了争论。最终，吉林警方返还了 46 千克黄金实物。[②] 但个案的了结并未终结这一问题，倘若案件涉及的财物并非黄金一类的可替代种类物而是特定物时，又将如何确定具体的赔偿标准呢？

最后，精神损害赔偿标准偏低。2010 年《国家赔偿法》规定，致人精神损害造成严重后果的，应当支付相应的精神损害抚慰金。从实践情况来看，各地对于精神损害抚慰金的裁判差异较大，但总体上均处于较低水平。最高人民法院 2014 年《精神损害赔偿若干问题意见》对于精神损害赔偿的标准提出了指导性意见，即原则上不超过人身自由赔偿金、生命健康赔偿金总额的 35%，最低不少于 1 000 元。有媒体报道指出，从实践来看，精神赔偿的总体数额和在赔偿金中的占比均处于较低水平，赔偿金额

---

① 参见张新宇：《涉案财物灭失刑事赔偿标准的法律认定》，载《行政法学研究》2017 年第 5 期。
② 参见宣金学：《国家该怎么赔 46 公斤黄金？》，载《中国青年报》2015 年 1 月 28 日，第 9 版；宣金学：《追回黄金，追回尊严》，载《中国青年报》2015 年 3 月 18 日，第 9 版。

基本只能保持在 3 万元到 5 万元的水平。尽管国家侵权比民事侵权所造成的后果要严重，但这一额度却比一般民事侵权的精神损害赔偿额度要低很多。[1] 另有研究者通过抽样统计的方式得出，在其所选取的 158 个赔偿案件中，平均每个案件的精神损害抚慰金仅为 29 432 元，在占比上只占到赔偿金总额的 16.89%。[2] 从整体角度审视，诸如呼格吉勒图案高达 100 万元人民币、聂树斌案高达 130 万元人民币的精神损害抚慰金不过是少数个案，而不能理解为当前精神损害赔偿的一般标准。

（四）国家赔偿制度运转受政策影响较为明显

从上述数据所反映出的情况来看，国家赔偿制度的运行情况并不是十分理想。但在我国特殊的政法体制下，政策对国家赔偿的重视往往会使国家赔偿制度呈现出更加积极的面向，能够在一段时间内改善其实施效果。例如，在 2014 年的中央政法工作会议上，习近平总书记提出了"四个绝不"的工作要求，即"决不允许对群众的报警求助置之不理，决不允许让普通群众打不起官司，决不允许滥用权力侵犯群众合法权益，决不允许执法犯法造成冤假错案"[3]，这对各级政法机关的工作形成了政治上的有力约束。党的十八大后的新一轮司法改革重点强调"努力让人民群众在每一个司法案件中感受到公平正义"，刑事司法中的冤案平反和赔偿成为法院工作的重点。最高人民法院在 2014 年至 2017 年的工作报告中都提出了要坚决防止和纠正冤假错案，加强国家赔偿和司法救助工作的相关要求。"张氏叔侄强奸杀人案""呼格吉勒图案""聂树斌案"等一批重大冤错案件均是在这一大背景下得到纠正，并给付了远远高出平均水平的精神损害

---

[1] 参见王逸吟、孙婧：《国家赔偿：人们期待什么？》，载《光明日报》2013 年 6 月 8 日，第 15 版。
[2] 参见杜仪方：《〈新国家赔偿法〉下刑事赔偿的司法实践研究》，载《当代法学》2018 年第 2 期。
[3] 习近平 2014 年中央政法工作会议上讲话。

抚慰金。在案件审理的速度上也是如此：在佘祥林杀妻案中，佘祥林从被释放到获得赔偿金用一共花费了 4 个月时间，赵作海案则仅用了 4 天。在张氏叔侄等案件中，赔偿决定的作出和赔偿金的发放均在很短时间内完成。毫无疑问，这是由于平反冤错案件成为各级政法机关工作议程中的重点。这些现象一方面说明，在我国当下的司法环境和司法体制下，良好的政策导向能够对制度运转产生积极的影响，促进制度的有效实施；但另一方面同样也说明，国家赔偿制度还未能形成常态化的有效运行机制，离成熟、定型还有一定距离，尚未达到符合国家治理体系和治理能力现代化内在要求的标准。

三、我国国家赔偿制度的未来发展方向

从上文的分析可以看出，自国家赔偿制度建立以来，其运行状况仍有不理想之处。造成这一现状的原因是多方面的，如赔偿范围、赔偿程序、赔偿标准等问题一直是国家赔偿制度建立和发展过程中所面临的基础性难题，学理和实践在很多问题上还未形成相对稳定和统一的见解。同时，由于社会经济的发展变化，国家赔偿制度还面临着一些新的挑战。在新旧问题交织的时代背景之下，国家赔偿制度的理论与实践都亟待进一步完善。

（一）在理念层面，正确把握国家赔偿法的定位

1. 国家赔偿制度应当始终坚持救济本位，确立"有利于受害人原则"

《国家赔偿法》第 1 条规定："为保障公民、法人和其他组织享有依法取得国家赔偿的权利，促进国家机关依法行使职权，根据宪法，制定本法。"这意味着《国家赔偿法》具有双重的制度目的，即救济与监督。与《行政诉讼法》的立法目的所存在的争议相似，《国家赔偿法》的双重立法

目的同样在一定程度上存在着对立面，妥善处理二者关系是保障制度良好运作的重要条件。1994 年《国家赔偿法》正是因为过于强调违法归责和违法确认程序，赔偿义务机关担心背上"违法"的责任影响考核，千方百计避免赔偿，致使当事人的救济权受到极大影响。故 2010 年《国家赔偿法》修订时，取消了前置的确认违法程序，加强了法院对司法赔偿的监督，并确立了多元化的归责原则。实践证明，这一改革方向带来了国家赔偿制度的运行利好。从本质上说，国家赔偿制度的重点在于对国家机关的职务行为所造成的损害给予救济，其主要用意并不是针对侵权国家机关的惩罚与责任追究。尤其是在刑事司法赔偿中，不应过分纠结于刑事司法机关行为的违法性问题，而应当重点关注结果之不法。理想的状况是，只要受到刑事追诉的公民拿着检察机关的不起诉决定书，公安机关的撤销案件决定书、释放证等证明终止刑事责任追究的法律文件，或者立案后超过一定期限没有继续进行刑事追究，就可以获得相应的国家赔偿金。[①] 倘若在追诉过程中存在国家机关工作人员涉嫌违法违纪等情况，将由其他的法律制度与程序完成追责功能。国家赔偿制度的两重立法目的应当有主次之分，制度本位应当定位在救济功能上。也即国家赔偿制度是一种向受害者、向弱势群体倾斜的利益分配制度，是一种社会公平正义的重配、矫正和归复的机制，必然要以维护人的自由、健康、生命、精神和财产等权利为首要目标，必然以权利救济作为首要宗旨。[②] 对二者同等对待或者将重点倾向于责任追究，会使国家赔偿制度逾越其本来的功能，形成过重的负担。

立足于国家赔偿的救济本位，应当在法律解释和法律适用过程中贯彻

---

① 参见马怀德：《〈刑事赔偿解释〉对刑事赔偿范围的影响》，载《中国法律评论》2016 年第 2 期，第 150－156 页。

② 参见陶凯元：《正确处理当前〈国家赔偿法〉实施中的若干关系》，载《法律适用》2014 年第 10 期，第 2－9 页。

"有利于受害人"原则，尤其是在刑事赔偿中，应当坚持以"有利于受害人原则"来解释和适用争议条文。正所谓"每一个案件，都是当事人的一段人生"，国家侵权损害对受害人造成的是百分之百的损失，但国家支付给受害人的赔偿金对国家而言仅是微不足道的"九牛一毛"[1]。例如，前文所提及的财产灭失类刑事赔偿案件，由于部分财物的市场价格随时变动，有涨有跌，无论是一刀切地将行为时的价格确定为赔偿标准，还是将决定赔偿时的价格作为赔偿标准，都有可能造成当事人无法得到充分赔偿的情况。将此类风险交由当事人自担并不符合公平正义的基本原则。因此，对于这类案件应当以"有利于受害人"的解释原则确定弹性的赔偿空间，如果以损坏时的价格作为估价标准对受害人有利，则应按财产损坏当时的价格进行估价；如果以判决或决定赔偿之日的估价对受害人有利，则应按判决或决定赔偿之日进行估价。[2]

2. 处理好国家赔偿与国家补偿、国家救助制度的关系

大陆法系的公法学理论一般认为，国家赔偿是对国家行为中具有可谴责性和否定性后果的部分，由国家向受害人承担法律上的责任；而国家补偿则是从保障社会公平实现的层面上协调、平衡国家和个别公民间的权益分配，这通常也被简化为"违法赔偿"和"合法补偿"[3]。国家救助则是指国家对于公民基本生存权利进行保障的社会给付行为，其本质上属于一种给付行政。然而，"现代国家责任体系的新近发展，正推动赔偿、补偿和救助制度的彼此融合，弱化恪守经年的过失责任主义立场"[4]。尤其是在风险社会到来的大背景下，国家赔偿与国家补偿的界限已经越来越模

---

① 马怀德：《刑事赔偿应当确立有利于受害人原则》，载《法律适用》2015 年第 9 期，第 2-6 页。
② 参见马怀德、张红：《中华人民共和国国家赔偿法释义》，中国法制出版社 2010 年版，第 220 页。
③ 马怀德：《完善国家赔偿立法基本问题研究》，北京大学出版社 2008 年版，第 59 页。
④ 陶凯元：《正确处理当前〈国家赔偿法〉实施中的若干关系》，载《法律适用》2014 年第 10 期，第 2-9 页。

糊，而大规模的、相对普遍的行政救助或特别保险金制度又进一步模糊了国家补偿与国家救助之间的关系。这一特征不仅表现在行政赔偿领域，也表现在司法赔偿领域，例如，刑事赔偿中采用了结果归责规则，而不问刑事追诉机关的行为之违法与过错，就在一定意义上带有补偿责任的性质。

有研究侵权法的学者提出，传统侵权法中重在计算私人对私人利益侵害的责任课以方式已经不足应对风险损害所具有的不确定性、无限性、不可计量性、不可预期性、不可控制性和社会公共性等特点，因而应当建立包括预防责任和补救责任的规制法对风险成本进行分担。① 国家责任作为一种特殊的侵权责任，也要面临上述变迁的挑战，当行政赔偿与行政补偿界限逐渐模糊，在国家责任中更加淡化责任的追究，而强调在高风险的领域给予受害公民直接的救济时，国家赔偿、国家补偿在一定程度上发生了交融和重合，在部分领域出现国家赔偿责任和国家补偿责任的统一化。② 对于此，有学者提出了所谓"公法上的危险责任"理论，其不再试图以行政行为的违法性与合法性与否对国家赔偿责任与国家补偿责任作区分，淡化了国家过错的色彩，而将重心放在对受害者的补偿之上。有学者就曾提出，公法上危险责任的主要特征在于国家责任之成立不问国家活动是否违法，也不问国家有无故意或过失，故公法上危险责任就其责任之成立不以过失为必要而言，可以认为属于"无过失责任"③。

在我国的国家赔偿制度中，国家赔偿与国家补偿之间的关系一直是学界争论的焦点，对于《国家赔偿法》是否应当纳入国家补偿制度，以及是

① 参见刘水林：《风险社会大规模损害责任法的范式重构——从侵权赔偿到成本分担》，载《法学研究》2014年第3期，第109-129页。
② 参见王锴：《从赔偿与补偿的界限看我国〈国家赔偿法〉的修改方向》，载《河南省政法管理干部学院学报》2005年第4期，第167-177页。
③ 林锡尧：《建构完整的国家赔偿责任体系——从立法观点探讨国家赔偿责任类型》，载台湾"行政法学会"：《国家赔偿与征收补偿公共任务与行政组织论文集》，元照出版公司2007年版。

否应当制定单独的"国家补偿法",学界均存在争论。[1] 从立法实践来看,我国目前仅由《宪法》规定了征收征用的补偿责任,其余补偿责任散见在各类单行立法中,尽管学者们以传统大陆法系的国家责任理论为依据,对国家补偿责任的类型化展开过较多探讨[2],但实际立法当中却一直未能完成国家补偿责任的体系化。从国家责任的统一化趋势来看,若将《国家赔偿法》视为国家责任的基本法,则应当将发展比较成熟、类型相对固定的国家补偿责任纳入其中。应当继续坚持以《国家赔偿法》作为公法赔偿责任的基础,同时给予国家补偿制度足够的重视,在宪法规定的征收征用补偿的基础之上建立国家补偿的制度体系[3],坚持"赔偿为主先行,补偿和救助为辅补充"[4]。在未来,将"国家责任法"扩充为统一的国家责任法典或许是调和多种制度的可选办法。

(二)在制度层面,进一步完善国家赔偿制度

1. 吸收学理与实践成果,拓宽赔偿范围

在司法赔偿方面,首先应当扩大刑事司法赔偿的范围,将轻罪重判、少罪多判所造成的侵权行为纳入赔偿范围当中。倘若审判监督程序将重罪改判轻罪、多罪改判少罪,且原刑罚的执行期已经超过了改判后的刑罚的,原审法院应当对超出的部分承担国家赔偿责任。其次,应当扩大非刑事司法赔偿的范围。关于法院在行政诉讼、民事诉讼中的"错判",如果是由于审判人员的故意或重大过失所导致,且受害人损失或财产无法返还的,应当承担国家赔偿责任。

---

① 参见上官丕亮:《国家赔偿法研究述评》,法律出版社 2017 年版,第 87-91 页。

② 参见马怀德:《国家赔偿问题研究》,法律出版社 2006 年版,第 301-311 页。

③ 参见王锴:《我国国家公法责任体系的构建》,载《清华法学》2015 年第 3 期,第 18-34 页。

④ 陶凯元:《正确处理当前〈国家赔偿法〉实施中的若干关系》,载《法律适用》2014 年第 10 期,第 2-9 页。

在行政赔偿方面，需要将学理研究相对成熟和司法实践中达成普遍共识的行为类型纳入法律明确列举的赔偿范围中。《国家赔偿法》第 3 条和第 4 条以正面列举的方式规定了行政赔偿的范围，并添加了兜底条款。由于赔偿涉及义务机关的切身利益，其潜在的倾向自然为不赔或者少赔，在适用高度概括性的条款时，往往会通过限缩解释、寻找成文规则的模糊地带等方式逃避赔偿。当前试图用正面概括加负面排除的立法模式解决这一问题存在较大阻力，故短期内国家赔偿范围的拓宽主要应当着眼于将学理和实践中已经承认的赔偿类型成文化，不断增加具体列举项，同时保留概括兜底条款，以为实践探索留出接口。具体而言，当下应当将行政不作为致害和公共设施致害纳入列举范围中。

行政不作为致害，学界通常也称其为怠于履行职责致害。1994 年《国家赔偿法》制定时，因为学界对行政不作为的研究还有待深入，将其规定入法的条件尚不成熟；2010 年修法时，学术研究已经有了相当进展，尽管呼声较高，但最终立法未将其写入法案当中。如前文所言，司法实践中早已通过司法解释和典型案件将不作为致害纳入行政赔偿范围当中。再次修订《国家赔偿法》时，应将其纳入明确列举范围中。对于行政不作为致害，需重点关注危险防止类行政义务的不作为所导致的损害，科学界定其因果联系。

公有公共设施一般指由行政机关或其特许的公务法人设置或者管理，供公众使用的设施，包括公路、铁路、桥梁、港埠码头、堤防、下水道、车站、机场、自来水厂、煤气供应站等。[①] 1994 年《国家赔偿法》制定时，考虑到公共设施的设置、运营主体很多变成了企事业单位，因此并未

---

① 参见马怀德、喻文光：《公有公共设施致害的国家赔偿》，载《法学研究》2002 年第 2 期，第 14-19 页。

将其纳入国家赔偿体系当中。[1] 立法机关对此的解释是："桥梁、道路等公共营造物，因设置管理欠缺发生的赔偿问题不属于违法行使职权的问题，不纳入国家赔偿的范围，受害人可以依照民法通则的有关规定，向负责管理的企业、事业单位请求赔偿。"[2] 然而，从法律关系上考察，公有公共设施的利用者与管理、设置者之间并非平等主体之间的民事法律关系，而是行政法律关系。对于公有公共设施在设置、管理方面存在瑕疵，致使利用者的人身或财产受到损失的，适用民法规定既不符合处理公法关系的原则，也不利于保护受害者的合法权益。尤其是民事侵权多采用过错原则，倘若被告可以举出其不存在管理过错的证据，原告将处于被动地位。[3] 从世界范围来看，绝大多数国家和地区也都将公有公共设施致害纳入国家赔偿的范围中，并将其归责原则确定为无过错归责原则，以保证救济的充分。近年来，由于公有公共设施设置、维护不当致害的案例时有发生，如下水道井盖遗失、损坏而导致公民被下水道冲走等。在此类案件中，行政机关往往采用"法外赔偿"或者发放"救助金"等方式赔偿损失，抑或让当事人寻求民事救济，而这些办法无疑都难以给予受害人真正的公正。将公有公共设施致害纳入国家赔偿范围，并在多元归责原则的体系下确立行政赔偿中的结果归责，是合理的解决之道。

2. 适应社会经济发展状况，提高赔偿标准

对于侵犯人身自由的赔偿标准，可考虑规定按照上年度职工平均工资的一到三倍予以赔偿。这样做一方面提高了赔偿的幅度，能够更充分地弥补当事人的损失，体现出社会进步中国家对于人身自由这一基本权利愈发

---

[1] 参见应松年、何海波：《与法同行》，中国政法大学出版社 2015 年版，第 124 页。

[2] 胡康生：《关于〈中华人民共和国国家赔偿法（草案）〉的说明》（在 1993 年 10 月 22 日在第八届全国人民代表大会常务委员会第四次会议上）。

[3] 参见马怀德、喻文光：《公有公共设施致害的国家赔偿》，载《法学研究》2002 年第 2 期，第 14 - 19 页。

重视；另一方面，也可以给予法院一定的裁量空间，避免案件裁判中的"一刀切"。目前，在国家赔偿实践中，当事人多以上年度职工平均工资的两倍到三倍为请求基础提出赔偿，但因为《国家赔偿法》已对这一问题作出了明确的规定，这些请求基本均未得到法院的支持。但是，由于国家赔偿的个案性质较强，案件与案件之间的差异较大，故法院通常在其他赔偿项下调整适用金额，以保证对当事人相对充分的救济。从这一点也可以看出，给予法官一定的自由裁量权，提高赔偿标准的上限可行且必要。

对于精神损害抚慰金，应当调高或取消35%这一原则性基准。首先，从法律文本的解释上看，尽管2010年修法时采用了"精神损害抚慰金"而非"精神损害赔偿"的表述，且《精神损害赔偿若干问题意见》中也强调要体现其"抚慰性质"，但事实上"抚慰"二字不过是就精神创伤的特殊性而言，带有安慰抚平的作用，并不含有不得高于人身自由赔偿的法律意义[①]；其次，从立法时的制度设计来看，2010年修法时增加精神损害抚慰金本就有补充其他赔偿金额不足的目的，其在实践中确实也展现了填补损失、合理调节赔偿总额的功能，这意味着应适当承认法官的裁量权限；再次，从与民事侵权的对比上看，国家侵权对当事人精神所造成的损害，应当远高于民事侵权的精神损害，公权力机关的侵权行为往往给当事人带来极大的心理压力，在佘祥林案、于润龙案等多个案件的新闻报道中都可以发现，当事人即便最终获得了赔偿金，也对过去的遭遇有着长时间的惶恐，故而国家赔偿精神损害抚慰金的标准至少应当不低于甚至高于民事精神损害的赔偿标准；最后，从实现的具体条件来看，如果说1994年《国家赔偿法》制定时主要考虑了我国社会经济发展的阶段性和国家财政能力等一系列因素，在规定精神损害抚慰金时相对较为保守的话，那么目前客

---

① 参见应松年：《关于国家赔偿的几点思考——从念斌案说起》，载《法治社会》2017年第2期，第1—4页。

观情况已经发生了较大变化，国家完全有能力负担较高的精神赔偿额度。

3. 处理好行政赔偿、刑事赔偿、非刑事司法赔偿的关系，将监察损害纳入赔偿范围

《国家赔偿法》采用了统一立法体例，容纳了行政赔偿、刑事赔偿、非刑事司法赔偿三类国家赔偿。然而从实践来看，三类国家赔偿案件均有自身特点。与《行政诉讼法》的司法解释不同，国家赔偿领域之所以较少出台全面的、具有"类法典"性质的系统性司法解释，而是在行政赔偿、刑事赔偿、非刑事司法赔偿领域分别出台司法解释，就是因为三者之间虽然在基本原理上有相似和相通之处，但在具体的制度机理上还是存在着相当的区别。故而最高人民法院在统计每年度的国家赔偿案件时，也是将三类案件分开统计。① 目前的《国家赔偿法》仅将行政赔偿和刑事赔偿分别列章，非刑事司法赔偿则规定在第五章"其他规定"中，条文较为简略。应当在修法时适当吸收《最高人民法院关于审理民事、行政诉讼中司法赔偿案件适用法律若干问题的解释》的相关内容，将非刑事司法赔偿单独列章，在统一的国家责任法典中形成行政赔偿、刑事赔偿、非刑事司法赔偿分别列章的结构。

2018 年 3 月 20 日，党的十三届全国人大一次会议表决通过《中华人民共和国监察法》，国家监察体制改革取得了最为重要的阶段性成果。按照《监察法》的规定，各级监察委员会履行监督、调查、处置三项职责，具有查封、扣押财物，留置相关人员等法定权限。对于监察委员会所开展的活动是否能够进行诉讼监督，学界尚有争论。但可以肯定的是，监察委员

---

① 为正确审理国家赔偿案件，最高人民法院分别于 1997 年颁布了《关于审理行政赔偿案件若干问题的规定》，2000 年颁布了《最高人民法院关于民事、行政诉讼中司法赔偿若干问题的解释》（被 2016《最高人民法院关于审理民事、行政诉讼中司法赔偿案件适用法律若干问题的解释》取代），2015 年颁布了《刑事赔偿解释》，为行政赔偿、刑事赔偿、非刑事司法赔偿三大类国家赔偿案件提供了较为完备的审理规则。

会作为国家机关，其行为造成公民人身财产损害的，国家需要承担赔偿责任。[①] 尤其是监察委员会具有的查封、扣押财物和留置相关人员的权限具有强制属性，有可能对相关人员的人身、财产等合法权益造成损害。基于此，《监察法》第67条规定："监察机关及其工作人员行使职权，侵犯公民、法人和其他组织的合法权益造成损害的，依法给予国家赔偿。"

从立法条文来看，《监察法》尽管肯定了监察机关及其工作人员行为致害需要承担国家赔偿责任，却并未具体规定其所应当适用的程序以及相关标准。《国家赔偿法》应当及时对这一问题作出回应，明确规定监察赔偿的归责原则、范围和程序等一系列问题。

首先，应当通过立法明确监察委员会属于赔偿义务机关，各级监察委员会应当成立监察赔偿工作机构，并配备相应人员，受理办理监察赔偿案件。其次，从《监察法》的立法条文以及监察委员会的运行实践来看，监察机关所行使的调查职能具有行政调查与刑事侦查的双重属性。尤其是查封、扣押、留置等可能对公民人身权和财产权等基本权利造成干预和限制的措施，在性质上与刑事侦查措施具有一定的相似性。因上述措施造成损害的，应适用《国家赔偿法》中关于刑事赔偿的规定。最后，应当将监察机关的查封、扣押以及留置等具有强制性质的调查权力纳入国家赔偿的范围当中。因而需适时启动《国家赔偿法》的修订程序，将"行使侦查、检察、审判职权的机关以及看守所、监狱管理机关及其工作人员"修改为"行使侦查、监察、检察、审判职权的机关以及看守所、留置场所、监狱管理机关及其工作人员"，添加监察机关作为国家赔偿主体。考虑到监察调查活动与刑事侦查活动性质的相似性，应当适用结果归责原则。

---

① 参见马怀德：《再论国家监察立法的主要问题》，载《行政法学研究》2018年第1期。

第四章　法治政府的新发展

第一节　推进法治建设的立场观点方法[*]

党的二十大报告指出，为了继续谱写马克思主义中国化时代化新篇章，必须把握好习近平新时代中国特色社会主义思想的世界观和方法论，必须坚持人民至上、坚持自信自立、坚持守正创新、坚持问题导向、坚持系统观念和坚持胸怀天下这六个方面的立场观点方法。"六个必须坚持"不仅继承了中华优秀传统文化的智慧精华，而且展现了马克思主义的思想精髓，同样也是习近平法治思想的理论内核，是我们继续推进法治中国建设、在法治轨道上全面建设社会主义现代化国家所必须坚持的立场观点方法。"六个必须坚持"深刻回答了我们在法治中国建设的新征程上，应当

* 原标题为"推进法治中国建设的立场观点方法"，与张航合作，载于《法律科学（西北政法大学学报）》2023 年第 2 期，第 3－15 页。本书出版时根据实际情况，对标题与内容作了文字调整。

如何精准把脉中国之问、世界之问、人民之问、时代之问，如何准确把握习近平法治思想所揭示的共产党依法执政规律、社会主义法治国家建设规律、人类社会法治发展规律，如何探察中国之路、中国之治、中国之理的正确答案等一系列重大问题的立场观点方法。

立场观点方法是马克思主义"活的灵魂"，是马克思主义中国化、时代化的精神内核。恩格斯曾指出："马克思的整个世界观不是教义，而是方法。它提供的不是现成的教条，而是进一步研究的出发点和供这种研究使用的方法。"① 中国共产党人认识世界和改造世界的"出发点"和"方法"，就是马克思主义的立场观点方法。马克思虽然没有给两百年后中国的改革和发展问题留下现成的答案，但这并不意味着马克思主义是"过时的"，因为马克思主义的立场观点方法这一"活的灵魂"在中国共产党革命、建设和改革的历史长河中代代相传。1938年，毛泽东主席在党的六届六中全会上提出："不但应当了解马克思、恩格斯、列宁、斯大林他们研究广泛的真实生活和革命经验所得出的关于一般规律的结论，而且应当学习他们观察问题和解决问题的立场和方法。"② 1978年，邓小平同志指出："主要的是要用马克思主义的立场、观点、方法来分析问题，解决问题。"③ 运用好这些立场观点方法具体地分析具体情况，是传承马克思主义"活的灵魂"。2018年，习近平总书记强调，"我们要坚持和运用辩证唯物主义和历史唯物主义的世界观和方法论，坚持和运用马克思主义立场、观点、方法"④，要真正把马克思主义这个"看家本领"学精悟透用好。党的二十大报告指出："继续推进实践基础上的理论创新，首先要把

---

① 《马克思恩格斯文集》（第10卷），人民出版社2009年版，第691页。
② 《毛泽东选集》（第2卷），人民出版社1991年版，第533页。
③ 《邓小平文选》（第2卷），人民出版社1994年版，第118页。
④ 习近平：《不断开辟当代中国马克思主义、二十一世纪马克思主义新境界》，载《习近平谈治国理政》（第3卷），外文出版社2020年版，第75页。

握好新时代中国特色社会主义思想的世界观和方法论，坚持好、运用好贯穿其中的立场观点方法。"① 具体来说，必须坚持人民至上，必须坚持自信自立，必须坚持守正创新，必须坚持问题导向，必须坚持系统观念，必须坚持胸怀天下（以下简称"六个必须坚持"）是新时代中国特色社会主义科学思想体系的精髓所在。作为习近平新时代中国特色社会主义思想的重要组成部分，习近平法治思想始终坚持马克思主义的立场观点方法，将"六个必须坚持"创造性地运用到全面依法治国伟大实践，构成了习近平法治思想的理论内核。"万物得其本者生，百事得其道者成。"② 只有掌握这"六个必须坚持"，才能获得领会和把握习近平法治思想的线索和"钥匙"，才能在贯彻落实党的二十大报告中增强工作的主动性、创造性、预见性、系统性和全局性，才能在全面依法治国总体格局基本形成的基础上，继续推进法治中国建设走向深入。

一、坚持人民至上

"天地之大，黎元为本。"③ "治国有常，而利民为本。"④ "凡治国之道，必先富民。"⑤ 这一系列古代先贤们有代表性的论述，生动地表现了中华优秀传统文化中民本的价值立场。中华优秀传统文化中的尚民、爱民、安民、惠民等思想，经过当代中国共产党人的创造性转化，形成了"坚持人民至上"这一基本立场，并实现了对我国古代民本思想的继承、

---

① 习近平：《高举中国特色社会主义伟大旗帜为全面建设社会主义现代化国家而团结奋斗——在中国共产党第二十次全国代表大会上的报告》，载《人民日报》2022年10月26日，第1版。

② （西汉）刘向：《说苑·谈丛》。

③ （唐）房玄龄等：《晋书·宣帝纪》。

④ （西汉）刘安：《淮南子·氾论训》。

⑤ （春秋）管仲：《管子·治国》。

弘扬和超越。习近平总书记在不同场合反复提到"人民群众对美好生活的向往，就是我们的奋斗目标"①"我将无我，不负人民"②"时代是出卷人，我们是答卷人，人民是阅卷人"③ 等，这一系列接地气、有温度、得民心的铿锵誓言之所以能够打动人、感染人、凝聚人，很重要的原因是这些治国理念凝结了中华文明源远流长、历久弥新的民族理想。坚持人民至上不仅是中华优秀传统文化的基因，也是马克思主义者回答"我是谁、为了谁、依靠谁"这一时代之问的根本立场。马克思在克服了"旧唯物主义"和唯心主义的固有缺陷后，创立了揭示人类社会历史发展一般规律的历史唯物主义，指明了人民群众是社会实践和社会历史的主体。因为，费尔巴哈的机械唯物主义不从人的主体角度出发，忽视了世界观和方法论中内含的价值立场，抽取掉了认识世界和改造世界的主体价值目的，剩下的就只是无生命力的立场观点方法了；黑格尔的唯心主义"却把能动的方面抽象地发展了"④，忽视了人民群众的实践活动在创造历史过程中的地位和作用，反而荒谬地主张"英雄史观"，妄图将整个历史进程交给个别天选的精英来决定。所以，我们在突破"旧唯物主义"的困局时，要搞清楚只有人民才是"构成历史的真正的最后动力的动力"⑤；在面对唯心主义的"英雄论"谬误时，要坚持"人民是历史的创造者，群众是真正的英雄"⑥。"谋度于义者必得，事因于民者必成。"⑦ 始终把人民立场作为根本

---

① 习近平：《人民对美好生活的向往，就是我们的奋斗目标》，载《习近平谈治国理政》（第1卷），外文出版社2014年版，第4页。

② 习近平：《我将无我，不负人民》，载《习近平谈治国理政》（第3卷），外文出版社2020年版，第144页。

③ 习近平：《继续进行具有许多新的历史特点的伟大斗争》，载《习近平谈治国理政》（第3卷），外文出版社2020年版，第70页。

④ 《马克思恩格斯文集》（第1卷），人民出版社2009年版，第499页。

⑤ 《马克思恩格斯文集》（第4卷），人民出版社2009年版，第304页。

⑥ 习近平：《人民对美好生活的向往，就是我们的奋斗目标》，载《习近平谈治国理政》（第1卷），外文出版社2014年版，第5页。

⑦ （西汉）刘向：《晏子春秋·内篇问上》。

立场，"这是尊重历史规律的必然选择，是共产党人不忘初心、牢记使命的自觉担当"①。

　　坚持人民至上不仅是全面依法治国的唯物史观基本立场，而且确立了推进法治中国建设的真理尺度与价值尺度。"无论时代如何变迁、科学如何进步，马克思主义依然显示出科学思想的伟力，依然占据着真理和道义的制高点。"② 这一论断揭示了马克思主义真理原则与价值原则相统一的思想伟力。质言之，在推进法治中国建设中坚持人民至上，既是反映客观规律的真理尺度，即"应当从客观存在着的实际事物出发，从其中引出规律，作为我们行动的向导"③（合规律性），也是满足人民需要的价值尺度，即"一切为群众的工作都要从群众的需要出发，而不是从任何良好的个人愿望出发"④（合目的性）。一方面，中国特色社会主义进入新时代，人民群众在物质文化生活之外对民主、法治、公平、正义、安全、环境等各方面的需要日益增长。因此，我国法治建设方面"不平衡不充分的发展"就成为社会主要矛盾的主要因素，这是推进法治中国建设的客观根据。按照人民至上原则，全面依法治国要求科学立法反映民利，严格执法体察民情，公正司法纾解民难，全民守法顺应民意，不断满足人民对民主、法治、公平、正义、安全等方面的需求。另一方面，"改革是大家的主意，人民的要求"⑤，始终要把"人民拥护不拥护""人民赞成不赞成""人民高兴不高兴""人民答应不答应"作为实施、评价全面依法治国好坏的价值标准。在法治中国建设中，对于那些有利于保障人民群众权益的做法，就要肯定；对于那些人民群众深恶痛绝、意见较大的做法，就要否

---

① 习近平：《在纪念马克思诞辰 200 周年大会上的讲话》，人民出版社 2018 年版，第 17 页。
② 习近平：《在哲学社会科学工作座谈会上的讲话》，人民出版社 2016 年版，第 10 页。
③ 《毛泽东选集》（第 3 卷），人民出版社 1991 年版，第 799 页。
④ 《毛泽东选集》（第 3 卷），人民出版社 1991 年版，第 1012 页。
⑤ 《邓小平文选》（第 3 卷），人民出版社 1993 年版，第 118 页。

定，并想方设法加以克服、改善。"知屋漏者在宇下，知政失者在草野。"① 法治建设搞得好不好，人民群众最有发言权。所以，针对那些执法领域存在的突出问题，"老百姓深恶痛绝，必须下大气力解决"②；针对司法领域存在的各种问题，司法机关就要紧紧围绕"让人民群众在每一个司法案件中都感受到公平正义"这个目标来改进工作。总之，坚持人民至上推进法治中国建设，"要把解决了多少实际问题、人民群众对问题解决的满意度作为评价改革成效的标准"③。"始终站在人民大众立场上，始终不脱离、不动摇这个立场，这是共产党人掌握马克思主义世界观的重大问题。"④ 坚持人民至上不仅是法治中国建设的世界观，而且是方法论。坚持人民至上"不是一个抽象的、玄奥的概念，不能只停留在口头上、止步于思想环节"⑤，而是法治实践中立场观点方法的有机统一，是法治中国建设的具体行动指南。首先，人民是推动法治中国建设的主体。这里的"人民"既不是哲学理论中抽象的"人"，也不是西方自由主义语境下的"个人"，"而是作为支配一切自然力的那种活动出现在生产过程中"⑥ 的最广大人民群众。只有人民群众才是历史发展和社会进步的主体力量。"能用众力，则无敌于天下矣；能用众智，则无畏于圣人矣。"⑦ 只有依靠人民建设法治，法治建设才有动力。必须在各项法治改革、法治建设举措中听民意、汇民智、聚民力，广开言路、博采众长，充分发挥人民群众的

① （东汉）王充：《论衡·书解》。

② 习近平：《关于〈中共中央关于全面推进依法治国若干重大问题的决定〉的说明》，载习近平：《论坚持全面依法治国》，中央文献出版社 2020 年版，第 97 页。

③ 习近平：《加快建设社会主义法治国家》，载习近平：《论坚持全面依法治国》，中央文献出版社 2020 年版，第 117 页。

④ 习近平：《深入学习中国特色社会主义理论体系努力掌握马克思主义立场观点方法》，载《求是》2010 年第 7 期，第 19 页。

⑤ 习近平：《深入理解新发展理念》，载《习近平谈治国理政》（第 2 卷），外文出版社 2017 年版，第 213－214 页。

⑥ 《马克思恩格斯全集》（第 46 卷）（下册），人民出版社 1980 年版，第 113 页。

⑦ （晋）陈寿：《三国志·吴书》。

首创精神和创造伟力。其次，人民权益是进行法治中国建设的目的。"推进全面依法治国，根本目的是依法保障人民权益。"① 法治中国建设不仅是国家的要求，而且是广大人民群众对民主、法治、公平、正义、安全等日益增长的客观需要。只有切实满足人民群众的需要，坚持为了人民、造福人民、服务人民，法治中国建设才有意义。最后，人民是衡量法治中国建设好坏成效的最终评价者。法治改革要以解决人民群众急难愁盼的问题为衡量标准，法治建设要以更多更公平惠及全体人民为衡量标准，法治中国建设要以人民权益得到实惠、得到改善、得到保障作为最终衡量标准。

二、坚持自信自立

"自知者英，自胜者雄。"② 纵观世界，中国共产党、中华人民共和国、中华民族是最有理由自信的，是最有底气自立的，是最有志气自强的。党的二十大报告强调坚持自信自立，是要从根本上回答我们应该以什么样的精神气质和面貌状态推进中国式现代化。在中国这样一个拥有五千多年文明史、十四亿人口的大国推进法治建设乃至一切事业，没有应被奉为金科玉律的"教科书"，也没有可以对中国人民颐指气使的"教师爷"，只有中国人自己坚持自信才能自立，坚持自立才能自强。在屈辱的近代史上，中华民族曾一度缺乏自信、丧失自我，为救亡图存试图"向西方国家寻找真理"③，但各种惨痛教训打破了中国人的自立自强梦。"西方资产阶级的文明，资产阶级的民主主义，资产阶级共和国的方案，在中国人民的

---

① 习近平：《以科学理论为指导，为全面建设社会主义现代化国家提供有力法治保障》，载《习近平谈治国理政》（第4卷），外文出版社2022年版，第289页。

② （隋）王通：《中说·周公篇》。

③ 《毛泽东选集》（第4卷），人民出版社1991年版，第1469页。

心目中，一齐破了产"①，直到中国共产党在马克思主义的指导下创立，中国人民才拥有了"主心骨"，中华民族的前途和命运才焕然一新。"自从中国人学会了马克思列宁主义以后，中国人在精神上就由被动转入主动。"② 这种精神面貌的焕然一新，很重要的原因，就是马克思主义和中国共产党的主张同中华优秀传统文化具有高度契合性、一致性，这种真理力量和价值感召激活了源远流长的中华文明，让中国共产党人唤醒了中国人民的民族自信。"治国犹如栽树，本根不摇则枝叶茂荣。"③ 一段时期里，我们偏离了独立自主地推进马克思主义中国化时代化的正确道路，要么是"离开中国特点来谈马克思主义"④，机械地照搬马克思主义文本中的"教条"；要么是盲目地"以俄为师"，将苏联经验神圣化，这都使中国革命和建设事业一度陷入停滞甚至危险境地。正是我们最终回到坚持实事求是、独立自主地将马克思主义同中国实际相结合、坚持建设有中国特色的社会主义，才让党和国家的事业转危为安、柳暗花明。党的十八大以来，中国共产党带领中国人民取得了举世瞩目的伟大成就，独立自主地开创了具有中国风格和中国气派的"中国式现代化"这一人类文明新形态。"千磨万击还坚劲，任尔东西南北风。"⑤ 坚持自信自立是对历史经验和教训的深刻总结，是我们党领导人民不断从胜利走向胜利，使中华民族从站起来、富起来到强起来的精神法宝。"要规定一种适合于一切社会结构形式的相互关系是根本不可能的"⑥，一国的法治模式尤其如此。我国当今法治既不是延续我国古代法治文明的母版，也不是简单套用马克思主义法治理论预想的模板，亦不是其他社会主义国家法治实践的再版，更不是西

---

① 《毛泽东选集》（第4卷），人民出版社1991年版，第1471页。
② 《毛泽东选集》（第4卷），人民出版社1991年版，第1516页。
③ （唐）吴兢：《贞观政要·政体》。
④ 《毛泽东选集》（第2卷），人民出版社1991年版，第534页。
⑤ （清）郑燮：《竹石》。
⑥ 《列宁全集》（第1卷），人民出版社1955年版，第390页。

方资本主义国家法治模式的翻版。"橘生淮南则为橘，生于淮北则为枳。"①
我国法治建设到底要走什么道路、贯彻什么理论、坚持什么制度，只能由
中国人民根据中国的实际情况、独立自主地做出选择。党的十八大以来的
十年，党领导人民实施全面依法治国，在重视法治、厉行法治中推动中国
社会主义法治建设发生历史性变革、取得历史性成就、形成全面依法治国
的总体格局。然而，要真正了解我们法治建设的道路、成就和经验的形成
与发展脉络，就要在更宏大的文明观、更高远的历史观中窥其堂奥。中国
特色社会主义法治建设的成就和经验，是从党的十八大以来十年全面推进
依法治国的伟大奋斗中取得的，是从改革开放四十多年法治改革中取得
的，是从新中国成立七十多年的法治建设中取得的，是从我们党诞生以来
百年法治探索中取得的，是从中国人民近现代一百八十多年的不懈斗争中
取得的，是从世界社会主义近五百年实践发展中取得的，是从中华文明五
千多年浩浩荡荡的传承开新中取得的。"其作始也简，其将毕也必巨。"②
回顾历史可以发现，中国特色社会主义法治道路不是天上掉下来的，而是
党领导人民历尽千辛万苦、付出巨大代价所取得的伟大成就。我们所取得
的法治建设成就，是由中国共产党带领中国人民和中华民族坚持独立自
主、自信自立而获得的历史成就。"历史和现实告诉我们，只有传承中华
优秀传统法律文化，从我国革命、建设、改革的实践中探索适合自己的法
治道路，同时借鉴国外法治有益成果，才能为全面建设社会主义现代化国
家、实现中华民族伟大复兴夯实法治基础。"③ 党的十九届四中全会公报
指出："中国特色社会主义制度和国家治理体系是以马克思主义为指导、
根植中国大地、具有深厚中华文化根基、深得人民拥护的制度和治理体

①　（西汉）刘向：《晏子春秋·内篇杂下》。
②　（战国）庄周：《庄子·内篇·人间世》。
③　习近平：《以科学理论为指导，为全面建设社会主义现代化国家提供有力法治保障》，载
《习近平谈治国理政》（第 4 卷），外文出版社 2022 年版，第 290 页。

系。"这深刻揭示了我们坚持自信自立地推进法治中国建设,要立基于科学的马克思主义法治理论,要立基于丰富的中国法治实践经验,要立基于深厚的中华优秀法律文化,要立基于反映最广大人民意志和利益的中国之制和中国之治。在推进法治中国建设中坚持自信自立,源于真理,源于实践,源于历史,源于人民。习近平法治思想是马克思主义法治理论同中国实际相结合的最新成果,它揭示了共产党依法执政规律、社会主义法治建设规律、人类社会法治发展的规律,是我们推进法治中国建设的科学指南。党领导人民在长期法治道路的探索历程中,没有对书本教条照搬照抄,没有对苏联经验按图索骥,更没有对西方资本主义法治模式囫囵吞枣,而是根据中国的国情和实际开辟了中国特色社会主义法治道路,这是我们沿着正确道路推进法治中国建设的底气。中华法系相比于大陆法系、英美法系、伊斯兰法系等独树一帜,其中蕴含的中华优秀法律文化具有深厚的治理智慧,其文明内涵和成功经验值得我们挖掘和传承,是我们立足中国、把握当代、面向未来的根基。"人民是我们党执政的最大底气"[1]"全面依法治国最广泛、最深厚的基础是人民。"[2] 只要法治中国建设根植人民、依靠人民、服务人民,就能在法律制定、法律实施、法律遵守、法治文化培育等环节获得人民群众的拥护支持,就能确保社会主义法治建设永葆生机活力,并获得源源不断的动力源泉。

三、坚持守正创新

"守正创新"是一个合成的概念。古人所讲的"君子独处,守正不

---

[1] 习近平:《人民是我们党执政的最大底气》,载《习近平谈治国理政》(第3卷),外文出版社2020年版,第137页。

[2] 习近平:《以科学理论为指导,为全面建设社会主义现代化国家提供有力法治保障》,载《习近平谈治国理政》(第4卷),外文出版社2022年版,第288页。

挠"①，是指君子哪怕独处也要坚守正道、坚守真理，对正道真理的追求
要有不欺暗室的自觉，要有百折不挠的坚守；"苟日新，日日新，又日
新"②，是说不能因循守旧、满足现状，要勇于并善于创新。"惟创新者
进，惟创新者强，惟创新者胜。"③ 坚持守正创新是中华民族绵延五千多
年的传统智慧，也是中华文明不断推陈出新的民族禀赋。"中华民族是守
正创新的民族"④，"有着守正创新的传统"⑤，"无论时代如何发展，我们
都要激发守正创新、奋勇向前的民族智慧。"⑥ 正是因为中华文明拥有坚
守正道、遵循真理的传统，拥有奋勇向前、创新进步的民族禀赋，所以才
成就了她作为人类历史上唯一没有中断过的璀璨文明。坚持守正创新不仅
是中华民族始终屹立于世界民族之林的精神密码，也是马克思主义的鲜明
品格，是我们认识世界和改造世界的方法论。"我们决不把马克思的理论
看做某种一成不变的和神圣不可侵犯的东西……社会党人如果不愿落后于
实际生活，就应当在各方面把这门科学向前推进。"⑦ 作为一种科学理论
的马克思主义，既不是变动不居的，也不能是一成不变的。从这个意义上
来说，马克思主义是"变"与"常"的统一，内含着守正创新的品格。然
而，我们要坚守的不是"本本主义"和"教条主义"的马克思主义，而是
作为灵魂信仰和方向指南的马克思主义。"马克思主义理论从来不是教条，
而是行动的指南。"⑧ "不以新的思想、观念去继承、发展马克思主义，不

　　① （汉）班固：《汉书·刘向传》。
　　② （商）商汤：《礼记·大学》。
　　③ 习近平：《创新正当其时，圆梦适得其势》，载《习近平谈治国理政》（第 1 卷），外文出版社
2018 年版，第 59 页。
　　④ 《习近平同希腊总统帕夫洛普洛斯会谈》，载《人民日报》2019 年 5 月 15 日，第 1 版。
　　⑤ 《习近平会见新加坡总统哈莉玛》，载《人民日报》2019 年 5 月 15 日，第 2 版。
　　⑥ 习近平：《弘扬伟大抗美援朝精神，进行具有许多新的历史特点的伟大斗争》，载《习近平谈
治国理政》（第 4 卷），外文出版社 2022 年版，第 75 页。
　　⑦ 《列宁选集》（第 1 卷），人民出版社 2012 年版，第 274 页。
　　⑧ 《邓小平文选》（第 3 卷），人民出版社 1993 年版，第 146 页。

是真正的马克思主义者。"① 因此，必须以马克思主义作为行动指南去继承和创新发展它自身，以创新应对各种新思想新观念新情况新问题的"万变"。我们讲马克思主义中国化时代化，其实就是在方法论上讲求守正创新，要用中华优秀传统文化和当代中国鲜活实践推动马克思主义发展，"坚持在改革中守正出新、不断超越自己，在开放中博采众长、不断完善自己"②。"要坚持守正和创新相统一"③，就是强调要处理好二者辩证统一的关系。我们在推进法治中国建设中，不仅要想透彻为什么要"守正创新"，而且要搞清楚守什么"正"、创什么"新"，更要弄明白如何"守正"，如何"创新"。守正是创新之本，是在发展中创新的前提基础；创新是守正之需，是在继承中守正的动力源泉。一方面，守正不能偏离马克思主义、社会主义，要求我们的法治道路、法治理论、法律制度不能偏离中国特色社会主义这个根本方向，不能在道路方向、指导理论和根本制度上数典忘祖、妄自菲薄。但是，"守正"不等于"守旧"，我们不能躺在已有的法治建设成就上不思进取、坐享其成，因为一切理论和实践都必须与时俱进、向前发展。"明者因时而变，知者随世而制。"④ 在"百年未有之大变局"中僵化、陈旧、过时地"守正"，就会阻碍我们的事业，禁锢我们的发展，最终必然是死路一条。另一方面，创新是引领发展的第一动力，尤其要把制度创新摆在突出位置，这是因为我们的法律制度体系并非尽善尽美。但是，创新不是天马行空、另起炉灶。法治的创新不能脱离我们已经取得的法治成就和经验，那种不走正道、不循真理、不念真经的盲目创

---

① 《邓小平文选》(第 3 卷)，人民出版社 1993 年版，第 292 页。

② 习近平：《不断开辟当代中国马克思主义、二十一世纪马克思主义新境界》，载《习近平谈治国理政》(第 3 卷)，外文出版社 2020 年版，第 76 页。

③ 习近平：《牢记初心使命，推进自我革命》，载《习近平谈治国理政》(第 3 卷)，外文出版社 2020 年版，第 535 页。

④ (西汉)桓宽：《盐铁论·忧边》。

新，最后恐怕都要翻船。创新也绝不是人云亦云，不能搞理论和制度上的"拿来主义"，完全去拿现成的公式去限制、宰割、裁剪无限丰富的现实生活和法治实践。

我们在法治建设中强调守正创新，就是强调在"守正"基础上的"创新"，即在保持继承性中的合理部分后，再面向实践需要发展创新，这就要求我们在法治建设中要继承好"存量"、发展好"增量"。坚持在守正基础上的创新，就是要坚持实事求是，从中国实际出发的守正创新。坚持从中国实际出发是全面依法治国的基本原则，不论是"守正"的部分还是"创新"的部分都要符合现实国情，"既不能罔顾国情、超越阶段，也不能因循守旧、墨守成规"①。具体来说，在领会和把握科学社会主义的制度理论时要实事求是，不能割断历史、超越现实，不能单单从主观愿望出发搬来一座制度上的"飞来峰"，要反对那种"只把兴趣放在脱离实际的空洞的'理论'研究上"②夸夸其谈的主观主义；在继承和挖掘中华传统法律文化时要取其精华去其糟粕，既不能搞"新瓶装旧酒"而陷入"述而不作"的复古主义怪圈，也不能全盘批判否定传统文化而搞历史虚无主义；在学习和借鉴世界优秀法治文明成果时要以我为主、为我所用，绝不能简单照搬别国模式和做法，要反对罔顾现实、割断历史的态度；凡是不懂中国现实、抽象地"言必称希腊"③的做法，都只是在生吞活剥地谈法治问题。"法与时转则治，治与世宜则有功。"④坚持守正基础上的创新，就是坚持法治中国建设同完善和发展中国特色社会主义制度、同推进我国国家治理体系和治理能力现代化相适应。改革开放四十多年的经验告诉我们，

---

① 习近平：《加快建设社会主义法治国家》，载习近平：《论坚持全面依法治国》，中央文献出版社 2020 年版，第 110 页。

② 《毛泽东选集》（第 3 卷），人民出版社 1991 年版，第 799 页。

③ 《毛泽东选集》（第 3 卷），人民出版社 1991 年版，第 797 页。

④ （战国）韩非：《韩非子·五蠹》。

"改什么、怎么改必须以是否符合完善和发展中国特色社会主义制度、推进国家治理体系和治理能力现代化的总目标为根本尺度，该改的、能改的我们坚决改，不该改的、不能改的坚决不改"①。一方面，"守正"就是坚守那些我们"不该改的、不能改的"。我们不仅要坚持党的领导，坚持中国特色社会主义制度和中国特色社会主义法治理论不动摇，而且要通过各方面的制度创新、理论创新和实践创新去巩固它们、完善它们。另一方面，坚持"守正"基础上的"创新"就是革新那些我们"该改的、能改的"。"苟利于民不必法古，苟周于事不必循旧。"② 不仅要善于创造性地运用法治理念、法治思维、法治方法、法治手段去应对我国经济社会发展所面临的各种问题，解决国家治理、政府治理和社会治理的顽症难题，而且要创新国家治理急需的、满足人民群众美好生活必备的法律制度。总之，坚持法治建设的守正创新就是坚持固根基、扬优势、补短板、强弱项，推动中国特色社会主义各方面的制度更加成熟、更加定型，实现国家治理的制度化、程序化、规范化、法治化。

四、坚持问题导向

我国古代治国理政文化中素有忧患意识、问题意识的传统智慧。譬如，"安而不忘危，存而不忘亡，治而不忘乱"③ 表达了问题尚未显现时，要有忧患精神和问题自觉；"入山问樵、入水问渔"④ 意味着要具体问题具体分析，要根据问题的原因、地点、条件探寻解决问题的具体方案。中

---

① 习近平：《改革开放四十年积累的宝贵经验》，载《习近平谈治国理政》（第3卷），外文出版社2020年版，第184页。

② （西汉）刘安：《淮南子·氾论训》。

③ （西周）周文王：《周易·系辞下》。

④ （明）庄元臣：《叔苴子》。

国共产党人是问题意识、忧患文化的忠实继承者，"我们共产党人的忧患意识，就是忧党、忧国、忧民意识，这是一种责任，更是一种担当"①。党的十八大以来，正是坚持问题导向，我们才能在危机中育先机、于变局中开新局，直面问题才解决了许多长期想解决而没有解决的难题，迎难而上才办成了许多过去想办而没有办成的大事。在新形势下，忧患意识就是问题意识，坚持问题导向就是坚持直面考验、直面危机而不断深化改革、自我革命。坚持问题导向不仅是中华民族的传统智慧，而且是马克思主义的鲜明特点。马克思指出，"问题就是时代的口号，是它表现自己精神状态的最实际的呼声"②。一个时代的问题是展现这个时代精神风貌的线索，而对时代问题的发现、筛选、研究、解决的过程，联结着这个时代的理论与实践、过去与未来、现实与可能。如果不能准确把脉时代问题，那就不可能精准把握社会运动规律、历史演进脉络、时代发展潮流，就不可能找到中国之路、中国之治、中国之理的答案。"每个时代总有属于它自己的问题，只要科学地认识、准确地把握、正确地解决这些问题，就能够把我们的社会不断推向前进。"③ 然而，坚持问题导向并不是马克思主义文本中的"教条"，而是中国共产党人在推进马克思主义中国化的过程中提炼总结出的方法武器。"我们不但要提出任务，而且要解决完成任务的方法问题……不解决方法问题，任务也只是瞎说一顿。"④ 这说明，所有任务的提出都必须坚持问题导向，因为是问题而不是别的什么东西酝酿了任务本身。所以，邓小平同志就以问题为导向提出了"四个现代化"的历史任

① 习近平：《在十八届中央政治局第十六次集体学习时的讲话》，载本书编委会：《习近平关于全面从严治党论述摘编》，中央文献出版社 2016 年版，第 5 页。

② 《马克思恩格斯全集》（第 40 卷），人民出版社 1982 年版，第 289 - 290 页。

③ 习近平：《问题就是时代的口号》，载习近平：《之江新语》，浙江人民出版社 2007 年版，第 235 页。

④ 《毛泽东选集》（第 1 卷），人民出版社 1991 年版，第 139 页。

务："什么是我国今天最重要的新情况，最重要的新问题呢？当然就是实现四个现代化，或者像我前面说的，实现中国式的现代化。"① 建党百年来，"我们中国共产党人干革命、搞建设、抓改革，从来都是为了解决中国的现实问题"②。如果没有问题加以引导，我们的认识活动和实践活动要么会陷入停滞状态，要么就会"无的放矢"般迷失方向。③ 1942 年，毛泽东主席曾告诫全党同志："马克思列宁主义之箭，必须用了去射中国革命之的。"所以说，"主要的困难不是答案，而是问题"④。马克思主义本身是带着强烈问题意识的思想武器，如果不能带着问题意识去运用马克思主义解决中国革命、建设和改革所面临的实际问题，就会陷入毛泽东主席所反对的"本本主义"和"教条主义"。所以，"有的放矢"突出的不是"矢"，而是"的"，是中国当下和未来真真切切面临的一系列困难和问题。"坚持用马克思主义之'矢'去射新时代中国之'的'"是我们坚持问题导向的时代要求。如果缺乏这样的方法论，就"不能科学回答中国之问、世界之问、人民之问、时代之问，不仅党和国家事业无法继续前进，马克思主义也会失去生命力、说服力"⑤。"问题是创新的起点，也是创新的动力源。"⑥ 习近平法治思想之所以能够创造性地揭示"中国奇迹""中国之治"的制度密码与法治精义，原因就在于它深刻回答了"新时代为什么要

① 《邓小平文选》（第 2 卷），人民出版社 1994 年版，第 179 页。

② 习近平：《关于〈中共中央关于全面深化改革若干重大问题的决定〉的说明》，载《习近平谈治国理政》（第 1 卷），外文出版社 2018 年版，第 74 页。

③ 毛泽东主席在 1942 年的《整顿党的作风》一文中批评了两种错误倾向："马克思列宁主义和中国革命的关系，就是箭和靶的关系。有些同志却在那里'无的放矢'，乱放一通，这样的人就容易把革命弄坏。有些同志则仅仅把箭拿在手里搓来搓去，连声赞曰：'好箭！好箭！'却老是不愿意放出去。这样的人就是古董鉴赏家，几乎和革命不发生关系。"《毛泽东选集》（第 3 卷），人民出版社 1991 年版，第 819 - 820 页。

④ 《马克思恩格斯全集》（第 40 卷），人民出版社 1982 年版，第 289 页。

⑤ 习近平：《续写马克思主义中国化时代化新篇章》，载《习近平谈治国理政》（第 4 卷），外文出版社 2022 年版，第 30 页。

⑥ 习近平：《在哲学社会科学工作座谈会上的讲话》，人民出版社 2016 年版，第 14 页。

实行全面依法治国，怎样推进全面依法治国"等一系列重大问题；之所以能够指引法治中国建设不断向纵深推进，能够在全面依法治国中展现出强大的变革力量和实践伟力，原因就在于它系统地回答了全面依法治国的政治方向、重要地位、工作布局、重点任务、重大关系、重要保障等全过程、各方面的问题。"法治建设既要抓末端、治已病，更要抓前端、治未病。"① 在法治建设中"治已病"和"治未病"的要求，即将显在问题和潜在问题生动地比喻为"已病"和"未病"，这充分彰显了坚持问题导向的实践智慧。"人之一身，犹一国之象也。"② 不论是法治理论的创新、法律制度的完善还是法治实践的探索，都要准确把握法治中国建设的"已病"和"未病"，在坚持问题导向中加强顶层设计和"摸着石头过河"的辩证统一。改革开放初期，邓小平同志针对当时法制建设的突出问题，提出了"有法可依、有法必依、执法必严、违法必究"的"十六字方针"。然而，我们对问题的判断和把握不能刻舟求剑、因循僵化，"要向前看，就要及时地研究新情况和解决新问题，否则我们就不可能顺利前进"③。进入新时代，我们党正确把握社会主要矛盾的变化，根据我国法治建设的一系列新情况新问题，提出着力推进"科学立法、严格执法、公正司法、全民守法"，实现了全面推进依法治国关键环节和重点任务的历史性转型，开创了中国特色社会主义法治理论的新境界。党的二十大报告提出，要完善以宪法为核心的中国特色社会主义法律体系；扎实推进依法行政；严格公正司法；加快建设法治社会等。④ "犯其至难而图其至远。"⑤ 我们要继

① 习近平：《以科学理论为指导，为全面建设社会主义现代化国家提供有力法治保障》，载《习近平谈治国理政》（第4卷），外文出版社2022年版，第295页。

② （东晋）葛洪：《抱朴子·附篇》。

③ 《邓小平文选》（第2卷），人民出版社1994年版，第149页。

④ 参见习近平：《高举中国特色社会主义伟大旗帜 为全面建设社会主义现代化国家而团结奋斗——在中国共产党第二十次全国代表大会上的报告》，载《人民日报》2022年10月26日，第2版。

⑤ （北宋）苏轼：《思治论》。

续立足全面依法治国的新问题新要求,在"完善""扎实""严格""加快"上下功夫,以解决问题为导向,瞄着问题去,追着问题赶,发扬"钉钉子精神",将解决问题、破解难题作为我们打开法治中国建设新局面的突破口。

第一,坚持问题导向推进科学立法。"人民群众对立法的期盼,已经不是有没有,而是好不好、管用不管用、能不能解决实际问题;不是什么法都能治国,不是什么法都能治好国;越是强调法治,越是要提高立法质量。"① 因此,抓立法工作,就是要抓住提高立法质量这个关键,通过科学立法提升立法的及时性、系统性、针对性、有效性,提高立法的可执行性、可操作性。要完善以宪法为核心的中国特色社会主义法律体系,就要在抓住宪法这个社会主义法律体系的核心基础上,加强重点领域、新兴领域和涉外领域立法,着力在"完善"上下功夫,切实提升法律规范的质量,以良法促发展、保善治。第二,坚持问题导向推进严格执法。我国执法领域在一段时期中存在有法不依、执法不严、违法不究甚至以权压法、权钱交易、徇私枉法等突出问题。习近平总书记指出:"推进严格执法,重点是解决执法不规范、不严格、不透明、不文明以及不作为、乱作为等突出问题。"② 执法是法治建设的关键环节,但如果执法不严,那制定再多、再好的法律也无济于事。推进依法行政就要更加"扎实",下大力气解决执法不扎实、不严格的问题,深入推进严格规范公正文明执法,加强重点领域执法力度,严格落实执法责任制和责任追究制度。第三,坚持问题导向推进公正司法。一段时期,我国司法领域存在着司法不公、司法公信力不高等突出问题,一些司法人员作风不正、办案不廉,在人民群众中

① 习近平:《全面推进科学立法、严格执法、公正司法、全民守法》,载习近平:《论全面坚持依法治国》,中央文献出版社 2020 年版,第 20 页。
② 习近平:《加快建设社会主义法治国家》,载习近平:《论坚持全面依法治国》,中央文献出版社 2020 年版,第 114 页。

造成了很坏的影响。"司法是维护社会公平正义的最后一道防线""司法不公对社会公正具有致命破坏作用。"① "努力让人民群众在每一个司法案件中感受到公平正义"是新时代司法工作的目标，是满足人民群众日益增长的自由、平等、公正、法治等需求的必然要求。公正司法要着力在"严格"上下功夫，更加严格制约监督司法活动，更加严格规范司法权力的运行，更加严格落实司法责任制。第四，坚持问题导向推进全民守法。一段时期内，社会上不少人并不相信靠法律能解决问题，认为靠上访、信访、找门路、托关系甚至采取极端行为才能引起有关部门注意，以至于一度形成了"大闹大解决、小闹小解决、不闹不解决"的社会乱象。推进全民守法，必须抓住法治信仰缺失问题这个"牛鼻子"，"要坚决改变'违法成本低、守法成本高'的现象，谁违法就要付出比守法更大的代价，甚至是几倍、十几倍、几十倍的代价"②。"晓风易渐，淳化难归。"③ 在新征程上，建设法治社会尤其要突出"加快"，在法治社会建设方面加快补齐短板、破解难题，尤其要发挥领导干部这个"关键少数"尊法学法守法用法的示范带头作用，防止"破窗效应"的发生，不断夯实人民群众这个"绝大多数"的法治基础。

五、坚持系统观念

系统观念是基础性的思想和工作方法。"与天地合其德，与日月合其

---

① 习近平总书记在党的十八届四中全会上指出："当前，司法领域存在的主要问题是，司法不公、司法公信力不高问题十分突出，办金钱案、关系案、人情案，'吃了原告吃被告'，等等。"习近平：《关于〈中共中央关于全面推进依法治国若干重大问题的决定〉的说明》，载习近平：《论全面坚持依法治国》，中央文献出版社2020年版，第98页。

② 习近平：《全面推进科学立法、严格执法、公正司法、全民守法》，载习近平：《论全面坚持依法治国》，中央文献出版社2020年版，第24页。

③ （唐）王勃：《上刘右相书》。

明，与四时合其序。"① 我国古代治国理政和生产生活讲究"天人合一"的整体观、系统观。老子在《道德经》中提出，"人法地，地法天，天法道，道法自然"②，就在整体观、系统观上揭示出万物普遍联系、有机统一的规律，由此影响了中华优秀传统文化绵延几千年的宇宙观、天下观、社会观和道德观，彰显了中国人古典的、朴素的自然社会系统观念。党的十八大以来，党中央提出的"四个全面"战略布局"是前无古人的伟大事业，是艰巨繁重的系统工程"③。"全面深化改革是一项复杂的系统工程"④，"全面推进依法治国是一项庞大的系统工程"⑤，这些定位均充分反映了中国共产党坚持系统观念的方法论自觉。坚持系统观念不仅是对中华优秀传统文化的传承，也是马克思主义者特有的理论思维。马克思主义唯物辩证法的精神内核即为系统观念："唯物辩证法认为，事物是普遍联系的，事物及事物各要素相互影响、相互制约，整个世界是相互联系的整体，也是相互作用的系统。"⑥ 虽然"坚持系统观念"的字眼直到当代才被提出来，但马克思及其追随者早就开始运用系统观念在观察和处理问题了。这恰如恩格斯所说的那样，"人们远在知道什么是辩证法以前，就已经辩证地思考了"⑦。1949 年，毛泽东曾提出"弹钢琴"的工作方法，认为领导干部想问题、办事情要善于运用系统思维，在谋划全局中抓住中心和重点工

① （西周）周文王：《周易·乾》。
② （春秋）老子：《道德经·第二十五章》。
③ 《中共中央政治局常务委员会召开会议听取全国人大常委会、国务院、全国政协、最高人民法院、最高人民检察院党组工作汇报》（2015 年 1 月 16 日），载《人民日报》2015 年 1 月 17 日，第 1 版。
④ 《中共中央召开党外人士座谈会》，载《人民日报》2013 年 11 月 14 日，第 1 版。
⑤ 习近平：《加快建设社会主义法治国家》，载习近平：《论坚持全面依法治国》，中央文献出版社 2020 年版，第 113 页。
⑥ 习近平：《深入理解新发展理念》，载《习近平谈治国理政》（第 2 卷），外文出版社 2017 年版，第 204 页。
⑦ 《马克思恩格斯文集》（第 9 卷），人民出版社 2009 年版，第 150 页。

作，同时又协调好、观照好、配合好其他方面的工作。① 改革开放后，邓小平同志始终将我国现代化建设作为一个系统工程来设计，认为发展才是硬道理，而如何发展则需要着眼系统全局、坚持系统观念，尤其是"各个方面需要综合平衡，不能单打一"②。习近平总书记曾引用古训"不谋全局者，不足谋一域"③来强调系统观念："经济、政治、文化、社会、生态文明各领域改革和党的建设改革紧密联系、相互交融，任何一个领域的改革都会牵动其他领域，同时也需要其他领域改革密切配合。"④ 从毛泽东主席在革命战争年代提出"没有全局在胸，是不会真的投下一着好棋子的"⑤ 之命题，到习近平总书记在新时期强调的"不谋全局者，不足谋一域"之论断，表现了中国共产党人一如既往地坚持系统观念的立场。相比于战场战术的系统观，将系统观念运用到各方面矛盾、各领域要素更加错综复杂的社会主义现代化建设中，就显得更加紧迫和必要。在全面建成小康社会的新起点上，面对各种不平衡不充分发展的问题，"必须从系统观念出发加以谋划和解决，全面协调推动各领域工作和社会主义现代化建设"⑥。"全面推进依法治国是一项庞大的系统工程"⑦，既要"操其要于

① 毛泽东主席在《党委会的工作方法》一文中强调，"要学会'弹钢琴'"，"弹钢琴要十个指头都动作，不能有的动，有的不动。但是，十个指头同时都按下去，那也不成调子。要产生好的音乐，十个指头的动作要有节奏，要相互配合。党委要抓紧中心工作，又要围绕中心工作而同时展开其他方面的工作"。参见《毛泽东选集》（第4卷），人民出版社1991年版，第1442页。

② 《邓小平文选》（第2卷），人民出版社1994年版，第250页。

③ （清）陈澹然：《寤言·迁都建藩议》。

④ 习近平：《关于〈中共中央关于全面深化改革若干重大问题的决定〉的说明》，载《习近平谈治国理政》（第1卷），外文出版社2018年版，第88页。

⑤ 《毛泽东选集》（第1卷），人民出版社1991年版，第221页。

⑥ 习近平：《关于〈中共中央关于制定国民经济和社会发展第十四个五年规划和二〇三五年远景目标的建议〉需要说明的几个重点问题》，载《习近平谈治国理政》（第4卷），外文出版社2022年版，第117页。

⑦ 习近平：《加快建设社会主义法治国家》，载习近平：《论坚持全面依法治国》，中央文献出版社2020年版，第113页。

上"，注重全面依法治国的顶层设计、整体谋划，又要"分其详于下"①，把握法治中国建设的着力点。由于法治广泛涉及改革发展稳定、治党治国治军、内政外交国防等各个方面，所以，不仅要把全面依法治国作为一个系统工程来看待，而且要将其作为一个"子系统"放在"四个全面"战略布局乃至放在中华民族伟大复兴伟大愿景的"总系统"中去把握。如果缺乏坚持系统观念的理论视维，总是以那种条块分割、孤立狭隘的眼光认识问题、处理问题，就不可能真正把握社会运动规律和历史发展潮流。"壹引其纲，万目皆张。"② 习近平法治思想以系统观念和系统方法擘画了全面依法治国的工作布局，要求在依法治国、依法执政、依法行政"共同推进"上着力，在法治国家、法治政府、法治社会"一体建设"中用劲，这是在法治中国建设中坚持系统观念的创新典范。贯彻落实全面依法治国工作布局，尤其要注重坚持系统观念、运用系统思维，处理好大与小、统与分、全局与部分、当前与长远的关系问题。

一方面，在依法治国、依法执政、依法行政这个"共同推进"的有机系统中，必须注重系统联动的思维。"国家治理体系是由众多子系统构成的复杂系统，这个系统的核心是中国共产党。"③ 这就要求我们重视依法执政这个系统核心。要将党的理论纲领路线方针政策通过立法程序上升为法律，成为国家机关和人民群众普遍遵守的行为规范，成为依法治国、依法行政的法律依据。全面依法治国将推进依法执政作为重要任务，因此，我们必须把依法执政摆在更加突出的位置；也只有把党的领导方式和执政方式纳入法治轨道，才能为推进依法治国、依法行政夯实基础。质言之，坚持全面依法治国，关键在党。这不仅是说社会主义法治须臾离不开党的

---

① （南宋）陈亮：《中兴五论·论执要之道》。

② （战国）吕不韦等：《吕氏春秋·离俗览》。

③ 中共中央宣传部：《习近平新时代中国特色社会主义思想学习纲要》，学习出版社、人民出版社 2019 年版，第 70 页。

领导，而且是说"党既要坚持依法治国、依法执政，自觉在宪法法律范围内活动，又要发挥好各级党组织和广大党员、干部在依法治国中的政治核心作用和先锋模范作用"①。如果党不能做到依法执政，不能正确领导立法、保证执法、支持司法、带头守法，那依法治国、依法行政就是一句空话。依法治国，关键不仅在于党坚持依法执政，而且在于各级政府坚持依法行政。"法律需要人来执行，如果执法的人自己不守法，那法律再好也没用！"② 执法工作千头万绪、面广量大，一头连着政府，一头连着群众。所以，依法行政搞不搞得好，将会直接影响到人民群众对政府的信任，对依法治国、依法执政的信心。因为，"如果领导干部都不遵守法律，怎么叫群众遵守法律？"③ 只有各级党组织、各级政府带头尊法学法守法用法，才能带动人民群众办事依法、遇事找法、解决问题用法、化解矛盾靠法，才能在全社会树立起信仰法治、推动全社会践行法治，才能真正建成法治中国。依法治国、依法执政、依法行政在目标上是一致的，在作用上是联动的，只有坚持系统观念，在"共同推进"上着力，在"一体建设"上用劲，才能形成合力的建设效果。另一方面，必须坚持系统观念把握法治国家、法治政府、法治社会"一体建设"的整体布局。法治国家建设是法治建设的目标。党的十八届四中全会首次提出了全面推进依法治国的总目标是建设中国特色社会主义法治体系，建设社会主义法治国家；党的二十大报告在此基础上进一步提出："必须更好发挥法治固根本、稳预期、利长远的保障作用，在法治轨道上全面建设社会主义现代化国家。"④ 法治是

---

① 习近平：《加快建设社会主义法治国家》，载习近平：《论坚持全面依法治国》，中央文献出版社 2020 年版，第 107 页。

② 习近平：《全面推进科学立法、严格执法、公正司法、全民守法》，载习近平：《论坚持全面依法治国》，中央文献出版社 2020 年版，第 21 页。

③ 习近平：《全面推进科学立法、严格执法、公正司法、全民守法》，载习近平：《论坚持全面依法治国》，中央文献出版社 2020 年版，第 25 页。

④ 习近平：《高举中国特色社会主义伟大旗帜为全面建设社会主义现代化国家而团结奋斗——在中国共产党第二十次全国代表大会上的报告》，载《人民日报》2022 年 10 月 26 日，第 2 版。

人类文明的重要成果，一个现代化国家必然是法治国家。法治化是国家现代化的内在要求，也是政府治理和社会治理现代化转型的重要标志。法治政府建设是法治国家建设的重点。在一段时期内，有个别观点未能坚持系统观念看问题，或是将法治政府建设简单化约为政府依法行政，仅仅就政府依法行政谈法治政府建设。但是，在全面推进依法治国这个系统工程里去思考，就能够看到法治国家、法治政府、法治社会之间的系统关联，抓住三者各有侧重、相辅相成的耦合性特点。法治政府建设"对法治国家、法治社会建设具有示范带动作用，要率先突破"①，这印证了法治政府建设是法治国家建设的"重点任务和主体工程"这一定位论断。正因如此，缺少法治政府建设的示范带动、率先突破，法治国家、法治社会建设将是盲目的、困难的。法治国家、法治政府建设要以法治社会建设为基础。在一段时期内，人们只是关注到法治国家、法治政府建设而忽视法治社会的建设，打算仅靠"自上而下"的推进模式建设法治国家。事实上，法治社会是构筑法治国家的基础，缺乏法治社会作为坚实基础的法治国家、法治政府建设，无异于培植"无本之木"、搭建"空中楼阁"。"法治建设需要全社会共同参与，只有全体人民信仰法治、厉行法治，国家和社会生活才能真正实现在法治轨道上运行。"② 如果没有法治社会这个基础的支撑，法治国家、法治政府的建设不可能取得成功。总之，坚持系统观念推进法治中国建设，"就必须自上而下、自下而上双向互动地推进法治化"③，就必须摒弃"单兵突破"的思维，在"一体建设"上用劲，坚持法治国家、

---

① 习近平：《以科学理论为指导，为全面建设社会主义现代化国家提供有力法治保障》，载《习近平谈治国理政》（第4卷），外文出版社2022年版，第294页。

② 习近平：《推进全面依法治国，发挥法治在国家治理体系和治理能力现代化中的积极作用》，载习近平：《论坚持全面依法治国》，中央文献出版社2020年版，第275页。

③ 习近平：《各级领导干部要做尊法学法守法用法的模范》，载习近平：《论坚持全面依法治国》，中央文献出版社2020年版，第136页。

法治政府、法治社会三者同步规划、同步实施，这样才能收到法治建设的实效。

六、坚持胸怀天下

"大道之行也，天下为公。"① 我国古代圣贤立身行道，认识到世间万物运行的规律法则之"大道"，胸怀着天下苍生疾苦的"公心"，无私无畏地为人民谋幸福、为天下谋大同。正是秉持这种治国理政的"大道"与"公心"，中国历史上才会接连出现人民和睦、社会井然的美好景象，才能成就万邦咸宁、天下大同的大治之世。"回顾历史，支撑我们这个古老民族走到今天的，支撑中华民族五千多年延绵至今的，是植根于中华民族血脉深处的文化基因。中华民族历来讲求'天下一家'，主张民胞物与、协和万邦、天下大同，憧憬'大道之行，天下为公'的美好世界。"② 这揭示了坚持胸怀天下的理念在中国历史、中华文化中的地位和作用，阐明了中国人民、中华民族获得成功、走向未来的秘诀。"马克思主义博大精深，归根到底就是一句话，为人类求解放。"③ 坚持胸怀天下是关于全人类解放的马克思主义学说和讲求"天下一家"的中华优秀传统文化创造性结合的杰出成果。毛泽东主席指出："因为中国是一个具有九百六十万平方公里土地和六万万人口的国家，中国应当对于人类有较大的贡献。"④ 邓小平同志指出："……到那时（21世纪中叶），社会主义中国的分量和作用

---

① （西汉）戴圣：《礼记·礼运篇》。
② 习近平：《携手建设更加美好的世界》，载本书编写组：《十九大以来重要文献选编》（上），中央文献出版社2019年版，第109页。
③ 习近平：《在纪念马克思诞辰200周年大会上的讲话》，人民出版社2018年版，第8页。
④ 《毛泽东文集》（第7卷），人民出版社1999年版，第156-157页。

就不同了，我们就可以对人类有较大的贡献。"① 进入新时代，在回答
"人类社会应该向何处去？我们应该为子孙后代创造一个什么样的未来"②
这一重大问题时，习近平总书记更加系统地提出坚持胸怀天下的四个方
向：为人类对现代化道路的探索做出新贡献；为世界各国共同发展繁荣做
出新贡献；为增进人类福祉做出新贡献；为人类社会携手应对共同挑战做
出新贡献。③ 可见，中国共产党人始终坚持胸怀天下的立场观点方法，始
终保持着眼世界格局、顺应历史潮流、关注人类命运的一贯做法，不会有
丝毫变化。"万物并育而不相害，道并行而不相悖。"④ "人类生活在同一
个地球村里，生活在历史和现实交汇的同一个时空里面，越来越成为你中
有我、我中有你的命运共同体。"⑤ 从革命战争年代提出"自立于世界民
族之林"⑥ 到新时期提出"构建人类命运共同体"，表现了中国共产党人
坚持胸怀天下的一贯逻辑。同样是坚持胸怀天下的观点方法，不同阶段做
出不同的判断，乃是基于不同时期党的事业发展、社会矛盾运动、国内国
际情势发生历史性、根本性变化的事实。然而，中国共产党人始终志存高
远、敢于担当的革命本色不会变，始终着眼于中国和世界两个大局的战略
气魄不会变，始终心系中华民族乃至全人类前途命运的初心使命不会变。

"历史没有终结，也不可能被终结。"⑦ 当前，面对全球性冲突危机、
疫情防控、经济衰退、治理赤字等挑战时，人类社会"你中有我、我中有

---

① 《邓小平文选》（第 3 卷），人民出版社 1993 年版，第 143 页。

② 习近平：《同舟共济克时艰，命运与共创未来——在博鳌亚洲论坛 2021 年年会开幕式上的视频主旨演讲》，载《人民日报》2021 年 4 月 21 日，第 2 版。

③ 参见习近平：《加强政党合作，共谋人民幸福》，载《习近平谈治国理政》（第 4 卷），外文出版社 2022 年版，第 427－428 页。

④ （西汉）戴圣：《礼记·中庸》。

⑤ 习近平：《顺应时代前进潮流，促进世界和平发展》，载习近平：《论坚持推动构建人类命运共同体》，中央文献出版社 2018 年版，第 5 页。

⑥ 《毛泽东选集》（第 1 卷），人民出版社 1991 年版，第 161 页。

⑦ 习近平：《不忘初心，继续前进》，载《习近平谈治国理政》（第 2 卷），外文出版社 2017 年版，第 37 页。

你"的本质联系决定了任何政党、任何国家、任何民族都不可能"独善其身"。身处"世界怎么了、我们怎么办"的十字路口，"没有哪个国家能够独自应对人类面临的各种挑战，也没有哪个国家能够退回到自我封闭的孤岛"①，所以我们必须充分认识到并把握好"世界好，中国才能好；中国好，世界才更好"②的历史经验和发展规律。中国共产党在团结带领中国人民做好自己事情的同时，必然要继续发扬"兼济天下"的担当精神和"天下一家"的理想情怀。只有在推进党和国家各项事业中一以贯之地坚持胸怀天下，我们才既能办好中国的事，又能促进人类和平与发展的崇高事业。坚持全面依法治国，推进法治中国建设，同样也不例外。我们必须坚持好、运用好、发扬好胸怀天下这一科学思想方法，敞开胸襟、海纳百川，不仅擘画法治中国建设的美好图景，而且推动构建人类法治文明新形态，为人类对法治现代化道路的探索做出新贡献；为国际规则和国际秩序朝着更加公正合理的方向发展做出新贡献；为人类社会以法治方式和平解决分歧和争端、携手应对共同挑战做出新贡献。

坚持胸怀天下，就是要为发展中国家的法治建设提供可资借鉴的经验。二战结束后，许多获得独立解放的发展中国家效仿西方发达国家的法治模式，但最终丧失独立自主性或跌入发展陷阱。中国共产党领导中国人民独立自主地走出了一条中国式的法治现代化道路，创造了人类法治文明的新形态，破除了人类法治文明的"历史终结论"和法治模式的"西方中心主义"，为发展中国家提供了可资借鉴的法治发展经验。我们要继续坚持胸怀天下，面向世界尤其是发展中国家讲好中国法治故事，解读中国法治密码，总结中国法治经验，向世界展示法治中国建设的中国之路、中国

---

① 习近平：《决胜全面建成小康社会，夺取新时代中国特色社会主义伟大胜利》，载《习近平谈治国理政》（第3卷），外文出版社2020年版，第46页。

② 习近平：《共同构建人类命运共同体》，载《习近平谈治国理政》（第2卷），外文出版社2017年版，第545页。

之治、中国之理，为人类探索建设更好社会制度贡献中国智慧、提供中国方案。坚持胸怀天下，"我们要厉行国际法治，毫不动摇维护以联合国为核心的国际体系、以国际法为基础的国际秩序"①。二战以后，少数西方国家"唯我独尊"、搞霸权主义，或以多边主义之名行单边主义之实，破坏甚至践踏国际规则和国际秩序，成为人类和平发展的最大威胁。自1953年以来，中国政府率先提出奉行和平共处五项原则，旗帜鲜明地反对"弱肉强食""丛林法则"，集中彰显了尊重主权、维护正义、倡导民主、厉行法治的国际法原则，"既代表了亚洲国家对国际关系的新期待，也体现了各国权利、义务、责任相统一的国际法治精神"②。从"和平共处"到"人类命运共同体"，深刻反映了中国人对国家关系的认识从有限局部到人类整体的超越，从国家彼此和平共处的期待上升到人类利益、责任和命运共生共存的愿景。我们要继续坚持胸怀天下，坚定不移厉行国际法治，维护联合国在国际关系和国际事务中的权威和地位，努力使国际规则和国际秩序朝着更加公正合理的方向发展，推动中国和世界、世界各国之间的命运更加紧密地朝着一体化方向发展。坚持胸怀天下，就是要推动各国以法治方式和平解决国家之间的分歧和争端，在法治轨道上应对全人类共同的挑战。中国要始终以负责任的大国形象参与国际事务和全球治理，要善于运用法律等多种手段应对斗争，"要把法治应对摆在更加突出位置，用规则说话，靠规则行事"③。"和平、发展、公平、正义、民主、自由，是全人类的共同价值，也是联合国的崇高目标。"④ 我们坚持胸怀

① 习近平：《让多边主义的火炬照亮人类前行之路》，载《习近平谈治国理政》（第4卷），外文出版社2022年版，第462页。

② 习近平：《弘扬和平共处五项原则建设合作共赢美好世界：在和平共处五项原则发表60周年纪念大会上的讲话》，人民出版社2014年版，第3页。

③ 习近平：《为做好党和国家各项工作营造良好法治环境》，载习近平：《论坚持全面依法治国》，中央文献出版社2020年版，第256页。

④ 习近平：《携手构建合作共赢新伙伴，同心打造人类命运共同体》，载《习近平谈治国理政》（第2卷），外文出版社2017年版，第522页。

天下，就是要同世界各国一道践行国际法治，增进世界人民和平、法治、公平正义、民主自由等利益福祉。我们要继续坚持胸怀天下，在综合利用法治手段展开斗争、推动全球治理体系变革的同时，积极将斗争方式和变革成果固化为国际法原则、规则或机制，为世界各国在国际法治轨道上应对共同挑战奠定制度基础。

第二节　中国行政法典的时代需求与制度供给*

行政法法典化是形成完备的法律规范体系的必然要求，是深入推进依法行政、加快建设法治政府的制度前提，有利于更好保护公民、法人和其他组织的合法权益，并在法治轨道上推进国家治理体系和治理能力现代化，同时也能够为世界法治文明提供中国方案和贡献中国智慧。党和国家的政治决断为行政法法典化提供了政治基础，现有行政法律制度为行政法法典化提供了实践基础，行政法学界多年的学术探索为行政法法典化奠定了理论基础，域外行政法法典化的实践和民法典的编纂为行政法法典化提供了可资参考的经验。行政法法典化应当采取行政基本法典模式，对一般行政法规则进行体系性整合，并在这一定位下妥善处理行政基本法典与单行法、部门行政法的关系。

法典通常被认为是法律发展的最高形式和衡量一国法治成就的重要标志。随着我国法治建设的不断进步，推动主要门类法律规范的法典化已经逐步成为各界共识。在民法典编纂完成后，行政法法典化的任务进入了议事日程。习近平总书记指出："民法典为其他领域立法法典化提供了很好的范例，要总结编纂民法典的经验，适时推动条件成熟的立法领域法典编

---

* 原载于《中外法学》2022年第4期，第845-864页。本书出版时根据实际情况，对正文内容作了文字调整。

篡工作。"①《全国人大常委会 2021 年度立法工作计划》进一步提出:"研究启动环境法典、教育法典、行政基本法典等条件成熟的行政立法领域的法典编篡工作。"②

事实上,行政法法典化曾一度成为我国改革开放初期行政领域立法工作的首要目标,但因为历史条件的局限而未能实现。近年来,得益于行政法学理论和实践的蓬勃发展,同时也受到民法典颁布实施的鼓舞,学界开始重新思考行政法法典化问题③,并提出了先编篡行政法总则再编篡行政法典④、单行法先行⑤、编篡行政程序法⑥、编篡基于程序主义进路的行政法典⑦、编篡行政法通则⑧、编篡行政基本法典⑨、采取兼顾一般行政法和专门行政法的法典化路径⑩等不同主张。与此同时,由于"行政法没有统一的法典"曾被认为是行政法的主要特点之一,也有观点认为行政法不能、不宜法典化。⑪

---

① 习近平:《坚定不移走中国特色社会主义法治道路 为全面建设社会主义现代化国家提供有力法治保障》,载《求是》2021 年第 5 期,第 10 页。

② 《全国人大常委会 2021 年度立法工作计划》,载《中华人民共和国全国人民代表大会常务委员会公报》2021 年第 4 期,第 921 页。

③ 参见万学忠:《学界首次提出构建中国行政法法典》,载《法制日报》2018 年 1 月 19 日,第 6 版。

④ 参见应松年:《关于行政法总则的期望与构想》,载《行政法学研究》2021 年第 1 期,第 3-12 页;章志远:《中国特色行政法法典化的模式选择》,载《法学》2018 年第 9 期,第 86-94 页。

⑤ 参见杨登峰:《从〈民法典〉的编篡看行政法典的编篡——对"单行法先行"模式的一种考察与展望》,载《行政法学研究》2021 年第 3 期,第 3-13 页。

⑥ 参见叶必丰:《行政法的体系化:"行政程序法"》,载《东方法学》2021 年第 6 期,第 157-170 页。

⑦ 参见王万华:《我国行政法法典编篡的程序主义进路选择》,载《中国法学》2021 年第 4 期。

⑧ 参见钟瑞华、李洪雷:《论我国行政法法典化的意义与路径——以民法典编篡为参照》,载《行政管理改革》2020 年第 12 期,第 72-79 页。

⑨ 参见姜明安:《编篡行政基本法典是推进全面依法治国的需要》,载《中国司法》2022 年第 1 期,第 24-28 页;杨伟东:《行政基本法典的确立、定位与架构》,载《法学研究》2021 年第 6 期,第 53-70 页。

⑩ 参见薛刚凌:《行政法法典化之基本问题研究——以行政法体系建构为视角》,载《现代法学》2020 年第 6 期,第 78-95 页。

⑪ 参见杨建顺:《为什么行政法不能有统一的法典?》,载《检察日报》2020 年 6 月 3 日,第 7 版。

有鉴于上述争论，下文拟就行政法法典化的基础性问题——法典化的必要性与可行性作一探讨，旨在论述行政法法典化对于行政法治发展和国家法治文明进步的重要意义，并阐明当前行政法法典化所具备的政治基础、实践基础、理论基础。同时，下文也将就行政法法典化的方案与模式进行辨析，以期推动学界达成共识，并为未来的行政法法典化工作提供参考。

一、行政法法典化的时代需求

伟大的时代呼唤伟大的法典，伟大的法典成就伟大的时代。推进行政法法典化，编纂一部具有中国特色、体现时代特点、反映人民意愿的行政法典，对于完善法律规范体系、建设法治政府、保障人民权益、建设社会主义现代化强国、推动世界法治文明进步都具有重大而深远的意义。

（一）行政法法典化是形成完备的法律规范体系的必然要求

"立善法于天下，则天下治；立善法于一国，则一国治。"（王安石《周公》）科学完备、统一权威的法律规范体系，是建设中国特色社会主义法治体系的制度基础。全国人大常委会于 2011 年宣布中国特色社会主义法律体系已经形成，但这并不意味着我国法律体系已经足够完备。"实践发展永无止境，立法工作也永无止境，完善中国特色社会主义法律体系任务依然很重。"[1]

中国特色社会主义法律体系应当与时俱进和不断发展完善，这既表现在立法内容的充实和丰富上，也表现在立法形式的创新和提升上。中国特

---

[1] 习近平：《关于〈中共中央关于全面推进依法治国若干重大问题的决定〉的说明》，载习近平：《论坚持全面依法治国》，中央文献出版社 2020 年版，第 95 页。

色社会主义法律体系以宪法为统帅，以宪法相关法等多个法律部门的法律为主干。在刑法、民法、行政法这三大基础性的法律部门中，刑法的法典化于 1979 年就已经实现，1997 年《刑法》的颁布是对刑法典的全面修订，当前刑法学者所主张的"再法典化"实质上是对现行刑法典的修改①；经过多年努力，民法典也已经编纂完成。唯独在行政法领域还缺少统一的法典，这在很大程度上影响了中国特色社会主义法律规范体系的完备性。

当然，主张行政法法典化，并非仅仅因为刑法和民法已经实现了法典化，行政法也应有法典这一形式层面的理由，而是因为法典的缺位确实对法律体系的科学性、完备性造成了实质影响。我国以《行政处罚法》《行政许可法》《行政强制法》这"行政三法"确立行政活动的主要的程序和实体规则，并以《行政诉讼法》《行政复议法》《国家赔偿法》确立行政活动的监督和救济规则。之所以要以单行立法的形式对行政处罚、行政许可、行政强制作出分别规范，是由当时的立法条件所决定的——在探索制定统一的行政法通则和行政程序法均未成功的情况下，立法思路转变为"将实体行政中几项重要行政行为制定为单项的小法典，以适应我国在建立社会主义市场经济和社会秩序行政时的特殊国情和需要"②。这一立法模式符合客观需要和立法规律，但同时也存在较为明显的局限，即容易导致行政法律体系的空白、重复和体系性不强等问题。

第一，法规范缺失。从大陆法系国家行政法的发展来看，行政法的法典化与行政法学理的体系化发展紧密相关。以奥托·迈耶为代表的行政法学者通过对经验对象的抽象化作业，形成了"行政行为"这一基础性概念，并不断地推进行政行为的类型化和型式化，"将行政过程与体系的关键性概

---

① 参见张明楷：《刑法修正案与刑法法典化》，载《政法论坛》2021 年第 4 期，第 6 页。
② 应松年：《中国行政法发展的创新之路》，载《行政法学研究》2017 年第 3 期，第 47 页。

念联系起来"，让普通行政法发挥其储存器的作用，减轻行政和法院裁判实践的负担。^①但"行政三法"的抽象度和覆盖面有限，只能为有限的行政行为匹配法律后果，无法涵盖更多的行政活动，导致立法必定会存在漏洞和空白。这意味着行政法需要以更加概括性的规则来增加法律体系的包容度，从而保持其向社会现实的开放度。同时，当已型式化的行政行为逐渐增多后，为防止不同规则之间的抵触，也需要以更加基础性的规则来实现对整体法秩序的统率。从这个意义上说，行政法法典化既是必然的，也是必要的。

第二，法规范重复。分散式立法还会造成大量的法规范重复。已型式化的各类行政行为虽有其特征，但也存在众多共通性规则，如基本原则、效力、程序、期限等。由于缺乏基础性、通用性的法规范，这些规则只能在不同的单行立法中分别规定。大量相近甚至雷同条款的反复出现，导致立法资源的浪费，也造成整个法律体系的冗杂。"行政三法"中存在大量此种情况，如《行政强制法》第8条与《行政处罚法》第7条对当事人陈述权、申辩权和获得赔偿权利的规定就基本相同，保障当事人陈述权、申辩权的主要制度设计也高度相似，完全可以被提炼、整合和统一。这同时也表明，如果继续沿用单行立法模式，面对亟待规范的各类行政行为，所耗费和占用的资源和法典化相比会非常巨大。^②

第三，法规范体系性不强。随着行政法律规范数量的日渐增多，法规范之间体系性差的问题也逐渐凸显。一方面，由于行政法律规范层次多、所涉领域广，缺乏系统性整合的法规范之间极易出现矛盾冲突。"碎片化的行政立法，是导致行政机关各自为政乱象的主要原因之一。"^③例如，

---

① 参见［德］施密特·阿斯曼：《行政法体系及其构建》，刘飞译，载《环球法律评论》2009年第5期，第152页。

② 参见江必新：《迈向统一的行政基本法》，载《清华法学》2012年第5期，第103页。

③ 郭修江、杨科雄、王佶腾：《新时代行政立法的法典化》，载《人民法院报》2021年2月5日，第5版。

2021年《行政处罚法》修订时，未将"责令改正"列为行政处罚的种类，大量的单行法也仅是将其作为行政命令对待，但《土地管理法》将"责令限期拆除"定性为行政处罚，实践中也一直将此类行为按照行政处罚来处理。另一方面，由于不同立法的起草部门并不相同，立法考量不能够很好统一；加之不同立法的制定、修改又存在较大的时间间隔，其结果往往是各法之间无法实现良好的衔接和协调。例如，在《行政诉讼法》修改过程中，出于督促复议机关积极有效履职的考虑，设计了行政复议的"双被告"制度。但这一方案对行政复议制度改革方向的考虑未必充分，以至于二者难以有机统合于整体性的公法争议解决框架之下。

上述问题虽然可以通过继续制定和修改单行法、提高立法水平或优化立法技术等路径予以部分修补，但其根本性解决仍然要仰赖法典化的推进。"全面依法治国是一个系统工程，必须统筹兼顾、把握重点、整体谋划，更加注重系统性、整体性、协同性。"[①] 在法治建设的系统性要求日益突出的时代背景下，行政法法典化能够以基础性、通用性规范填补立法漏洞，确保行政法得到全面、有效实施；能够通过"提取公因式"提高行政立法的质量和效益；也能够通过理性设计整合现有行政法律规范，提升法规范的体系性和完备性，从而推动科学完备、统一权威的法律规范体系更快形成。

（二）行政法法典化是深入推进依法行政、加快建设法治政府的制度前提

在推进全面依法治国这一系统性工程中，法治政府建设居于十分关键的地位。习近平总书记指出："依法治国是我国宪法确定的治理国家的基

---

① 习近平：《在中央全面依法治国委员会第一次会议上的讲话》，见习近平：《关于〈中共中央关于全面推进依法治国若干重大问题的决定〉的说明》，载习近平：《论坚持全面依法治国》，中央文献出版社2020年版，第229页。

本方略，而能不能做到依法治国，关键在于党能不能坚持依法执政，各级政府能不能依法行政。"① 在法治国家、法治政府、法治社会一体建设的格局中，"法治政府建设是重点任务和主体工程，必须得到率先突破"②。实现上述要求，需要有系统完备的行政法律规范体系给行政权力定规矩、划界限，对行政权形成无漏洞的严密约束。

《法治政府建设实施纲要（2021—2025 年)》提出"全面建设职能科学、权责法定、执法严明、公开公正、智能高效、廉洁诚信、人民满意的法治政府"，这些目标实际上蕴含了对行政法律规范体系性和完备性的要求。只有建立完备的组织法和编制法体系，才能实现政府职能和权责的全面法定；只有依靠系统完善的行政程序和实体规则，才能确保行政执法严格、规范、公正、文明，确保行政程序公开透明和行政实体决定公平公正；只有行政法律规范具备充分的科学性、体系性，才能在法律制度中有效兼容"智能""高效"等多种价值，因应现代行政实践带来的挑战；只有依靠完备的行政法律规范给行政权力定规矩、划界限、明责任，才能真正构建起"不易腐""不能腐"的机制，确保政府的"廉洁诚信"，从而实现"人民满意"的价值目标。

从当前法治政府建设的实际情况来看，各级行政机关推进依法行政的状况还不能完全适应全面依法治国的根本要求，与基本建成法治政府的目标还有一定差距。制约法治政府建设的因素是多方面的，但行政法律制度体系不完善和行政法律规范的实施效果不佳是其中的重要原因。

---

① 习近平：《加快建设社会主义法治国家》，见习近平：《关于〈中共中央关于全面推进依法治国若干重大问题的决定〉的说明》，载习近平：《论坚持全面依法治国》，中央文献出版社 2020 年版，第 113 页。

② 习近平：《以科学理论指导全面依法治国各项工作》，见习近平：《关于〈中共中央关于全面推进依法治国若干重大问题的决定〉的说明》，载习近平：《论坚持全面依法治国》，中央文献出版社 2020 年版，第 4 页。

首先，推进依法行政所依靠的行政法律制度体系尚不完善。由于行政活动的形式和内容丰富多样，行政法体系中通常需要有一定数量的基础性、一般性规则，来确立所有行政活动都必须遵守的共性要求。但在目前的行政法律规范体系中，这类规则主要是由纲要、意见、规划等政策性文件规定，虽对实践有重要指导作用，但难以产生法律上的拘束力，容易被行政机关规避。例如，对于正当程序这一基本原则，尽管理论界已经形成了普遍的认同和充分的阐发，但由于实定法未作出明确表达，其也就难以成为具有规范拘束力的要求，法院援引正当程序原则进行裁判也时刻面临着正当性的拷问。[①] 实践中，法院可能需要通过援引2004年国务院颁布的《全面推进依法行政实施纲要》，或直接援引作为理论的正当程序原则来寻找裁判理由。[②] 这不仅存在较重的说理负担，也导致对行政权的约束不稳定、不全面。除此之外，包括比例原则、信赖利益保护原则等其他行政法基本原则的适用也存在类似问题。通过行政法法典化，可有效整合各类纲要、意见、规划中的重要规范，吸收学理上普遍认可的一般原则并将其上升为法律制度，进一步完善依法行政的制度体系。

其次，行政法律规范的实施效果不佳也影响了法治政府建设的整体进程。法律的生命力在于实施，法律的权威也在于实施。但部分行政法律规范的实施效果不够理想，严重阻碍了法治政府建设的推进。提升实效性、防止制度空转和形式主义已经成为当前法治政府建设所面临的突出要求。[③] 导致法律实施效果不佳的原因是复杂的，法律体系本身的不完善是

---

① 参见周佑勇：《司法判决对正当程序原则的发展》，载《中国法学》2019年第3期，第27页。
② 参见蒋红珍：《正当程序原则司法适用的正当性：回归规范立场》，载《中国法学》2019年第3期，第55-56页。
③ 参见马怀德、孔祥稳：《"十三五"时期法治政府建设的主要成就与"十四五"时期法治政府建设展望》，载中国政法大学法治政府研究院主编：《法治政府蓝皮书：中国法治政府发展报告（2021）》，社会科学文献出版社2022年版，第16-17页。

其中的重要因素。一方面，由于行政法律规范较为零散，制度体系不够严密，行政机关规避法律也就更为容易。例如，《行政许可法》实施过程中就一直面临着被行政机关以"核准""备案"等名义规避的问题；《行政处罚法》之所以在修法时要增加定义条款，也是因为实践中存在着大量的行政管理手段以监管措施之名逸脱法律规制的情况。[①] 通过行政法法典化，实现对主要行政行为的全面覆盖，能在很大程度上避免行政机关逸脱法律规范的问题。另一方面，由于行政法律规范的体系性不强，行政执法人员、司法审判人员解释和适用法律的成本也比较高，行政法法典化可以通过澄清、统一法律规则"为行政和司法适用法律提供方向和稳定性"[②]，这也是法典在减少法律适用负担、提升法律规范的可接近性方面的重要功能。

（三）行政法法典化是更好保护公民、法人和其他组织合法权益的必然要求

习近平法治思想立基于良法善治的崇高理念，从立党为公、执政为民的战略高度，阐释了法治建设必须坚持"以人民为中心"这一核心价值立场。[③] 而"坚持以人民为中心"推进法治建设，尤其需要重视对人民权益的保护。"推进全面依法治国，根本目的是依法保障人民权益。"[④] 现代法治的一项主要精神就在于以法律制度对人权和公民权利进行确认和保障。

---

① 参见张晓莹：《行政处罚的理论发展与实践进步——载〈行政处罚法〉修改要点评析》，载《经贸法律评论》2021年第3期，第2—4页。

② ［德］沃尔夫冈·卡尔：《法典化理念与特别法发展之间的行政程序法》，马立群译，载《南大法学》2021年第2期，第151页。

③ 参见张文显：《治国理政的法治理念和法治思维》，载《中国社会科学》2017年第4期，第48—50页。

④ 习近平：《以科学理论指导全面依法治国各项工作》，见习近平：《关于〈中共中央关于全面推进依法治国若干重大问题的决定〉的说明》，载习近平：《论坚持全面依法治国》，中央文献出版社2020年版，第2页。

尤其是随着我国社会主要矛盾的变化,人民群众在民主、法治、公平、正义、安全、环境等方面的要求日益增长,对权利保护的充分性和有效性提出了更高要求。在国家机关中,行政机关是与公民接触最为频繁、对公民影响最为直接的主体,其行为直接涉及公民的人身权、财产权和其他合法权益。公民、法人和其他组织的合法权益是否能够得到有效保障,在很大程度上取决于各级行政机关的法治化水平。

行政法兼具主观法与客观法的双重性质,其既是一种旨在维护公共利益的客观法秩序构造,同时也是一种确认和维护公民个人、其他组织合法权益的主观法体系。我国改革开放后的行政领域立法,一条主线就是保障公民、法人和其他组织的合法权益,《行政诉讼法》《国家赔偿法》等法律都将维护公民、法人和其他组织的合法权益作为主要甚至最重要的立法目的。即便是作为行为规则和程序规则的"行政三法",也有"率先规范对公民权益影响最大的几类行为"这一考虑。一般认为,我国行政法律体系呈现出较强的主观法色彩。[1]

然而,观察现有的行政法律规范可以发现,无论是行政组织法、行政行为法还是行政救济法,对公民权利的规定都并不充分:其一,实体权利规则缺失,宪法所规定的基本权利未能得到充分的具体化,除部分立法对人身自由、财产权等作出了规定外,法规范较少涉及实体权利。诸如隐私权、社会保障权等权利规则不够全面,随着新的行政规制手段应用而凸显的名誉、声誉等权益的重要性也未能得到充分考量。[2] 其二,程序权利规则不充分、不系统,除陈述、申辩、听证、申诉控告、获得救济几项权利外,当事人还享有哪些程序性权利并不清晰,各类程序性权利的构造与功

---

① 参见薛刚凌:《行政法法典化之基本问题研究——以行政法体系建构为视角》,载《现代法学》2020年第6期,第83-84页。

② 参见孔祥稳:《行政处罚决定公开的功能与界限》,载《中外法学》2021年第6期,第1631页。

能也不明确。例如,《行政处罚法》第 55 条第 1 款规定,执法人员不出示执法证件的,当事人或者有关人员有权拒绝接受调查或者检查,其他单行法中也有关于拒绝权的规定。[①] 但在一般意义上,当事人在何种条件情形下享有拒绝权和抵抗权则缺乏全面系统的规则。其三,未考虑主观法和客观法的统一与协调,难以为权利提供全面、有效的保护。例如,有学者指出我国《行政诉讼法》在诉讼请求上偏向主观法,但在审理和判决上却偏向客观法,使行政诉讼在构造上呈现出"内错裂"的状态[②],这在一定程度上导致诉讼程序空转,影响到权益保护的效果。

推进行政法法典化,一方面可以对已有法规范进行系统整合,在实体和程序两方面建立起清晰的公法权利体系,解决公民寻求救济时所面临的法律规范庞杂分散、无法清楚了解自身权利等问题;另一方面也可以借助编纂法典的契机,系统梳理主观法和客观法的关系,推进主观法和客观法的协调统一,在维护公共利益的同时,为公民、法人和其他组织的合法权益提供更加全面、充分、有效的保护。当然,行政法上的实体权利很多要依靠部门行政法展开和填充,但一般行政法可以建立基本框架,作出基础性、概括性的规定。从思维习惯来看,在需要将社会上的法律关系用相应的规则来概括、表述、公示、执行时,体系化的、成文的法典毫无疑问是更加适合的[③],其所产生的影响力和引发的关注度显然也是更加巨大的。

(四) 行政法法典化是推进国家治理体系和治理能力现代化的必然要求

"国无常强,无常弱。奉法者强则国强,奉法者弱则国弱。"(《韩非子·有度》) 党的十八届三中全会通过的《中共中央关于全面深化改革若

---

① 参见何海波:《公民对行政违法行为的蔑视》,载《中国法学》2011 年第 6 期,第 126-127 页。

② 参见薛刚凌、杨欣:《论我国行政诉讼构造:"主观诉讼"抑或"客观诉讼"?》,载《行政法学研究》2013 年第 4 期,第 29-37 页。

③ 参见何勤华:《法典化的早期史》,载《东方法学》2021 年第 6 期,第 16 页。

干重大问题的决定》明确，全面深化改革的总目标是完善和发展中国特色社会主义制度，推进国家治理体系和治理能力现代化。党的十九届四中全会对坚持和完善中国特色社会主义制度、推进国家治理体系和治理能力现代化作出了全面部署，明确提出了到 2035 年，各方面制度更加完善，基本实现国家治理体系和治理能力现代化；到新中国成立一百年时，全面实现国家治理体系和治理能力现代化，使中国特色社会主义制度更加巩固、优越性充分展现的宏伟目标。实现国家治理体系和治理能力现代化这一目标，重视法治、厉行法治，坚持在法治轨道上推进国家治理现代化是其中的关键。习近平总书记指出："法治是国家治理体系和治理能力的重要依托。只有全面依法治国才能有效保障国家治理体系的系统性、规范性、协调性，才能最大限度凝聚社会共识。"[①] 从理论上说，国家治理体系和治理能力现代化与法治建设是高度同构的关系。[②] 一方面，国家治理必须要在法治框架下展开，国家治理的方式与手段必须实现法治化。人类社会发展的事实证明，法治本身就是最为可靠、最为稳定和最为行之有效的治理方式。另一方面，实现国家治理现代化要求各方面制度更加成熟定型，这实际上需要通过完善以宪法为基石、以法律制度为主干的国家制度体系来实现。[③]

在全面依法治国的各领域各环节工作中，行政法治与国家治理现代化的联系最为紧密。正如《法治政府建设实施纲要（2021—2025 年）》所定义的，"法治政府建设是全面依法治国的重点任务和主体工程，是推进国家治理体系和治理能力现代化的重要支撑"。我国大多数法律规范在性质上都属于行政法规范，由行政机关主要负责实施。确保行政机关全面有效地实施各类法律，对法治国家建设的作用重大。同时，在国家治理的整体

---

① 习近平：《以科学理论指导全面依法治国各项工作》，载习近平：《论坚持全面依法治国》，中央文献出版社 2020 年版，第 3 页。

② 参见喻中：《作为国家治理体系的法治体系》，载《法学论坛》2014 年第 2 期，第 5-12 页。

③ 参见李林：《坚持在法治轨道上推进国家治理体系和治理能力现代化》，载《暨南学报（哲学社会科学版）》2021 年第 1 期，第 2 页。

结构中，由于行政权具备积极、主动、全面地形成社会秩序的特征，其在调整社会关系、分配社会利益、化解社会矛盾、维护社会和谐稳定方面具有举足轻重的地位。[①] 推进依法行政，有效约束和规范行政权力，对于促进国家治理结构的均衡、稳定也有重要意义。"任何国家，法治的重心都是制约和控制行政权力，防止其滥用和异化。我国依法治国、依法治权的核心也是针对行政权力及其行使。"[②]

可见，依法行政和法治政府建设的水平在很大程度上决定着我国法治建设的进程，政府治理体系的现代化水平在很大程度上决定着国家治理体系现代化的水平。行政法法典化是对行政法律规范的系统性整合，其有利于推动形成完备的法律规范体系，进而推动形成高效的法治实施体系、严密的法治监督体系、有力的法治保障体系，为国家治理现代化提供法治保障。尤其是可以借助编纂法典的契机，系统梳理近年来深化行政体制改革、完善政府治理体系所取得的重要制度成果，完善国家治理所需法律制度。与此同时，行政法法典化也能够通过将行政活动全面纳入法治轨道，构建起职责明确、依法行政的政府治理体系，真正实现用法治给行政权力定规矩、划界限，确保国家治理在法治轨道上有序推进。

（五）行政法法典化能够为世界法治文明提供中国方案、贡献中国智慧

法典的编纂不仅在完善法律制度方面有重要价值，而且具有丰富深刻的文化意义和政治意义。"回顾人类文明史，编纂法典是具有重要标志意义的法治建设工程，是一个国家、一个民族走向繁荣强盛的象征和标志。"[③] 无论是我国历史上独树一帜的中华法系，还是风行世界的大陆法

---

① 参见喻中：《作为国家治理体系的法治体系》，载《法学论坛》2014年第2期，第10页。
② 张文显：《建设中国特色社会主义法治体系》，载《法学研究》2014年第6期，第18页。
③ 王晨：《关于〈中华人民共和国民法典（草案）〉的说明——2020年5月22日在第十三届全国人民代表大会第三次会议上》，载《中国人大》2020年第12期，第14页。

系、英美法系，都高度重视法律规范的体系化。中国古代不仅出现了法典，并且已经达到了相当的高度，以《唐律疏议》为代表的法典，立法技术高超，其法典化水平已达当时世界的最高境界。① 大陆法系同时也被称为成文法系，其主要特点之一就是以法典的形式系统组合大量成文法规范。这一传统在罗马法时代就已产生，近代以来欧洲的法典编纂运动将它推至顶峰。英美法系虽以判例为主要渊源，但在法治发展中受大陆法系思潮的影响，也开始积极推进法典化实践，典型代表如美国 1946 年《联邦行政程序法》和其他一些非正式的法律重述。法典编纂既是一个国家法治水平的集中体现，也是现代主权国家法治成熟度和影响力的最好表达。

世界法治文明的发展进步离不开不同国家之间法律制度和法治文化的交流、碰撞和融合。其中，具有标志性的法典往往能够产生超越国界的影响，在相同的语系或法圈内产生示范效应。例如，奥地利的《行政程序法》就对波兰等国的立法产生了重要影响，德国的《联邦行政程序法》也对日本和欧洲大陆的其他国家产生着较强的立法示范作用。② 当前，世界范围内的行政法典以行政程序法典为主，部分国家的行政法典兼有程序规则和实体规则，部分国家的行政法典还包含有体现该国制度特点的组织规范和救济规范。③ 各国行政法典的形式与其政治经济文化社会背景高度关联，充分展现着不同国家和地区的政治与法律特征。

改革开放以来，我国行政法立足中国国情与中国实践，在弘扬传统法律文化，借鉴各国行政法治有益经验基础上，走出了一条具有中国特色的发展创新之路，并成为世界法治文明的重要组成部分。已颁布的行政法律

---

① 参见何勤华：《法典化的早期史》，载《东方法学》2021 年第 6 期，第 9 - 11 页。

② 参见［德］沃尔夫冈·卡尔：《法典化理念与特别法发展之间的行政程序法》，马立群译，载《南大法学》2021 年第 2 期，第 154 页。

③ 参见王万华：《我国行政法法典编纂的程序主义进路选择》，载《中国法学》2021 年第 4 期，第 104 - 109 页。

规范中，对公正价值与效率价值的统筹、对实体规则和程序规则的并重、对行政权的设定等重要环节进行专门规范的立法技术，以及对数字科技的有效回应，都充分彰显了中国行政法的独特品格。编纂一部具有中国特色、体现时代特点、反映人民意愿的法典，不仅能够推动中国特色社会主义法治体系的发展完善，同时也将充分彰显中国特色社会主义法治体系的优越性，为世界法治文明贡献中国智慧和中国方案，推动世界法治文明不断发展进步。可以预见，中国行政法典的编纂，必将得到世界各国的高度关注，乃至引领世界行政法法典化的新一轮潮流。

二、行政法法典化的可行性

在对行政法法典化的讨论中，研究者均承认加强行政法律规范系统性的重要价值，但对行政法法典化的可行性存在不同观点。事实上，经过改革开放四十多年来的积累，我国行政法治不断发展进步，法治政府建设成果卓著，行政法法典化的政治基础、立法基础、学理基础都已具备，域外行政法法典化的经验和民法典的编纂也提供了有益借鉴，行政法法典化不仅是必要的，也是可行的。

（一）党和国家的政治决断为行政法法典化提供了政治基础

任何一部法典的编纂都是一项由主权者发起的重大法律行动，但同时也是一项政治行动。法典化的政治面向表现在其可以通过整合和统一法律规范的方式来形成新的法律秩序，从而巩固主权者的意志。① 同时，法典化本身作为重大的立法活动，往往需要调动和整合多方面的力量与资源，

---

① 参见石佳友：《解码法典化：基于比较法的全景式观察》，载《比较法研究》2020 年第 4 期，第 24 页。

投入大量的人力物力。启动这样的浩大工程也有赖于主权国家的政治决断。

作为法治后发国家,我国法治建设面临的头绪多、问题杂、任务重,需要由强有力的政治力量来发挥推动与引导作用,并依托适当的机制来明确共同目标,整合分散意志,凝聚共识,调配资源。近年来密集出台的各类法治规划正是这一机制的代表。① 面对重大法治建设工程,党和国家在充分凝练人民意志的基础上作出的政治决断是最重要的前提和基础。就民法典的编纂而言,正是党的十八届四中全会通过的《中共中央关于全面推进依法治国若干重大问题的决定》明确提出了"编纂民法典"的目标,民法法典化才真正得到迅速推动。

当前,党和国家高度重视法治政府建设工作,就深入推进依法行政,加快建设法治政府作出了一系列重大决策部署,为行政法法典化奠定了坚实的政治基础。党的十八届四中全会提出,"完善行政组织和行政程序法律制度,推进机构、职能、权限、程序、责任法定化";党的十九大提出,"完善以宪法为核心的中国特色社会主义法律体系";党的十九届四中全会提出,加快形成完备的法律规范体系,加强重要领域立法。这些决策部署都蕴含着从更高层面提升行政法律规范体系性的要求和指向。2020 年 11 月,习近平总书记在中央全面依法治国工作会议上强调,要加快完善中国特色社会主义法律体系,使之更加科学完备、统一权威,并明确提出要总结编纂民法典的经验,适时推动条件成熟的立法领域法典编纂工作,为民法典通过后的立法工作指明了方向。②

随着法治政府建设的重要性日益凸显,完善行政法律规范体系的必要

---

① 参见马怀德:《迈向"规划"时代的法治中国建设》,载《中国法学》2021 年第 3 期,第 22 -23 页。

② 参见习近平:《坚定不移走中国特色社会主义法治道路为全面建设社会主义现代化国家提供有力法治保障》,载《求是》2021 年第 5 期,第 10 页。

性和紧迫性也日益清晰，行政法法典化也随之进入议事日程。2021 年 1 月，中共中央印发的《法治中国建设规划（2020—2025 年）》提出"加强对权力运行的制约和监督，健全规范共同行政行为的法律法规，研究制定行政程序法"。2021 年 4 月，全国人大常委会发布的《全国人大常委会 2021 年度立法工作计划》提出"研究启动环境法典、教育法典、行政基本法典等条件成熟的行政立法领域的法典编纂工作"。2021 年 8 月，中共中央、国务院印发的《法治政府建设实施纲要（2021—2025 年）》提出"加强规范共同行政行为立法，推进机构、职能、权限、程序、责任法定化"。上述规划和纲要着眼于对"共同行政行为"的规范，其实质是要提升行政立法的抽象度，形成行政法领域的基础性、一般性规则；全国人大常委会的立法规划则明确提出了编纂"行政基本法典"的任务，表明行政法法典化的政治基础已经具备，行政法法典化势在必行，刻不容缓。

（二）现有行政法律制度为行政法法典化提供了实践基础

如遵循法律进化论的观点，法律的形态本身遵循从低级到高级的演变历程，法典即是其中最高级的形式。这意味着法典并不是凭空创设，而要建立在对已有法律规则继承和发展的基础之上。我国历史上曾于 1954 年、1962 年、1979 年和 2001 年先后四次启动民法典编纂工作，但均未能够形成正式的民法典，其中一个重要原因就在于缺乏相应的经验和基础。[①] 在 1986 年《民法通则》通过时，立法机关就明确提出："由于民法牵涉范围很广泛，很复杂，经济体制改革刚开始，我们还缺乏经验，制定完整的民

---

① 参见黄薇主编：《中华人民共和国民法典释义（上）》，法律出版社 2020 年版，第 3 页。

法典的条件还不成熟，只好先将那些急需的、比较成熟的部分，制定单行法。"①

就行政法法典化而言，早在 20 世纪 80 年代，由全国人大常委会法工委领导的行政立法研究组曾将主要精力放在着手起草一部类似于《民法通则》的行政法通则或行政法大纲上。但与民法典编纂的早期历程相似，由于缺乏足够的经验和立法基础，进展并不顺利，后转为起草《行政诉讼法》才获得成功。在行政监督与救济法体系完善后，立法机关也曾考虑过制定统一的行政程序法，但由于各方面条件不成熟，才转向了对行政行为的分类立法。②

时至今日，情况已完全不同。经过改革开放以来四十多年的发展，我国行政法已经走出了一条具有中国特色的创新之路。在行政组织法方面，全国人大先后制定了《国务院组织法》《地方各级人民代表大会和地方各级人民政府组织法》，初步建立起行政组织法律体系，《公务员法》也对公务员法律制度作出了系统规定。在行政行为法方面，《立法法》规定了行政法规、规章的立法权限和立法程序，《行政处罚法》《行政许可法》和《行政强制法》是针对几类典型的行政行为分别制定的立法，对探索、规范行政行为的共同规则起到了重要作用。在行政监督救济法方面，《行政诉讼法》《国家赔偿法》《行政复议法》的颁布实施建立健全了行政救济法律体系。上述规范已搭建起行政法律体系的"四梁八柱"，为行政法法典化奠定了坚实的基础。③

---

① 王汉斌：《关于〈中华人民共和国民法通则（草案）〉的说明——1986 年 4 月 2 日在第六届全国人民代表大会第四次会议上的讲话》，载《中华人民共和国国务院公报》1986 年第 12 期，第 393 页。

② 对该段立法历史的回顾可参见应松年：《中国行政法发展的创新之路》，载《行政法学研究》2017 年第 3 期，第 44-51 页；马怀德、孔祥稳：《中国行政法治四十年：成就、经验与展望》，载《法学》2018 年第 5 期，第 34-52 页；何海波等编著：《法治的脚步声——中国行政法大事记（1978—2014）》，中国政法大学出版社 2015 年版；张维：《法学界一个战斗的团队——行政立法研究组成立 30 周年掠影》，载《法制日报》2016 年 10 月 13 日，第 6 版。

③ 对我国行政法律制度的梳理可参见马怀德：《我国的行政法律制度》，载《中国人大》2020 年第 14 期，第 49-55 页。

　　尽管在国家立法层面，统一的行政程序法始终无法出台。但在地方层面，自 2008 年《湖南省行政程序规定》公布以来，已有多个省市以地方性法规、地方政府规章乃至行政规范性文件的形式出台行政程序规定，就总则、行政主体、行政程序、行为责任、监督等方面的内容作出了规范。① 近些年来，地方的行政领域立法进一步升级扩容，多地开始尝试更系统和全面的立法。如 2016 年以来陆续颁布实施的《广州市依法行政条例》《合肥市推进依法行政办法》《太原市依法行政规定》等，对于行政机关全面履职、监督保障、法律责任等作出了更多规定，体现出更多的"法典化"色彩，可以成为行政法法典化的重要参考。

　　此外还应当充分重视的是，自改革开放以来，党中央、国务院陆续颁布一系列政策文件，对行政法的理念、原则和一些基础性制度提出了要求，对行政法法典化进行了有益探索。如 2004 年国务院印发的《全面推进依法行政实施纲要》，对行政法基本原则有着准确的提炼和阐释；近年来发布的《法治政府建设实施纲要（2015—2020 年）》《法治政府建设实施纲要（2021—2025 年）》对法治政府的总体要求、主要任务和具体措施等作出了全面要求。这些文件既为行政法法典化提供了政策依据，同时也在规范共同行政行为上作出了探索。在此之外，数十个行政管理领域数以亿计的执法实践，以及行政审判体制建立三十余年来积累的充沛司法经验也是行政法法典化的重要养分。②

（三）行政法学研究的推进为行政法法典化奠定了理论基础

　　行政法法典化与行政法学理论体系的成熟度有着高度关联，将松散分

---

　　① 参见章剑生：《从地方到中央：我国行政程序立法的现实与未来》，载《行政法学研究》2017年第 2 期，第 54-76 页。

　　② 参见梁凤云：《直接制定行政法典的时机已经成熟》，载《民主与法制周刊》2021 年第 33 期，第 42 页。

布的行政法律规范进行体系性整合，往往要以成熟的法释义学体系作为基础。改革开放四十多年来，我国行政法学理论已经有了长足发展，在博采众长的基础上，充分融贯本土特点，初步形成了具有中国特色的行政法学理论体系。这一理论体系以"行政行为"概念为基石，围绕行政行为的合法性控制，串联起行政法的基础理论、行政主体、行政行为、行政监督救济等细分领域的学理体系，形成了较为成熟稳定的理论框架，为行政法法典化提供了充足的理论养分。

近年来，围绕行政法法典化的议题，学界展开了丰富而深入的讨论。[①] 对于行政法法典化的意义与功能，学界的认知较为一致。即便是反对行政法法典化的学者，也并未对行政法律规范亟待体系化整合提出不同意见。反对行政法法典化的理由主要集中于，行政法所规范的对象具有广泛性、多样性、复杂性，行政活动本身又具有较强的技术性、专业性、多变性，受政策影响较强，因此行政法不应法典化。[②] 但是，这种观点只强调了行政法律规范中具有易变性的部分，而忽略了行政法律规范中具有稳定性的部分，较为片面。行政法法典化并不是要把不同层级、不同领域、包罗万象的所有规则尽数整合，而是旨在提炼具有相当抽象度的行政法基本规则和通用规则，这些规则正是整个行政法体系中最为稳定的部分，是适宜进行法典化的。

在行政法法典化的具体模式和路径上，学界存在不同观点。但若细辨实质内容，就会发现共识远大于分歧。例如，在关于行政法法典化路径的讨论中，行政程序规则和实体规则的关系是焦点之一。从现有讨论来看，

---

① 中国法学会行政法学研究会 2021 年年会设置了"行政法法典化的基础理论"分论坛，围绕行政法法典化的模式选择、基本原则设置等进行了讨论。参见李策：《行政法治的新发展与行政法法典化——中国法学会行政法学研究会 2021 年年会综述》，载《行政法学研究》2022 年第 3 期，第 26 - 29 页。

② 参见杨建顺：《为什么行政法不能有统一的法典？》，载《检察日报》2020 年 6 月 3 日，第 7 版。

学者们对程序性规则可能占据法典的较大比重有共识，但同时也都认为实体规则是无法被完全剥离而有必要进入法典的，这也是实现法典统合功能之必要。因此，无论法典最终如何命名，其都必然是程序规则和实体规则的统一。当然，学界关于法典的具体内容和结构也存在一些分歧，主要集中在行政组织法和行政救济法是否应当进入或是否应当全部进入法典。[①]但这些分歧并不构成阻碍行政法法典化的障碍。其实，在《民法典》编纂过程中，也一直存在着重大的理论争议，诸如人格权是否应当独立成编等问题更是一直伴随了《民法典》制定的始终，并在立法过程中得到了更加深入和系统的讨论，这本身有利于立法和学术之间的互动，也有利于充分吸收各方面的不同意见，制定出更加良善的法典。

（四）域外立法为行政法法典化提供了有益借鉴

行政法法典化离不开对域外经验的借鉴。虽然行政法学理论传统上认为行政法难于编纂统一的法典，但域外各个国家和地区通过对行政程序的法典化，也极大增强了行政法律规范的体系性。可以说，当前世界范围内的行政法典依然是以行政程序法典为主，不过，从实际内容来看，域外行政程序立法差异较大。"没有哪部法律像行政程序法那样在各国之间存在如此巨大的差异，内容上的差异直接导致了各国立法架构的不同。"[②]部分国家和地区的行政程序法典中已经带有较多的实体性规范，其实质是程序规则和实体规则相统一的法典。

以行政法典中的规范内容为划分标准，可将域外各国（地区）的行政

---

① 参见姜明安：《关于编纂我国行政程序法典的构想》，载《广东社会科学》2021年第4期，第220-232页；王万华：《我国行政法法典编纂的程序主义进路选择》，载《中国法学》2021年第4期，第117-118页。

② 王万华：《行政程序法的立法架构与中国立法的选择》，载《行政法学研究》2005年第2期，第15页。

法典大致分为三种：一是只包含程序规范，不包含实体规范。如 1946 年美国《联邦行政程序法》和 1993 年日本《行政程序法》均为较纯粹的行政程序法，仅就程序规则作出规定，几乎没有包含实体性规则。二是以行政程序规范为主，同时包含与程序密切相关的、较重要的实体规范，实质上是程序规则与实体规则的融合统一。如 1976 年德国《联邦行政程序法》，这类行政程序法多是对整全性法典的理想"退而求其次"或在单纯的程序规则上进一步发展的结果。不同法典中实体规则的比重、内容有所差异，但行政法基本原则、行政行为的效力、行政裁量、行政协议等实体性内容出现较多。三是在行政行为的程序和实体规范之外，增加行政组织规范或行政救济规范。如荷兰《行政法通则》规定有行政补助和行政赔偿的内容，波兰《行政程序法典》规定了大量监督和救济规则，蒙古《一般行政法》规定了行政组织、问责与监督等内容。

域外行政法典的编纂为我国行政法法典化提供了重要的经验与借鉴。第一，尽管行政法被认为具有易变性、不稳定性，但域外经验表明，通过"提取公因式"等立法技术提炼出一般行政法的规则是完全可行的。第二，不同国家和地区行政法法典化的动因存在差别，但通过编纂法典来提升行政法律规范的系统性，以澄清、简化、统一法律规则是各个国家和地区的共同目标。这要求法典编纂充分突出体系性，对已有的法规范进行实质性整合。第三，实体规则和程序规则的关系往往是行政法法典化的重要议题，已有的行政法典大多数以行政程序规则为主，但程序规则与实体规则难以清晰界分、实体规则的重要性凸显亦是普遍现象。第四，从行政法法典化的发展趋势来看，早期的行政法典以行政程序法典为主，但当前的行政法典形式日趋多元化。由于法典中包含了较多的实体性规则，部分国家已不再坚持采用行政程序法的立法名称和形式，荷兰 1994 年《行政法通则》、蒙古 2015 年《一般行政法》、法国 2015 年《公众与行政机关关系法典》和韩国 2021 年《行政基本法》即是其中代表。第五，行政法律规范层次多、所涉领域广，行政法典不可能在真正意义上实现整全，而要更多关注一般性规则。域外行政法典多是对一般行政法律规范进行体系性整合，较少涵括部门行政法内容。同时，处理好行政法典与单行法的关系也极为重要。

（五）民法典的成功编纂为行政法法典化积累了经验

2020 年 5 月，全国人大审议通过《民法典》，标志着新中国首个以"法典"命名的法律诞生。《民法典》的编纂汇聚了我国几代专家学者和实务工作者的努力，是在改革开放后我国法治建设不断取得进展，在新时代全国依法治国的新要求下应运而生的。其曲折的制定和编纂过程，以及最终顺利而成功的面世，为行政法法典化提供了重要的经验和启示。

编纂一部系统完备的法典，对立法机关的立法技术有着较高要求。《民法典》共七编、1 260 条。面对数量浩繁的法律条文，既要保证章节条款的体系性和逻辑性，也要保证立法内容的科学性、合理性，需要立法机关具备高超的立法技术。通过编纂民法典，立法机关已经完全具备了编纂大型法典的能力。与此同时，在民法典的起草过程中，立法机关充分调动了各方力量，形成了强大的合力。[①] 这种多方合力、深度互动的"开门立法"工作机制是中国特色社会主义制度优越性的充分体现，也完全可以为行政法法典化所效仿。

民法典编纂对行政法法典化的启示主要体现在六个方面：第一，在立法基础上，党和国家的决心和意志为民法典编纂提供了重要支撑和保障，民事立法司法和民法理论的深入发展为民法典编纂提供了制度基础、实践

[①] 参见王晨：《关于〈中华人民共和国民法典（草案）〉的说明——2020 年 5 月 22 日在第十三届全国人民代表大会第三次会议上》，载《中国人大》2020 年第 12 期，第 15 页。

基础、理论基础和社会基础。① 第二，在立法内容上，法典编纂应当始终坚持立足国情和实际，坚持以人民为中心，切实回应人民的法治需求，《民法典》中对社会主义核心价值观的体现，对信息网络侵权和生态环境破坏问题的应对都体现了上述要求。第三，在立法步骤上，民事立法按照"成熟一个通过一个"的工作思路，在制定《民法典》条件尚不具备的情况下先制定单行法律，形成了"民法通则－单行法律－民法典"分步走的立法步骤。这表明法典编纂需要有充分的立法基础。在单行法相对充分完善的前提下，可尽快启动法典的编纂工作。第四，在立法技术上，可以充分借鉴民法典的经验，基于潘德克顿法学"提取公因式"的立法技术，对行政法的一般性、通用性规则进行充分提炼，从而对纷繁复杂的行政活动形成有效统摄。第五，在法典与单行法的关系上，民法典并未囊括所有民事法律规范，在法典之外还存在单行法，诸如《著作权法》《商标法》《专利法》等知识产权法的相关内容并未被编入民法典中。这表明在处理法典与单行法的关系上可以相对灵活，法典的完备性只能是相对的。第六，在立法意义上，《民法典》编纂过程中和颁布实施后获得的高度关注表明，法典编纂具有重要的宣示教育功能，其颁布实施能够在很大程度上强化法的权威和威严，并进一步推动学术理论体系的发展。②

三、行政法法典化的模式与定位

行政法法典化是对行政法律规范进行实质性整合的立法工程。从广义的法典概念上说，学界所提出的编纂行政程序法典、编纂行政法总则等方

---

① 参见张鸣起：《民法典分编的编纂》，载《中国法学》2020年第3期，第7-11页。
② 参见王利明：《民法典编纂与中国民法学体系的发展》，载《法学家》2019年第3期，第79-82页。

案均可被认为是行政法法典化的不同形式，但行政程序法典模式难以解决"名实不符"的障碍，行政法总则模式则存在法典内容不充分的问题。为更好实现法典的完备性和体系性要求，我国行政法法典化应当坚持行政基本法典模式，对行政法的基础性、一般性规则作出系统规定。

（一）行政程序法模式难以解决"名实不符"的障碍

行政程序法既是中国几代行政法学者的夙愿，也是域外最为常见的行政法法典化形式。自"行政三法"颁布实施以来，学界对于行政法律制度建设的研究重点就转向了行政程序法，并取得了较为丰硕的成果。加之有丰富的域外经验可资参考，编纂行政程序法典的难度较小、可行性较高。但是，无论是从我国法典化的实际需求出发，还是从世界范围内法典化的趋势出发，行政法实体规则的重要性已十分凸显，这就带来了行政程序法典模式始终需要面对的"名""实"悖论：若将法典内容限于程序性规则，那法典在体系结构、规范容量等方面势必会受到这一定位的限制，难以融入足够的实体规则，进而会影响到法典功能的实现[1]；但若纳入较多的实体规则，则会使法典在名义上是程序法，但在实质上却是程序与实体规则的统一，出现名实不符的问题。

单纯的行政程序规则无法满足行政法体系化的需要已有共识。主张行政程序法进路的学者同样也认为行政程序法典"在内容上不限于纯粹的行政程序，还包括与行政程序紧密相关、难以割舍的行政实体法内容"[2]。但如何清晰界定相应规则是否与行政程序"紧密相关"，是否"难以割舍"则具有很大难度。针对荷兰《行政法通则》的讨论就指出，"程序和实体

---

① 参见钟瑞华、李洪雷：《论我国行政法法典化的意义与路径——以民法典编纂为参照》，载《行政管理改革》2020年第12期，第76页。

② 叶必丰：《行政法的体系化："行政程序法"》，载《东方法学》2021年第6期，第163-166页。

这两者本身也不易拆分，很难说到哪里实体问题终止，程序问题开始"①。一方面，行政法中的很多实体规则和程序规则连结十分紧密，要想将实体内容从程序内容中剥离是很困难的。例如，政府信息公开规则中自然包括了大量主动公开、依申请公开的程序要求，但也绝对无法省去对信息公开范围的实体性界定。另一方面，剥离了重要实体内容后的法典对行政活动的规范力度也会相应弱化，甚至可能因为在法典外保留了太多特殊的单行法而降低法典的统一性、基础性价值。德国学者就提出其《联邦行政程序法》缺失了一些本可规定在程序法典中的规则，其结果是《联邦行政程序法》之外的很多特别法影响到行政程序法典的价值，在一定程度上导致"水平层面的解法典化"②。

事实上，意欲通过法典化的方式来完成行政法的体系性建构，绝不可能忽略诸如行政行为的效力，行政行为的撤销、变更、废止规则等实体性内容。从域外行政法法典化的趋势来看，绝大多数国家均是在行政程序规则中逐步增加实体规则而不是相反。这表明单纯的"行政程序法"已经很难再坚持其"程序"的纯粹性。法国于2015年通过了《公众与行政机关关系法典》，虽然其中有较多程序规范，但名称和内容都超越了纯粹程序法的范畴，而具有行政基本法的特点。③ 近期在行政法法典化上实现突破的韩国也正是在已实施的《行政程序法》基础之上，制定颁布了《行政基本法》。可见，行政程序法典模式始终难以解决如何安放实体法的问题，并非行政法法典化的理想选择。

---

① ［荷］Rob Widdershoven、夏雨：《荷兰〈行政法通则〉访谈》，载姜明安主编：《行政法论丛》（第20卷），法律出版社2017年版，第380页。

② ［德］沃尔夫冈·卡尔：《法典化理念与特别法发展之间的行政程序法》，马立群译，载《南大法学》2021年第2期，第142-146页。

③ 参见成协中：《法国〈公众与行政机关关系法典〉的制度创新及其对我国行政法典编纂的启示》，载《法国研究》2022年第1期，第49页。

（二）行政法总则的方案难以实现法典的体系性和完备性目标

"行政法总则"的方案是否合理，关键取决于如何定义"总则"的内容。学界目前对于行政法总则模式的解释存在着不同主张，主要有与"部门行政法""特别行政法"相对应的"行政法总则"，和与"行政法典各分编"相对应的"行政法典总则编"两种理解方式。从内涵和外延上看，前者实际上已经相当于"行政基本法典"，是行政法领域通用性、一般性规定的总和，包括行政组织法、程序法、实体法等，对具体领域的行政法律规则发挥统率作用[1]；后者相当于一般行政法规则的"总则"，主要是对整个行政法律体系的总括性规定，主要涵盖立法目的、适用范围、基本原则、权利义务、时效等内容，以行政法的基本原则作为核心内容，不包括对已型式化的主要行政活动的类型化规整。[2] 客观来说，采取后者，即"总则编"模式，立法难度相对较低，与既有法规范也较容易实现衔接，但这一模式存在着"容量较小，对行政关系的调整密度较低，法条的刚性较弱，规范力度不足"等问题[3]，同时也无法实现对行政法律规范进行体系性整合、查漏补缺等法典化的主要目标。总则的规范抽象度高，不涉及对主要行政活动中观程度的抽象，导致依然需要在总则之外继续推进类型化立法，这可能减损总则的意义。如果说法典的核心特征在于其体系性和完备性的话[4]，那么行政法总则模式离这一目标殊远，并非行政法法典化的最佳选择。

---

① 参见刘绍宇：《论行政法法典化的路径选择——德国经验与我国探索》，载《行政法学研究》2021 年第 1 期，第 53-64 页。

②③ 参见刘太刚：《中国行政法法典化的障碍、模式及立法技术》，载《甘肃行政学院学报》2008 年第 1 期，第 25 页。

④ 参见石佳友：《解码法典化：基于比较法的全景式观察》，载《比较法研究》2020 年第 4 期，第 16 页。

值得注意的是，主张"总则编"模式的学者大多是从行政法法典化的"步骤"而非"形式"层面提出行政法总则方案的。也即在总则模式的主张者看来，在制定行政法典总则编后，还要继续制定行政法典各分编，从而形成完整的法典。[1] 这意味着"总则编"仅仅只是一种减轻立法压力的过渡性方案。在条件基本成熟的情况下，一步到位编纂行政基本法典是更加理想的方案。

此外，学界还在适当扩展"总则编"内容的基础上，提出了"行政法通则"的法典化方案。实际上，行政法通则模式与行政基本法典模式并不存在本质区别：二者都是一般行政法规则的总和。不同之处在于，行政法通则虽然也涵盖一般行政法中最重要、最基本的问题，但更多是纲要性、概括性规定，而不是系统、全面的规定。采用行政法通则模式存在的主要问题有二：一是法典的容量依然有限，对一般行政法领域的一些基本或重要问题难以作出全面的规定[2]；二是由于法典内容并不全面，保留在法典外的单行法可能更多，法典与单行法的关系更加复杂，这影响了通过法典降低法律适用成本这一价值的实现。与此同时，行政法通则内容上存在不完整性，这导致其同样涉及是否以及如何进行后续立法等问题。基于上述原因，行政法通则也只是一种折中方案，而非最佳选择。

（三）行政法法典化应当坚持行政基本法典的模式

从上述分析可看出，无论是学界期盼已久的行政程序法，还是作为阶段性方案的行政法总则，都难以实现行政法法典化的制度目标。《全国人大常委会 2021 年度立法工作计划》所提出的"行政基本法典"应是当前

---

[1] 参见应松年：《关于行政法总则的期望与构想》，载《行政法学研究》2021 年第 1 期，第 9 页；章志远：《中国特色行政法法典化的模式选择》，载《法学》2018 年第 9 期，第 92 页。

[2] 参见钟瑞华、李洪雷：《论我国行政法法典化的意义与路径——以民法典编纂为参照》，载《行政管理改革》2020 年第 12 期，第 77 页。

行政法法典化的最优选择。行政基本法典是对行政法基础性、一般性规则的体系性整合，其"基本"可以从以下四个方面理解和把握：其一，在规范定位上，是行政法领域的基本法，对其他行政法规则发挥着统率作用；其二，在规范价值上，是行政活动的基础性规则，是行政法最基本、最重要价值原则的集中体现；其三，在规范性质上，是关于行政活动的一般性、通用性的规则，具有一定的抽象度，构成具体行政管理领域法规则的基础；其四，在规范内容上，能够涵盖行政主体最基本、最主要的活动形式，从而对行政活动形成相对全面和有效的规范。

　　编纂行政基本法典，不是"白手起家"制定新法，也不是简单的法律汇编，而是对现行的行政法律规范进行编订纂修和实质性整合。在这一过程中，需要对不适应现实情况的规定进行修改完善，对社会生活中出现的新情况、新问题作出有针对性的新规定。具体而言，编纂行政基本法典应以行政法一般性规则的体系性整合为目标，在现有立法的基础上开展以下形式的作业：第一，对空白、缺失的行政法规则进行补充。例如，当前实定法中缺乏对行政法基本原则的规定，缺乏行政征收征用、行政裁决、行政协议等活动的基本规则①，这些立法空白可以在编纂行政基本法典的过程中予以填补。第二，对不完备的行政法规则进行完善。法典编纂作为最高级的立法形式，本身就是一个系统检视和修订现行法的良好契机。在编纂行政基本法典的过程中，可以对诸如行政许可法律制度、行政强制法律制度等进行全面修订，使其更加完善、更符合时代需要。第三，对重复的行政规则进行提炼，形成一般性的规定。如可提取"行政三法"中的共通性制度，在"行政行为"这一概念的抽象度上确立基本规则。第四，按照特定逻辑对已有规范进行重新排列。如在法典的整体架构上可采取"总

---

　　① 最高人民法院虽然出台了《关于审理行政协议案件若干问题的规定》，但其主要是从审理行政协议诉讼案件的角度作出的规定，不够全面。

则－行政组织－行政行为－行政监督与救济"的逻辑排布，在行政行为规则中则可按照"授益行为－负担行为"的逻辑组织条文。

（四）行政基本法典与其他行政法律规范的关系

法典与法典外单行法的关系是法典编纂需要面对的重要议题。行政基本法典的编纂需要处理好两个方面的问题：一是行政基本法典究竟应当编入哪些法律规则，法典外是否还要保留单行法，二是行政基本法典和部门行政法的关系应如何处理，尤其是在部门行政法领域也出现了法典化主张的情况下，还需要考虑行政基本法典和部门行政法典的编纂顺序问题。

首先，在行政基本法典与单行法的关系上，行政基本法典应当包含绝大部分一般行政法规范，同时在法典外保留少量特殊单行法。对于已颁布实施的行政法规则，只要符合法典的"基本"定位，原则上都应当编入法典。编入的具体形式有三种：其一是修改后编入，即对现有立法如"行政三法"等进行修改完善后编入法典；其二是提升位阶后编入，即对于具有相当重要性、有必要上升到法律的行政法规如《政府信息公开条例》等，可上升为法律并编入法典；其三是拆分后编入，即对于内容较为复杂的法律，可在拆分后将符合行政基本法典定位的部分编入，如可将《地方各级人民代表大会和地方各级人民政府组织法》进行拆分，将地方各级人民政府组织法部分编入法典。

与此同时，行政基本法典的"基本"定位意味着其并非要将所有的行政法律规范"一网打尽"，成为真正意义上的整全性法典。对于一部分异质性较强而难以统一、可变性较强而不稳定的单行法，应当将其保留在法典外部，这有利于提升行政基本法典的稳定性。大部分行政法规、规章、规章以下规范性文件自然也应当保留在行政基本法典外并继续发挥其作用。

其次，在行政基本法典与部门行政法的关系上，二者既紧密联系又在形式上呈现出一定程度的相互分离。所谓紧密联系，是指行政基本法典作为一般行政法规则的体系性整合，对部门行政法发挥着统率作用，部门行政法应当以行政基本法典为基础和依据。所谓形式上相互分离，是指行政基本法典是一般行政法的总和，而非所有行政法律规则的总和，不是大而全的"行政法典"，原则上不应当编入并不符合"基本"定位的部门行政法规则。

当然，在行政基本法典之外，在各部门行政法领域内分别推进法典化，形成"领域法典"，是有利于增强法律体系性的。但从法治实践来看，各具体领域部门行政法的成熟度不同，所面对和调整的具体行政活动也有较大的差异性，其法典化的时机和形式需要视具体领域的情况而定。在时机上，条件较为成熟、法典化迫切性较为突出的领域可率先启动法典化工作。在形式上，部门行政法的法典化既可以采用实质性编纂的法典化形式，"将具体独立法律领域内具有一般化能力的规则、原则和概念汇总形成一个自统一的整体规则，并将它们从特别法的较低位阶提升到中间规制层面"[1]，也可以采用更加灵活的法规汇编形式，在体系性要求较弱、一般性规则较少的领域以法规汇编的方式提升规则的系统性。

全国人大常委会《2021年度立法工作计划》提出"研究启动环境法典、教育法典、行政基本法典等条件成熟的行政立法领域的法典编纂工作"。显然，环境法典和教育法典是在部门行政法意义上而言的，行政基本法典是在一般行政法意义上而言的。法典化作为最高阶段的立法形式，需要投入大量人力物力。在立法资源充沛的条件下，可以采用行政基本法典编纂与条件成熟的部门行政法法典化同步推进的策略。这一方面有利于

---

① ［德］沃尔夫冈·卡尔：《法典化理念与特别法发展之间的行政程序法》，马立群译，载《南大法学》2021年第2期，第150页。

加快法典化的进程，提高法典编纂的效率；另一方面也有利于实现二者的相互协调，提升整个法律规范系统的体系性。

在立法资源有限的情况下，需要对法典编纂的先后顺序有所选择。从一般行政法和部门行政法的关系出发，应当优先编纂行政基本法典。其原因在于，行政基本法典是基础性、一般性、通用性规范，对部门行政法起着统率作用，部门行政法必须在一般行政法之下展开，以一般行政法为依据。"处于上位的一般行政法的核心结构，例如行政行为的概念，在被部门法典吸收和形塑过程中必须保持原样。"① 若缺乏作为统率的基本法典，各部门行政法典在一些基础性概念上可能难以保持充分的一致性。此外，若先行编纂部门行政法典，在行政基本法典编纂完成后，部门行政法典还需要依照行政基本法典进行调整修改，这会增加立法成本和负担，同时也影响法典的稳定性。可资参考的例子是，2021 年《行政处罚法》修改后，就将引发大量具体行政管理领域法律法规规章的修改。综合以上考虑，应当将编纂行政基本法典作为我国行政法法典化的路径选择。

早在 20 世纪 80 年代，行政立法研究组尝试起草行政法大纲之时，陶希晋先生就明确阐述了行政法法典化的重要意义："诚然我国行政法规数量很多，但是相当混乱，没有统一的原则和机构，彼此间重复、矛盾现象相当严重，原因就是缺乏系统的、全面的整理；特别是至今还没有一个总纲，就是说缺少一个作为基本法的行政法。"② 四十多年过去，陶希晋先生所提及的问题或许依然存在，但解决这些问题的条件和资源却已经足够充分，几代行政法学人的夙愿真正有了得以实现的可能。纵观当前的理论与实践储备，编纂一部高质量的行政基本法典既是十分必要的，也是完全

---

① ［德］沃尔夫冈·卡尔：《法典化理念与特别法发展之间的行政程序法》，马立群译，载《南大法学》2021 年第 2 期，第 150 页。

② 陶希晋：《在改革中尽快完善行政立法》，载《法学季刊》1987 年第 1 期，第 3-4 页。

可行的。在全面依法治国持续不断深入、法治中国建设不断开创新局面的今天，我们有理由相信，行政基本法典的颁布与实施，将为中国特色社会主义法治体系的发展完善发挥重要作用，为深入推进依法行政、加快建设法治政府奠定坚实的制度基础，并为社会主义现代化强国的建设和中华民族的伟大复兴凝聚起磅礴充沛的法治伟力！

第三节　行政基本法典模式、内容与框架[*]

　　行政法法典化是一个国家行政法律制度日趋成熟的表现。综合考虑行政法治发展的规律和特性、行政法法典化的目的和基础条件，我国行政法法典化应选择行政基本法典模式。行政基本法典包括行政组织法、全部行政活动和行政监督救济法等内容。具体而言，应当以行政活动作为核心概念，由此形成总则、行政组织、行政活动、行政程序、政务公开和数据治理、行政监督与问责、行政复议与行政诉讼共七编的体例框架。同时，要处理好行政基本法典与部门行政法及其法典化的关系、行政基本法典与既有行政法律规范的关系、行政基本法典与宪法的关系，进而形成科学完备的行政法律规范体系。

　　习近平总书记指出："民法典为其他领域立法法典化提供了很好的范例，要总结编纂民法典的经验，适时推动条件成熟的立法领域法典编纂工作。"①

　　当今中国法治发展已经到了关键时期，推动主要门类的法律规范逐步

---

　　* 原载于《政法论坛》2022 年第 3 期，第 42—60 页。本书出版时根据实际情况，对正文内容作了文字调整。

　　① 习近平：《坚定不移走中国特色社会主义法治道路 为全面建设社会主义现代化国家提供有力法治保障》，载《求是》2021 年第 5 期。

走向法典化已经逐步成为各界共识。随着民法典的编纂完成，行政法法典化①提上议事日程。全国人大常委会《2021年度立法工作计划》提出研究启动行政基本法典等条件成熟的行政立法领域的法典编纂工作。

推进行政法法典化，编纂一部具有中国特色、体现时代特点、反映人民意愿的行政法典，对于完善中国特色社会主义法律体系、建成法治政府、保障人民权益、繁荣行政法学理论、建设社会主义现代化强国、推动世界法治文明进步具有重大而深远的意义。行政法法典化是一项重大系统工程，涉及很多理论和实践问题，其中最核心的问题是模式选择和框架结构及主要内容。

一、行政法法典化的模式选择

行政法法典化首先面对的问题是模式选择问题，即编纂一部什么意义上的行政法典，或者说选择哪种模式的行政法典。对此，学界见仁见智，提出了多种选择模式，可以说各具特色。在这个问题上，应当立足于我国行政立法的实际，把握行政法律规范的特点，吸收借鉴域外有益经验，坚持问题导向，注重系统观念，运用体系思维，综合考量各种模式的利弊和影响因素，确定我国行政法法典化的模式。

（一）行政法法典化的模式

综合各方观点，我国行政法法典化主要存在四种可供选择的模式：

第一，制定行政法总则。通常对行政法总则存在两种理解。"行政法

---

① 如无特别说明，本节所指的行政法法典化，是法律编纂而非法律汇编，是一般行政法的法典化而非部门行政法的法典化。

之法典化,即为行政法总则之制定。"① 此种意义上的行政法总则是一般行政法的法典化;与之相对应的分则是部门行政法。② 另一种理解的行政法总则,是将一般行政法中具有普遍适用性和引领性的规范提取出来作出的统一规定。③ 此种意义上的行政法总则是一般行政法,与民法总则类似,不包括部门行政法。④ 内容主要包括一般规定;行政法律关系主体;行政活动;行政程序;行政的监督、保障和救济。⑤ 主张该模式的主要理由有:一方面,行政法总则更加符合我国行政立法思路,尤其是在行政处罚法、行政许可法、行政强制法上"根据中国特点所做的小法典的创新,也给我们积累了行政法典化的经验"⑥。另一方面,行政法总则有利于完善法律体系,推动"立法者取代法院成为行政法规则的创制者"⑦。此外,行政程序法法典化受挫也是主张制定行政法总则的重要动因。⑧

第二,制定行政程序法典。行政程序法典包括所有行政行为程序性质的共性规范,以及与程序密切相关的少量实体规范。"凡是属于行政行为程序性质的共性规范,即使是同时具有一定行政实体性",均应纳入行政程序法典。⑨ 行政程序法典不包括行政复议、行政诉讼和行政赔偿。行政

---

① 翁岳生:《行政法与现代法治国家》,三民书局 2015 年版,第 156 页。
② 参见钟瑞华、李洪雷:《论我国行政法法典化的意义与路径——以民法典编纂为参照》,载《行政管理改革》2020 年第 12 期。
③ 参见应松年:《关于行政法总则的期望与构想》,载《行政法学研究》2021 年第 1 期。
④ 民法典并未穷尽所有民事法律规范,民法总则仅仅是民法典的一部分。从条文数量上看,民法典共有 1 260 条,其总则编仅有 204 条。
⑤ 参见周佑勇:《行政法总则中基本原则体系的立法构建》,载《行政法学研究》2021 年第 1 期。
⑥ 应松年:《关于行政法总则的期望与构想》,载《行政法学研究》2021 年第 1 期。
⑦ 刘绍宇:《论行政法法典化的路径选择——德国经验与我国探索》,载《行政法学研究》2021 年第 1 期。
⑧ "行政程序法法典化的受挫原因较为复杂,除了社会发展本位与立法限权理念、学者期许与官方诉求之间的巨大落差外,与其自身的名不副实也密切相关。"章志远:《中国特色行政法法典化的模式选择》,载《法学》2018 年第 9 期;章志远:《行政法总则制定的基本遵循》,载《学习与探索》2020 年第 7 期。
⑨ 参见姜明安:《关于编纂我国行政程序法典的构想》,载《广东社会科学》2021 年第 4 期。

程序法典的内容主要为总则、行政立法与行政规范性文件、行政决策、行政执法、合意行政、政府与信息和数据、行政司法。① 主张该模式的主要理由有：行政法"最重要、最核心的内容是程序规范"；"实体法规范分散，且体系庞杂"，稳定性差，难以法典化。② "统一单行法已形成规范各类行政活动的完整法规范体系"③，立法基础更充分。④ 当前世界各国多编纂行政程序法典，基本上没有国家成功编纂行政实体法典。⑤ 即使在号称"行政法母国"的法国，也不例外。⑥

第三，编纂行政基本法典。行政基本法典是所有行政部门通用的法律规范，即行政法律体系中具有普遍适用性和引领性的规则，主要内容包括总则、行政组织、行政活动、行政程序、政务公开和数据治理、行政监督与问责、行政复议与行政诉讼。⑦ 采取该模式的主要理由在于，"一般行政法应是实体制度与程序制度的有机结合体"⑧，而行政基本法典契合这一规律。行政基本法典有利于强化行政法的体系性和整体性，且由于不包含部门行政法，所以"为具体行政领域的法律创制活动保留了巨大的空间"⑨。相关制度准备、理论准备、实践准备等条件成熟，"无须分两步走"⑩。

---

① 参见王万华：《我国行政法法典编纂的程序主义进路选择》，载《中国法学》2021年第4期。需要说明的是，虽然王万华教授将其建构的行政法法典命名为"行政基本法典"，但从内容上看，该法典与行政程序法典并无实质区别，因此将其归入行政程序法典部分。

② 参见姜明安：《关于编纂我国行政程序法典的构想》，载《广东社会科学》2021年第4期。

③ 王万华：《我国行政法法典编纂的程序主义进路选择》，载《中国法学》2021年第4期。

④ 相关理论研究也比较充分，如应松年主编：《行政程序法立法研究》，中国法制出版社2001年版；王万华：《行政程序法研究》，中国法制出版社2000年版；王万华：《中国行政程序法典试拟稿及立法理由》，中国法制出版社2010年版。

⑤ 参见叶必丰：《行政法的体系化："行政程序法"》，载《东方法学》2021年第6期。

⑥ 参见王名扬：《法国行政法》，北京大学出版社2007年版，第18-19页。

⑦ 参见中国法学会行政法学研究会与中国政法大学法治政府研究院组织召开的"行政基本法典（通用行政法典）编纂"工作会的研究成果"行政基本法典（通用行政法典）（条旨）"。

⑧ 杨伟东：《基本行政法典的确立、定位与架构》，载《法学研究》2021年第6期。

⑨ 章志远：《中国特色行政法法典化的模式选择》，载《法学》2018年第9期。

⑩ 梁凤云：《直接制定行政法典的时机已经成熟》，载《民主与法制》2021年第33期。

第四，编纂统一的行政法典。所谓统一的行政法典，也称行政法律全集或行政法总法典＋分法典，是指包含所有现行有效的行政法律规范的行政法典。在内容上，统一行政法典包罗万象，既包含一般行政法也包含部门行政法，既包含实体法也包含程序法。支持该模式的主要理由在于，随着时代发展，"主张行政法没有统一法典的理由部分仍然成立，部分已经不能成立，仍然成立的部分可以通过现代科学技术加以克服"①。该模式能够最大限度实现法典化目标，"法典化的效应最为明显"②。

上述四种模式的共同点在于，赞成行政法法典化和编纂部门行政法典。③ 其分歧主要在于三个方面：一是采取程序主义进路还是采取实体和程序并重的进路。行政程序法典属于程序主义进路；行政法总则、行政基本法典、统一行政法典属于实体和程序并重的进路，实体法内容相对较多。二是法典内容的抽象程度和法典体量问题。法典内容越抽象，法典体量越小；法典内容越具体，法典体量越大。大致而言，行政法总则、行政程序法典的内容的抽象程度较高，法典体量较小；行政基本法典和统一行政法典的内容的抽象程度较低，法典体量较大。三是在行政法分则④方面，选择行政法总则和统一行政法典模式，意味着还要制定行政法分则；选择行政基本法典和行政程序法典模式则无须制定行政法分则。而统一行政法典和行政基本法典的区别在于，是否要将部门行政法典纳入法典。

---

① 杨临宏：《编纂"行政法总法典＋分法典"模式的良法善治行政法典》，载《中国法学会行政法学研究会 2021 年年会论文集》，第 9－19 页。

② 刘太刚：《中国行政法法典化的障碍、模式及立法技术》，载《甘肃行政学院学报》2008 年第 1 期。

③ 教育法典、环境法典等部门行政法法典的立法条件比较成熟，宜加快推进法典化进程，尤其是家庭教育事关未成年人健康成长、家庭幸福和公共福祉，未来应当加大对家庭教育法法典化的研究力度。参见马怀德：《教育法治四十年：成就、问题与展望》，载《国家教育行政学院学报》2018 年第 10 期；湛中乐：《论教育法典的地位与形态》，载《东方法学》2021 年第 6 期；吕忠梅：《民法典绿色条款的类型化构造及与环境法典的衔接》，载《行政法学研究》2022 年第 2 期。

④ 这里的分则指的是一般行政法中与总则相对应的分则，而非部门行政法。

（二）行政法法典化模式选择的影响因素

之所以存在不同模式之争，考量因素有两个：一是技术考量。如主张程序主义进路者认为，行政法及其调整对象广泛、复杂、多变，法典化的立法基础、制度探索、理论准备不充分，缺乏域外立法先例，从技术上无法做到法典化，也难以选择统一行政法典模式，只能采取程序主义进路。二是价值考量，即对于行政法法典化的重大意义有不同认识。如主张程序主义进路者认为，统一的行政法典更接近法律汇编，制典意义被削弱①；尤其是反对统一行政法典模式的学者认为，行政法全部法典化不仅不可能，而且没有意义。②

上述研究深化了对于行政法法典化模式选择的认识，并在一定程度上揭示了确定行政法法典化模式选择的影响因素。但总体上，既有研究遗漏了一些具体的影响因素，如部分学者过于注重法律因素而忽视政治因素。虽然注意到了某些具体因素，但对于这些因素的重要性认识不足。既有研究提出和归纳的影响因素存在表面化倾向，尚未指出行政法法典化模式选择以及相关影响因素所赖以存在和发挥作用的深层次根源，如部分学者认为行政法学理论不成熟导致行政法法典化只能采取行政程序法典模式。有鉴于此，确定行政法法典化的模式选择，需要首先明确法典化模式选择的影响因素。

目的决定手段。法典化的模式选择服从和服务于法典化的目的。法典化是大规模的国家立法活动，是"通过法律来实现政治意志对于社会变迁的影响的最明白的方式"③。法典化的目的是依据各种政策而确定的。法

---

① 参见王万华：《我国行政法法典编纂的程序主义进路选择》，载《中国法学》2021年第4期。
② 参见刘绍宇：《论行政法法典化的路径选择——德国经验与我国探索》，载《行政法学研究》2021年第1期。
③ ［美］埃尔曼：《比较法律文化》，高鸿钧等译，三联书店1990年版，第57页。

典编纂必然有深刻的社会目的和动机，缺乏目的或动机的法典编纂几乎是不存在且注定要失败的。① 纵观各国立法史，法典化的目的大致可分为恢复秩序、维护秩序、统一法制、整理归类、更新法律等。② 在不同法典化目的的支配下，法典化模式也有不同的选择，行政法法典化也不外乎此。如果法典化的目的侧重恢复秩序的话，那么法典化的模式不必大而全，只需要针对存在的紧急问题进行规范即可。如美国建国之初，当务之急是恢复秩序，因此 1787 年宪法重点规定国家政权组织，而公民权利等内容则在之后通过修正案的形式予以规定。③ 如果法典化的目的侧重统一法制、整理归类的话，那么法典化的模式需要大而全，尽可能涵盖所有法律规范。如查士丁尼编纂《民法大全》，其重要原因便是消除内容广泛的罗马法所存在的分散、复杂、矛盾和冲突的弊病，统一法制，便于人民知晓和运用。④ 德国之所以选择行政程序法典化，就在于行政程序法典化是简化行政程序、降低行政开支的最佳途径。⑤

　　法律属于上层建筑的范畴，其产生、发展和变化取决于相应的经济基础。法律是"一定物质生产方式所产生的利益和需要的表现，而不是单个的个人恣意横行"⑥，"都只是表明和记载经济关系的要求而已"⑦。法典化的模式选择同样取决于法典得以形成的基础条件。法典化是一个国家法律制度日趋成熟的表现。如果相应的基础条件不成熟，那么特定模式的法典化

　　① 参见封丽霞：《法典编纂论——一个比较法的视角》，清华大学出版社 2002 年版，第 229 - 231 页。

　　② 参见［日］穗积陈重：《法典论》，商务印书馆 2014 年版，第 27 - 51 页。

　　③ 参见［美］塞缪尔·埃利奥特·莫里森等：《美利坚共和国的成长》（上卷），南开大学历史系美国史研究室译，天津人民出版社 1980 年版，第 331 页。

　　④ See A. H. M. Jones, *The Later Roman Empire 284 - 602：A Social，Economic，and Administrative Survey*，Volume 2，London：Basil Blackwell Ltd，1986.，p. 304.

　　⑤ 参见严益州：《德国〈联邦行政程序法〉的源起、论争与形成》，载《环球法律评论》2018 年第 6 期。

　　⑥ 《马克思恩格斯全集》第 6 卷，人民出版社 1979 年版，第 292 页。

　　⑦ 《马克思恩格斯全集》第 4 卷，人民出版社 1979 年版，第 121 - 122 页。

将无法实现。这些基础条件既包括法律本身的规律和特性，又包括与此相关联的政治、经济、社会等各方面的因素。行政法法典化亦是同理。编纂民法典，正是由于契合了民法的规律和特性，成为全面依法治国战略的重要组成部分①，而且相应的单行法基础、民法学理论、民事审判经验等基础条件都已经成熟。② 美国、德国等国家之所以选择行政程序法法典化模式，原因就在于基础条件成熟，特别是行政程序的统一性，以及行政程序法律和理论的丰富和完善。③ 需要特别指出的是，德国选择了行政程序法典化而没有选择行政法总则法典化，不仅是因为行政活动的多样性和复杂性，难以制定统一的实体规范，更是因为德国基本法对联邦立法权的限制和对行政法总则法典化侵犯各州行政组织独立性的担忧。④

因此，法典化的模式从根本上是由法典化的目的及法典化的基础条件所决定的，行政法法典化也不外乎此。推动我国行政法法典化的主要目的在于形成完备的法律规范体系，深入推进依法行政、加快建成法治政府，实现全过程人民民主，推进国家治理体系和治理能力现代化，为世界法治文明贡献中国方案。行政法法典化的基础条件主要包括行政法及其调整对象的广泛性、多元性⑤和多变性，以及与此相关的政治决断、立法基础、制度探索、理论准备、域外借鉴、民法典启示等。在这种"目的—条件"

---

① 党的十八届四中全会要求"编纂民法典"。据此，民法典编纂得以加速推进并顺利完成。参见《中共中央关于全面推进依法治国若干重大问题的决定》，2014年10月23日中国共产党第十八届中央委员会第四次全体会议通过。

② 参见陈卫佐：《现代民法典编纂的沿革、困境与出路》，载《中国法学》2014年第5期。

③ See Javier Barnes, "Three Generations of Administrative Procedures", in Susan Rose-Ackerman, Peter L. Lindseth & Blake Emerson eds., *Comparative administrative Law*, Edward Elgar Publishing, 2017, p. 302.

④ 参见严益州：《德国〈联邦行政程序法〉的源起、论争与形成》，载《环球法律评论》2018年第6期。

⑤ 有学者指出，体系型法典预设了"一个国家的整个领土构成一种均质的空间"这样一种理念。参见朱明哲：《法典化模式选择的法理辨析》，载《法制与社会发展》2021年第1期。但是，在行政法典化中，除了纵向的不同空间的多元性之外，还存在横向的不同行政管理部门的多元性问题。

框架中，往往存在多种既能达成法典化目的、又具备基础条件的法典化模式。因此，应当在基础条件成熟的多种模式中选择一种最契合法典化目的、实现效益最大化的行政法法典化模式。

（三）行政法法典化的模式选择：行政基本法典

1. 统一行政法典模式之否定

统一行政法典模式既无可能，又无必要，不能成为我国行政法法典化的模式，应当被首先排除。在法典化的基础条件方面，统一行政法典内容广泛，涵盖几百部行政法律和行政法规，体量巨大，编纂难度极大。正如学者所言，行政法的范围很广，单就某类事项编纂成系统法典，已经很难，更不要说编纂统一的行政法典了。[①] 各个行政管理领域具有特殊性，难以强行统一于一部法典。行政法的变动性导致统一行政法典势必要频繁修改，缺乏稳定性。[②] 也许正是基于此，《全国人大常委会 2021 年度立法工作计划》并未部署编纂统一行政法典，而是提出分别研究启动环境法典、教育法典、行政基本法典的编纂。我国行政立法，尤其是部门行政法并不健全，有些领域至今还主要依靠政策调整。行政法学理论在总论和分论的发展上并不同步，也缺乏互相关照；在回应新时代法治中国建设、政府治理和社会变迁等方面尚存在明显不足。[③] 而且从世界范围看都没有成功编纂统一行政法典的先例。即便是我国民法典，也并未包含所有民事法律规范，如公司法、产品质量法、海商法等民事单行法仍然继续有效。[④]

---

① 参见王名扬：《法国行政法》，北京大学出版社 2007 年版，第 18－19 页。

② 这方面的研究可谓汗牛充栋，不再赘述。早期的论述或许更值得参考，参见管欧：《中国行政法总论》，自刊本 1958 年版，第 27 页；林纪东：《行政法之法典立法问题》，载张剑寒等：《现代行政法基本论》，汉林出版公司 1985 年版，第 273 页。

③ 参见马怀德、孔祥稳：《中国行政法治四十年：成就、经验与展望》，载《法学》2018 年第 9 期。

④ 参见王利明：《正确适用民法典应处理好三种关系》，载《现代法学》2020 年第 6 期。

这表明囊括所有行政法律规范的统一行政法典模式并不可行。

在法典化的目的方面，有学者认为，统一行政法典体量最大，"法典化的效应最为明显"①。这种观点值得商榷。部门行政法相对独立，具有"自成一体"的特征②，即使勉强将一般行政法和部门行政法编纂成统一的行政法典，也仅类似于法律的简单汇编，并非严格意义上的法典。而且由于体量庞大且复杂，统一行政法典内部可能出现体系的混乱和矛盾，反而会影响法典的体系性和效益，适得其反。

2. 行政法总则模式之否定

行政法总则兼顾实体法和程序法、用语抽象简约，较好地契合了行政法的广泛性、多元性和多变性，具有比较丰富的立法基础，也有荷兰等国家的立法经验和我国民法典编纂经验可资借鉴。但行政法总则模式也存在较为明显的不足，无法成为我国行政法法典化的选择。

首先，在法典化的基础条件方面，行政法总则与有关政策提出的"行政程序法""行政基本法典"的思路不太吻合，可行性有所欠缺。因为总则与分则相对应，有总则必有分则，无分则则无总则。由于分则难以法典化，因此不宜采取行政法总则模式。其次，在法典化的目的方面，我国行政法法典化的主要目的是推动行政法的体系化。但是，行政法总则的容量较小、内容较少，难以完全弥补行政组织法等立法漏洞。有学者指出，行政法总则"对其他具体的行政法律规范具有指引、调适和纠偏的作用，能够消弭不同行政法律规范之间的冲突"③。这种观点有一定道理，但行政法总则不能直接减少重复立法、避免法律冲突，还需要通过对其他单行法的立改废才能实现，无法毕其功于一役，难以直接实现法典化的目的。民

---

① 刘太刚：《中国行政法法典化的障碍、模式及立法技术》，载《甘肃行政学院学报》2008 年第 1 期。

② 参见［德］平特纳：《德国普通行政法》，朱林译，中国政法大学出版社 1999 年版，第 4 页。

③ 章志远：《行政法总则制定的基本遵循》，载《学习与探索》2020 年第 7 期。

法典的编纂经验表明，民法总则同样无法实现法典化的目的，必须与各分则合成一部完整的民法典方能使法典化的效益最大化。[①] 最后，民法总则可以作为民法典的一部分而不能替代民法典。[②] 与此类似，行政法总则是法律而非严格意义上的法典，可作为法典的一部分或者编纂法典的一个步骤。"行政法总则……并非一般行政法法典化的最终产品。"[③]

3. 行政程序法典模式之否定

行政程序法典，相较于行政法总则，具备更加充分的政治基础、制度探索、域外经验[④]和理论准备，也是比较容易实现的立法模式。但这种模式也存在一定问题，尤其是法典化的意义和价值有限，难以成为我国行政法法典化的模式。

首先，在法典化的基础条件方面，行政法是实体和程序合一的法。行政程序法"为贯彻和实施实体法服务"[⑤]。但行政程序法典对行政实体法关注不够，人为割裂了实体法和程序法的唇齿联系，不符合行政法的规律和特性，与我国行政立法领域长久以来实体程序合一的立法思路不相符合，同时也与我国民法典、刑法典均属于实体法法典的经验启示相背而行，"不符合部门法法典化的规律"[⑥]。而且，《全国人大常委会 2021 年度立法工作计划》未将《法治中国建设规划（2020—2025 年）》中的"行政程序法"列入立法规划，而代之以"行政基本法典"，这表明行政程序法

---

① 在民法总则的制定完成后，应当尽快编纂民法典各分编，最终形成统一的民法典，以正确调整民事关系，更好地保护民事主体合法权益。参见张鸣起：《〈中华人民共和国民法总则〉的制定》，载《中国法学》2017 年第 2 期。

② 我国《民法典》自 2021 年 1 月 1 日起施行，《民法总则》同时废止。

③ 杨伟东：《基本行政法典的确立、定位与架构》，载《法学研究》2021 年第 6 期。

④ 参见应松年主编：《外国行政程序法汇编》，中国法制出版社 2004 年版，第 1-824 页。

⑤ ［德］哈特穆特·毛雷尔：《行政法学总论》，高家伟译，法律出版社 2000 年版，第 459-463 页。

⑥ 刘太刚：《中国行政法法典化的障碍、模式及立法技术》，载《甘肃行政学院学报》2008 年第 1 期。我国"民法典的编纂作为一项巨大的系统工程……也将涉及民事诉讼法的内容"，但"民法典作为民事实体法的基本法"，无疑实体法内容占民法典的主体和绝大多数。张卫平：《民法典与民事诉讼法的连接与统合——从民事诉讼法视角看民法典的编纂》，载《法学研究》2016 年第 1 期。

典模式与立法规划也有距离。

其次，在法典化的目的方面，行政程序法典模式也不尽如人意。实体法的欠缺，导致法律体系依然存在较大漏洞。① 即使是主张制定行政程序法典的学者也不得不承认，行政程序法典出台后还必然要制定新法以弥补立法漏洞。② 行政程序法典对于法治政府建设和公民权益保障的价值也主要限于程序层面，且可能造成新的"程序空转"，结果适得其反。研究显示，德国《联邦行政程序法》并未实现立法者预期的目标。③ 同时，该模式也存在不适应国情的问题。

最后，严格地说，现代意义上典型的法典，是指立法机关明文制定并公布实施的关于某一部门法的集中系统的总体规定。④ 行政程序法典只是行政法中部分法律规范（行政程序法）的总体规定，严格地说不是法典而是法律。退一步说，行政程序法典也只能被认为是"隶属于行政法"的法典，而不是"统领行政法"的法典。⑤ 此外，行政程序法典也存在较为严重的逻辑悖论：由于包含一定的实体法，因此"行政程序法典"名不副实。为此，有学者主张将"行政程序法典"改名为"行政基本法典"，"使法典名称与内容之间名实相符，有利于避免立法过程中不必要的争议"⑥。但这种观点事实上选择的是"行政基本法典"，而非行政程序法典。

4. 行政基本法典模式之肯定

我国行政法法典化不能选择统一行政法典、行政法总则和行政程序法

---

① 有学者甚至认为，应当以实体法为中轴安排法典体例，但我国地方行政程序立法大多是以程序法为中轴，过于理想化，导致中轴混乱。参见熊樟林：《地方行政程序规定的体例构造》，载《法商研究》2016 年第 4 期。

② 参见姜明安：《关于编纂我国行政程序法典的构想》，载《广东社会科学》2021 年第 4 期。

③ 参见刘飞：《德国〈联邦行政程序法〉的"法律性"效力分析——对德国行政程序立法体例的一个侧面观察》，载姜明安主编：《行政法论丛》（第 11 卷），法律出版社 2008 年版，第 389 页。

④ 参见封丽霞：《法典编纂论——一个比较法的视角》，清华大学出版社 2002 年版，第 12-13 页。

⑤ 如果不这么认为的话，那么行政处罚法、行政许可法、行政诉讼法都可以被认为是"统领行政法"的法典，那么我国行政法早已法典化了，而事实上并非如此。

⑥ 王万华：《我国行政法法典编纂的程序主义进路选择》，载《中国法学》2021 年第 4 期。

典模式。相较而言，虽然行政基本法典有立法难度，但这些困难是可以克服的。① 行政基本法典是真正现代意义上的法典，它既不是单行立法，也不是单行立法的简单汇编。行政基本法典既涵盖一般行政法主要内容，包含实体法和程序法，又不存在名实不符的逻辑矛盾。在现有条件下，行政基本法典模式不失为我国行政法法典化的理性选择。总体上看，编纂行政基本法典的基础条件已经成熟，行政基本法典最契合、也最有利于实现法典化的目的。

在法典化的基础条件方面，行政基本法典兼顾实体法和程序法、内容广泛、用语抽象简约，具有较为充分的政治基础、立法基础、制度探索和理论基础，也有民法典编纂和域外经验可以借鉴，法典化的条件比较成熟。

首先，与民事法律不同，民法与民事诉讼法是相对独立的，民事诉讼法"自身有其独立的价值存在"②，"已经有了能够同民法平分秋色的'资本'"③。行政程序并非诉讼程序，而是行政机关行使行政权力的方式、步骤、时间和顺序。④ 行政程序法和实体法是相互依存、密切相关的。相对于实体法，程序法"被赋予了辅助功能，更准确地说是补充功能"⑤。因此，行政基本法典集实体法和程序法于一身，符合行政法的规律和特性；与我国行政立法领域程序实体合一的立法思路相吻合。那种认为行政程序

---

① 如荷兰《行政法通则》便采取了分阶段、分步骤立法的方式，即1994年第一、二部分首先生效，1998年第三部分生效，2009年第四部分生效，今后还可能增加新内容。参见［荷］Rob Widdershoven、夏雨：《荷兰〈行政法通则〉访谈》，载姜明安主编：《行政法论丛》（第20卷），法律出版社2017年版，第372－385页。

② 张卫平：《民法典的实施与民事诉讼法的协调和对接》，载《中外法学》2020年第4期。

③ 韩宝：《民事诉讼法与民法关系省思——兼及民法典的编纂》，载《北方法学》2017年第5期。

④ 参见王万华：《行政程序法研究》，中国法制出版社2000年版，第2－6页。

⑤ ［德］汉斯·J.沃尔夫、奥托·巴霍夫、罗尔夫·施托贝尔：《行政法》（第2卷），高家伟译，商务印书馆2002年版，第198－199页。

法典"包括与行政程序紧密相关、难以割舍的行政实体法内容"① 进而可以替代行政实体法典的观点,其实是割裂了实体法与程序法的唇齿联系,缺乏系统考量和整体思维。由于行政基本法典包含行政程序法内容,二者不能同时进行,因此,选择行政基本法典模式,自然就要放弃行政程序法典。

其次,行政基本法典较好地契合了行政法的广泛性、多元性和多变性。尽管有学者认为行政法尤其是行政实体法"规范分散,且体系庞杂","未完全定型",难以法典化。② 但这尚不足以构成编纂行政基本法典的实质障碍。虽然行政法广泛多变,但行政基本法典可以通过抽象用语防止法典体量过大、变动不居;而且相比于统一的行政法典,行政基本法典的体量本身就偏小、用语也较抽象。民法的庞大、复杂、多变不亚于行政法,既然可以编纂民法典,那么把广泛、多样、多变的行政法律编纂为行政基本法典也是可行的。行政基本法典可以借鉴民法典潘德克吞法学"提取公因式"的立法技术③和抽象化用语,抽取各个行政部门普遍适用的规范。相比于行政法总则和行政程序法典,行政基本法典可以在一定程度上照顾到不同行政领域的特殊性。

最后,行政基本法典模式符合《全国人大常委会 2021 年度立法工作计划》所提出的编纂"行政基本法典"的基本思路。虽然有学者指出,就内容而言,该工作计划中的"行政基本法典"与《法治中国建设规划(2020—2025 年)》中的"行政程序法"为同一部法律④,但事实上,这一观点混淆了法典与法律的关系。我国行政法法典化坚持实体和程序并重,行

---

① 叶必丰:《行政法的体系化:"行政程序法"》,载《东方法学》2021 年第 6 期。
② 参见姜明安:《关于编纂我国行政程序法典的构想》,载《广东社会科学》2021 年第 4 期。
③ 参见[德]汉斯·布洛克斯、沃尔夫·瓦尔克:《德国民法总论》,张艳译,中国人民大学出版社 2019 年版,第 26-27 页。
④ 参见王万华:《我国行政法法典编纂的程序主义进路选择》,载《中国法学》2021 年第 4 期。

政基本法典当然包括行政程序法内容。从操作步骤上看，可以先制定单行的行政程序法律，最终并入行政基本法典。在法典化的目的方面，相比于行政法总则和行政程序法典，行政基本法典容量更大、规范事项更全面，对于完善法律规范体系价值更为明显。需要特别指出的是，行政基本法典涵盖了一般行政法的主要内容，能够从程序和实体两个层面完善行政法律体系，有效弥补行政组织法等重点领域的立法漏洞，对于法治政府建设效应非常明显。

二、行政基本法典的内容与框架

行政法法典化的模式决定了法典的规范内容和体例框架。鉴于行政基本法典模式是所有模式中最为可取的一种，因此，有必要立足于行政基本法典模式，研究确定法典的主要内容，明确法典的核心概念，从而搭建起法典的体例框架。

（一）行政基本法典的规范内容

选择行政基本法典模式意味着法典的内容应当是基本的。这一定位决定了法典内容应当"重要而简约"。一方面，行政基本法典的内容应当在全面的基础上选择最基本、最重要的部分，涵盖一般行政法中具有普遍适用性的法律规范，包括行政法的目的和基本原则、行政组织法、行政行为法、行政程序法、行政监督救济法等。就此而言，行政基本法典和统一的行政法典、行政法总则的规范广度相似，都统摄了一般行政法的主要内容。另一方面，行政基本法典的内容应当在详密程度上具有抽象性和简约性，不应太过具体琐碎①，即虽然统摄一般行政法的主要内容，但却不规

---

① 不过需要指出的是，这里的"抽象性和简约性"本身也是相对而言的。例如，行政处罚中的处罚法定原则相对于依法行政原则就不具有抽象性和简约性，但相对于食品药品等领域的处罚法定则具有抽象性和简约性。

定部门行政法的具体内容。行政基本法典规范内容繁简决定了法典的体量，内容越具体，体量越大，通用性越不强；内容越抽象，体量越小，通用性越强。就此而言，行政基本法典规范内容的繁复细致胜过行政法总则，但不及统一的行政法典。[①] 如行政基本法典应当规定行政处罚的一般程序，但不应当规定环境执法行政处罚在具体情况下如何适用某个特定程序。这种抽象化用语也有利于简化立法，防止行政基本法典体量过大，滑向统一的行政法典，导致立法难度骤增；同时，也能够增强法典的稳定性，避免反复修改。

在行政基本法典的规范内容方面，目前主要存在是否包括行政组织法、是否包括全部行政活动、是否包括行政监督救济法三方面的争议。

1. 是否包括行政组织法

行政基本法典是否应当包括行政组织法的基本内容？有学者认为，行政组织法有较大立法空白，"层级、部门、地方差异很大，并不适合纳入相对稳定的法典"；鉴于机构改革的历史，"中央人民政府组织法作为单行法存在"；地方政府组织法与地方人民代表大会组织法密不可分，将它纳入法典"不利于地方基本制度的整体安排"[②]。"德国实行联邦制，各州对于自身的行政组织与部分行政实体法内容拥有立法权限"，行政组织法法典化可能侵犯地方立法权限。[③] 上述观点在我国是难以成立的。从行政基本法典的内容定位出发，行政基本法典应当包括行政组织法，具体涉及行政组织、编制、机关运行保障和公务员等。

首先，就行政法的内容和规律而言，行政组织法是行政法的基本组成

---

① 行政基本法典规范内容（包括实体内容和程序内容）的抽象程度不及行政程序法典，体量大于行政程序法典。就此而言，行政基本法典包含了行政程序法典的内容。

② 王万华：《我国行政法法典编纂的程序主义进路选择》，载《中国法学》2021 年第 4 期。

③ 参见严益州：《德国〈联邦行政程序法〉的源起、论争与形成》，载《环球法律评论》2018 年第 6 期。

部分，且服从于行政法一般原则，是行政行为法、行政监督救济法的基础，决定了行政行为的概念和范围、行政诉讼被告的认定等。[①] 缺少行政组织法的基本内容，行政基本法典是不完整的，且名不副实。特别是行政授权与委托、派出机关与派出机构、内设机构与临时机构、政府组成部门与直属机构、特设机构等基本概念和法律地位，均有赖于行政组织法确认，是各类行政活动得以实施的基础，完全有必要规定在行政基本法典中。

其次，行政组织法，尤其是国务院组织法，已有一定的政治基础[②]、立法基础和政策探索[③]等基础条件。[④] 借鉴民法典全面规范自然人、法人、非法人组织等民事主体并进行实质性创新的经验[⑤]，行政基本法典可通过提取公因式和抽象化用语等方式应对行政组织法的差异性和多变性，将最重要、最基本的行政组织规范确定下来，使之与行政活动等协调，形成一个完整统一的基本法律体系。

再次，由于地方政府组织和地方人大组织机构性质不同、职责不同，

[①] 参见应松年主编：《当代中国行政法》（第2卷），人民出版社2018年版，第289页。

[②] 如党的十八届四中全会指出，完善行政组织和行政程序法律制度，推进机构、职能、权限、程序、责任法定化。行政机关要坚持法定职责必须为、法无授权不可为。参见《中共中央关于全面推进依法治国若干重大问题的决定》，2014年10月23日中国共产党第十八届中央委员会第四次全体会议通过。

[③] 如在行政组织法律制度和行政编制法律制度方面，已经制定了《地方各级人民代表大会和地方各级人民政府组织法》《国务院组织法》，以及《国务院行政机构设置和编制管理条例》和《地方各级人民政府机构设置和编制管理条例》。此外，部门行政法中已经制定了公安领域的《人民警察法》《治安管理处罚法》，卫生健康领域的《基本医疗卫生与健康促进法》《传染病防治法》，市场监管领域的《食品安全法》《药品管理法》，文化领域的《公共文化服务保障法》《文物保护法》等。在公物法律制度方面，已经制定了《机关事务管理条例》《党政机关办公用房管理办法》《党政机关公务用车管理办法》《公共图书馆法》。在公务员法律制度方面，已经制定了《公务员法》《监察法》《公职人员政务处分法》等。

[④] 代表性理论成果如应松年、薛刚凌：《行政组织法研究》，法律出版社2002年版，第1-272页；王敬波：《面向整体政府的改革与行政主体理论的重塑》，载《中国社会科学》2020年第7期。

[⑤] "民法典总编第二章为自然人，第三章为法人，第四章为非法人组织。从世界各国立法例来看，民事主体二分法居多，三分法很少。"江平：《中国民法典的三个创新》，载《政法论坛》2022年第1期。

且国务院组织法和全国人民代表大会组织法也是分别制定的，因此有必要将地方各级人民政府组织法从地方各级人民代表大会和地方各级人民政府组织法中分离出来纳入行政基本法典，且不会影响地方制度的整体安排。我国是单一制国家，根据《立法法》第 11 条第 2 项、第 82 条①，人民代表大会和人民政府的组织和职权只能制定法律，不能制定地方性法规。因此将地方政府组织法分离出来纳入法典并不会影响地方立法权限。

最后，将行政组织法纳入行政基本法典，能够提升行政法各部分的体系性和系统性，解决行政主体的法律地位问题，弥补行政组织和职能编制等领域的立法空白，促进行政组织立法的精细化，推进机构、职能、权限、程序、责任法定化。②

2. 是否包括全部行政活动

行政活动是一个广义概念，其范围极其广泛，泛指行政主体行使行政权的一切活动③，包括行政行为和难以归入行政行为的其他行政活动。按照不同标准，行政活动有法律与事实、内部与外部、单方与双方、抽象与具体之分。有学者认为，"一些行政活动无法进行型式化构建，因此不能教科书式地一一列举行政活动的方式并进行规定"④。行政法典要统一

---

① 《立法法》第 11 条第 2 项规定："下列事项只能制定法律：……（二）各级人民代表大会、人民政府、人民法院和人民检察院的产生、组织和职权……"第 82 条规定："地方性法规可以就下列事项作出规定：（一）为执行法律、行政法规的规定，需要根据本行政区域的实际情况作具体规定的事项；（二）属于地方性事务需要制定地方性法规的事项。除本法第十一条规定的事项外，其他事项国家尚未制定法律或者行政法规的，省、自治区、直辖市和设区的市、自治州根据本地方的具体情况和实际需要，可以先制定地方性法规……"

② 参见《中共中央关于全面推进依法治国若干重大问题的决定》，2014 年 10 月 23 日中国共产党第十八届中央委员会第四次全体会议通过。

③ 这是一个极其复杂的概念，对其界定历来众说纷纭。参见［德］哈特穆特·毛雷尔：《行政法学总论》，高家伟译，法律出版社 2000 年版，第 3—6 页。

④ 罗智敏：《行政法典编纂宜采取一般行政法典＋单行法模式》，载《民主与法制》2021 年第 33 期。

"不同类别的具体行政行为要件和法律效果,更是难上加难"①。不难看出,上述观点本质上还是认为行政活动类型多样,全部纳入法典不具有可行性。

从行政基本法典的定位出发,行政基本法典应当规范全部行政活动。我国《宪法》第5条规定,一切国家机关都必须遵守宪法和法律,一切违反宪法和法律的行为必须予以追究。这里的"一切机关""一切行为"便包括了全部行政活动。"法治政府建设是重点任务和主体工程,要率先突破,用法治给行政权力定规矩、划界限。"②

依法行政是公认的行政法基本原则。据此,全部行政活动都应当纳入行政基本法典的调整范围,确保法律对行政的全面规范。从某种意义上讲,"法条是对既成事实的组构而不是创造"③。由此观之,只要是实践中存在的行政活动类型,都可以由行政基本法典予以确认和规范。无论行政活动多么广泛复杂,其基础仍然是民事关系,因此很难说行政活动比民事活动更加广泛复杂④,既然民法典能够调整全部民事活动,那么行政基本法典调整全部行政活动也是可行的。如前所述,行政基本法典调整全部行政活动,可以借鉴民法典"提取公因式"的立法基础和抽象化用语,对既有法律规范进行整合,对部分难以归入行政行为的其他行政活动进行适当的规范创制。倘若如此,立法难度并不大。

3. 是否包括行政监督救济法

有学者认为,行政法基本原则主要适用于行政活动,而非行政监督救济。行政监督救济规范"与行政行为运作没有直接关系",且行政诉讼和

---

① 叶必丰:《行政法的体系化:"行政程序法"》,载《东方法学》2021年第6期。
② 《坚定不移走中国特色社会主义法治道路 为全面建设社会主义现代化国家提供有力法治保障》,载《人民日报》2020年11月18日,第1版。
③ [奥]埃利希:《法社会学原理》,舒国滢译,中国大百科全书出版社2009年版,第251页。
④ 参见孙宪忠:《民法典总则编"法律行为"一章学者建议稿的编写说明》,载《法学研究》2015年第6期;李建华:《论民事活动——兼论我国未来民法典总则结构的设计》,载《法制与社会发展》2000年第2期。

监察的主管机关不是行政机关，故不宜纳入法典。但以行政机关为主管机关的行政复议等应当纳入。① 笔者认为，从行政基本法典的定位出发，法典内容应当包含行政监督救济法，否则将面临名不副实的质疑。

首先，行政法与行政诉讼法并非实体法与程序法的并列关系，而是包含关系，也即行政诉讼法是行政法中行政监督救济法的一部分，与行政复议法等共同发挥监督救济功能。② 虽然行政监督救济法有其特殊性，但包括基本原则在内的行政法的普遍适用性规范在行政监督救济法中仍然普遍适用。如行政诉讼法基本原则之一——合法性审查原则便是依法行政原则在行政诉讼领域的具体体现③，并且构成依法行政原则的保障。④

其次，行政监督救济法与行政行为法间接联系的重要性丝毫不亚于行政程序法与行政行为法的直接联系。行政机关是行政诉讼被告，公务人员是监察对象。我国行政法是"以司法为中心"发展起来的⑤，行政诉讼法能在事后反向影响行政行为的运作。行政行为的正当程序和合法要件都产生并完善于行政诉讼法而非行政实体法。⑥ 而且，对公务人员的监察行为关系到所有行政活动运作的合法性。

最后，我国民法典虽然是实体法法典化的典范，但也规定了诉讼时效、举证规则、民事管辖⑦，以及诉权⑧等民事诉讼法内容。诸如荷兰

---

① 参见姜明安：《关于编纂我国行政程序法典的构想》，载《广东社会科学》2021年第4期。
② 参见［日］盐野宏：《行政法》，杨建顺译，法律出版社1999年版，第251-255页。
③ 参见程琥：《行政诉讼合法性审查原则新探》，载《法律适用》2019年第19期。
④ 参见黄学贤、李凌云：《行政诉讼合法性审查原则的理论研究与实践发展》，载《学习与探索》2020年第5期。
⑤ 参见谭宗泽、杨靖文：《面向行政的行政法及其展开》，载《南京社会科学》2017年第1期。
⑥ 参见何海波：《行政行为的合法要件——兼议行政行为司法审查根据的重构》，载《中国法学》2009年第4期。如在最高人民法院公报案例——张成银诉徐州市人民政府房屋登记行政复议决定案中，"'正当程序'4个字首次出现在判决书中"，倒逼行政机关恪守正当程序。参见何海波：《司法判决中的正当程序原则》，载《法学研究》2009年第1期。
⑦ 参见洪浩：《民法典时代民事诉讼制度发展的几个基本问题》，载《政法论丛》2020年第5期。
⑧ 例如，《民法典》第1073条第1款规定："对亲子关系有异议且有正当理由的，父或者母可以向人民法院提起诉讼，请求确认或者否认亲子关系。"

《行政法通则》、美国《联邦行政程序法》等都包含了行政诉讼（司法审查）。①加之我国行政监督和救济法律制度比较成熟，将其纳入行政基本法典既是必要的，也是可行的。

（二）行政基本法典的核心概念

内容决定形式。从行政基本法典的规范内容推导出其体例框架，需要明确一个连接内容与体例的核心概念。由这一概念工具可以抽离出若干在行政基本法典中具有普遍性的要素，在此基础上增加若干具有特殊性的要素，进而形成抽象程度不同的处于这一核心概念下位的"类别概念"，并由此形成概念体系（外在体系）②；借着将抽象程度较低的概念涵摄于程度较高的概念之下，最后可以将大量的法律概念归结到这一核心的"最高"概念上。③整个行政基本法典便是围绕和建立在这一核心概念基础上的，由这一核心概念可以演绎出整个行政基本法典的体例框架。这种方法的好处是，法典的体例与内容相适应，法典体例框架在逻辑上具有一致性，从而避免法典的自相矛盾以及法律适用和解释的恣意。

当前，关于行政基本法典的核心概念，主要有行政法律关系方案、行政行为方案、行政活动方案三种方案可供选择。

行政行为概念最早由法国学者提出，被德国学者引为行政法的核心概念④，传入我国后其内涵外延已经大幅度扩张，不再限于具体行政法律行为。⑤如果以行政行为作为行政基本法典的核心概念，行政基本法典的体

---

① 参见应松年主编：《外国行政程序法汇编》，中国法制出版社 2004 年版，第 1—49、379—399 页。

② 所谓外在体系，是法律形式上的构造，是对（以法律概念为基础）法律材料的划分。参见[奥] 恩特斯・A. 克莱默：《法律方法论》，周万里译，法律出版社 2019 年版，第 59 页。

③ 参见 [德] 卡尔・拉伦茨：《法学方法论》，陈爱娥译，商务印书馆 2016 年版，第 317 页。

④ 参见 [德] 奥托・迈耶：《德国行政法》，刘飞译，商务印书馆 2013 年版，第 62—65 页；[德] 哈特穆特・毛雷尔：《行政法学总论》，高家伟译，法律出版社 2000 年版，第 181—182 页。

⑤ 参见陈越峰：《中国行政法（释义）学的本土生成——以"行政行为"概念为中心的考察》，载《清华法学》2015 年第 1 期。

例框架大致可以分为行政行为的一般规定、行政行为的主体、行政行为、行政行为的监督救济。该方案的优点在于，突出行政基本法典控制行政权的价值取向，具备丰富的制度基础和学理支撑，能够很好与现有立法衔接，立法难度较小。但该方案也存在一定缺陷。一是行政行为的内涵有歧义、外延较小，覆盖面不够。即使从广义上理解，也很难涵盖事实活动、行政指导、公私合作、民营化、私人行政等①，甚至不能涵盖行政协议，难以满足行政基本法典的内容包括所有行政活动的立法需求。二是行政行为概念注重行政主体与行政权，对公民及其合法权益关注不够，"缺乏对其他主体和多边法律关系的覆盖"②。这与行政基本法典注重保障公民合法权益的根本目的不符，故行政行为不宜作为行政基本法典的核心概念。

借鉴民法典以及民法总则的立法经验，有学者主张基于行政法律关系，围绕保护权益和规范公权力两条主线并行的"双线模式"，构建行政法典框架。③ 如果以行政法律关系作为行政基本法典的核心概念，则能从整体上关照全部行政法的主体、客体、权力（利）、义务，具有全面性和整体性，特别是对公民及其合法权益有较多关注和重视。但该方案也存在明显缺陷，主要是行政法律关系方案的理论建构尚未完成，甚至被认为是"内容空洞的理论模型"④。其将行政主体与相对人置于平等地位，与行政法主体之间不是平等关系的传统行政法治理念不符。故以法律关系为核心

---

① 参见朱芒：《中国行政法学的体系化困境及其突破方向》，载《清华法学》2015年第1期。

② 赵宏：《法律关系取代行政行为的可能与困局》，载《法学家》2015年第3期。

③ 框架内容如下：第一章是立法目的和基本原则；第二章是行政法律关系主体；第三章是权利和义务；第四章是行政法律行为；第五章是管辖；第六章是行政程序规定；第七章是代理、委托与授权；第八章是监督；第九章是行政法律责任；第十章是行政争议解决体系。当然，"此十章是初步的构想，未来研究过程中还需要进一步地完善"。郭胜习、曹鎏：《行政法总则立法研讨会在北京顺利召开》，载法治政府研究院网站，http://fzzfyjy.cupl.edu.cn/info/1021/9573.htm，2022年4月6日访问。

④ 鲁鹏宇：《论行政法学的阿基米德支点——以德国行政法律关系论为核心的考察》，载《当代法学》2009年第5期。

概念的民法典立法经验并不适用于行政基本法典。[①] 且与现有以行政行为为核心的法律制度和理论不衔接，导致立法难度过大。行政法律关系概念不是具有强烈价值取向的"规定功能的法概念"[②]，并不包含依法行政的目标追求，可能导致行政基本法典价值取向的阙如，弱化对行政权的规范和控制，反而不利于保障公民权益、促进法治政府建设。因此，行政法律关系也不能作为行政基本法典的核心概念。

行政活动方案不仅是我国行政法学总论的核心概念，也构成了德国、日本等国家行政法体系的核心概念。[③] 如果以行政活动作为行政基本法典的核心概念，行政基本法典的体例框架大致为行政活动的一般规定、行政活动的主体、行政活动、行政活动的监督救济。这一方案的优点在于，相比于行政行为，行政活动的外延广泛，能够包含行政机关行使职权的一切活动，符合行政基本法典规范内容广泛的要求。同时，相比于行政法律关系方案，行政活动方案具有明确的价值取向和目的指向，即实现对全部行政活动的合法性控制，契合行政法控权的本质属性。[④] 而且，行政活动方案便于与既有的行政诉讼法、国家赔偿法等关于受案范围和赔偿范围的规定相衔接[⑤]，与现有理论相适应[⑥]，立法难度不大。从法国《公众与行政机关关系法典》等国家行政法典来看，其主要仍然是围绕行政机关对外行

[①] 参见李永军：《民法典总则的立法技术及由此决定的内容思考》，载《比较法研究》2015年第3期。

[②] "规定功能的法概念"具有目的论的特质，"可以将本身与决定性原则之间的意义关联，以浓缩但仍可辨识的方式表达出来"。[德]卡尔·拉伦茨：《法学方法论》，陈爱娥译，商务印书馆2003年版，第355-359页。

[③] 参见[德]哈特穆特·毛雷尔：《行政法学总论》，高家伟译，法律出版社2000年版，第3-6页；[日]室井力主编：《日本现代行政法》，吴微译，中国政法大学出版社1995年版，第49-52页。

[④] 控权论是行政法的理论基础，行政法的整个理论体系由此产生和延展。参见孙笑侠：《法律对行政的控制》，光明日报出版社2018年版，第35-37页。

[⑤] 根据《行政诉讼法》第12条和《国家赔偿法》第3条，行政诉讼受案范围和国家赔偿范围均不限于行政行为，还可以包括事实行为等。

[⑥] 参见姜明安主编：《行政法与行政诉讼法》，法律出版社2019年版，第31-32页。

使职权的行政活动构建的。① 需要说明的是，与行政行为方案相同，行政活动方案也存在对公民及其合法权益关注不够的问题。不过，行政活动方案的最终目的是保障公民合法权益，所以行政活动方案可以借鉴行政法律关系方案，对公民及其合法权益予以更多关注。综上，相比于行政行为方案和行政法律关系方案，行政活动方案具有更多优势、更少缺点，且缺点可以通过借鉴行政法律关系方案予以弥补。因此，行政活动应当成为行政基本法典的核心概念。

（三）行政基本法典的体例框架

行政基本法典的核心概念决定了法典的体例框架。科学合理的体例框架既能够使行政基本法典各部分内容各得其所，又能够反映出法典各部分内容之间的逻辑关系，还能够增强法典的体系性，便于法典编纂和理解适用。依据行政活动方案，行政基本法典的体例框架应当为行政活动的一般规定、行政活动的主体、行政活动、行政活动的监督救济。考虑到行政活动的广泛性和行政程序的重要性，以及行政活动中具有普遍适用性和引领性的内容主要规定在总则中，且行政活动的实体部分和程序部分差异性较大，行政活动部分可以拆分为行政活动（实体部分）和行政程序。政务公开和数据治理属于新兴领域，不同于传统的行政活动，且并非纯粹的程序规范，因此宜单列一编。由于行政监督和争议解决中具有普遍适用性和引领性的内容主要规定在总则中，且二者差异性较大，因此行政监督救济部分可以拆分为行政监督与问责、行政复议与行政诉讼两部分。

据此，我国行政基本法典宜采取总则—各编体例，具体可以设置为七

---

① 法国《公众与行政机关关系法典》包括五卷：第 1 卷 "公众与行政机关的沟通交流"、第 2 卷 "行政主体作出的单方行为"、第 3 卷 "行政文件获取和公共信息的再利用"、第 4 卷 "与行政机关发生争议的解决"、第 5 卷 "适用于海外的条款"。

编，分别为总则、行政组织、行政活动、行政程序、政务公开和数据治理、行政监督与问责、行政复议与行政诉讼。[①] 为保持现行立法的体例结构，可以酌情在各编之下再细分。总则由各分编"提取公因式"形成，总则与各编是普遍与特殊的关系；在总则内部和各编的内部，也存在这种类似于"总则—各编"关系的普遍与特殊的关系；并且依此类推。凡是能够以潘德克吞法学"提取公因式"的立法技术规定在总则中的，各编不再重复规定；凡是能够以"提取公因式"的立法技术规定在总则和各编中的一般规定部分的，其他部分不再重复规定；并且依此类推。如此，既能够保证行政基本法典的体系性、避免自相矛盾，又能够节约立法资源、避免重复立法。

第一编为总则。行政基本法典是行政法的公因式，总则编是行政基本法典的公因式。本编规定具有普遍适用性和引领性的内容，包括基本规定、基本原则、行政法主体、行政权利、行政行为、行政责任与救济共六章。第一章"基本规定"包括立法目的与依据、调整对象、与其他法律的关系、跨地域特别适用等。第二章"基本原则"包括依法行政、权利保障、比例原则、正当程序、高效便民、诚信原则等。第三章"行政法主体"包括行政主体、行政相对人、行政相关人。第四章"行政权利"包括一般规定、人身权、财产权、社会福利权、行政救济权等。第五章"行政行为"包括行政行为的成立、生效、效力、合法性、撤销、变更、无效等。第六章"行政责任与救济"包括责任范围、种类、归责原则、构成要件以及救济渠道、范围、原则等。

第二编为行政组织。本编包括基本规定、行政机关的组织、编制、机

---

① 行政基本法典的体例框架部分主要参考中国法学会行政法学研究会与中国政法大学法治政府研究院组织召开的"行政基本法典（通用行政法典）编纂"工作会的研究成果《行政基本法典（通用行政法典）（条旨）》，有改动。

关运行的保障、行政机关公务员共五章。第一章"基本规定"包括行政组织的范围、行政组织法的目的、党的领导、组织法定、权责一致、协同高效、保障原则、党政合并合署等。第二章"行政机关的组织"包括国务院组织和地方各级人民政府组织两节。第三章"编制"包括管理原则、类型、管理职权、方案、组织实施、领导职数、编制总额、监督问责等。第四章"机关运行的保障"包括基本原则、职责分工、部门间协同、属地配合职责、保障机制、监督与责任等。① 第五章"行政机关公务员"包括管理原则、一般要求、职位、职级、任免与升降、处分、救济、责任等。

第三编为行政活动。本编包括行政立法、行政规范性文件、重大行政决策和行政规划，行政执法，行政处理和其他行政活动三个分编。第一分编"行政立法、行政规范性文件、重大行政决策和行政规划"包括行政法规、行政规章、行政规范性文件、重大行政决策、行政规划共五章。② 第二分编"行政执法"包括概念和种类、原则和要求、设定、执法主体及管辖、执法环节、适用规则共六章。第三分编"行政处理和其他行政活动"包括行政处理（含行政给付、行政奖励、行政确认、行政裁决共四节）、其他行政活动（含行政协议、行政指导、行政调解共三节）共两章。③

第四编为行政程序。本编包括一般规定、申请的提出与处理、行政机关依职权启动行政程序、证据、简易程序、行政裁量基准、自动化行政共七章。④ 第一章"一般规定"包括一般原则、回避、期间、公示与送达共

---

① 参见马怀德：《机关运行保障立法的意义、原则和任务》，载《中国法学》2020年第1期；马怀德：《加快制定机关运行保障法》，载《中国行政管理》2020年第12期。

② 本部分在吸收整合《立法法》《关于加强行政规范性文件制定和监督管理工作的通知》等文件中的实体内容的基础上，进一步完善行政立法、行政规范性文件、重大行政决策和行政规划法律制度。

③ 本部分在吸收整合有关行政检查、收费、征收、征用、给付、指导、协议、奖励等其他活动的法律规范中的实体内容的基础上，进一步完善行政活动法律制度。

④ 本部分在吸收整合《立法法》《行政法规制定程序条例》《规章制定程序条例》《重大行政决策程序暂行条例》《行政处罚法》《行政许可法》《行政强制法》《关于加强行政规范性文件制定和监督管理工作的通知》等文件，以及有关行政检查、收费、征收、征用、给付、指导、协议、奖励等其他活动的法律规范中的程序内容的基础上，进一步完善行政程序法律制度。

四节。第二章"申请的提出与处理"包括电子化申请、公示、回执、收到申请材料的处理、驳回申请时听取意见、决定等。第三章"行政机关依职权启动行政程序"包括依职权积极履职、管辖、检查、调查、陈述意见、听证会、行政决定、行政程序重新进行共八节。第四章"证据"包括种类、举证责任、审核认定、定案证据、非法证据排除、证明标准等。第五章"简易程序"包括适用情形、独任制、听取意见、当场作出决定、决定的期间和说明理由。第六章"行政裁量基准"包括定义与种类、制定裁量基准的考虑因素、征求公众意见、裁量基准的公开。第七章"自动化行政"包括适用情形、自动化决策的基本要求、公开与算法相关的信息、设置电子化设备的基本要求、告知义务、听取陈述与申辩、自动决定与作出决定的转化、申诉。

第五编为政务公开和数据治理。本编包括政务公开和数据治理两章。第一章"政务公开"包括公开原则、公开主体、公开范围、工作机制、主动公开、依申请公开、监督和保障共七节。第二章"数据治理"包括政府数据权属、政府数据采集与汇聚、数据共享、数据开放、数据利用、应急行政中的数据共六节。

第六编为行政监督与问责。本编包括一般规定、层级监督、政府督查、预算监督、审计监督、行政问责共六章。第一章"一般规定"包括人大监督和民主监督，监察、审判和检察监督，行政监督，社会监督，依法问责。第二章"层级监督"包括界定、类别（法律监督、事务监督、勤务监督）、方式（检查、督查、审批、备案、改变、撤销、惩戒等）。第三章"政府督查"包括原则、人员与资格、内容、对象、方式、结论及要求、异议、对督查对象的处理。① 第四章"预算监督"包括一般规定、管理职

① 本部分在吸收整合《政府督查工作条例》等法律规范的基础上，进一步完善政府督查法律制度。

权、收支范围、编制、审查和批准、执行、调整、决算、法律责任。第五章"审计监督"包括一般规定、审计机关和人员、审计机关职责、审计机关权限、审计程序、法律责任。第六章"行政问责"包括原则、问责情形、问责方式和适用、问责程序等。[①]

第七编为行政复议与行政诉讼。本编包括行政复议和行政诉讼两分编。第一分编"行政复议"包括一般规定、复议范围、申请、受理、决定、法律责任,共6章。第二分编"行政诉讼"包括一般规定、受案范围、管辖、诉讼参加人、证据、起诉和受理、审理和判决、执行、涉外行政诉讼,共9章。

三、编纂行政基本法典需要处理的几个关系

编纂行政基本法典是我国行政法法典化的理性选择。除了要明确法典的规范内容和体例框架外,还需要处理好行政基本法典与部门行政法及其法典化的关系、行政基本法典与既有行政法律规范的关系、行政基本法典与宪法的关系等。只有这些关系处理好了,才能明晰行政基本法典的内容来源及其与其他法律规范的边界,进而形成科学完备的行政法律规范体系。

(一) 行政基本法典与部门行政法及其法典化的关系

行政法包括一般行政法与部门行政法,二者彼此影响、共同发展,构成行政法的整体。一般行政法是指原则上适用于所有行政法领域的规则、原则、概念和法律制度,涵盖行政法领域具有普遍性、典型性的内容。[②]

---

① 本部分在吸收借鉴《中国共产党问责条例》的基础上,进一步完善行政问责法律制度。
② 参见 [德] 哈特穆特·毛雷尔:《行政法学总论》,高家伟译,法律出版社2000年版,第34—35页。

如行政处罚法便是有关行政处罚的具有普遍适用性的规定，不仅适用于治安管理处罚领域，也适用于环境违法处罚、食品药品违法处罚等领域。部门行政法是调整各具体行政管理领域的行政法律规范，包括治安管理处罚法、经济行政法、环境行政法、税法、社会法、文化与科学行政法、预算与财政法、交通行政法、新闻媒体行政法和数据保护法等。[①] 一般行政法与部门行政法是一般与个别、总论与分论的关系，二者均属于行政法。恰如民法典虽然包含公法规范[②]但仍属于民法一样，部门行政法虽然表现出一定的"边缘性的、多学科交融的崭新学科"[③] 的特征，但这些特征难以产生整体性、根本性影响，因此部门行政法无论从原理到制度，还是从原则到规则都属于行政法而非其他部门法。

行政基本法典是一般行政法法典化的产物，是对行政法基本概念、基本原则、主要制度的总体规定，发挥着统领作用。行政基本法典"涵盖一般行政法主要内容"[④]，能够提供可以"统合各种终极价值、法原理原则、基本法律命题、法律制度、法律概念，乃至一般法律秩序之判定规准"[⑤]。行政基本法典与部门行政法密切相关。行政基本法典是通过"提取公因式"的方式，将部门行政法中具有普遍适用性的规范提取出来形成的统一规定。行政基本法典不仅"对部门行政法具有思维和论证上的指引功能"，其内容还普遍适用于各部门和各行政领域，为部门行政法提供一般的、通用的法律原则和价值追求。就此而言，行政基本法典应当为部门行政法中

---

① 参见［德］汉斯·J.沃尔夫、奥托·巴霍夫、罗尔夫·施托贝尔：《行政法》（第1卷），高家伟译，商务印书馆2002年版，第194页。

② 例如，《民法典》第210条第2款规定，"国家对不动产实行统一登记制度"。该条规范了作为公法主体的国家的登记行为，且登记行为属于公法行为，因此该条属于公法规范。

③ 余凌云：《部门行政法的发展与建构——以警察（行政）法学为个案的分析》，载《法学家》2006年第5期。

④ 杨伟东：《基本行政法典的确立、定位与架构》，载《法学研究》2021年第6期。

⑤ 赖恒盈：《行政法律关系论之研究——行政法学方法论评析》，元照出版公司2003年版，第49-50页。

各种具体情况的特殊性和多样性预留出立法空间，以便形成特定领域部门行政法的具体法律规范；部门行政法还需要行政基本法典为之建立相应的冲突适用规则和纠纷解决机制，防止法律适用上的恣意和冲突。一般行政法"主要目的在于防范行政权力违法侵犯公民权利"，部门行政法"旨在维护公共利益和现行法律秩序"①。尽管二者均具有保护公民权利和维护法律秩序的双重功能，但仍各有侧重。

行政基本法典与部门行政法的区别主要体现为一般与个别、普遍与特殊。在内容上，行政基本法典规定具有普遍适用性和引领性的一般内容，部门行政法规定具体行政管理领域的特殊内容。不过，二者之间并不存在严格的、十分清晰的界限，而是存在相互交叉的模糊地带。② 在适用范围上，类似于民法典与民事特别法的关系③，行政基本法典具有普遍适用性和通用性，适用于行政法的全部领域，包括所有部门行政法；部门行政法仅仅适用于特定的行政管理领域，适用范围有限。如部门行政法仅能规定特定行政管理部门的职责，而部门间职能划分、交叉的问题只能由作为一般行政法的行政基本法典来规范。④ 在法律效力上，由于行政基本法典的内容比较抽象，部门行政法可以对行政基本法典的内容作出细化规定，但是不得与行政基本法典的立法目的、立法精神和法律原则相抵触。易言之，"部门行政法应当和行政法的总的体系保持高度的一致"⑤。

如前所述，法典化条件成熟与否是法典化的基础和前提。当前，我国部门行政法内部发展程度不同，有的部门行政法法典化的基础条件成熟，

---

① 杨登峰：《从〈民法典〉的编纂看行政法典的编纂——对"单行法先行"模式的一种考察与展望》，载《行政法学研究》2021年第3期。

② 不仅如此，这种模糊地带还存在于部门行政法与部门行政法之间。参见［德］平特纳：《德国普通行政法》，朱林译，中国政法大学出版社1999年版，第4页。

③ 《民法典》第11条规定："其他法律对民事关系有特别规定的，依照其规定。"

④ 参见莫菲：《法国环境法典化的历程及启示》，载《中国人大》2018年第3期。

⑤ 关保英：《部门行政法在新时代的变迁研究》，载《社会科学战线》2019年第4期。

有的尚不成熟，且部分领域尚未表现出强烈的法典化需求。因此，需要根据具体行政管理领域的发展情况和发展需要来确定部门行政法法典化的时机。目前，环境法、教育法法典化的条件比较成熟，可能成为率先进行法典化的领域。环境法法典化的条件比较成熟，应采取"动态开放的实质性法典编纂"，体例上可采取"总则—分编"结构。[①]"我国教育法律体系基本建成，教育法理论亦日臻完备"，应当推进教育法法典化，以消解教育法律复杂化、促进教育法原则统一。[②] 诸如军事法、卫生法等其他部门行政法领域可根据法典化条件的成熟情况不断推进。有鉴于此，在行政基本法典编纂和部门行政法法典化的关系上，可以采用行政基本法典编纂与条件成熟的部门行政法法典化同步推进的策略。《全国人大常委会 2021 年度立法工作计划》提出"研究启动环境法典、教育法典、行政基本法典等条件成熟的行政立法领域的法典编纂工作"。这种同步推进的策略，一方面，有利于加快法典化的进程，提高法典编纂的效率；另一方面，可以实现行政基本法典编纂和部门行政法法典化的相互借鉴，提高法典编纂的质量。

（二）行政基本法典与既有行政法律规范的关系

行政基本法典并非凭空创设，而是对既有行政法律规范的继承与发展。经过改革开放以来四十多年的发展，我国行政立法走出了一条具有中国特色的创新之路，具有中国特色的行政法律体系日益健全，政府各类行为基本纳入法治轨道，形成了我国行政法律制度的"四梁八柱"。既有行政法律规范为编纂行政基本法典奠定了良好的立法基础。实践证明，行政基本法典编纂不必照搬照抄域外立法例，而应当立足于我国既有行政法律规范，根据实际需要不断创新。因此，行政基本法典编纂必须处理好行政

---

① 参见吕忠梅：《中国环境立法法典化模式选择及其展开》，载《东方法学》2021 年第 6 期。
② 参见任海涛：《论教育法法典化的实践需求与实现路径》，载《政治与法律》2021 年第 11 期。

基本法典与既有行政法律规范的关系，既要考虑现有行政立法也要考虑未来发展，既要照顾既有规定也要考虑法典的布局和安排。根据我国一般行政法立法情况和发展需要，行政基本法典对既有行政法律规范有编入、拆分和补缺三种典型的载入方式。实践中，对于同一部行政法律，三种载入方式根据实际情况可能单独运用，也可能合并运用。

方式一是编入。所谓编入，是指对于既有行政法律，可以根据具体情况通过微调、修订、升级等方式将其载入行政基本法典。其中，微调适用于比较成熟完善的行政法律；修订适用于需要较大幅度修改的行政法律；升级则适用于不属于法律而属于法规、规章的既有行政法规范。法国行政法法典化"以对既有规范进行整理为基本取向"，"主要考虑如何恰当整合既有判例规则形塑成文规范"[①]，多采取编入方式。我国民法典的编纂主要是采取了编入方式，"各分编主要立足于对既有民事单行部门的整合、补充和修改"[②]，即通过微调或者修订将既有的物权法、合同法、婚姻法等民法规范编入民法典。由于我国行政法的广泛性和多元性，将既有行政法规范编入行政基本法典的工作量要大于民法典，因此编入方式在行政基本法典编纂中有较大的运用空间。

编入方式主要涉及以下行政法规范：在行政组织法方面，《国务院组织法》制定于1982年，内容十分简略，已不能适应当下复杂的行政实践需要，需要通过全面修订的方式编入法典；《国务院行政机构设置和编制管理条例》和《地方各级人民政府机构设置和编制管理条例》是行政法规，需要通过升级为法律的方式编入法典。在行政行为法方面，《行政处罚法》[③] 和《行政强制法》是针对各具体行政行为制定的实体法和程序法

---

① 陈天昊：《法国行政法的法典化：起源、探索与借鉴》，载《比较法研究》2021年第5期。
② 朱广新：《民法法典化的历程与特色》，载《中国法律评论》2020年第3期。
③ 2021年《行政处罚法》的修订，回应了一些重点问题和争议问题，进一步完善了行政处罚法律制度。

合一的单行法律，比较成熟，需要通过微调的方式编入法典；近年来，"放管服"改革和行政审批制度改革取得了良好效果①，《行政许可法》已经明显滞后于实践，需要通过修订的方式编入法典。《政府信息公开条例》《行政法规制定程序条例》《规章制定程序条例》《重大行政决策程序暂行条例》等属于行政法规，需要通过升级为法律的方式编入法典。在行政监督救济法方面，2021年修正的《审计法》比较成熟，需要通过微调的方式编入法典；《行政诉讼法》"在短短四十年内经过了萌芽、建立、完善及更新四个阶段"②，比较成熟完善，不需要进行大规模的修订和升级，只需要通过微调的方式编入法典；考虑到"随着行政争议的大量增加，行政复议制度面临新的挑战"，《行政复议法》已经不能适应新的实践需求，需要通过全面修订的方式编入法典。

　　方式二是拆分。所谓拆分，是指对于混合行政法规范与其他部门法规范的既有行政立法，根据需要将属于行政法规范的部分拆分出来纳入法典。我国民法典并未采取该种方式，无论是民法通则、民法总则、继承法等整体上都属于民法规范，基本不含行政法、宪法等其他部门法规范，无须拆分。③然而实践中，相当数量的行政法规范是和其他部门法规范规定在同一部法律中的，因此，拆分方式是行政基本法典具有的比较独特的载入既有法律规范的方式。

　　拆分方式主要涉及以下行政法规范：在行政组织法方面，地方各级人民代表大会和地方各级人民政府组织法不都属于行政法规范，且线条过粗、相对简单，因此需要通过拆分的方式将地方各级人民政府组织法从地方各级人民代表大会和地方各级人民政府组织法中分离出来并加以修订完

---

① 参见马怀德：《落实〈法治政府建设实施纲要〉深化"放管服"改革》，载《中国行政管理》2021年第11期。

② 马怀德、孔祥稳：《改革开放四十年行政诉讼的成就与展望》，载《中外法学》2018年第5期。

③ 参见朱广新：《民法典编纂：民事部门法典的统一再法典化》，载《比较法研究》2018年第6期。

善，然后载入法典；公务员法混合了其他部门法规范，需要通过拆分的方式将行政法规范拆分出来载入法典。在行政行为法方面，立法法包含宪法规范和行政法规范，需要通过拆分的方式将立法法中涉及行政法规、行政规章等的立法权限和立法程序的行政法规范拆分出来载入法典。在行政监督救济法方面，国家赔偿法包含行政法规范和刑事诉讼法规范，且存在赔偿范围较小、赔偿标准偏低的问题，因此需要通过拆分的方式将行政法规范拆分出来，并通过修订的方式"扩大赔偿范围，提高赔偿标准"①，然后载入法典；预算法包含行政法规范和宪法规范，需要通过拆分的方式将行政法规范拆分出来载入法典。

第三种为补缺方式。对于目前尚无单行行政立法、存在立法空白的领域，基于现实需要和行政法律体系完整性的考虑，必须制定新的行政法规范并载入法典。补缺方式并非意味着此前没有任何立法基础，而是没有相应的比较成熟的单行立法。民法典出台之前，我国并无有关民事人格权的单行立法，因此民法典采取了补缺的方式，制定了新的人格权编并载入民法典。② 相比于编入方式和拆分方式，补缺方式需要制定新的法律，工作量和难度稍大。而且与民法典相比，行政法中存在较多的立法空白和漏洞，因此补缺方式在行政基本法典编纂中有较大的运用空间。

补缺方式主要涉及以下行政法规范：在行政法一般规定方面，目前尚无单行立法，从"法典化的现实需求"③ 来看，需要通过补缺的方式制定行政法总则作为行政基本法典的总则编。在行政组织法方面，十三届全国人大常委会已将"机关运行和行政事业性国有资产管理方面的立法项目"列入立法规划，需要通过补缺的方式加快机关运行保障立法并载入行政基

---

① 马怀德、孔祥稳：《我国国家赔偿制度的发展历程、现状与未来》，载《北京行政学院学报》2018 年第 6 期。

② 参见王利明：《民法典人格权编草案的亮点及完善》，载《中国法律评论》2019 年第 1 期。

③ 马怀德：《迈向"规划"时代的法治中国建设》，载《中国法学》2021 年第 3 期。

本法典。在行政行为法方面，政府数据开放与政府信息公开"在制度形成基础和制度目标上的区别"，决定了政府数据开放不能"融入现有的政府信息公开法律框架"①，因此需要通过补缺的方式制定政府数据开放法并载入法典。在行政监督救济法方面，为实现责任的法定化，构建起一套完善的权力监督与制约机制，需要通过补缺的方式制定政府绩效评价法和政务问责法并载入行政基本法典。

（三）行政基本法典与宪法的关系

无论"当作是具体化宪法的行政法"，还是"宪法消逝、行政法长存"，抑或"行政法与宪法的统一功能"②，都是对宪法与行政法密切联系的描述。宪法是国家的根本大法，行政法是宪法之下的部门法。行政法必须受宪法约束，恪守宪法的原理和具体制度。我国《宪法》第5条第3款规定："一切法律、行政法规和地方性法规都不得同宪法相抵触。"宪法的原则规定需要行政法予以落实。正因如此，《国务院组织法》《行政处罚法》《行政诉讼法》等均明确规定，根据宪法，制定本法。③ 从另一角度看，没有行政法，宪法也难以完全付诸实施。"行政法与宪法作为公法具有性质上的同一性"④，其功能均在于通过法律对公权力的控制，实现保护公民权益、增进公共利益的价值目标。

行政基本法典作为一般行政法的法典，是行政法的集大成者，对于贯彻实施宪法、实现宪法目标具有以下四方面的重要功能。

---

① 宋烁：《政府数据开放宜采取不同于信息公开的立法进路》，载《法学》2021年第1期。
② 陈新民：《公法学札记》，中国政法大学出版社2001年版，第4-14页。
③ 《国务院组织法》第1条规定："根据中华人民共和国宪法有关国务院的规定，制定本组织法。"《行政处罚法》第1条规定："为了规范行政处罚的设定和实施……根据宪法，制定本法。"《行政诉讼法》第1条规定："为保证人民法院公正、及时审理行政案件……根据宪法，制定本法。"
④ 赵娟：《论行政法的宪政基础——对行政法与宪法之间关系的再认识》，载《中国法学》2005年第2期。

首先，充实坚持和加强中国共产党全面领导的内容。中国共产党是执政党，是国家最高政治领导力量。一切行政机关都必须接受和拥护党的领导。《宪法》第 1 条第 2 款规定，"中国共产党领导是中国特色社会主义最本质的特征"。过去，行政法仅仅在公务员法等法律中规定了党的领导，缺乏总体性规定。编纂行政基本法典，全面、总体性地规定坚持和加强党的领导，有利于强化行政机关及其工作人员党的领导意识，把党的领导落实到行政活动的全过程和各方面，确保各级行政机关及其工作人员始终沿着正确的政治方向前进。

其次，推进依法治国、建设法治国家。《宪法》第 5 条第 1 款规定："中华人民共和国实行依法治国，建设社会主义法治国家。"党的十八届四中全会提出，全面推进依法治国的总目标是建设中国特色社会主义法治体系，建设社会主义法治国家。[1] 建设中国特色社会主义法治体系，最重要的任务是形成完备的法律规范体系。[2] 编纂行政基本法典，有利于填补立法漏洞、促进法制统一、降低立法成本，推动形成完备的行政法律规范体系，为建设社会主义法治国家奠定坚实基础。

再次，推进全过程人民民主，捍卫公民基本权利。《宪法》第二章规定了公民基本权利，于第 33 条第 3 款规定："国家尊重和保障人权。"建设法治国家，根本目的是依法保障人民权益。通过行政基本法典确认和保护行政法权利，是对宪法基本权利保护的具体化，能够推动公民宪法基本权利的保障和落实。从过程上看，行政基本法典能够把保护公民权益落实到行政活动全过程，有利于实现全过程人民民主。

最后，推进国家治理体系和治理能力现代化，建设社会主义现代化强

---

[1] 参见《中共中央关于全面推进依法治国若干重大问题的决定》，2014 年 10 月 23 日中国共产党第十八届中央委员会第四次全体会议通过。
[2] 参见马怀德：《坚持建设中国特色社会主义法治体系》，载《人民日报》2021 年 3 月 3 日，第 13 版。

国。《宪法》"序言"规定，把我国建设成为富强民主文明和谐美丽的社会主义现代化强国，实现中华民族伟大复兴。编纂行政基本法典，有利于完善中国特色社会主义行政体制，构建职责明确、依法行政的政府治理体系，推进国家治理体系和治理能力现代化①，建设社会主义现代化强国，实现中华民族伟大复兴。与此相同，行政基本法典必须受宪法拘束，将宪法中有关行政法的精神、原则和规则予以细化、具体化，确保宪法实施。宪法对行政基本法典内容的影响，主要体现在以下几个方面：在立法依据方面，《行政基本法典》应当在第 1 条明确规定"根据宪法，制定本法"。这不仅能够为行政基本法典编纂提供宪法依据和正当性基础，符合立法权法定原则的要求②；还能够明晰宪法与行政基本法典的关系，确保行政基本法典受宪法的拘束和控制，实现宪法与行政基本法典的有机结合，维护国家法制的统一。

在基本原则方面，行政基本法典应当将《宪法》第 1 条规定的党的领导原则③、第 33 条规定的人权保障原则、第 5 条规定的法治原则等宪法基本原则具体化为行政法中的党的领导原则、权益保障原则、依法行政原则等。

在行政法权利方面，"行政法肩负着授予、运作、规制行政权力，以实现基本权利功能保障的重要使命"④。宪法规定的公民基本权利在行政

---

① 参见《中共中央关于坚持和完善中国特色社会主义制度 推进国家治理体系和治理能力现代化若干重大问题的决定》，2019 年 10 月 31 日中国共产党第十九届中央委员会第四次全体会议通过。

② 参见叶海波：《"根据宪法，制定本法"的规范内涵》，载《法学家》2013 年第 5 期。

③ 坚持党的领导是我国现行宪法基本原则的第 1 条，坚持党的领导作为宪法的基本原则，从根本上说是由宪法确立的我国的国体所决定的。参见《宪法学》编写组：《宪法学》，高等教育出版社、人民出版社 2011 年版，第 95 页；全国坤：《党政机构统筹改革与行政法理论的发展》，载《行政法学研究》2018 年第 5 期；李策：《行政法治的新发展与行政法法典化——中国法学会行政法学研究会2021 年年会综述》，载《行政法学研究》2022 年第 3 期；蒋清华：《现行宪法中党的领导之法教义学阐释》，载《中南大学学报（社会科学版）》2019 年第 6 期；万里鹏：《"党的领导"入法：理论透视、实践考察与制度完善》，载《河南社会科学》2020 年第 10 期。

④ 郑春燕：《基本权利的功能体系与行政法治的进路》，载《法学研究》2015 年第 5 期。

法领域具体体现为公民的行政法权利，行政基本法典应细化《宪法》第二章中的公民基本权利，不仅要明确公民享有行政法上的人身权、财产权、人格权，还应当明确公民享有行政法上的生态环境权、获知信息权、劳动权、生活保障权、危难救助权、受教育权、文化发展权等社会福利权，以及平等公正公开权，程序保障权，批评、建议和举报权，投诉、控告权，申请行政裁决权，拒绝权，申请复核、复议、诉讼权等行政救济权，为公民行使行政法权利提供完整全面的法律保护。

此外，在行政组织方面，"行政组织由法律（或条例）规定的原则，是有关行政组织的最为重要的基本原则"①。行政基本法典应当明确规定行政组织法定原则，将《宪法》第三章"国家机构"中有关国务院以及地方各级人民政府组织的规定予以细化、具体化。在行政行为方面，行政基本法典应当将《宪法》第5条有关法治的精神和原则予以具体化，确保"法定职权必须为，法无授权不可为"。在行政监督救济方面，行政基本法典应当将《宪法》第三章第八节有关人民法院公开审判、依照法律规定独立行使审判权等的规定予以具体化，完善行政诉讼程序。

行政法法典化是深入贯彻落实习近平法治思想的重大举措，是基本建成法治国家、法治政府、法治社会的必然要求，对于建设社会主义现代化强国具有重大意义。能否成功编纂出具有中国特色和世界水平的行政法典，关键在于法典模式的选择和框架结构的搭建。在充分借鉴民法典编纂经验和国内外行政立法经验基础上，经过多种比选，可以说，行政基本法典不失为一种理性选择。正是基于此种选择，也就决定了法典的内容和框架体例。

---

① 杨建顺：《日本行政法通论》，中国法制出版社1998年版，第221页。

第四节 机关运行保障立法的意义、原则和任务[*]

机关运行保障涉及财政预算、公物管理、政府采购等一系列制度。推进机关运行保障立法有利于落实全面依法治国战略，实现机关运行保障法治化；有利于推进国家治理现代化进程，实现机关运行保障的现代化；有利于助推全面从严治党向纵深发展，实现机关运行保障规范化；有利于完善中国特色社会主义法治体系，推进国有财产法律规则的澄清。机关运行保障应当坚持依法行政、精简效能、厉行节约、公开透明等基本原则，妥善设定立法调整范围，明确机关运行保障工作的管理体制，重点规范机关运行保障中行政公物的设置与利用，完善机关运行保障社会化供给的相关制度安排，确立机关运行保障的监督机制。

2018年2月，党的十九届三中全会审议通过了《中共中央关于深化党和国家机构改革的决定》和《深化党和国家机构改革方案》，开启了我国自改革开放以来规模最大、范围最广、利益调整最深刻的一次机构改革。2019年7月，习近平总书记在深化党和国家机构改革总结会议上指出，十九届三中全会部署的改革任务总体完成，取得一系列重要理论成果、制度成果、实践成果。[①] 在改革任务总体完成的情况下，如何保障改革后的机构正常运转、充分发挥功能成为一项重要任务。值得注意的是，在本次党和国家机构改革中，新组建的退役军人事务部、国家医疗保障局、国家国际发展合作署等部门没有设立单独的机关事务管理机构，而是由国家机关事务管理局按照统一项目、统一标准、经费归口、资源共享的

---

[*] 原载于《中国法学》2020年第1期，第26-48页。本书出版时根据实际情况，对正文内容作了文字调整。

[①] 参见习近平：《巩固党和国家机构改革成果推进国家治理体系和治理能力现代化》，载《人民日报》2019年7月6日，第1版。

原则，统一提供包括办公用房维护、物业管理、公务用车服务、办公设备配备等 4 大类 16 个事项的服务。这意味着本次机构改革在优化国家机构组织设置和组织形态的同时，也在尝试探索新的国家机关运行保障体制。机关运行保障工作随着国家机关的产生而产生，在发展过程中逐渐与国家机关的对外政务工作分离，成为一门单独且重要的工作。保障机关的正常运行，是确保各级国家机关能够充分履行公共职能、服务于党和国家中心工作、实现党和国家战略目标的必要前提。十三届全国人大常委会已将"机关运行和行政事业性国有资产管理方面的立法项目"列入立法规划，对机关运行保障立法展开研究具有重要意义。下文拟从机关运行保障工作的法律界定入手，引入内部行政法和公物法的研究视角，对机关运行保障立法的意义、应当遵循的基本原则以及立法应当关注的重点问题展开分析，旨在为机关运行保障立法提供参考。

一、机关运行保障的概念与性质

（一）机关运行保障的概念界定

由于"机关运行保障"并非严格意义上的法律概念，故应先从法学角度对其进行界定。从词源上说，"机关"一词是从工程学领域借用的概念，原意指控制机械运行的部分，在机械设备中承担着启动和制动等关键性功能。借用到行政管理学中后，一般指行政组织为实现其职能而建立的固定机构。① 从我国制定法来看，"机关"这一概念在组织层面和功能层面有着不同的内涵与外延，形成了两种规范解释路径。首先，在组织层面，

---

① 参见中国社会科学院语言研究所词典编辑室编：《现代汉语词典》（第 6 版），商务印书馆 2012 年版，第 596 页。

"机关"通常与一项或多项国家权力联系，用来界定在法律上具有独立人格的公法组织，如我国《宪法》第3条第3款所规定的"国家行政机关、监察机关、审判机关、检察机关都由人民代表大会产生，对它负责，受它监督"，第4条第3款规定的"各少数民族聚居的地方实行区域自治，设立自治机关，行使自治权"。上述条文中的"行政机关""监察机关""自治机关"等均代指具有国家职权、行使公权力的公共机构或组织。由于《宪法》仅在"序言"中明确了政治协商制度的宪制意义，而未在正文部分赋予政治协商会议以规范意义上的国家权力，所以政协各级委员会在法规范中并不以"政协机关"的身份与形式与"行政机关""监察机关"等并列。

其次，在功能层面，"机关"一词还可以用来描述供某一组织的工作人员处理日常工作的功能性载体，这也是我国制定法中使用"机关"概念的另一个重要语义环境。例如，《监察法》第15条对监察对象进行了列举式规定，其中第1项为："中国共产党机关、人民代表大会及其常务委员会机关、人民政府、监察委员会、人民法院、人民检察院、中国人民政治协商会议各级委员会机关、民主党派机关和工商业联合会机关的公务员。"该条款在对政府、监察委员会等组织进行列举时，未采用"行政机关""监察机关"这一表达方式，即未在上述第一种意义上使用"机关"一词，而是直接使用了该机关的名称。[①] 同时，该条款在涉及中国共产党和民主党派等政党组织、政协各级委员会、工商联等群团组织的日常工作载体时使用了"机关"这一概念。此处的"机关"即是用来表示相关组织运行过程中履行具体职能、开展具体工作的一个功能性载体。从物理外观上看，这一意义上的"机关"可能主要体现为固定的办公场所、办公楼宇。但在

---

① 通常看来，"人民政府"和"行政机关"、"监察委员会"和"监察机关"虽然代指的是同一组织，但前者是该组织的具体名称，后者则偏重对组织性质的界定。

法律意义上，"机关"实际上是组织机构日常运行工作的具体载体，是该组织机构在事实层面进行活动的依托，而这种活动本身可能超出作为物理外观的机关大楼，如执法人员驾驶公务用车外出执法。《机关事务管理条例》第2条中的"各级人民政府及其部门的机关事务管理活动适用本条例"也采取了这一定义。

值得注意的是，我国实证法中"机关"的上述两种含义与大陆法系国家或地区中的"机关"概念均有所区别。德国等大陆法系的"机关"（Organ）主要是指法人内部的单位和组织。[1] 国家作为最大的公法人，通过设立行政机关来完成行政任务，但行政机关并不具有法律上的独立人格，其行为可视为国家法人的行为，法律效果归属于国家，此即所谓的"机关人格否定说"。这显然与我国法律规范中的"行政机关"作为最主要的行政主体，具有独立职权并能独立承担责任有着本质区别。之所以存在上述差别，其中一个原因在于我国出于构建行政诉讼制度的需要，长期将行政主体等同于行政诉讼主体，偏离了大陆法系行政法学上对于行政主体的界定，同时对"法人"的理解多集中在私法层面，未系统引入和建构大陆法系行政法学上"公法人"的概念。[2] 其结果是《民法通则》第50条第1款赋予了有独立经费的机关以法人身份，形成了"机关法人"这一概念。《民法总则》起草过程中基本沿用了这一思路，将机关法人规定为营利法人和非营利法人之外的一类特别法人，而未采用公法人和私法人的划分方式。[3]

---

① 参见陈新民：《中国行政法学原理》，中国政法大学出版社2002年版，第92页。我国的内部组织则通常采用"机构"一词予以概括，相关讨论参见潘波：《说说"机关"和"机构"》，载《秘书工作》2019年第5期。

② 参见葛云松：《法人与行政主体理论的再探讨——以公法人概念为重点》，载《中国法学》2007年第3期。

③ 参见张新宝：《从〈民法通则〉到〈民法总则〉：基于功能主义的法人分类》，载《比较法研究》2017年第4期。

在对"机关"概念进行上述界定后可以得出，下文所讨论的机关运行保障立法中的"机关"集中于第二种规范解释的路径上。机关运行保障立法的重点应当聚焦于如何保障作为组织载体的机关正常运行和功能发挥上，而非保障各类行使公权力的国家组织功能之发挥，后者的任务应当由《宪法》及宪法相关法通过授予权力、明确组织关系来完成。具体来说，机关运行保障需要统筹安排并优化配置机关运行所需的经费、资产、服务等要素，从而为机关高效有序运行提供物之保障。尽管从广义上看，保障机关正常运行还需要有适当的机关工作人员，因为组织的运作毫无疑问必须依由具体的人来展开，但从行政组织法体系化的角度出发，机关工作人员的相关内容应当交由公务员法相关规范来集中调整。即按照大陆法系国家的理论，机关运行保障主要属于作为行政"物之手段"的公物利用问题，而机关运行中的人员则由作为行政"人之手段"的公务员法调整。

由于我国机关工作中长期使用"机关事务管理"这一概念，故此处需要对机关运行保障和机关事务管理的关系进行明确。机关事务是对机关除履行公共职能而开展的政务活动之外的内部活动的统称，在2012年国务院颁布《机关事务管理条例》后转化为一个法定概念。按照国务院相关主管部门的解释，该条例所调整的机关事务是指"对保障机关正常运行所需经费、资产和服务等的管理事项以及有关服务事项"，机关事务管理则是指"对机关事务进行的计划、组织、协调、控制等行政活动"，具体可能包括财务经费、办公用房、机关用地、公务用车、综合事务等管理和政府采购、节约能源资源、后勤服务等事项。[1] 从上述内涵来看，机关事务管

① 参见国务院机关事务管理局、国务院法制办公室编著：《机关事务管理条例释义》，中国法制出版社2012年版，第24页。

理与机关运行保障所调整的范围存在重合，都涉及经费、资产、服务等要素，但二者的侧重点有所不同。机关事务管理侧重于主管部门对上述要素所涉事务的管理与控制，其落脚点是内部管理规则；而机关运行保障则侧重于对上述要素的统筹和安排，其落脚点是机关功能的正常有序发挥。当然，二者在机关工作中也呈现出一体两面和相互影响的关系：通过优化机关事务的管理，可实现对机关运行的有序保障；明确了机关运行保障的要求，也可为机关事务管理设定基本准则和目标。此外，机关工作中还长期使用"机关后勤服务"的概念，从概念来看，"后勤"一词更倾向于服务保障，其中，对于机关运行的服务保障自然属于机关运行保障调整范畴，如大型会议的会务组织等。但对于公职人员的生活性保障则不应当纳入机关运行保障范畴。事实上，在1993年颁布的《国务院各部门后勤机构改革实施意见》中，已经明确提出机关行政管理职能和服务职能要分开。①可以看出，从推进机关运行保障的公共性、全面性出发，将机关运行保障工作简单化为"后勤服务"并不适宜。

(二) 机关运行保障的法律性质界定

机关运行是一种受法拘束的活动。其中对于资金的安排与使用受到预算法的拘束，对于资产和相关服务的保障则主要受到公物法的调整。

"公物"是大陆法系国家或地区公法学体系中的重要概念，被视为是达成行政目的的物之手段，与作为人之手段的公务员相对应。因为其主要服务于公共目的，与私人物的使用有着本质差别，故对其法律地位的认识不能仅从私法角度展开，而必须作为行政法上的一项专门制度予以设

---

① 参见《国务院各部门后勤机构改革实施意见》(中编办〔1993〕33号)。

定。① 这一区分在罗马法上已有所体现②，近代以来，德国建立了较为系统的公物法体系，用以维护公物的状态和可用性。公物受到公法通过命名所确定的目的约束，同时也受到公产支配权的限制。1931 年符腾堡州的《行政法》还曾尝试过为公物确立统一和完整的规则，但该法案最终没能付诸实施。③ 法国行政法上与之相近的概念是"公产"，王名扬教授曾提出，"法国法律把行政主体的财产分为公产（domainepublic）和私产（domaineprivé），公产原则上受到行政法的支配和行政法院管辖，私产则受私法支配由普通法院管辖"④。日本在明治宪法时期承袭了德国法上的公物概念，尽管并未制定统一的公物法典，但通过概括和整理围绕公物而形成的法现象，形成了公物法的一般理论。⑤

对于"公物"这个庞大且混杂的属概念而言，可按照利用人的身份差异将其分为行政用公物（行政公物）和公众用公物（公用公物）。前者主要由公权力主体使用，作为其完成公共任务、达成公共目的的物之手段；后者则直接面向社会公众，供社会公众使用。日本法上分别将二者称为"公用物"和"公共用物"⑥。行政公物与公用公物二者均直接服务于公共

---

① 参见［德］汉斯·J. 沃尔夫、奥托·巴霍夫、罗尔夫·施托贝尔：《行政法》（第 2 卷），高家伟译，商务印书馆 2002 年版，第 456 页。

② 罗马法将不能作为私人所有权客体的公共物称为非财产物或不可有物，不可有物又包括了三类供公众使用的物，其一是共用物，即供任何人享用的物，如空气、海洋、海岸等；其二是公有物，指罗马市民享有的物，如公共土地、牧场、公路等；其三是公法人物，主要指供本市的人共同享用的市府财产，如罗马的斗兽场、剧场等。进行这一区分的意义在于适用不同的物之规则，例如在权利人的公物利用权受到侵害时，并不给与其物权法上的救济，而是以人格权侵权提供保护。参见周枏：《罗马法原论》（上册），商务印书馆 1994 年版，第 301 - 303 页。

③ 参见［德］汉斯·J. 沃尔夫、奥托·巴霍夫、罗尔夫·施托贝尔：《行政法》（第 2 卷），高家伟译，商务印书馆 2002 年版，第 455 - 456 页。

④ 王名扬：《法国行政法》，北京大学出版社 2016 年版，第 235 页。

⑤ 参见［日］盐野宏：《行政组织法》，杨建顺译，北京大学出版社 2008 年版，第 237 页。

⑥ 公用物是指直接提供于国家政府机关和地方公共团体政府机关使用的物，各级政府的建筑物及其占地均属于公用物。公共用物则是提供于公众使用的物，例如道路、河川、海洋等。参见［日］盐野宏：《行政组织法》，杨建顺译，北京大学出版社 2008 年版，第 246 页。

利益，实现公共目的，但行政公物是通过满足国家机关的利用需要而服务于公权力的运行，从而实现公共目的，公用公物则是直接满足公众的需求，从而实现公共目的。

具体到下文所关注的问题上，可发现机关运行保障中的大部分活动在性质上均属于行政公物的设定与利用问题，如机关办公用房的配置、公务用车和办公设备的购买使用与维护等。按照日本学者的观点，可以将广义的行政组织法看作所有有关行政手段的法，其中以行政主体的组织存在方式为考察对象的是狭义行政组织法，以人的手段为考察对象的是公务员法，以物的手段为考察对象的是公物法。[1] 也即行政组织法系统之下应当包含狭义行政组织结构法、公务员法、公物法三个子系统，分别规范行政组织结构、公务员和公物。[2] 行政公物的设立和利用并非对外作出，较少产生直接的外部性，难以被归入传统的行政行为框架中，可认为其属于行政组织法层面的行政活动，也有人将其称为与行政行为法中的行政行为相对应的行政组织法上的行政行为。总体而言，机关运行保障活动应当要接受预算法、行政组织法尤其是公物法规则的调整，其相较于行政行为而言受法拘束的程度较低，行政自治和裁量空间更大，但绝非不受法之拘束。

二、机关运行保障立法的重要意义

（一）落实全面依法治国战略，实现机关运行保障法治化

改革开放后，我国历经多次机关后勤和机关事务管理体制改革，但均

---

[1] 参见［日］盐野宏：《行政组织法》，杨建顺译，北京大学出版社2008年版，第2页。

[2] 也有观点认为公物法与社会法（社会保障、社会救助、社会福利）、资助法（补贴）共同构成了给付行政的三驾马车。参见［日］大桥洋一：《行政法学的结构性变革》，吕艳滨译，中国人民大学出版社2008年版，第192页。

属于行政系统内部的自我调整，相关要求散见于各类规范中，尚未形成高位阶的立法作业。例如，2008 年国务院根据《节约能源法》中公共机构节能的相关规定发布了《公共机构节能条例》，旨在提高公共机构的能源利用效率，发挥节能表率作用。2011 年中办、国办印发了《党政机关公务用车配备使用管理办法》，对公务用车的配备使用管理进行了规定。2012 年国务院颁布了《机关事务管理条例》，该条例是我国首部专门规范机关事务的行政法规，对机关事务工作的改进起到了重要作用。但就机关运行所需要的法律支撑而言，该条例仍有一定局限：一是在立法位阶上仅属于行政法规，无法与《预算法》《节约能源法》《政府采购法》等法律形成良好衔接，在实践中甚至还可能受制于其他相对强势部门所颁布的规章，实施效果不够理想[1]；二是在效力范围上，仅能直接适用于国务院所管理的行政系统，即各级政府及其部门的机关事务，尽管上述条例第 34 条规定了其他国家机关和人民团体的机关事务管理活动参照该条例执行，但"参照适用"意味着并非条例的所有规范都具有直接拘束力，且"其他国家机关和人民团体"概念的范围并不足够周延，无法涵盖民主党派机关、各级政协委员会机关等；三是该条例在规范性质上偏重于行政系统内部的管理性规范，带有一定的"行政自律"性质，条例虽然在降低成本、提倡节约、推进信息公开、社会化改革等方面作出一些探索，但更加偏重于构建机关事务的内部管理规则，如定额与标准的制定、预算的编制与管理等，未从更宏观和系统的角度对机关运行保障设定规则。

党的十八大后，以"八项规定"的发布为起点，一批约束公务支出的规范陆续公布，对规范机关运行起到了重要作用。2013 年 11 月，中共中央、国务院颁布《党政机关厉行节约反对浪费条例》，对党政机关经费管

---

① 参见衡霞：《地方机关事务管理职能法定化困境及成因研究》，载《中国行政管理》2019 年第3 期，第 20 页。

理、国内差旅、因公临时出国出境、公务接待、公务用车、会议活动、办公用房等事项进行全面规范，这是中央首次以综合性党内法规的形式体现"厉行节约""反对浪费"的优良传统，也是对"反四风"成果进行制度固定的重要举措。2013 年 12 月，中办、国办印发《党政机关国内公务接待管理规定》，对国内公务接待进行了系统规范。2017 年 12 月，中办、国办印发了《党政机关办公用房管理办法》和《党政机关公务用车管理办法》①，对办公用房和公务用车这两个机关运行中的重点事项进行了进一步规定。以上述规范为依据，全国大多数省（区、市）陆续出台了国内公务接待、办公用房、公务用车等方面的配套措施，相应的制度体系已经基本建立起来。

全面推进依法治国，是解决党和国家事业发展面临的一系列重大问题，解放和增强社会活力、促进社会公平正义、维护社会和谐稳定、确保党和国家长治久安的根本要求。② 习近平同志强调，要加强党对全面依法治国的集中统一领导，坚持以全面依法治国新理念新思想新战略为指导，坚定不移走中国特色社会主义法治道路，更好发挥法治固根本、稳预期、利长远的保障作用。③ 在机关运行改革已经取得一定进展、各类规范收到一定效果的背景下，筹划对机关运行进行系统立法，对于推进机关运行法治化，落实全面依法治国战略部署具有重要意义：一是能够系统总结、提炼、吸收中央和地方机关在机关运行保障中所积累的法治经验，探索建立既具有现代化特点，又符合我国国情的机关运行保障制度；二是能够对党

---

① 2011 年 1 月 6 日中共中央办公厅、国务院办公厅印发的《党政机关公务用车配备使用管理办法》同时废止。

② 参见中共中央宣传部编：《习近平新时代中国特色社会主义思想学习纲要》，学习出版社、人民出版社 2019 年版，第 97 页。

③ 参见《习近平主持召开中央全面依法治国委员会第一次会议强调：加强党对全面依法治国的集中统一领导 更好发挥法治固根本稳预期利长远的保障作用》，载《人民日报》2018 年 8 月 25 日，第 1 版。

的十八大以来机关运行方面的改革成果予以固化，为机关运行提供法治化的保障；三是将相关行政法规、党内法规、规范性文件的要求以国家法律的形式体现，扩大规范的适用范围，统筹解决机关运行中规范整体性不强、位阶偏低、内容分散、效力不足等问题，提升机关运行立法的系统性和有效性。

（二）推进国家治理现代化进程，实现机关运行保障的现代化

国家机关是国家行使权力的关键所在，保障其良好运行是国家进行有效治理的基本前提。因此，机关的正常运行在古今中外莫不得到高度重视。但受物质条件充沛与否和政治文明现代化程度的影响，不同时期的机关运行保障在侧重点上有所区别。在我国古代，保障国家机关正常运行的资源和物质有着重大的象征意义，其在机关功能和公共事务层面的保障并不突出，而主要是通过差别化的待遇来凸显官员身份等级上的差异。历朝历代对于不同级别官员的服装、官署、住宅、舆马、仪仗、随员都有着差异极大的规定，违者可能要因"逾制"而承担严重的法律责任。① 这与古代的政治文化有着紧密联系，尤其是以儒家文化中的礼制为代表的制度规则，包含着众多的身份等级象征。近现代以来，在一般国家机关中，机关运行物之保障中的身份象征意义减弱，在保障资源的分配上从侧重于人的身份象征逐渐转向对机关功能的保障。

机关运行保障是中国共产党在长期的革命、战斗和建设中的一项重要工作，其所形成的宝贵经验为当前机关运行规则的建立奠定了文化和制度基础，机关运行保障所依凭的条件和制度也与时俱进不断更新。在延安时期（1935 年 10 月到 1948 年 3 月）的特殊战争条件下，机关工作紧紧围绕

---

① 参见瞿同祖：《中国法律与中国社会》，中华书局 2003 年版，第 152-181 页。

党的中心任务展开，具有战时特征。在管理体制上，为保障效率，中央后勤保障系统与军委后勤保障系统有着紧密联系，有时甚至合二为一。[1] 在机关运行保障的具体事务上，由于斗争情况较为复杂，陕甘宁边区经济基础又较为薄弱，经费和物资来源不够稳定，机关事务工作的重点主要是组织生产、紧缩开支、厉行节约、保障供给，在财政经济和物资的整体配置上还必须充分预计到战时情况，自力更生、艰苦奋斗的精神正是这一时期形成的。[2] 在新中国成立初期，由于新设立了大量国家机关，社会生产力水平较低，加之政治经济体制较为集中，如何满足机关工作人员的生活需求成为重要问题，故这一时期的保障兼顾了机关自身运行与机关工作人员的生活服务两个重点，机关事务工作与政务工作呈现一体化的局面。改革开放后，随着市场经济体制的逐步建立，机关事务领域的改革也随之展开[3]，其主要方向是改革高度集中的计划经济体制环境中形成的供给制、福利性、封闭式、全面性的运行方式，强调机关事务管理的科学化和后勤服务的社会化。经过历次调整，机关事务中生活性服务比重逐步降低，对机关运行提供规范性保障服务的比重逐步上升。[4] 从上述历史梳理中可以看出，机关运行保障工作随着时代发展而不断变迁。当党和国家的中心任务、国家机构的组织样态发生变化时，机关运行保障工作的体制、工作重点也发生相应调整，从而实现二者的动态契合。与我国国家机构建设的现

---

[1] 如为了适应解放战争的需要，中央军委在 1945 年 10 月 24 日发布通令，决定将中央管理局归属中央军委建制，改称中央军委后勤部供给部，承担军委机关和中央机关的后勤保障功能。

[2] 参见陕西省机关事务服务中心课题组：《延安时期党的机关事务管理工作（一）》，载《中国机关后勤》2019 年第 3 期。

[3] 1983 年中央书记处第 70 次会议提出了后勤服务社会化的目标和方法；1989 年《关于中央国家机关后勤体制改革的意见》（国机中编〔1989〕7 号）发布；1993 年《国务院各部门后勤机构改革实施后意见》（中编办〔1993〕33 号）发布；1998 年《关于深化国务院各部门机关后勤体制改革的意见》（国办发〔1998〕147 号）发布。

[4] 参见全国机关事务管理研究会：《机关事务管理改革创新发展 40 年不平凡之路》，载《中国机关后勤》2018 年第 10 期，第 11 页。

代化路径相契合，机关运行保障的逻辑同样遵循日趋现代化的发展趋势：其一，机关运行保障的重点从对公职人员生产生活的全面保障，转向更加单纯的机关功能保障，保障措施的福利属性降低、公共属性增加，属人性降低、属事性增加；其二，从以配额、定额为主的封闭供给制，逐渐转向相对开放的社会化、市场化路径，资源配置的效率进一步提高；其三，从原则性的指导意见到党的十八大后密集出台的党内规范，制度的刚性约束逐渐增强；其四，在改革路径上，以国务院等中央机关为先导，逐渐推进由中央到地方的机关运行保障改革。

党的十九大宣告："中国特色社会主义进入了新时代。"伴随着这一全新的历史方位，改革开放以来最深入的一次机构改革迅速推开并取得成效。2018年机构改革始终以"坚持优化协同高效"作为改革的指导原则，在权力配置上秉承了功能主义的思路，旨在探索形成能够有效提高国家效能和提升治理能力的适宜组织形式①，推进国家治理体系与治理能力的现代化。如同历次国务院机构改革后机关后勤管理模式的适当调整一样，在机构改革任务总体完成的情况下，机关运行保障工作同样需要从体制、机制、具体路径等方面进一步更新，以适应国家治理现代化的需求。例如，对于新组建设立的国家机构，涉及如何及时、充分提供办公场所、办公物资与设备，保障相应机构工作的有序开展；对于部分合署办公、合并设立的机构而言，涉及公共资源的优化整合、办公场所与办公区域的布局分配方式等问题；对于不再设立、不再保留的机构，则涉及闲置公共资源的调配管理问题。上述问题与国家机关履行职能有着紧密联系，是推进国家治理体系与治理能力现代化的重要一环。机关运行保障立法应当在改革所确立的宏观思路下，确保机关运行保障工作有利于发挥机关功能，实现机关

① 参见张翔：《我国国家权力配置原则的功能主义解释》，载《中外法学》2018年第2期。

运行保障体制机制整体优化。

（三）助推全面从严治党向纵深发展，实现机关运行保障规范化

对机关运行提供物之保障，主要集中在经费、资产和服务三个领域。这些领域是公共资源配置和利用的核心环节，所涉资源总量大，存在较高的廉政风险，既是贯彻全面从严治党的重点环节，也是新闻媒体和社会公众高度关注的热点领域。从历史来看，在公共经费和公共资产的使用上，部分国家机关及其工作人员曾经存在着管理使用不规范、公权私用等现象。一方面，部分公职人员法律意识淡薄，认为违规使用机关运行经费、违规占用办公用房、公车私用等行为仅仅属于"占公家便宜"，与贪污、受贿等刑事犯罪有着本质区别，从而存有侥幸心理。其背后所隐藏的是公共权力私有化现象下的公共资源私有化乱象。这一问题在公务用车管理中尤为突出，多发频发的公车私用、公车专用、公车滥用、违规配车、超标配车等行为不仅直接挑战了公共资源管理的有效性，也挫伤了党政机关的公信力。[1] 另一方面，既有规则的约束不够细致，规范性不强，制度弹性大，导致诸多具体场景下的行为违规与否难以界定，也在一定程度上导致了公共资源私用、滥用情况的频发。曾经引发舆论热议的某官员称"公车私用不违法"既反映出部分公职人员缺乏公共意识，也在另一个侧面反映出确实存在制度供给不足、行为规范欠缺的情况。[2] 此外，机关运行领域缺乏明确的规则和相对统一的要求，导致各机关之间存在相互攀比等情况。尤其是我国行政组织体系中，各机关各部门在实际地位和所掌握资源上存在"强""弱"之别，导致机关运行保障的公平性受到影响，这也是

---

① 参见姜刚：《管住公车私用背后的权力》，载《新华每日电讯》2013 年 3 月 25 日，第 7 版。
② 参见毛建国：《"公车私用不违法"是另类提醒》，载《新华每日电讯》2014 年 1 月 23 日，第 3 版。

机关事务管理中常被提及的"苦乐不均"问题。以机关运行保障立法为契机，从源头入手，通过设定统一、合理的规则来规范机关运行保障工作，能够有效压缩资源分配中的裁量空间，从而减少公共资源利用的随意性，实现机关运行的规范化。

"厉行节约、反对浪费"向来是中国共产党的优良传统，体现了中国共产党时刻与群众保持血肉联系的优良作风。在中国共产党领导通过政治领导、思想领导、组织领导等形式领导国家建设的过程中，这一良好基因也被注入各级国家机关中，成为开展公共事务的一项基本遵循。党的十八大以来，以习近平同志为核心的党中央紧抓作风建设，以制定落实"八项规定"作为切入口，着力解决"四风"问题，取得了重大成效。《党政机关厉行节约反对浪费条例》《党政机关国内公务接待管理规定》《党政机关公务用车管理办法》《党政机关办公用房管理办法》等一系列规范正是在这一宏观背景下颁布的。习近平同志多次强调，推进全面从严治党，既要解决思想问题，也要解决制度问题。① 推进机关运行保障立法，以国家立法的形式系统总结提炼和固化党的十八大以来机关运行保障领域的有效经验和制度成果，将"厉行节约、反对浪费"的政治要求规范化和法律化，有利于巩固改革所取得的成效、防止不正之风反弹、从深层次解决问题，有利于持续推进落实中央"八项规定"及其实施细则精神，助推全面从严治党向纵深发展。

（四）完善中国特色社会主义法治体系，推进国有财产法律规则的澄清

我国《宪法》第 9 条第 1 款规定了矿藏、水流、森林等自然资源的国家所有，第 10 条第 1 款规定了城市的土地属于国家所有，第 16 条规定了

---

① 参见中共中央宣传部编：《习近平新时代中国特色社会主义思想学习纲要》，学习出版社、人民出版社 2019 年版，第 237 页。

国有企业的经营自主权。显然，《宪法》对国有财产的列举属于不完全列举，在上述三个国有财产条款之外，还存在大量的国有财产。但由于国有财产领域一直缺乏系统性立法，因而国有财产的范围、权属、权能等均不清晰。目前，对国有财产规定相对丰富的是《民法典》物权编。其中值得注意的是，《民法典》第 255 条和第 256 条规定的国家机关和事业单位对其直接支配的不动产和动产，虽然也位于第五章"国有所有权和集体所有权、私人所有权"中，且明显属于"国有所有权"部分的内容，但立法却并未直接明确上述财产的权属，而仅对控制财产的主体设定了行为上的规范。从立法原意来看，法条虽然没有作出直接界定，但上述财产的性质同样应属于国有财产，只是实践中由不同国家机关分别支配。① 然而，尽管可以从立法背景中解释出上述财产的国家所有性质，但《民法典》中侧重明确权属而淡化权能的规定却无法满足国有财产的复杂特性。② 例如，上述两个条文未对行政公物与财政财产进行区分，可能导致行为规则的混乱。所谓财政财产，是指由公共机关直接掌握的经营性资产，也常被称为"行政私产"，以强调其有别于"行政公产"而主要适用私法规范的地位。③ 公物与财政财产的区分体现在两个方面，其一，无论是行政公物还是公用公物，均直接服务于公共利益，但财政财产是通过经营后的增值和

---

① "物权法草案依据宪法和有关法律，明确规定国有财产包括：属于国家所有的自然资源，属于国家所有的基础设施，国家机关和国家举办的事业单位的财产，等等"。王兆国：《关于〈中华人民共和国物权法（草案）〉的说明》（2007 年 3 月 8 日在第十届全国人民代表大会第五次会议上）。

② 参见江必新、梁凤云：《物权法中的若干行政法问题》，载《中国法学》2007 年第 3 期。

③ 但即便行政私产进入私法交易中，其公共本质也依然存在：其一，其管理者所行使的并非完整的物权权能，而要受到一些公法规范的限制，也即国家并非以与其他私主体相同的身份而享有完全私法意义上的物权。其二，其权属的国有（公共）性未变。所以采用"行政私产"的概念似乎并不妥当。正如康德以土地为例所论述的"最高所有者不应该拥有任何私人产业，无论是为他私人使用或是供应他的朝廷使用。因为，如果他有私人产业的话，他占有多少就全凭他的高兴了，这么一来，该国就会出现危险，因为所有的土地都被拿到政府的手中，所有臣民都将被当做土地的奴隶来对待"。［德］康德：《法的形而上学原理——权利的科学》，沈叔平译，林荣远校，商务印书馆 1991 年版，第 154 页。

收益来充实财政，间接实现公共利益。其二，从适用规范上看，财政财产在进行经营性活动时，尽管也需要遵守特定的公法规则，但主要适用私法规范。尤其是我国对"竞争中立"原则的引入，进一步彰显出国家对经营性资产的权能更加接近私权。因此，无论是从公共性还是从法律适用上都应当将二者区分开。① 但从《民法典》第 255 条"直接支配的不动产和动产"的语词表达出发，很难区分该条文所意欲规范的是行政公物还是财政财产，抑或二者皆涵盖之。

这一问题本质上是国家所有权的权能问题。事实上，除了国有财产的范围，学界对国有财产所有权的性质与具体权能也存在着分歧。近年来，学界围绕《宪法》中自然资源和土地的"国家所有"规范展开了激烈讨论，但对于"国家所有"究竟属于社会主义公有制下的一种具体所有制抑或一种所有权，倘若属于所有权，其与民法所有权之间应当是何种关系、具有何种权能等问题，尚未形成一致意见。因为缺乏明确规则指引，部分国有财产的利用长期面临着宽严失据的困境：倘若对国有财产利用的规范密度过高，规制过于严格，将影响国有财产的利用效率，最终影响公共利益；而倘若完全适用民法上的所有权规则，国有财产利用形态和方式的高度自由将可能带来公共资源私有化、权力寻租与其他廉政风险。

制定机关运行保障方面的立法能够在一定程度上对上述问题起到澄清作用。首先，机关运行保障财产中绝大部分属于国有财产，但其设立、利用的规则显然与矿藏、水流等自然资源和国有企业的经营性资产即财政财产有着显著差异。在缺乏统一国有财产法的情况下，通过各个领域单行立法明确不同种类国有财产所适用的规则具有现实意义。其次，对于机关运

---

① 从比较法经验来看，无论是德国还是日本，行政机关以获取利润为目的而控制的"物"都被排除在公物之外。参见［日］大桥洋一：《行政法学的结构性变革》，吕艳滨译，中国人民大学出版社 2008 年版，第 197 页。

行保障中的主要物资来说，无论其属于公共所有抑或私人所有，大部分均属于行政公物。机关运行保障立法可以采用公物法的理论体系与思路，对该部分公物的设立、命名、利用、处置等规则进行规定。总体来看，对比承袭大陆法系传统的其他国家和地区，我国公物法的学术研究与立法实践都较为滞后。在有限的公物法研究成果中，公用公物因与公众权利直接相关，通常是学术研究重点，对行政公物相关规则的研究较少。[①] 尽管"三公"经费、"公车私用"等问题曾在一段时间内引发社会关注与讨论，但从公物法角度进行阐发的研究并不多。在实践层面，对公物立法的探索主要停留在学术研究层面，实践中也未形成统一或系统的公物立法。[②] 公用公物的设立与利用未形成统一规则，大部分是在各领域的单行法律如《城乡规划法》《公路法》中明确其利用方式。在行政公物的设立和利用方面，除了政府采购有专门法律之外，其他方面的规范付之阙如。因此，在《宪法》和《民法典》之外对机关运行保障进行专门立法，在推进公物法理论和实践发展上也有重要意义：其一，能够以法律的形式规定行政公物设立与利用的基本规则，填补当前法律体系中行政公物规范的缺漏；其二，能够实现国有财产法与公物法的有序对接，实现行政公物与财政财产的分别管理；其三，能够通过对公物法的完善，在整体上充实和推进行政组织法的学术研究与制度建设。

三、机关运行保障的基本原则

（一）依法行政原则

依法行政原则通常被认为是行政法的首要和根本原则，其涵盖了法治

[①] 如公物法研究中影响力较大的著作《公物法研究》对行政公物着墨不多，将"对行政公物的管理"列为"未竟之课题"。参见肖泽晟：《公物法研究》，法律出版社 2009 年版。

[②] 参见肖泽晟：《中国公物立法初探》，载《行政法学研究》2010 年第 1 期。

国家规范、限制、塑造行政权力运行的几乎所有内容。① 德国在奥托·迈耶时代即已提出了由形成法律规范的能力（法规创造力）、法律优先及法律保留原则组成的法治国要求②，旨在实现行政对立法的从属，确保行政活动的合法性。改革开放后，我国逐渐接受了"依法行政"的理念，并在2004 年《全面推进依法行政实施纲要》中将"合法行政"具体化为"行政机关实施行政管理，应当依照法律、法规、规章的规定进行；没有法律、法规、规章的规定，行政机关不得作出影响公民、法人和其他组织合法权益或者增加公民、法人和其他组织义务的决定"。此解释在一定程度上体现了法律保留的要求，是依法行政原则的明确化。但可以看出，依法行政原则主要还是适用于行政机关的外部行政管理活动，仅规范行政活动而不规范行政组织。总体来看，行政组织长时间处于法治轨道外的原因有二：其一是组织法长时间被认为仅规范组织内部的事情，与行政机关对外管理无关，与依法行政也无太大关联。③ 其二是组织法在一般意义上并不具备可裁判性，不进入司法程序，即所谓"不是法律人的法律"④，违法者一般不会承担行政诉讼败诉责任。失却了这一层动力，组织法的活跃性和各类主体对组织法的重视程度也就相对较低。同理，在较长一段时间内，机关运行法治化程度较低的重要原因也在于机关运行长期被视为无须法律介入的内部事务，尤其是与公法学通常意义上所承担的规范和控制行政权，防止相对人权利受到不法侵害这一使命并不直接关联，无须通过诉讼等方式提供救济。

　　然而，对传统上视为行政内部事务实现法之介入是当下行政法发展的

---

　　① 参见应松年主编：《当代中国行政法》，人民出版社 2018 年版，第 105 页。
　　② 参见［德］奥托·迈耶：《德国行政法》，刘飞译，商务印书馆 2002 年版，第 67 页。
　　③ 参见应松年、薛刚凌：《行政组织法与依法行政》，载《行政法学研究》1998 年第 1 期，第 12 页。
　　④ 叶必丰：《行政组织法功能的行为法机制》，载《中国社会科学》2017 年第 7 期，第 111 页。

一个重要方向。① 行政组织形式、行政机构设置、行政内部过程等方面的内容开始得到更多关注，并被纳入依法行政原则的拘束空间内。例如，传统上行政组织的形态选择相对自由，基本属于组织权归属者的裁量空间，仅受到宪法和法律中关于组织形态的明文规定及民主法治等基本原则的消极限制。然而仅满足上述形式上的要求却常导致行政组织的灵活度欠缺和任务取向不足，从而影响到行政效率与行政专业性。故现代行政组织法释义学开始要求对行政组织形成更加积极的拘束，加入"合目的性"与"任务导向"之考量，要求组织权归属者在选择行政组织形态和结构时，有义务采取对行政任务的完成最具妥适性之方案，从而形成了"组织最适诫命"的法律要求。② 也有学者提出，依法行政不仅要求政府依行政管理法的规定行政，还要求政府依行政组织法和行政程序法的规定行政。因为行政组织法规定政府的职责、职权，违反组织法的规定可能导致专断和滥用权力。③ 尽管有观点认为，法律保留只应当拘束规制规范而不涉及组织规范与根据规范④，但也有相反观点指出，法律保留原则应当适用于组织法，行政机关的任务和结构、行政主体的设立、行政机关的管辖权等都需要由法律确定。因为基本权利不仅需要实体法保障，也需要相应的组织和程序形式予以保障。⑤

同样，随着中国特色社会主义法治体系的建立和完善，理应将机关运行保障相关事务纳入法律调整范围当中。对机关正常运行的保障并不仅仅涉及机关内部的秩序维护，还关涉公务活动的正常开展，间接服务于公共

① 参见章剑生：《作为担保行政行为合法性的内部行政法》，载《法学家》2018年第6期。
② 参见詹镇荣：《变迁中之行政组织法——从"组织形式选择自由"到"组织最适诫命"》，载台湾"行政法学会"主编：《行政组织与人事法制之新发展》，元照出版公司2010年版，第1-51页。
③ 参见姜明安：《行政法基本原则新探》，载《湖南社会科学》2005年第2期。
④ 参见［日］盐野宏：《行政法总论》，杨建顺译，北京大学出版社2008年版，第46-47页。
⑤ 参见［德］哈特穆特·毛雷尔：《行政法学总论》，高家伟译，法律出版社2000年版，第118页。

利益，具备了公共面向。公民基本权利的保障与行政效率的高低、行政活动的正常运行有着紧密关联，倘若缺乏适当的行政公物与条件作为保障手段，国家机关非但无法正常运行，同时也无法给予私主体充分的权益保障。[1] 有学者曾经以公用公物为对象，论证过公物在人权保障中的作用。[2] 行政公物虽通常不与公众产生直接联系，但依然可能影响到基本权利的实现。例如，倘若不具备相应的办公场所与通信设施，公安机关就无法准确接受公民报警，履行维护社会公共治安和保护公民人身财产安全的法定职责；若未配备消防救援车辆和救援设备，消防部门则无法履行《消防法》所规定的职责，展开消防救援活动。此外，机关运行保障还涉及大量国有财产的配置与使用，同样需要法律规则予以规范。具体来说，在机关运行保障中贯彻依法行政原则，需要实现机关运行保障机关的组织与权限合法、机关运行保障的范围和事项合法、标准合法、程序合法、手段合法。

（二）精简、效能原则

我国《宪法》第 27 条第 1 款规定："一切国家机关实行精简的原则，实行工作责任制，实行工作人员的培训和考核制度，不断提高工作质量和工作效率，反对官僚主义。"这一条款对国家机关的组织运行和国家机关工作人员的工作方式提出了要求，对国家机关物之手段的运用进行了直接指引，对其进行规范层面的展开有助于厘清国家机关运行需要遵循的基本规则。从立宪史来看，新中国的历部宪法均在总纲部分对国家机关及其工作人员设定了要求，但在具体内容上有所区别。1954 年《宪法》并未规定精简原则，其对于国家机关和国家机关工作人员的要求主要集中在群众

---

[1] 参见应松年主编：《当代中国行政法》，人民出版社 2018 年版，第 105 页。

[2] 参见肖泽晟：《论公物在中国人权保障中的作用》，载《南京大学学报》2003 年第 3 期。

路线和公务员忠诚义务。^① 1975 年《宪法》第 11 条第 2 款规定："国家机
关都必须实行精简的原则。它的领导机构，都必须实行老、中、青三结
合。"该条文前段可视作对国家机关组织原则的规范，后段实质上是当时
党的组织路线的体现。此处虽然提出了"精简"原则，但由于这一时期国
家政治生活并不正常，国家机构的组织结构和功能发挥都较为混乱，且
1975 年《宪法》实施时间较短，很难判断精简原则条款对现实所发挥的
规范作用。1978 年《宪法》第 15 条第 1 款在"精简"的基础之上明确提
出了"精兵简政，厉行节约，提高效能，反对官僚主义"的要求，"精兵
简政"主要针对国家机关的组织规模，"厉行节约"主要针对机关运行成
本，"提高效能"则主要针对机关的工作成效。该条文中的"反对官僚主
义"这一表达具有较强的开放性，可视为双重性质结构，既可作为与上述
精兵简政、厉行节约、提高效能三项要求相并立的总括性条款，也可作为
上述三项要求的目的指向。现行《宪法》第 27 条第 1 款在一定程度上承
袭了 1978 年《宪法》第 15 条第 1 款的规定，同时结合社会生活的发展变
化对该规范进行了完善。第 27 条第 1 款中的"一切国家机关实行精简的
原则"与 1978 年《宪法》所规定的"精兵简政"有相似内涵，但表述更
加法律化和规范化，也更加符合法律用语的习惯。"实行工作责任制"主
要是针对实际工作中的推诿、拖沓等现象，设定严格的责任，从而保障工
作效率。^② "实行工作人员的培训和考核制度"是对国家工作人员选拔、
培养机制的要求，旨在保障人员素质，提高人员的专业水平。"不断提高

---

① 参见 1954 年《宪法》第 17 条规定："一切国家机关必须依靠人民群众，经常保持同群众的
密切联系，倾听群众的意见，接受群众的监督。"第 18 条规定："一切国家机关工作人员必须效忠人
民民主制度，服从宪法和法律，努力为人民服务。"

② 彭真同志在就宪法修改作说明时指出："……而在它们的贯彻执行上，必须实行严格的责任
制，以求提高工作效率。这种责任制对于发展社会主义民主，保证人民行使国家权力，是不可缺少
的。"《彭真文选（一九四一—一九九〇年）》，人民出版社 1991 年版，第 456 页。

工作质量和工作效率"意味着工作质量与工作效率二者的提高需要并行，在不断提升工作质量的同时，以最小的成本提升单位产出，从方向与手段上对工作情况进行改善，即实现工作效能的提升。① 综上，《宪法》第27条第1款的要求可以概括为精简、责任、专业、效能四个层面，其共同指向反对官僚主义的目的功能。其中，精简原则和效能原则拘束国家机关运行的全过程。

精简原则既是指导国家机构组织设置的重要原则，同时也在国家机关运行层面上包含重要的规范意义：第一，国家机关应当在组织上精简。改革开放以来，国务院历次机构改革，均是以推进"大部制"改革为目标，通过部门合并等形式控制机构的不断膨胀，即"简政"。第二，国家机关应当在人员上精简，即在总体上削减人员职数，控制公职人员的膨胀，即"精兵"。上述两项要求均有助于在整体上削减机关运行的成本与开支，减少机关运行保障的财政负担。第三，在机关运行保障的具体事务上，应当以精简原则为指导组建机关事务工作机构，通过相对集中管理、向社会购买服务等多种方式降低成本，实现机关运行保障工作本身的精简。2018年党和国家机构改革中，部分新设立的部门未设单独的机关事务管理机构，而是由国家机关事务管理局统一提供保障，即是"精简"原则的体现。

关于效能原则是否是我国行政法上的一项基本原则，学界存在争议。有学者经梳理后指出，尽管效能原则未在行政法视野中彻底消失，但始终处于行政法基本原则主流学说之外。然而，制定法中多次将其明确为行政机关应当遵循的规范要求，行政诉讼中也运用了这一原则审查行政行为的

---

① 关于"效率"与"效能"的关系可参见马春庆：《为何用"行政效能"取代"行政效率"：兼论行政效能建设的内容和意义》，载《中国行政管理》2003年第4期。

合法性。① 尽管在行政诉讼实践中偶尔出现的效能原则主要适用于行为法，但从《宪法》规范和相关法律的规定出发，还是能够证成其在组织法中的适用。从《宪法》第 27 条第 1 款的规范对象来看，与"不断提高工作质量和工作效率"相并列的"一切国家机关实行精简的原则"等要求均明确指向国家机构组织原则，故而可认为该条款中的效能原则同样也是重要的国家机构组织原则。同时，作为典型组织法的《公务员法》第 8 条在调整公务员内部管理关系时明确提出了效能原则②，也可视为是法律层面对《宪法》第 27 条第 1 款的具体化。

在效能原则的解释和适用方面，有学者提出，行政机关应当以尽可能少的行政成本获取最大程度的目标，即以最小的成本投入来实现既定的行政目的，同时要求已投入的成本能够最大限度地实现行政目的。③ 具体到机关运行保障上，可通过"成本—收益"的分析考量来确保这一要求的实现。例如，随着互联网技术的发展，使用电视电话、网络视频等方式召开会议已能够在很大程度上保证会议效果。对于地域跨度较大的多方会议而言，在电视电话或网络视频会议能够满足实际需要时，就不应当再组织现场会议。此外，保障效能原则的实现有一个潜在要求，即对机关运行保障工作建立相应的成本统计、绩效评价、跟踪监督制度，以机关运行保障中成本与收益的可核算性来保障机关运行效能，确保可问责性（accountability）。关于"三公"经费的讨论持续多年，但对于"三公"经费的总额究竟几何一直未能形成一个准确数字。造成这一情况的一个重要原因即在于部门预算的科目分散：行政成本支出散见于各功能性分类中，统计口径不一，难以准确计量，自然也就难以核算绩效。直到 2011 年国务院要求

---

① 参见沈岿：《论行政法上的效能原则》，载《清华法学》2019 年第 4 期，第 6-14 页。
② 《公务员法》第 8 条规定："国家对公务员实行分类管理，提高管理效能和科学化水平。"
③ 参见李洪雷：《行政法释义学：行政法学理的更新》，中国人民大学出版社 2014 年版，第 108 页。

98 个中央机关披露"三公"经费情况后，2012 年《机关事务管理条例》、2014 年《关于深化预算管理制度改革的决定》等规范逐渐出台，尤其是2014 年修订的《预算法》明确了预算公开的相关要求，才逐渐实现了"三公"经费相对准确的核算和公开。当然，即便如此，未来"三公"经费的控制也还面临着如何根据更加具体的信息如经费使用情况说明等来进一步核算和评价资金使用效能的问题。

（三）节约原则

尽管 1978 年《宪法》中关于"厉行节约"的规定未继续规定在 1982 年《宪法》第 27 条中，但"厉行节约"在宪法中取得了更为重要的位置：作为国家基本制度条款的《宪法》第 14 条第 2 款规定："国家厉行节约，反对浪费"，这意味着"厉行节约"不仅是对国家机关的直接拘束，还成为一项国家基本方针政策。国家不仅应当在组织建构和公务活动中"厉行节约"，还应当积极创造条件，保障"厉行节约、反对浪费"在全社会范围内实现。这一条款的历史变迁展现出了融合革命政治文化传统与现代宪法规范价值的制度取向。在长期的革命、建设、改革实践中，中国共产党形成了艰苦奋斗、勤俭节约的工作作风与传统。尽管当中国共产党成为执政党之后尤其是改革开放后，国家经济水平有了大幅提高，物质生活已经较为丰富，但对于"厉行节约"这一思想的强调却并未放松。例如，2013年颁布的《党政机关厉行节约反对浪费条例》要求"各地区各部门一定要从关系党的执政基础和执政地位的高度，从关系党和人民事业兴衰成败的高度，充分认识厉行节约反对浪费的极端重要性和现实紧迫性"。这意味着对这一价值的强调不仅具有节省开支等工具意义，还有其独立价值，即通过保持节约、勤俭的工作作风，始终维系与人民群众的血肉联系。

目前，厉行节约、反对浪费作为一项国家基本制度，已经在诸多法律中得到具体化。如《预算法》第 12 条第 1 款规定，各级预算应当遵循统筹兼顾、勤俭节约、量力而行、讲求绩效和收支平衡的原则。《节约能源法》则以一节专门规定了公共机构的节能要求。具体到机关运行保障上，厉行节约的规范解释可以从以下两个方面展开：第一，从总体而言，在制定国家机关运行保障的标准与计划时，应当坚持资源供给要与社会经济发展的总体水平相适应，不能超出社会经济的发展阶段和财政的承载能力，否则即属于过度保障，构成浪费。随着经济发展和社会进步，机关事务管理部门有条件对不适应实际需要的办公用房、办公用车、办公设备等予以更新，但其限度应当与社会平均经济水平相适应，而不能过于超前，例如通常情况下国家机关不能购买、建设豪华办公用房、豪华用车和奢侈办公品。第二，对某一具体机关而言，为保障其正常运行而计划和配置的资源应当与该机关的合理需求相匹配，以机关履职的实际需要为限，禁止形成资源冗余。当然，与此同时也要注意的是，厉行节约不应当以牺牲履行公共职能的有效性为代价，否则同样会对公共利益造成负面影响。例如，在条件允许的情况下，应当考虑给予承担特殊任务、应对突发情况、具备更高职业危险性的国家机关如公安部门、消防部门等配备更先进的装备，以保障紧急情况下的履职可能。厉行节约的要求并非花费越少越好，而是旨在控制不必要的支出。在过去对"三公"经费的讨论中，部分媒体和公众仅关注了各机关经费减少的额度上。但需要考虑的是，随着社会经济文化建设的推进、政府职能的变化、组织形态和规模的变化，可能存在着导致政府管理半径内交易成本增长的合理因素。换句话说，厉行节约并非"花钱越少越好"，而应当是确保"钱都花在刀刃上"①。

① 孙光国、王文慧：《"三公经费"信息公开及其制度把控：2011—2016》，载《改革》2017 年第 3 期。

（四）公开、透明原则

实现机关运行的公开、透明，既是提高国家机关运行现代化水平的重要路径，也是保障社会公众对国家机关运行保障的合法性进行有效监督的必要前提。我国宪法并未明确规定公民的知情权。但早在 1987 年，中国共产党十三大报告就提出"要提高领导机关的开放程度，重大情况让人民知道，重大问题经人民讨论"。2007 年，党的十七大将"保障人民的知情权、参与权、表达权、监督权"写进报告，并将其视为保证人民当家作主的重要形式。可以认为，知情权在我国政治伦理体系中有着坚实的基础。在实践层面，20 世纪 80 年代以来的村务公开可被认为是信息公开制度的雏形和基础。① 2008 年生效的《政府信息公开条例》未在立法目的中明确公民的知情权，但在 2019 年的修订中取消了将"自身特殊需要"作为申请政府信息公开的前提，"佐证我国政府信息自由立法面向客观法制度的发展，以及从'知的需要'到'知的权利'的转型"②。总体来说，为充分保障公民的知情权以及由此展开的监督活动，应当明确机关运行的公开和透明。

在谈及监督权时，学界多关注《宪法》第 41 条所规定的批评、建议权，以及第 35 条规定的言论自由等政治权利。然而我国《宪法》在第 27 条第 1 款规定了精简、效能原则后，随即在第 2 款明确了一切国家机关及其工作人员必须接受人民的监督。有研究者认为，该款是对《宪法》第 2 条人民行使权力路径的具体化，不能被提炼为"人民监督权"条款，更不

---

① 参见马怀德：《政府信息公开制度的发展与完善》，载《中国行政管理》2018 年第 5 期，第 12 页。

② 蒋红珍：《面向"知情权"的主观权利客观化体系建构：解读〈政府信息公开条例〉修改》，载《行政法学研究》2019 年第 4 期，第 44 - 45 页。

能与"公民监督权"相混淆。①但其没有指出的是,《宪法》第 27 条是总纲中对国家机构的一般性规定,具有为国家机构设定义务的功能。"接受人民的监督"的确并非直接赋予公民具体的监督权,但其规范意旨可以包括国家机关及其工作人员有接受监督的义务,且应当创造相应的途径和条件保障监督实现。而国家机关在保障公民监督权上所创造的途径与条件就应当包括实现公共事务的公开和透明,从而为公民的监督提供基础和可能。

机关运行保障作为消耗公共资源、提供公共价值的行政活动,理应公开、透明。机关运行保障信息应当以公开为原则,不公开为例外,除国防、外交、保密等特殊部门的涉密信息,需向社会主动公开运行经费与其他相关信息。从现行法来看,《预算法》第 14 条规定了预算信息的公开,并在第 37 条强调预算支出要按其功能和经济性质分类编制,从而保证预算用途的明晰。《政府信息公开条例》第 19 条所列举的主动公开信息中,第 7 项"财政预算、决算信息"和第 9 项"政府集中采购项目的目录、标准及实施情况"都可能与机关运行保障信息相关。《机关事务管理条例》第 6 条要求建立健全机关运行经费公开制度,对"三公"经费的预算和决算情况进行公开。此外,《党政机关国内公务接待管理规定》《党政机关办公用房管理办法》《党政机关公务用车管理办法》等党内法规也都对相应领域的信息公开要求进行了分别规定。②上述要求应当在机关运行保障立法中得到整合和体现。在确保基本信息公开的同时,应当着力于进一步提升公开质量,例如细化机关运行经费公开科目的内容,要求公开机关进行更多技术化处理和解释说明,以更加便利的方式方便公众的查询监督。从

---

① 参见秦小建:《论公民监督权的规范建构》,载《政治与法律》2016 年第 5 期,第 65 页。
② 参见《党政机关国内公务接待管理规定》第 19 条、《党政机关办公用房管理办法》第 34 条、《党政机关公务用车管理办法》第 24 条。

现实经验来看，公开、透明在对机关运行保障的监督上有着较为良好的效果，"公车私用"曾经是困扰我国机关事务管理的一大顽疾，尤其因为极端案例和媒体报道，极易成为官民冲突的爆发点，实践中存在着大量申请公开"三公"经费情况尤其是公车使用信息的案件。[①] 在近些年来的公车改革中，绝大多数地方通过在公务用车车身上增加统一标识等方式，既对公务车辆进行了标识，也给与了民众充分的监督可能，以较小的成本收到了较好的效果。

四、机关运行保障立法的主要任务

（一）划定机关运行保障立法的主要调整范围

2012 年颁布的《机关事务管理条例》第 34 条规定："其他国家机关和有关人民团体机关事务管理活动，参照本条例执行。"从立法意图上看，该条例试图规范所有由财政保障运行经费的机关和单位。但按照我国《立法法》的规定，行政法规仅能就两类事项作出规定：一是为执行法律的规定需要制定行政法规的事项，二是《宪法》第 89 条规定的国务院行政管理职权的事项。《机关事务管理条例》并非为执行某部法律规定而制定，因此其只可能在《宪法》第 89 条规定的国务院职权中寻找立法基础。《宪法》第 89 条第 3 和第 4 项赋予国务院统一领导各部委和地方各级国家行政机关的工作的职权，机关事务的管理工作自然也包含在这一范围当中。但正因为如此，该条例的调整范围也仅限于行政系统内部，而无法对行政机关之外的其他国家机关和人民团体直接作出规定，故仅能提出"参照执

---

① 参见最高人民法院（2018）最高法行申 978 号行政裁定书。

行"的要求。参照执行意味着并非所有规范都能够直接适用,即"一些类似情形或者法律关系比较接近的,也视为在适用范围之内,应当按照明确指示的法律、法规的规定执行"[1]。

机关运行保障立法应当在《机关事务管理条例》的基础上进一步扩大调整范围。从全面规范各级各类国家机关运行、加强对各级各类国家机关约束的角度出发,借鉴《监察法》所贯彻的"全覆盖"思维,将由财政保障运行经费的所有国家机构和人民团体纳入调整范围。这一范围可以包括中国共产党与各民主党派机关、人大及其常委会机关、各级政府、监察委员会、法院、检察院、政协各级委员会机关和其他人民团体机关,以及参公管理的事业单位机关。[2] 事实上,党的十八大后,之所以大量规范机关事务的规范是以中共中央与国务院或中办与国办联合发布的形式出台,除了以党政联署的形式强调相关要求的重要性外,一个重要原因即在于需要同时对党的机关与行政机关进行约束。

尚需解决的一个问题是,军队机关的运行保障工作是否应当纳入立法调整范围。从性质上看,军事设施、军事装备与一般的预算资金和行政公物在特性、功能上都有较大区别。虽然二者都服务于公共目的,但军事机关的运行保障涉及国家安全、国防事业等高度政治性的国家行为,通常不受行政法的拘束。《宪法》第89条规定了国务院有领导和管理国防建设事业的职权,《国防法》第13条也规定,中央军事委员会会同国务院管理国防经费和国防资产,但二者之间的权限划分尚无具体规范予以明确。原则

---

[1]　国务院机关事务管理局、国务院法制办公室编著:《机关事务管理条例释义》,中国法制出版社2012年版,第117页。

[2]《公务员法》第112条规定,法律、法规授权的具有公共事务管理职能的事业单位中除工勤人员以外的工作人员,经批准参照本法进行管理。故一般认为参公事业单位即法律、法规授权的具有公共事务管理职能的事业单位,其实际行使一部分行政管理权。

上说，国防部门既有军事属性也有行政属性，其履行行政职能所需资金、资产和服务应当受到机关运行保障立法的调整。

（二）明确机关运行管理体制与职权界限

我国《民法典》第 346 条第 2 款规定："国有财产由国务院代表国家行使所有权。法律另有规定的，依照其规定。"但"国有财产"本身是一个需要细化的概念，不同类型的国有财产应当如何行使所有权，在制定法上依然有待进一步完善。目前，仅有《国有企业资产法》明确了国有资产监督管理机构代表政府对国家出资企业履行出资人职责，却未规定企业国有资产之外的国有财产应当如何具体行使国家所有权。国务院《2017 年度国有资产管理情况的综合报告》中，将国有资产分为企业国有资产、金融企业国有资产、行政事业性国有资产、国有自然资源资产四个类型，机关运行保障所涉及的国有财产主要属于行政事业性国有资产，但其管理机关及管理方式却依然较为模糊。

在本轮党和国家机构改革中，中央明确提出"一类事项原则上由一个部门统筹，一件事情原则上由一个部门负责"的精神，以解决政出多门、权责不清的问题。2018 年机构改革在机关运行保障领域就这一精神展开了相应探索，由国家机关事务管理局按照统一项目、统一标准、经费归口、资源共享的原则对新组建的退役军人事务部、国家医疗保障局、国家国际发展合作署等部门进行机关运行的保障。这一改革试图在机关运行保障领域探索建立集中统一的管理体制，防止部门间相互攀比和资源争夺，并借此推进机关运行保障的标准化和集约化，提高资源配置和利用效率。从机关运行的长期实践来看，虽然各地机关运行保障工作还存在统一管理和分散管理并存的情况，但中央国家机关的运行保障基本已实现由国家机关事务管理局统一规划、统一实施、统一监管^①，且集中统一监管在推动资产调剂共用、优化资源资产统筹配置等方面的优势也逐渐体现。这一体制在 2012 年得到了《机关事务管理条例》的确认。该条例第 3 条规定了两个层面的集中：一是本级政府机关事务的集中管理，二是政府各部门对本部门内部机关事务的集中管理。但从实证研究成果来看，《机关事务管理条例》所确立的集中管理体制存在选择性执行的情况。在省一级层面，绝大多数省级管理局只能对部分机关运行经费实施管理；有 50% 的机关事务管理部门能够对办公用房、公务用车、机关用地、通用资产和其他资产等各类机关资产实施有效管理；各级管理局基本都可以对集中办公区内机关实施服务管理，但只有不到 30% 省级管理局的服务管理范围能够覆盖整个省级机关。^②《机关事务管理条例》和"三定"方案中的规定由于部门利益、非正式制度等因素的影响而未能得到很好实施。^③

机关运行保障立法可对《机关事务管理条例》所规定的管理体制进行确认和完善，明确各级机关事务管理机构的权限与职能。一级预算部门原则上只设一个机关事务管理机构，适当整合发展改革、财政等部门的职

---

① 国家机关事务管理局的前身是 1950 年 12 月中央人民政府政务院机关事务管理局。1954 年第一届全国人大一次会议通过《中华人民共和国宪法》后，原政务院改称国务院，政务院机关事务管理局也更名为国务院机关事务管理局。在 1998 年国务院机构改革中，原国家计委管理国务院有关部门行政用房的基建投资、公务用车购置和更新经费等职能划转到国管局，并增加了组织实施中央国家机关政府采购、中央国家机关职工住房补贴经费管理等职能。1999 年为适应部门预算制度改革，国管局转变了中央国家机关行政经费的预算管理职能，2000 年增加了中央国家机关各部门所属单位国有资产管理的职能，接收了原国家国有资产管理局管理的中央行政事业单位国有资产产权登记档案。2010 年国管局增加了推进、指导、协调、监督全国公共机构节能工作的职责。2012 年《机关事务管理条例》公布，国管局负责拟订有关机关事务管理的规章制度，指导下级政府公务用车、公务接待、公共机构节约能源资源等工作，主管中央国家机关的机关事务工作等职责。在 2013 年的国务院机构改革中，国务院机关事务管理局更名为国家机关事务管理局。2014 年国管局增加了承担全国人大机关、全国政协机关、各民主党派中央部级干部住房和公务用车管理工作。

② 参见王浦劬、梁宇、李天龙：《十八大以来我国省级机关事务管理体制改革的发展及其思考》，载《中国行政管理》2018 年第 3 期，第 10 页。

③ 参见衡霞：《地方机关事务管理职能法定化困境及成因研究》，载《中国行政管理》2019 年第 3 期，第 20 页。

权，总体负责机关运行保障工作的发展规划、标准制定、资源总体配置、监督管理等职责，并对机关运行保障工作进行整体统筹。机关运行保障立法可为机关运行保障的集中统一提供行为法上的依据，未来在制定国务院部门组织法和地方各级人民政府部门组织法时，在组织法中对机关运行保障部门的相关职权和功能予以明确，从而保障职权合法性。同时，应当妥善设定统一集中的权限范围，从现实情况出发，在相对集中统一之外，有两类分权应该承认：一是在机关运行保障部门的集中统筹、统一规划之下，政府其他职能部门应当在各自职责范围内做好机关运行保障工作，如财政部门依然承担预算管理职责，建设部门作为机关办公用房建设的主管机关。二是除集中统一办公等情形外，各机关的运行保障日常工作原则上仍然由各机关自行承担。在具备现实条件的情况下，可充分挖掘实践中的有益经验，以建立统一的"公物仓"制度等方式实现对机关运行保障物资的统一管理，提高利用效率。

（三）明确相关资产的利用规则

机关运行保障中主要涉及资金保障、资产保障和服务保障三大领域。其中资金保障受到《预算法》等法律的约束，服务保障多通过社会化的方式提供，资产保障目前尚缺乏系统的制定法规则，应当成为立法重点解决的问题之一。从性质上看，国家所有的办公用房、公务用车等资产属于公有的行政公物，应当符合行政公物的设立与利用规则。

按照《宪法》和《民法典》的规定，行政公物的所有权均属于国家，但由于我国自《民法通则》开始建立了机关法人制度，各机关均可成为法人主体，公有行政公物的产权通常登记在机关法人名下。[1] 此处可循《民

---

[1] 例如《党政机关公务用车管理办法》第15条规定："除涉及国家安全、侦查办案等有保密要求的特殊工作用车外，党政机关公务用车产权注册登记所有人应当为本机关法人，不得将公务用车登记在下属单位、企业或者个人名下。"

法典》第 255 条的逻辑认为，行政公物中不动产的登记机关和动产的实际控制机关对公物的权能为一种公法上的公物支配权。这种公物支配权并不具有完整的物权权能，只能拥有占有、受限制的使用与受限制的处分三项权能，而不能拥有收益权。在使用权能上，公物使用需要受到预定目的的约束，不得随意变更利用形式和状态。例如，倘若因为机构调整、人员调离等出现闲置办公用房，不得随意改变办公用房的预定使用功能，更不能随意将闲置房屋出租出借。在处分权能上，公物支配权受到公物产权的约束，而不能随意行使。处分公物时，必须经过公物废止程序，完成公物设定程序的反方向处分。从理论上说，公物废止通常有两种形式：一为自然废止，即在公物或实体的功能丧失后，公物彻底灭失，此时无须经过法定程序即废止，如办公器材使用后损耗殆尽；二为法定废止，指须经过与设定相关的反向处分程序改变公物的属性。[1] 对于需要二次处分的公物而言，在经过法定废止程序后，公物的处分即不再受公物法的约束，因为其不再具有公物的属性。在行政公物的收益权能上，需要承认，若彻底否定机关利用公物营利的权力，将有可能窒碍闲置公共资源的效能发挥，导致公共资源的闲置和浪费。但倘若承认公物支配权人拥有完整的收益权，则有可能带来过高的寻租和腐败风险。因此应当规定，在利用行政公物进行营利活动时，需要报经同级机关运行保障部门批准。该审批也可视为公物法定废止的一种程序。审批通过后，行政公物的性质将转变为财政财产，废除在其上设立行政公物的意思，从而赋予公物营利自由。

除属于国家所有的行政公物，还可能存在私有行政公物。即所有权属于私主体，但国家机构基于租赁等方式取得使用权，并将其设定为行政公物之物。就私有行政公物所涉及的法律关系而言，可考虑采纳二元结构理

---

① 参见陈新民：《行政法学总论》（新 9 版），2015 年自版发行，第 184 页。

论，即在同一物上承认基于公法的公物权和基于私法的所有权，但公物权的权能原则上优先于私法上的所有权。如对于国家机关租赁使用的办公大楼，所有权人必须要忍耐国家机关在租赁的预定公共用途内对于办公楼的利用。如果国家机关没有废除公用的意思表示，则所有权人无权行使物权返还请求权。尽管我国私有行政公物的整体数量并不多，但随着行政组织形式的灵活化和机关运行的社会化，未来可能出现大量通过租赁等形式设定行政公物的现象，建立公物权和私法所有权并存的结构有利于理顺法律关系。

（四）完善机关运行保障社会化的制度安排

机关运行保障的社会化改革是改革开放以来机关管理改革的一条主线索和主路径，同时也是贯彻落实让市场在资源配置中起决定性作用这一精神的重要举措。机关运行保障立法应当进一步明确社会化的范围和路径。总体而言，除了涉密、涉及国家安全等核心利益的高风险和特殊事务外，当相关事务通过整体外包、服务购买等社会化形式，能够以较小成本实现较大收益时，即应当推进社会化的开展。具体来说，推进机关运行保障的社会化首先应当在机关服务供给中实现，如会议组织、公务接待等服务，对行政专业能力并无任何要求，以市场化的方式运行能够减少机关常备接待人员和场所的开支，大幅实现组织规模和人员数量的精简，减少财政负担。其次，在资产管理领域，在符合精简效能和厉行节约原则的前提下，同样应当引入市场化供给的形式，将传统上需要由公共资产予以保障的工作交由社会力量提供。例如，对于非功能化和特殊化的一般公务出行，完全可以依靠租赁用车的方式满足需求，从而减少机关公务用车保有和使用数量，进而减少大笔固定资产的折旧、损耗等费用。

在社会化的具体路径上，机关购买服务存在如何选择适用法律规范的问题。有研究者提出，不应当将政府自身事项纳入"政府购买公共服务"这一概念当中，否则会造成政府自身事务对社会公共事务的挤压，即大部分本应由政府购买公共服务的资金用来满足自身需要，而非向社会公众提供服务。① 应当说，这一主张有一定道理。2013 年《国务院办公厅关于政府向社会力量购买服务的指导意见》对政府购买服务的定义为："通过发挥市场机制作用，把政府直接向社会公众提供的一部分公共服务事项，按照一定的方式和程序，交由具备条件的社会力量承担，并由政府根据服务数量和质量向其支付费用。"从该定义中可以看出，政府向社会力量购买服务的制度设计主要针对的是政府直接向社会公众提供的服务，大部分属于政府行政任务的范围，如公共文化服务、社会保障服务等。而机关运行保障服务是通过对国家机关运行的支撑而实现公共利益，并不直接面对社会公众，故不应当被纳入当前政府向社会力量购买服务这一范畴中。从性质上看，机关运行保障事项的外包是政府采购服务的一种类型，应当适用《政府采购法》的相关规定，同时可在立法中对采购服务"应当有充分的可靠性与质量保障、符合机关运行的实际需要"等要求进行明确。

（五）确立机关运行保障的监督机制

如前所言，对机关运行提供物之保障，主要集中在经费、资产和服务三个领域，涉及大量公共资源的配置与利用，存在较高的廉政风险。加之实践中多发频发的办公用房、公务用车失范现象，如何妥善设定机关运行保障的监督机制应当成为立法关注的重点。《机关事务管理条例》明确了发展改革、财政、审计、监察等部门和机关事务主管部门对机关运行经费、资产和服务管理工作具有监督检查权限，以及对相关举报的调查处理

---

① 参见付士成、李昂：《政府购买公共服务范围研究——基于规范性文件的分析与思考》，载《行政法学研究》2016 年第 1 期。

义务，但未明确具体的权限划分。从权责一致这一基本要求出发，在相对集中统一的管理体制基础上，应当明确机关运行保障主管部门的监督检查职能。财政、审计等部门则按照相关法律法规的规定就机关运行保障中的特定问题如预算、决算等进行专门监督。需要注意，对机关运行保障的监督并非静态的合规监督，还应当加入动态的评估、反馈、调整等机制。因为各机关的任务、规模、人员在一定时期后通常会发生变化，机关的资源使用等情况也在发生变动，只有展开形式多样的监督检查形式，才能系统检查预定计划的执行情况，分析机关运行保障工作的实际状态并作出调整。

同时，除行政系统内部的自我监督，立法还可以探索确立可行的异体监督模式，以丰富监督路径，增强监督实效。由于行政组织法多调整行政内部关系，不直接涉及当事人权利义务，通常情况下不具备可司法性，因而其法治化程度和受重视程度不高。《行政诉讼法》在 2017 年修改时引入的行政公益诉讼制度可对这一情况进行有效弥补。《行政诉讼法》第 25 条第 4 款规定："人民检察院在履行职责中发现生态环境和资源保护、食品药品安全、国有财产保护、国有土地使用权出让等领域负有监督管理职责的行政机关违法行使职权或者不作为，致使国家利益或者社会公共利益受到侵害的，应当向行政机关提出检察建议，督促其依法履行职责。行政机关不依法履行职责的，人民检察院依法向人民法院提起诉讼。"其中"国有财产保护"条款可在广义层面理解，将机关运行保障中违规或不当利用机关运行经费、违反资产管理和服务管理规则、铺张浪费等行为纳入公益诉讼的监督范围。在当前的公益诉讼实践中，已经出现了诸多检察机关就国有资产流失启动诉前程序或提起诉讼的案件。尽管其所针对的国有资产多指前文提到的"财政财产"，如安置补偿金、财政补贴等[①]，但将行政

---

① 参见最高人民检察院第八检察厅编：《行政公益诉讼典型案例实务指引》（下册），中国检察出版社 2019 年版，第 69 - 243 页。

公物也纳入这一范畴在解释学上并不存在障碍。事实上,《行政诉讼法》第 25 条第 4 款在对行政公益诉讼受案范围进行列举时,将试点时期全国人大授权决定中所列举的"国有资产保护"修改为"国有财产保护"就暗含了拓宽保护范围、更为全面地保护国有财产的意旨在内。此外,在机关运行保障工作中违反党纪、政纪规定的,应当按照政务处分的相应规定由相应的任免机关或监察机关决定给予政务处分。构成犯罪的,依法追究刑事责任。

改革开放四十多年来,中国特色社会主义法律规范体系日渐完善,对于支撑我国经济长期高速发展,社会长期稳定繁荣发挥了重要作用。但是,完备的法律规范体系形成需要一个过程,目前还有许多重要法律尚付之阙如。特别是起支撑作用的行政法律规范,如行政组织法、行政程序法、公物法等至今尚未出台,难以形成完备的法律规范体系。党的十九届四中全会围绕"坚持和完善中国特色社会主义制度、推进国家治理体系和治理能力现代化"这一命题,部署了一系列重大任务和举措,要求完善立法体制机制,形成更加科学、系统、周密、成熟的法律制度体系。党的二十大报告中再次强调,"全面推进科学立法、严格执法、公正司法、全民守法,全面推进国家各方面工作法治化""推进科学立法、民主立法、依法立法,统筹立改废释纂,增强立法系统性、整体性、协同性、时效性"。党的二十届三中全会对新的历史条件下全面深化改革作出战略部署,在"完善中国特色社会主义法治体系"部分中明确提出深化立法领域改革的任务要求。未来应当以机关运行保障立法为契机,推动内部行政行为规范化、制度化、程序化,充实行政组织法与公物法体系,完善和发展中国特色社会主义法治体系,为国家治理体系现代化提供法治保障。

第五节　基层治理数字化的重要意义及完善路径*

数字治理是实现基层治理现代化的重要引擎。基层治理数字化具有多方面的重要意义。数字治理可以缓解基层"人少事多"的治理困境，回应基层治理中复杂的信息需求，提升基层治理的精准度和前瞻性，并深层次重塑基层治理权责分配的逻辑。但当前基层数字治理还面临着分散建设和重复建设影响整体效能、数字系统的性质和定位不清晰、数据利用与数据安全的张力凸显以及法治保障和支撑不足等一系列问题。未来应当在整体政府理念的引导下强化数字治理的顶层设计，促进线上和线下治理系统的有机结合，构建行之有效的公共数据共享和开放制度，强化数字治理的法治供给，确保数字治理在法治轨道上有序展开。

数字技术的高速发展不仅全面而深刻地改变了商业活动的运行模式，同时也推动了公共治理的又一轮变革。作为一个幅员辽阔、人口规模巨大的国家，基层治理的效能直接决定着我国国家治理的基石是否稳固。面对复杂的治理需求，利用数字技术推动基层治理模式创新成为必然选择。2021 年发布的《中共中央、国务院关于加强基层治理体系和治理能力现代化建设的意见》就明确提出了"提高基层治理社会化、法治化、智能化、专业化水平"的要求。2022 年发布的《国务院关于加强数字政府建设的指导意见》（国发〔2022〕14 号）也提出"实施'互联网＋基层治理'行动，构建新型基层管理服务平台，推进智慧社区建设，提升基层智慧治理能力"等目标。基层治理数字化水平的不断提升，既有效提升了基层治理的能力，促进了基层治理的现代化进程，也在更广阔的维度上展现了数

---

　　* 原载于《浙江学刊》2023 年第 5 期，第 5—11 页。本书出版时根据实际情况，对正文内容作了文字调整。

字治理的重要价值及其未来可能。

一、基层治理数字化的意义与价值

习近平总书记在中央全面深化改革委员会第二十五次会议上指出："要全面贯彻网络强国战略，把数字技术广泛应用于政府管理服务，推动政府数字化、智能化运行，为推进国家治理体系和治理能力现代化提供有力支撑。"[①] 近年来，我国数字治理的发展势头良好，数字化的软硬件系统建设日趋完善，数字治理系统的应用范围也从交通拥堵治理逐步拓展到包括城市安全、应急消防、公共卫生、基础设施管理等在内的多个领域。面对基层治理中的诸多难题，数字治理亦展现了其独特价值，成为推动基层治理现代化的重要引擎。

（一）缓解基层"人少事多"的治理困境

在条块制的政府结构下，"上面千条线，下面一根针"是对基层工作状态的形象描述。近年来，社会治理的重心向基层下移，基层治理的重要性越发凸显。在加强基层治理能力建设的总体要求下，基层的行政执行能力、公共服务能力、组织协调能力等都得到进一步强化，相应的考核要求和监督问责也随之强化。但由于种种原因，基层治理主体的人员、编制、经费等并没有得到与工作任务相匹配的增加。"人少事多"的治理困境在很大程度上可能导致基层对重要任务的选择性执行、推诿避责乃至治理的整体性失效。

数字化治理方式的出现为突破这一困境提供了助益。借助大数据、自

---

① 《习近平主持召开中央全面深化改革委员会第二十五次会议强调加强数字政府建设推进省以下财政体制改革》，载《人民日报》2022年4月20日，第1版。

动化算法决策等数字科技，治理主体可以进一步优化办事流程，革新办事方式，减少人工成本，提升行政效率。例如，在目前的道路交通管理中，大量自动化监控设备已经能够比较准确地识别和记录违法事实，甚至可以初步完成违法行为和相关法律责任认定，这在很大程度上解放了一线交通执法人员。再如，基于大数据展开的分析决策能够较为精确和高效地识别基层治理的风险点，减少人工逐家逐户进行风险排查的工作负担。总之，面对基层治理资源的匮乏，现代科技有效地提升了治理效能。

（二）回应基层治理中复杂的信息需求

事实上，即便是在前数字化时代，"数目字管理"也是基层治理中的重要手段。在面对复杂的行政工作时，"摸清底数"往往是开展各项工作的前提。在此基础上，基层行政组织才能有效制订计划、布置工作、开展动员。但对基层而言，如何及时、准确地收集相关信息是一大难题，尤其是随着基层承担的治理任务日趋繁重，基层社会的形态和诉求也日趋多样复杂，需要收集的信息数量增多、变化频繁。日常工作中，基层要花费大量时间和精力去完成各类信息的采集、更新、上报等工作，同时还要面对居民配合意愿不高、信息不够准确等问题。

数字治理的核心是数字技术驱动的平台化治理，这一模式能够大大提升数据处理的能力，优化数据处理的方式，从而更好回应基层治理中复杂的信息需求。大部分数字化治理平台有统一的数据底座和格式，并支持从多种途径实时更新活性数据，这能够在很大程度上减少人工的调查和登记等程序，同时还可以提升信息查询和提取的便利度，节省大量人力和时间成本。此外，基于数字化治理平台开展的活动本身就带有数字化特征，相关数据可以自动反馈至平台，进一步丰富平台的信息储量，更好助力基层治理工作的开展。

（三）提升基层治理的精准度和前瞻性

传统行政法尤其是行政组织法主要围绕政府的行政职能展开，缺乏对公众诉求的全面了解和回应。[①] 在这一行政组织模式下，由于信息不完备、不对称现象的存在，由政府主导提供的一部分公共服务供给未能与服务需求准确匹配，服务效率不高。[②] 数字治理的引入重新塑造了权力运行的方式：一方面，数字化的平台可以实时接收来自公众的各类诉求，并通过数字系统实现各部门联动，迅速完成问题诊断和问题解决，真正实现"以人民为中心"的治理；另一方面，依托大数据和智能算法，数字化平台可根据基层实际工作需求开发相应的工作台账，提供智能标签、要素数据管理等功能，更加精准和敏锐地识别基层治理中的各项需求，提升响应效率，在"群众找政府"的同时也实现"政府找群众"。

与此同时，数字治理还可以有效提升基层治理的前瞻性。《国务院办公厅关于全面推行行政执法公示制度执法全过程记录制度重大执法决定法制审核制度的指导意见》（国办发〔2018〕118 号）曾经提出："加强对行政执法大数据的关联分析、深化应用，通过提前预警、监测、研判，及时发现解决行政机关在履行政府职能、管理经济社会事务中遇到的新情况、新问题，提升行政立法、行政决策和风险防范水平，提高政府治理的精准性和有效性。"在海量数据的基础上，治理主体可借助自动化算法，超越个案对潜在的社会治理风险进行分析、识别、分类、预判，使风险事件更加具象化、可视化，增强对风险的感知能力和定性能力，在风险转化为现实损害之前完成有效处置，真正实现基层矛盾风险化解关口的前移。

---

① 参见高秦伟：《数字政府背景下行政法治的发展及其课题》，载《东方法学》2022 年第 2 期。
② 参见江小涓：《大数据时代的政府管理与服务：提升能力及应对挑战》，载《中国行政管理》2018 年第 9 期。

（四）重塑基层治理权责分配的逻辑

数字技术不仅在工具意义上提升了基层治理的效率，还深刻地改变着基层治理的结构和逻辑。我国长期以来按照专业职能划分政府部门，同时实行条块分割的管理体制，政府所属各部门的横向连接不够，导致出现"因分工过细造成部门林立、职责交叉和多头指挥；因组织僵化造成资源割裂、流程破碎；因本位主义造成整体效能低下、公务人员权力本位"[①]等问题，从根本上影响整体政府理念的实现。数字治理系统的引入和使用，实质上是以数字化平台为中心，以社会实际需求为导向，对基层治理权责进行重新配置。居于中心的数字化平台一端能够及时、有效地对接社会需求，另一端能够通过并联办理、派单、交办、转办等方式形成对政府及其职能部门的工作引导。通过压缩政府间纵向层级和整合政府间横向权力，数字治理系统极大地提升了行政回应性，更好满足了公众的需求。从治理结构上看，这也有利于打破政府内部各个职能部门之间、政府与社会之间的屏障，并激活国家行政权力之外的社会力量，突破所谓"行政有效，治理无效"的困境，真正形成多元和开放的治理系统。例如，近年来浙江省把"最多跑一次"改革的理念延伸拓展到社会治理领域，坚持共建共治共享原则，整合县级信访和矛盾纠纷化解资源，建设县级社会矛盾纠纷调处化解中心，将解决信访矛盾问题所涉及的司法资源、行政资源和社会资源集中在一个地方，变多中心为一个中心，确保实现社会矛盾纠纷的"一站式接收、一揽子调处、全链条解决"，取得了良好的效果。[②]

[①]　王敬波：《面向整体政府的改革与行政主体理论的重塑》，载《中国社会科学》2020 年第 7 期。

[②]　参见中华人民共和国国务院新闻办公室网站：《浙江举行县级社会矛盾纠纷调处化解中心建设新闻发布会》，http://www.scio.gov.cn/xwfbh/gssxwfbh/xwfbh/zhejiang/Document/1683693/1683693.htm，2023 年 7 月 10 日访问。

二、基层治理数字化面临的主要问题

（一）分散和重复建设影响数字治理的整体效能

数字化系统的有效运行需要依赖一系列数字资源和数字基础设施，如公共数据、数字化的平台和系统等。从当前实践来看，各类数字资源和数字基础设施在纵向和横向上没有完全打通，各机构间无法共享。承担治理任务的各主体更倾向于选择重新搭建平台、收集数据，而较少选择在其他主体已搭建的平台上接入服务，导致出现分散建设、重复建设等现象。加之数字化系统的升级迭代迅速，部分系统在更新过程中被废弃，相关主体选择"另起炉灶"开发新的系统，造成大量资源浪费。各层级政府和各部门独立开发的系统与系统之间相互独立、互不联通，也影响了治理网络的形成和治理效能的提升。例如，由于不同数字系统的口径和标准不一，数据的共享交换难以做到全自动化，重复录入、人工补录等导致工作效率受到很大影响。此类问题产生的原因是多方面的，既可能包括顶层制度设计不够充分，未能对数字治理系统的开发和部署进行整体统筹，导致各部门沟通不畅，也可能包括各部门、各系统在推进数字化建设的过程中存在部门利益倾向，试图通过抢占重要数字资源来固化本部门利益。但无论如何，数据和系统的互通程度低已成为影响数字治理整体效能的重要因素，亟待破除。

（二）数字系统的性质和定位不清晰

如前所言，数字治理并非简单的办公系统电子化和办事流程优化，其同时也会引发包括行政组织在内的深刻变革。当前实践中，部分城市建立了专门的组织和机构，以承担数字化系统和平台的运维工作。这些组织和机构虽然在实践中发挥了极其重要的作用，但其法律性质和定位十分模糊。从行政组织法的基本原理出发，公共机构须遵守"法定职权必须为，法无授权不可为"的要求，但此类组织机构具有何种地位和职权并不清楚，其与传统条块结构下的一级政府及其组成部门之间的关系也并不清晰，难以落入传统行政组织法的框架中。[①] 例如，北京市制定了《北京市接诉即办工作条例》，该条例明确规定"本市设立 12345 市民服务热线及其网络平台，作为受理诉求人诉求的主渠道"，同时规定由市民热线服务工作机构负责接诉即办平台的管理、运行、维护。但这是否赋予了市民热线服务工作机构新的组织法地位，使其享有了独立的行政职权？抑或并未改变原有的职权结构，只是在行政系统内部增加了一项收集信息（接诉）和处理信息（派单）的工作机制，相应职权依然归属于管理市民热线服务工作机构的市政府服务局？此类问题在理论和实践上还未形成统一的认识。

更进一步而言，数字化的治理方式出现后，其与传统的非数字化的治理方式将会发生碰撞和融合，高效、精准的数字化治理必将对非数字化治理的流程、手段、方式产生影响，倒逼其进行改革。此时，数字化与非数字化这两种系统如何融合就成为一个重要问题。例如，当数字系统已经具备了"一网通办""一站式处理"等高效服务的能力后，从宪法规定的"一切国家机关实行精简的原则"出发，是否应当对非数字化的工作系统和相应机构、人员、编制进行精简，并基于此重构行政组织体系？但从另一个角度来看，若由数字化系统完全取代非数字化系统，实现治理体系的全面数字化，是否会加剧"数字鸿沟"等问题，影响基本公共服务的可及性？国务院办公厅印发的《关于切实解决老年人运用智能技术困难的实施

---

① 参见王敬波：《数字法治政府的行政组织法问题及其探析——基于 12345 平台的法律地位探讨》，载《中国法治》2023 年第 6 期。

方案》就明确指出："我国老龄人口数量快速增长，不少老年人不会上网、不会使用智能手机，在出行、就医、消费等日常生活中遇到不便，无法充分享受智能化服务带来的便利，老年人面临的'数字鸿沟'问题日益凸显。"①《国务院关于加强数字政府建设的指导意见》（国发〔2022〕14 号）亦要求"围绕老年人、残疾人等特殊群体需求，完善线上线下服务渠道，推进信息无障碍建设，切实解决特殊群体在运用智能技术方面遇到的突出困难"。

（三）数据安全与数据利用之间的张力凸显

构建数字治理系统，最核心的要素是数据。一方面，无论是对社会风险的预判，还是提供更加精准的公共服务，都离不开海量数据的支撑；但另一方面，数据承载着社会公共利益、个人人格利益等多重价值，对数据的开发利用也会使数据安全风险进一步显露。从实践来看，基层数字治理中，数据利用与数据安全之间存在着较为明显的张力，具体表现在三个方面：其一，治理主体能够基于何种治理需求收集哪些数据尚不清晰，实践中相关主体倾向于尽量多收集数据，可能存在过度收集数据的情况；其二，数据利用、保存的规则和制度体系尚不健全，数据泄露、数据滥用等情况时有发生；其三，公共数据的开放和共享制度未能完全落地，部分机关将数据视为本部门的资产，以保障数据安全等理由拒绝共享，导致数据的价值无法充分发挥。部分机关在向其他机关提出数据共享的需求时，由于缺乏制度化的正式渠道，往往采用"一事一议"的方式通过非正式渠道获取。这既影响数据共享利用的整体效率，也因缺乏相应制度保障而存在一定风险。

---

① 国务院办公厅印发《关于切实解决老年人运用智能技术困难实施方案的通知》（国办发〔2020〕45 号）。

　　总体而言，尽管我国已经制定颁布了《网络安全法》《数据安全法》《个人信息保护法》等一系列法律，《中共中央、国务院关于构建数据基础制度更好发挥数据要素作用的意见》的出台也已为数据利用划定了基本准则，但囿于数据本身的复杂特性，目前还尚未能够确立一套平衡数据利用和数据安全的制度体系，公共数据的开放共享依然面临着较多的障碍。

（四）法治保障和支撑不足

　　当前，数字技术在公共治理中的运用已经日益广泛，但其法治保障严重不足。尤其值得注意的是，数字技术在公共治理中的运用涉及公共资源的分配、公共利益的实现和相关主体权利的保护，关涉数字技术的伦理责任边界等问题。由大数据、智能算法等数字技术结合形成的"数字权力"与政府所具有的行政权力相结合，将形成强大的"数治"体系。按照学者的分析，这一治理模式存在自我指涉及自我强化的特性，其赋能效应可能加剧行政权力与相对人权利关系结构的失衡，其对行政法治所遵循的规则之治、理由之治、程序正义、权利救济等价值和机制都将带来挑战。[1] 因此，以法律规则为数字治理划定边界、提供保障显得尤为重要。"既要通过数字技术赋能政府治理提升法治政府建设数字化水平，又要融入法治价值导向确保数字政府建设始终在法治轨道上前进，这是健全完善政府治理体制机制的重要方面。"[2]

　　我国现有立法对数字技术的商业应用有相对全面和充分的规范，但对数字技术在公共领域应用的回应严重不足。例如，《个人信息保护法》虽然设专节就国家机关处理个人信息作出了特别规定，但其规则供给并不充分，无法全面规范国家机关处理个人信息的活动。《数据安全法》虽然设

---

　　[1]　参见王锡锌：《数治与法治：数字行政的法治约束》，载《中国人民大学学报》2022 年第 6 期。
　　[2]　贺小荣：《以习近平法治思想为引领推进数字法治政府建设》，载《中国法治》2023 年第 6 期。

专章对"政务数据安全与开放"作出了规定，但相关规定都较为原则，没有为政务数据的开放共享提供清晰、明确、稳定的法律环境。虽然部分地方在地方立法中进行了一定探索，但是当前数字治理相关规则主要还是以规范性文件为主，缺乏正式的、高位阶的立法。

三、完善数字治理制度体系的路径

（一）在整体政府理念指导下强化顶层设计和统筹

习近平总书记指出："全面依法治国是一个系统工程，要整体谋划，更加注重系统性、整体性、协同性。"[①] 数字治理的完善同样需要强化系统观念，坚持整体协同，加强系统集成。如前所言，数字治理的核心不在于流程和方法的优化，而在于以数字平台为核心的组织重塑和政府职能再造。为此，应当在整体政府理念的指导下，通过完善数字治理平台的建设，提升跨层级、跨地域、跨系统、跨部门、跨业务的协同治理水平，形成多元开放的有效治理网络。"既要注重不同条线上的全系统一体化，又要兼顾各行业全业务协同化。"[②]

为有效落实上述理念，需要强化顶层设计和统筹。有研究指出，数字政府转型是一项综合性的、自上而下的治理变革，领导愿景、政治及行政层面的领导承诺对数字化变革至关重要。[③] 为有效解决系统分立、部门割据的现象，应当进一步强化中央层面对数字政府建设的统筹领导，通过成

---

① 习近平：《坚定不移走中国特色社会主义法治道路为全面建设社会主义现代化国家提供有力法治保障》，载《求是》2021年第5期。
② 吕艳滨：《推动政府治理法治化与数字化深度融合》，载《中国党政干部论坛》2022年第12期。
③ 参见蒋敏娟、黄璜：《数字政府：概念界说、价值蕴含与治理框架——基于西方国家的文献与经验》，载《当代世界与社会主义》2020年第3期。

立相关领导小组等方式构建整体联动协同机制。[①] 应适时出台国家层面数字政府建设的统一规划，破除部门利益，明确各方主体的权责分配，推进重要数字基础设施和要素的标准体系建设。与此同时，可考虑交由省一级主责部门统筹出台具体的建设方案，设计相应的控制机制和调节激励手段，对规划和资金进行总体统筹，整合分散的数字化系统，从根本上解决分散投入、重复投入等问题，真正形成系统集成的优势。

（二）促进线上和线下治理系统的有机结合

在数字化治理全面推开的同时，应当进一步考虑线上和线下治理系统的融合统一问题，重视数字治理技术对现有机构、流程、方法的改革倒逼效应，真正实现降低成本、节约资源、提高效率。当前，政府的数字化转型更多聚焦于单纯的技术应用，未能与政府职能转变等根本性任务实现深度融合和高效协同。[②] 未来，一方面，应当更加重视数字化治理平台对行政组织结构的革新，探索其法律地位，厘清综合性数字化治理平台与基于专业分工形成的政府各部门之间的权责关系，促进线上与线下治理系统的深度融合和相互补充；另一方面，应当充分评估线上治理系统的实际功效，对线下系统进行适当的精简和改造，科学调整职能、机构和人员，推动政府形态虚拟化、组织结构弹性化。[③] 考虑到我国公民数字素养严重不平衡的现实，在未来一段时间内，应在充分评估的基础上保留基本公共服务的线下供给，国务院办公厅印发的《关于切实解决老年人运用智能技术困难的实施方案》就明确要求，"在各类日常生活场景中，必须保留老年人熟悉的传统服务方式，充分保障在运用智能技术方面遇到困难的老年人

---

① 参见解志勇：《数字法治政府构建的四个面向及其实现》，载《比较法研究》2023 年第 1 期。
② 参见鲍静：《全面建设数字法治政府面临的挑战及应对》，载《中国行政管理》2021 年第 11 期。
③ 参见江小涓：《加强顶层设计解决突出问题协调推进数字政府建设与行政体制改革》，载《中国行政管理》2021 年第 12 期。

的基本需求"①。

此外，还应当高度重视科技企业在数字治理中发挥的作用。数字治理所依托的平台绝大部分由科技企业开发并提供运维支持。在这个过程中，行政权力与科技企业深度互嵌，政企合作应采取何种模式值得关注。② 从实践来看，由于数字系统建设的成本高企、技术复杂，无论是数据采集、数据挖掘还是智能化解决方案的提出，均离不开科技企业的参与，大量公共服务甚至直接由科技企业实际提供，这在事实上赋予了科技企业对部分公共事务的"技术主导权"。从确保基层治理公共性的要求出发，享有如此重要地位的科技企业不能完全隐匿在行政权力和数字化系统之后，而应当承担一定的专业责任，在数据确权、数据安全、算法透明与技术规制中积极与政府、社会组织等合作，形成良性的数字治理生态。③

（三）构建行之有效的公共数据共享和开放制度

数据是驱动数字治理的最底层也最关键的要素。近年来，多份重要的文件都对公共数据的利用提出了要求。《国民经济和社会发展第十四个五年规划和 2035 年远景目标纲要》明确提出"加强公共数据开放共享"，并要求"建立健全国家公共数据资源体系，确保公共数据安全，推进数据跨部门、跨层级、跨地区汇聚融合和深度利用"。《法治政府建设实施纲要（2021—2025 年）》也提出："建立健全政务数据共享协调机制，进一步明确政务数据提供、使用、管理等各相关方的权利和责任，推动数据共享和业务协同，形成高效运行的工作机制，构建全国一体化政务大数据体系，

---

① 国务院办公厅印发《关于切实解决老年人运用智能技术困难实施方案的通知》（国办发〔2020〕45 号）。

② 参见余凌云：《数字政府的法治建构》，载《中国社会科学院大学学报》2022 年第 1 期。

③ 参见孟天广：《数字治理生态：数字政府的理论迭代与模型演化》，载《政治学研究》2022 年第 5 期。

加强政务信息系统优化整合。"《国务院关于加强数字政府建设的指导意见》(国发〔2022〕14号)则提出："推进社会数据'统采共用',实现数据跨地区、跨部门、跨层级共享共用,提升数据资源使用效益。推进公共数据、社会数据融合应用,促进数据流通利用。"

上述要求之所以迟迟未能落地,主要原因在于作为公共数据采集和开发主体的地方政府及其部门缺乏共享开放的激励,同时还须承担共享开放后的数据安全风险。加之垄断数据可能带来部门利益,地方政府及其部门自然倾向于少共享或不共享。未来应当着眼于上述问题的解决,从制度上统一公共数据的标准、搭建数据共享和调用的接口,强化数据调用、提供、比对等功能的实现,以高位推动打破"数据孤岛"和"数据烟囱"的障碍。同时应进一步细化数据安全和个人信息保护的规则,从部门职责的角度明确各方权利义务,建立相关的激励和监督问责机制,从而构建起行之有效的公共数据共享和开放制度。

(四)强化数字治理的法治供给

《法治政府建设实施纲要(2021—2025年)》提出:"及时跟进研究数字经济、互联网金融、人工智能、大数据、云计算等相关法律制度,抓紧补齐短板,以良法善治保障新业态新模式健康发展。"强化数字治理领域的法律制度供给是当前数字治理的重要任务。一方面,加强立法可以将当前已经取得的成果固定下来,为改革创新提供合法性基础;另一方面,加强立法也可以为数字技术的应用划定边界,确保数字技术能够在法治轨道上有序运用,真正发挥法治对数字治理固根本、稳预期、利长远的作用。

具体而言,应当考虑从以下几个方面完善数字治理的法律制度供给:第一,立法应当坚持系统观念,具备整体性思维,并做到适度超前。数字领域的技术更新迭代十分迅速，而新技术的发展和应用往往会带来各种各样的新问题。如果立法只能跟在实践的后面亦步亦趋，就可能成为"头痛医头，脚痛医脚"的修修补补，造成规则碎片化。因此，立法需要坚持系统观念，科学合理地统筹分配立法资源，确保法律体系内部的和谐统一；同时也要保持一定的开放性和前瞻性，为技术发展保留一定空间。第二，立法的层次和形式可以多样化。在立法层级上，可结合具体情况推进多层次立法：对于已经具备基本共识、需要在全国范围内统一的基本事项，可以通过制定法律或行政法规予以规范；对于尚未统一认识、需要地方先行先试、需要充分发挥地方特色的，鼓励出台地方性法规或地方政府规章。① 在立法形式上，既可以制定一些基础性、系统性的"大块头"，也可以制定一些突出时效性、实用性的"小快灵"，关键在于增强立法的针对性、适用性、可操作性。第三，立法应当处理好政府数字权力和公民数字权利之间的平衡关系。数字治理带来了治理效率的提升，但同时也存在着侵蚀相对人的程序性权利等一系列风险，需要妥善应对。《国务院关于加强数字政府建设的指导意见》就明确要求"依法依规推进技术应用、流程优化和制度创新，消除技术歧视，保障个人隐私，维护市场主体和人民群众利益"。数字治理相关立法应当妥善处理好确保行政任务实现和保护公民、法人及其他组织权利的关系，避免个体在数字技术的面前丧失人格的主体性，防止数字行政异化。② 第四，立法应当处理好改革与法治的关系，使改革和法治相辅相成，做到在法治下推进改革，在改革中完善法治。

---

① 参见孔祥稳：《面向人工智能风险的行政规制革新——以自动驾驶汽车的行政规制为中心而展开》，载《行政法学研究》2020年第4期。

② 参见马长山：《数字法治政府的机制再造》，载《政治与法律》2022年第11期。

第六节　数字法治政府的内涵特征、基本原则及建设路径*

我国行政机关的数字化转型经历了从"电子政务"到"数字政府"的演变。数据驱动、智能泛在、平台中心构成数字政府的三个重要特征。为调和数字技术与法治之间的张力，"数字法治政府"的命题得以形成。建设数字法治政府，必须坚持以人民为中心，坚持全局观念和系统思维，坚持推动数字技术与法治系统的良性互动，坚持多重价值目标的动态平衡，坚持治理规则体系的开放多元。未来应从四个方面着手推进数字法治政府建设：在基础资源层面，应当进一步健全数据和信息处理规则；在组织规则层面，应当基于整体政府和平台中心理念对行政组织法律制度进行重塑；在行为规则层面，应当进一步强化算法行政的法治约束；在责任规则层面，应当清晰厘定复合化的责任并实现监督方式的完善。数字法治政府建设将促进行政法学和行政法律制度在数字时代的转型。

建设数字中国是数字时代推进中国式现代化的重要引擎，是构筑国家竞争新优势的有力支撑。习近平总书记在中央全面深化改革委员会第二十五次会议上指出："要全面贯彻网络强国战略，把数字技术广泛应用于政府管理服务，推动政府数字化、智能化运行，为推进国家治理体系和治理能力现代化提供有力支撑。"[①] 近年来，我国数字技术发展迅速，尤其是公共行政的数字化转型成为数字中国建设的重要组成部分。但数字技术对传统社会结构和法律结构造成的冲击和挑战也日益凸显，处理好"数字"与"法治"的关系成为重要关切。法治政府建设是全面依法治国的重点任

---

　*　原载于《华东政法大学学报》2024 年第 3 期，第 6－22 页。本书出版时根据实际情况，对正文内容作了文字调整。

　①　《习近平主持召开中央全面深化改革委员会第二十五次会议强调加强数字政府建设推进省以下财政体制改革》，载《人民日报》2022 年 4 月 20 日，第 1 版。

务和主体工程，《国务院关于加强数字政府建设的指导意见》及中共中央、国务院印发的《法治政府建设实施纲要（2021—2025 年）》均明确提出"建设数字法治政府"的重要命题，为"数字政府"和"法治政府"建设指明了新的方向。下文拟从"建设数字法治政府"这一命题的形成出发，就数字法治政府建设应遵循的基本原则和重点任务作出探讨，以期为行政法学和行政法律制度在数字时代的转型探索方向。

一、数字法治政府概念的形成与提出

数字化和法治化是现代化政府必须具备的两重内涵。我国政府的数字化转型经历了从"电子政务"到"数字政府"的迭代；党的十八大以来，法治政府建设被定位为全面依法治国的重点任务和主体工程，亦取得了长足进步。数字政府建设与法治政府建设的汇流促成了"数字法治政府"命题的诞生。

（一）数字政府的历史沿革与发展迭代

科学技术是第一生产力。早在 20 世纪 80 年代，我国政府就已经敏锐地意识到信息科技对生产力的重大意义，开始大力推动电子化、自动化办公系统的建设。1986 年，国务院对国家计委《关于建设国家经济信息自动化管理系统若干问题的请示报告》作出批复，决定以国家经济信息主系统为基础，组建国家经济信息中心。[①] 1993 年，由中央主要部门发起的"三金"工程（"金桥""金关""金卡"）成为最早的电子化工程。[②] 1999

---

① 参见《国务院关于建立国家经济信息自动化管理系统若干问题的批复》（国函〔1986〕25 号）。

② 参见《"三金"工程将推进国民经济信息化》，载《电子科技导报》1994 年第 1 期，第 28 页。

年启动的"政府上网工程"提出了以下目标：1999 年年内 60％以上国家机关、部委办及各级部门建立网上站点，到 2000 年年底实现 80％的政府部门上网。① 2000 年召开的中国共产党十五届五中全会提出了"大力推进国民经济和社会信息化"的战略部署，第九届全国人大第四次会议 2001 年批准的《中华人民共和国国民经济和社会发展第十个五年计划纲要》作出了"加速推进信息化"的规划，并明确提出要推进政务领域和其他公共事业领域的信息化进程。这一系列政策在很大程度上推动了"电子政务"和"政府信息化"等理念的落地落实。② 2002 年，中共中央办公厅、国务院办公厅转发了《国家信息化领导小组关于我国电子政务建设指导意见》，对电子政务建设的指导思想和原则、主要目标和任务、主要措施等作出了系统部署，为电子政务的发展绘制了整体蓝图。2003 年通过的《行政许可法》第 33 条明确提出了"电子政务"的概念，学界也提出了制定电子政务法的主张。③

随着移动互联网、大数据、人工智能等新一代数字技术的发展，电子政务工程很快完成了彻底的升级迭代和重塑，更为全面和深刻的"数字政府"命题得以形成。沿着传统电子政务建设的脉络，2016 年国务院政府工作报告中提出了"互联网＋政务服务"的概念，要求实现部门间数据共享，让居民和企业少跑腿、好办事、不添堵。"互联网＋"行动计划的本意在于充分发挥互联网在生产要素配置中的优化和集成作用，更好地彰显互联网的创新价值。其与政务服务的联结则表明数字技术与公共行政亦可

① 参见《政府上网工程启动电视电话会议在京召开》，载《信息化建设》1999 年第 2 期，第 25 页。

② 参见乌家培：《我国政府信息化的过去、现在与未来》，载《中国信息导报》1999 年第 9 期，第 7－9 页；徐顽强：《"数字政府"与政府管理体制的变革》，载《科技进步与对策》2001 年第 11 期，第 25－27 页。

③ 参见周汉华：《电子政务法研究》，载《法学研究》2007 年第 3 期，第 3－19 页。

发生深度结合，更新政府治理的面貌。这一计划也成为我国数字政府建设的新起点。

经过数年发展，我国数字政府建设已取得重大成效，一系列重大政务信息系统基本建成，政府治理的效率和水平得到极大提高；通过与"放管服"等重大改革措施的深度融合，数字政府建设转变政府职能的推动作用也逐步显现。[①] 在此背景下，党的十九大提出要建设网络强国、数字中国、智慧社会，党的十九届四中全会提出要"推进数字政府建设"，2021年国务院政府工作报告则专门就"加强数字政府建设"作出论述，《国务院办公厅关于建立健全政务数据共享协调机制加快推进数据有序共享的意见》《国务院关于加强数字政府建设的指导意见》《国务院办公厅关于印发全国一体化政务大数据体系建设指南的通知》等一系列顶层部署渐次发布，数字政府建设已然迈入快车道。

从发展脉络来看，我国早期推进的电子政务工程主要着眼于以电子化的信息系统来改善文牍流转方式、提高行政机关内部的工作效率，其本质是一种行政管理系统的革新。但随着数字技术的不断发展，新一阶段的数字政府建设更加强调利用数字技术支撑政府全面履行其各项法定职责，尤其是那些与社会公众需求直接相关的公共服务职能；同时还更加注重依托数字化的行政方式反向推动政府治理结构的更新和完善。这一趋势与世界范围内主要国家数字政府的建设发展趋势具有高度契合性。世界经合组织（OECD）从2003年开始进行电子政务相关研究，并发布了多份国别研究报告。2014年，世界经合组织理事会发布了《关于数字政府战略的理事会建议》。该建议对电子政务的定义是"政府利用信息和通信技术，尤其是互联网，作为改善政务的工具"，对数字政府的定义是"利用数字技术

---

① 参见鲍静：《全面建设数字法治政府面临的挑战及应对》，载《中国行政管理》2021年第11期，第9—10页。

创造公共价值，是政府现代化战略的组成部分"。可以看出，相比于前者，后者不再仅将技术视为服务于既定行政工作的工具，而更加强调数字技术在创造新的公共价值和推动政府现代化转型上的作用。该建议同时提出，政府在利用数字技术方面已经进入新阶段，应推进从电子政府向数字政府的范式转型，以期实现公共部门的开放、创新和现代化。[①]

（二）数字政府的核心要素与基本特征

尽管在公共行政的演化进程中，技术应用的支持作用一直是醒目的，但传统的技术对制度变革的作用并没有像数字技术一样深刻和广泛。[②] 学界普遍认同，数字技术与公共行政的结合不仅提高了行政效率，同时也对政府的理念、制度、行为方式等产生了全方位的影响，甚至从根本上重塑了政府形态。世界经合组织 2020 年发布的一份报告正式提出了数字政府六个方面的基本要求，并将其作为经合组织数字政府政策的基本框架。这六个方面的要求分别是：设计数字化（Digital by Design），即建立明确的组织领导和协调执行机制，将数字化纳入整体政策过程；数据驱动（Data-driven），即将数据作为重要的战略资产，应用于公共政策的规划、执行和监督中以创造公共价值，并确保数据的可用和安全；政府即平台（Government as a Platform），即将政府视为满足用户需求的平台，提供清晰透明的指南和工具，实现以用户为导向的一致的、无缝隙的、集成的、主动的和跨部门的服务；默认开放（Open by Default），即将政府数据和决策过程向公众开放，以促进公众参与；用户驱动（User-driven），即以公众的需求和便利性为中心来设定程序、提供服务和制定政策；主动性与

---

① See OECD，Recommendation of the Council on Digital Government Strategies，OECD/LEGAL/0406.

② 参见于安：《论数字行政法——比较法视角的探讨》，载《华东政法大学学报》2022 年第 1 期，第 7 页。

前瞻性（Proactiveness），即政府和公务人员能够预测公众的需求并迅速作出反应，避免公众陷入烦琐的程序。①

上述六个方面的要求描述了当前数字政府的理想形态，也反映出数字技术对公共行政的深刻影响。从实践来看，世界各国的数字政府建设虽然因文化、制度、技术等方面的差异而存在侧重点上的区别，但均呈现出一些共同的特征。其原因在于，数字技术的发展本身有其内在逻辑和规律，无论与其结合的对象是公共行政还是商业活动，都无法背离这些规律。与数字技术在商业领域的应用相类似，公共行政的数字化转型也主要围绕数据、算法和平台展开，形成了以下三个方面的核心要素：

其一是数据驱动。大数据时代，数据的量级和对数据的利用能力都呈几何级数增加，数据的价值得以充分彰显；加之行政机关掌握的公共数据通常具有体量庞大、所涉场景广泛、真实性高、颗粒度细等特点，其可用性极高，对政府治理所起到的支撑作用巨大。依托丰富的公共数据，政府履职获得了更加充分的信息供给，形成了更加多元的治理手段，能够更加精准地满足各种需求。这在很大程度上解决了传统治理模式中的积弊和难题，大幅提升了政府治理效能。② 因此，《国务院关于加强数字政府建设的指导意见》明确提出"坚持数据赋能"，要求"充分发挥数据的基础资源作用和创新引擎作用"。可以说，数字政府是由数据驱动的政府，数字化行政的底层逻辑是基于海量数据支撑的行政活动。

其二是智能泛在。推动大数据时代根本性变革的另一核心技术是人工智能。国务院在2017年发布的《新一代人工智能发展规划》中就提出了"智能政务"的概念，要求"开发适于政府服务与决策的人工智能平台，

① See OECD, The OECD Digital Government Policy Framework: Six dimensions of a Digital Government, OECD Public Governance Policy Papers, No. 2, 2020.

② 参见江小涓：《大数据时代的政府管理与服务：提升能力及应对挑战》，载《中国行政管理》2018年第9期，第6-9页。

研制面向开放环境的决策引擎,在复杂社会问题研判、政策评估、风险预警、应急处置等重大战略决策方面推广应用"。从实践来看,人工智能首先在具体的执法场景中得到广泛应用。在干预行政场景下,道路交通部门设置的自动化监控设备能够比较准确地识别和记录违法事实,甚至可以初步完成法律责任认定;市场监管部门采用的智能模型可以基于大数据对市场主体实施违法行为的风险进行识别,从而采取更加精准的监管措施,实现"无处不在,无事不扰"。在授益行政场景下,自动化审批系统已得到广泛应用,当事人仅需按照相关要求上传材料,便可获得即时的答复。智能算法通过预先设定的程序,在特定场景中作出自动化决定,既能节省决策成本、提高效率,也能以更加客观、稳定和科学的判断来规避主观臆断、选择性执法等问题,其强大的算力还可进一步助力行政机关展开趋势分析、风险研判。可以说,智能系统的广泛应用正是数字时代最重要的趋势之一,同时也是数字红利最大的贡献者之一。

其三是平台中心。在数字化转型中,各级政府通过搭建数字化的政务平台,重新联结了公众与政府,重构了行政权运行的方式。在整个行政过程中,联结公众与政府的数字化平台居于中心,一端能够依托数字技术在信息传递上的巨大效能及时、有效地对接社会需求,另一端能够通过并联办理、派单、交办、转办等方式形成对政府及其职能部门的工作引导和监督,以公众需求为核心驱动行政权力的运行,"形成了平台主体、供给主体、需求主体交叠互动的平台范式架构"[1]。近年来,我国大力推进全国一体化政务服务平台建设,以优化政务平台功能为中心,全面提升公共服务的数字化水平,取得了重要成绩。按照国务院办公厅的统计,当前政务服务事项网上可办理率已达90%以上。[2]"最多跑一次""一网通办""一

---

[1] 马长山:《数字法治政府的机制再造》,载《政治与法律》2022年第11期,第20页。
[2] 参见《国务院办公厅关于印发全国一体化政务大数据体系建设指南的通知》(国办函〔2022〕102号)。

网统管""一网协同""接诉即办"等实践创新极大提升了行政回应性，更好地满足了公众的需求，也从根本上引发政府形态的转变。

(三) 数字政府建设与法治政府建设的耦合

在数字化行政日益兴起，数字政府建设成效逐渐彰显的同时，一系列因数字技术和公共行政权力相结合引发的问题与挑战也开始显现。一方面，从技术特性上看，技术本身不是完美无缺的，随着数字技术与行政权力的结合，数字技术固有的问题也随之嵌入公共行政过程中，带来诸多风险和挑战。例如，因算法设计缺陷、训练缺陷带来的算法歧视问题，因数据的大规模汇集而带来的数据安全问题，等等。由于行政权的行使过程多具有单方性和强制性特征，行政相对人缺乏通过自主意志选择和规避的可能，所以数字技术的固有缺陷在公共行政中可能带来更大的风险。另一方面，从权力特性上看，行政权本就带有积极主动塑造秩序的特征，加之当代公共行政更多着眼于风险的预防和控制，在与数字技术深度结合后，往往会形成所谓"数治"的治理模式。按照学界的观察，这一模式存在自我指涉和自我强化的特性，其赋能效应可能加剧行政权力与相对人权利关系结构的失衡，其对行政法治所遵循的规则之治、理由之治、程序正义、权利救济等价值和机制都将带来挑战。[1] 这些问题不仅影响到数字化转型的推进，也从根本上对数字化行政的正当性提出了拷问。

党的二十大明确提出了全面推进国家各方面工作法治化的要求。面对数字政府建设过程中出现的种种问题，充分发挥法治的引领、规范、保障作用，在法治轨道上推进数字政府建设成为必然要求。《国务院关于加强数字政府建设的指导意见》高度重视法治的功能和作用，作出"全面建设

---

[1] 参见王锡锌：《数治与法治：数字行政的法治约束》，载《中国人民大学学报》2022 年第 6 期，第 17-34 页。

数字法治政府"的部署，并提出了两个方面的具体要求：一方面，要在法治轨道上推进数字政府建设。数字化行政不能逸脱法律控制，无论是推进技术应用、流程优化，还是进行制度创新，都必须依法依规进行，"通过法治所倡导的公平、正义为数字政府建设提供价值导向"①，确保个体的合法权益不会受到侵犯。另一方面，法律体系本身也要与时俱进地适应数字政府建设的实际需求，回应前沿问题。对于经过实践检验行之有效的做法，应及时上升为法律制度规范；对于与数字政府建设不相适应的法律法规，应当及时修改完善，加快形成与数字政府建设相适应的法律法规框架体系。

与此同时，作为法治政府建设的纲领性文件，《法治政府建设实施纲要（2021—2025年）》也已注意到了数字化转型的重要性，同样提出了"健全法治政府建设科技保障体系，全面建设数字法治政府"的方针。《法治政府建设实施纲要（2021—2025年）》要求，运用互联网、大数据、人工智能等技术手段来促进和强化依法行政，着力实现政府治理信息化与法治化深度融合，并从信息化平台建设、政务数据共享、"互联网＋"监管执法三个方面提出了具体措施。这表明法治政府建设不能独立于数字化的时代浪潮之外，而应当充分借助数字技术补短板、强弱项，实现赋能增效。

综上，以建立现代政府治理体系为目标，数字政府建设与法治政府建设并不互斥，二者必然走向耦合。一方面，数字政府建设需要法治的引领、规范与保障，脱离了法治轨道的数字政府必然出现方向和价值的偏离，无法获得正当性，也不可能具备长久的生命力，因此现代化的数字政府必然是法治的数字政府。另一方面，法治政府建设必须借助数字技术的

---

① 贺小荣：《以习近平法治思想为引领推进数字法治政府建设》，载《中国法治》2023年第6期，第4-5页。

力量来提升其实效性，同时需通过建立健全法律制度回应数字技术广泛应用带来的各方面问题，因此现代的法治政府必然也是数字化的法治政府。

二、建设数字法治政府应遵循的基本原则

正如《法治政府建设实施纲要（2021—2025 年）》和《国务院关于加强数字政府建设的指导意见》均就相应工作设定了一系列基本原则，作为一项现代化工程的数字法治政府建设亦须通过明确基本原则来实现引导和整合，避免出现价值上的异化和方向上的偏离。

（一）坚持以人民为中心

数字法治政府建设必须坚持以人民为中心，始终把满足人民对美好生活的向往作为数字法治政府建设的出发点和落脚点，让数字法治政府建设成果更多、更公平地惠及全体人民。可以说，坚持以人民为中心是数字法治政府建设的核心原则和立场，也是推进数字化行政的"第一性原理"。正如《法治政府建设实施纲要（2021—2025 年）》将"人民满意"作为法治政府的内在要求，无论数字技术如何发展，在公共行政中得到如何广泛和深刻的应用，行政权的行使都不能偏离"人民满意"这一目的指向。

坚持以人民为中心，要求数字法治政府建设更多关注数字化行政对人民生产生活的积极作用，以人民的需求为导向，重塑行政的流程和方式；同时亦要求数字法治政府更好地回应人民关切，确保民众在数字法治政府建设中的实质性参与。世界经合组织提出，在数字政府建设中，各国已从"以政府为中心"（Government-centred）的模式（强调降低成本、提高效率和产出）逐渐过渡到"以用户为中心"（User-centred）的模式（强调更好地把握用户需求，以改善行政过程和提供个性化的服务），进而转向

"用户驱动"（User-driven）的模式（强调将用户需求置于数字化转型过程的核心，以提高成果质量并创造更高的公共价值）。后两者的差异在于，"以用户为中心"虽然也强调用户的作用，但意味着用户比较被动地等待参与行政过程，而"用户驱动"则描述了一种更加主动和嵌入式的公众角色。[①] 可以说，尽管民主性一直是公共行政的追求，但在传统条件下，行政机关并无足够的资源去对人民多样化的需求实现个别关照，以至于仅能通过代议机关或特定的民主参与程序来确保民主价值。正是数字技术的广泛应用，才让公众主导的行政真正成为可能。

在政府的数字化转型中，数字化系统的建设情况是可观测的显性指标，社会公众的满意度是主观性更强的隐性指标。加之大量的建设要求均由上级机关统一部署，自上而下、由内向外发力[②]，这就有可能导致政府的数字化转型出现政绩导向和形式主义，背离人民的真正需求。当前，实践已在一定程度上反映出上述问题，例如：部分行政机关存在一定的部门主义倾向，试图通过掌控数字基础设施、抢占重要数字资源、垄断核心数据来固化部门利益，无节制地投入大量资源重复开发系统、搭建平台、收集数据，造成系统的分散和资源的浪费。部分行政机关甚至以数字化转型为名，强制性地过度收集公民个人信息，用于超出法定目的之外的各类行政活动，侵犯公民个人信息权益。部分行政机关以彰显政绩、满足考核指标为导向，片面追求建设平台数、用户注册数等量化指标，忽视公众的真实需求，开发大量可用性差、缺乏实际价值的操作系统。公众往往需要下载多个移动应用，注册多个账号，反复填写提交相近和相同的信息，才能获得相应的公共服务。甚至原本能够通过线下方式简单快捷办理的业务也

---

① See OECD, The OECD Digital Government Policy Framework: Six dimensions of a Digital Government, OECD Public Governance Policy Papers, No. 2, 2020, pp. 28 - 29.

② 参见余凌云：《数字政府的法治建构》，载《中国社会科学院大学学报》2022年第1期，第92页。

需要通过烦琐的线上操作才能完成。部分服务平台疏于维护、更新缓慢，不能满足日常工作需要，但长时间未得到矫正。公众不仅未能享受到数字技术带来的治理红利，反而增加了额外的负担。这些偏离数字法治政府建设目标的现象值得警惕。

坚持以人民为中心，还要求重视人的主体地位，珍视人的核心价值。"以人为本，其核心要义在于一切从人出发、以人为中心，把人作为观念、行为、制度的主体，把人的独立、人的尊严、人的自由、人的感受、人的全面发展作为智能社会法治建构的终极关怀。"[①] 数字技术在社会各领域的全面应用无可避免地引出技术与人的关系这一终极问题。尤其是当基于大数据的分析预测、个性化推荐等系统能够穿透物理和生物的各种屏障，对包括情感在内的各种情况进行计算时，如何更好地捍卫人的价值和尊严、避免人的主体性丧失就成为重要问题。[②]

面对日趋数字化的社会，"人本主义"的立场应当得到进一步坚持和强化。一方面，"人的尊严"这一核心价值不能被数字技术带来的效率、秩序等价值替代和削弱，人的主体性应当得到充分保障。在数字技术突飞猛进的今天，应防止对个人数字痕迹的过度采集和对个人数字形象的过度刻画致使个体沦为被支配的客体。另一方面，在数字技术的发展和应用中，应当警惕"技术万能主义"，重申人的不可替代性，以人文价值填补技术理性在公共治理中的缺陷。例如，在执行那些涉及复杂价值判断的法规范时，自动化决策系统因为不具备真正的"同理心"，无法通过有效倾听和表达与当事人形成"共情"，自然也就难以作出适当的决定。[③] 此类涉及价值判断的规范内容，本质在于体现行政权行使过程中的个案导向，

---

① 张文显：《构建智能社会的法律秩序》，载《东方法学》2020年第5期，第11页。
② 参见马长山：《数字公民的身份确认及权利保障》，载《法学研究》2023年第4期，第32页。
③ 参见王敬波：《数字政府的发展与行政法治的回应》，载《现代法学》2023年第5期，第119页。

是难以预先设定衡量标准的。① 德国联邦交通与数字基础设施部伦理委员会 2017 年颁布的自动驾驶伦理准则中就明确指出：“如何在两难境地中进行抉择——如在不同生命间进行权衡——需要取决于实际和具体的情况，综合考虑各方难以被事先预测的行为，所以这些决定无法被明确地标准化，也不可能被编成在伦理上不存疑的程序。”② 因此，人本主义的立场所内含的一项要求是，带有复杂价值判断的行政活动仍应当基于人类的意志来完成，由人类作出最终的决定。

（二）坚持全局观念和系统思维

《国务院关于加强数字政府建设的指导意见》提出，数字政府建设必须坚持整体协同的原则，“强化系统观念，加强系统集成，全面提升数字政府集约化建设水平”。一方面，数字政务呈现出明显的规模效应，政务平台连通的领域和集成的服务越多，行政相对人就越能够获得多样和便捷的公共服务——这也是我国持续推进政务事项“一网通办”“一网统管”“一网协同”的价值所在。然而，这种集成式的政务平台必须通过跨层级、跨地域、跨系统、跨部门、跨业务的多方协同才能实现，这就需要强有力的领导和协调机制，秉持“全国一盘棋”的思路推动变革。另一方面，政府的数字化转型必须依托大型的数字基础设施和基础数据资源才能完成，这亦需要通过高层级的统一协调来降低各自行动的成本。如果各地区、各部门分散建设，秉持的理念和思路不一致，采用的标准、口径不统一，无法实现互操作，就会在很大程度上影响数字化转型的整体性。因此，数字法治政府建设必须坚持全局观念，通过完善顶层设计和整体部署，分步

---

① 参见展鹏贺：《数字化行政方式的权力正当性检视》，载《中国法学》2021 年第 3 期，第 133 页。

② Federal Ministry of Transport and Digital Infrastructure："Ethics Commisson-Automated and Connected Driving", June 27，2017.

骤、有计划地实现数字化转型。世界经合组织提出的"设计数字化"原则就高度重视政府数字化转型中的领导和协调机制，强调应当建立健全强有力的战略、管理工具和规章制度，以确保政府将数字化转型真正纳入政策的全过程，并确保跨层级、跨部门的互操作性和共同标准。[1] 通过灵活运用法治规划等政策工具，实现对法治建设的系统性谋划和整体性推进，已成为中国特色社会主义法治道路的重要经验[2]，数字法治政府建设也应当重视这一经验，做好顶层谋划。

数字法治政府建设还需要坚持系统思维，统筹推动线上系统建设和线下系统变革。政府的数字化转型是价值理念、组织结构、行为方式等方面的全方位变革，如果仅通过搭建一个额外的数字化平台来"点缀"传统的行政方式，线上系统和线下系统依然是"两张皮"式分开运行，那就不可能从根本上纠正传统行政治理结构中的深层次问题，真正完成政府的数字化转型和变革。数字法治政府建设要系统性地关注数字技术对传统政府治理体系的改革倒逼作用，推进线上线下的一体式、系统性变革。数字化应用的建设与行政体制的改革、执法规范化的建设必须共同推进、同时发力[3]，技术创新和制度创新必须实现同步发展，形成双轮驱动。反映到实践中，即要求数字法治政府建设应当充分评估数字治理系统的实际功效，在完善线上系统的同时，同步对线下治理系统进行精简和改造，科学调整职能、机构和人员，推动政府形态虚拟化、组织结构弹性化。[4] 此外，还

---

[1] See OECD, The OECD Digital Government Policy Framework: Six dimensions of a Digital Government, OECD Public Governance Policy Papers, No. 2, 2020, pp. 8-10.

[2] 参见马怀德：《迈向"规划"时代的法治中国建设》，载《中国法学》2021年第3期，第18-19页。

[3] 参见余凌云：《数字时代行政审批变革及法律回应》，载《比较法研究》2023年第5期，第87-89页。

[4] 参见江小涓：《加强顶层设计解决突出问题协调推进数字政府建设与行政体制改革》，载《中国行政管理》2021年第12期，第11页。

应重视改革和法治的统筹，确保在法治下推进改革，在改革中完善法治。一方面，应确保政府的数字化转型在法律框架下展开，各项改革举措于法有据；另一方面，法律制度应当为政府的数字化转型留出空间，并在适当时机将成熟定型的改革举措上升为法律制度，以法治化的方式固定改革成果。

（三）坚持推动数字技术与法治系统良性互动

建设数字法治政府，核心是处理好"数字"与"法治"之间的辩证关系。应当着力推动数字技术与法治系统的良性互动，既确保数字技术始终服膺于法治和人民福祉，也重视二者的相互支撑和相互促进，善用数字技术为法治赋能，拓宽法治的维度与疆域。

第一，应当重视对数字技术工具效用的价值规训，确保数字政府建设不会逸脱法治轨道。从各国实践可以看出，在具备基础资源的情况下，行政机关的数字化转型往往带有自发性和主动性。其原因在于，现代数字技术的工具效用能够与行政机关复杂的治理需求形成良好契合，缓解长期困扰政府的决策信息不足、治理手段有限等难题，提升政府治理的效能。然而，数字技术对行政权的这种"赋能"和"增效"同时具有软化法治约束、偏离法治轨道的风险。如果采取平衡论的观点，可将行政法视为一套包含制约与激励机制的法律制度，旨在形成行政权与相对方权利的结构性均衡。[①] 但在数字技术面前，通过传统法律机制实现的法权结构平衡可能会被打破，法治系统必须做出补救与回应。

一方面，数字技术的引入极大地加强了行政权，行政活动的法效果和实效性都可能因为数字技术的加持而增强，从而对相对人形成压倒性的优

---

① 参见罗豪才、宋功德：《行政法的失衡与平衡》，载《中国法学》2001年第2期，第73-90页。

势。例如，在信用监管体系下，行政机关可依托数字化系统采取公布负面记录、限制剥夺相关资格或机会以及限制行为自由等惩戒措施，这些措施与传统的行政制裁手段相比具备更强的延展性，其在作用的时间和范围上都呈现出扩展态势，给相对人带来极大威慑。[①] 在数字技术的增强效应下，行政机关可以通过更加便捷和隐蔽的技术手段，以更低的成本影响当事人的重要权利，行政权"越轨"行使的内在动因和风险因此增大。在2022年发生的"郑州红码"事件中，部分公职人员滥用职权，违反赋码规则对千余名村镇银行储户赋红码，严重影响到储户的人身自由等基本权利，造成十分恶劣的影响。

另一方面，随着数字技术的引入，传统法律制度中用以制约行政权的程序装置和制度屏障亦可能失去效果，"通过权利制约权力"的均衡被破坏。例如，不透明的算法行政可能导致说明理由等机制和陈述、申辩等程序性参与权的落空。尤其值得注意的是，尽管我国过去并未建立真正意义上的"成本—收益"分析制度，但通常情况下行政任务的设定往往会考虑到人手、资源等多方面的条件约束，"不惜一切代价"的行政任务并非常态。然而，数字技术的引入丰富了行政的手段，提高了行政的效率，从根本上改变了行政活动的约束条件。在原有约束条件下不可能实现或者成本过高的行政任务变得"可能"且"可行"，这就有可能导致行政目标的持续扩张和行政手段的持续强化，从而为行政过度干预社会留下空间。因此，通过健全和完善法律制度，对数字化行政形成有效约束，才能实现"权力—权利"结构的总体均衡，确保数字法治政府建设方向正确。尤其应当坚持实质法治观，强调良法善治，凸显法治的价值引导作用，避免陷入具体的行政逻辑而忽略更重要的价值判断。

---

① 参见孔祥稳：《作为新型监管机制的信用监管：效能提升与合法性控制》，载《中共中央党校（国家行政学院）学报》2022年第1期，第145-146页。

第二，应当重视对数字技术价值理性的挖掘，更好地利用数字技术为法治赋能，确保行政法治的价值追求得到更加充分的实现。数字时代，技术可以通过改变外在约束条件来深刻影响和塑造法律制度，法律制度中既定的权利义务结构亦可能因为技术发展而发生变化。在对数字化行政的研究中，学界更多关注数字技术对行政权的增强效应。但同时也应看到，数字技术既具备增强行政权力的可能，同时也能够被用于强化法律制度和权利保护，以更好地约束行政权，维护"权力—权利"结构的平衡。实践表明，利用数字技术强化权利保护能够取得良好的效果，在一些场景下甚至能够有效解决传统法律机制力有不逮的问题。例如，移动互联网和平台经济的兴起带来了外卖等新的消费模式，相应的个人信息泄露以及随之而来的骚扰等事件也大幅增加。由于法律机制存在的固有局限，通过司法诉讼等正式的法律机制来矫正此类问题不够经济，难以取得理想效果。但在虚拟号段技术在各类平台得到应用后，此类侵权事件的数量大幅减少。此即通过数字技术实现权利保护的典型例证。

从技术特性上看，数字技术与法治追求的价值同样存在着契合，尽管这种契合往往因为行政权缺乏自我约束动力而在一定程度上被遮蔽。其一，法治追求法律的良好实施，大数据分析技术能够为政府决策提供更加充分的信息，以提升行政活动的客观性、科学性；自动化算法的应用也有利于提高行政效率，促进行政效能原则更好实现；尤其是在数字化条件下，行政机关具备了更加充沛的治理资源和更加精细的治理工具，就有条件更好地兼顾不同利益，平衡公共治理与私权保护的要求，实现精细化治理。其二，法治追求公开、透明，强调维护公众的知情权、参与权，数字化的行政过程往往能够超越时间、空间等客观条件的限制，更加便捷地发布和接收信息，提升公众参与的便利度，实现更有效率和更具实效的公众参与，补强行政的民主价值。其三，法治追求权责统一，强调对权力的监督制约。数字化行政全过程留痕的特点有助于提升对行政权的监督效果。《国务院关于加强数字政府建设的指导意见》就明确提出："以信息化平台固化行政权力事项运行流程，推动行政审批、行政执法、公共资源交易等全流程数字化运行、管理和监督，促进行政权力规范透明运行。"因此，应当将数字技术对法治的赋能作为数字法治政府建设的重要关切，充分挖掘数字技术对法治的促进作用。也即在"数字技术—行政权—行政法律制度"的三元结构中，既要重视数字技术对行政权的赋能，也要重视其对行政法律制度的赋能，从而对行政权形成更有效的规范和约束。

（四）坚持多重价值目标的动态平衡

《国务院关于加强数字政府建设的指导意见》提出："到 2035 年，与国家治理体系和治理能力现代化相适应的数字政府体系框架更加成熟完备，整体协同、敏捷高效、智能精准、开放透明、公平普惠的数字政府基本建成，为基本实现社会主义现代化提供有力支撑。"上述要求可视为数字政府建设的目标。但仔细观察可以发现，上述目标并不是统一的整体，其间可能存在一定的张力，对某一目标的偏重可能导致其他目标受损。因此，数字法治政府建设必须在多重目标间实现动态平衡，辩证统一地处理好各种价值和利益的冲突。

就秩序行政而言，必须处理好效率与公正、秩序与活力之间的关系。传统秩序行政对相关法益的维护大多通过事后课责的方式来实现。但以大数据和人工智能为代表的数字技术能够基于数据分析技术和智能算法技术提前对风险态势进行感知和预判，从而将干预关口前移，"未雨绸缪"地采取措施。当前普遍应用的"大数据检查""预测型执法"正是遵循这一逻辑展开的。但需要注意的是，这一路径同时存在损耗社会活力和侵蚀私人空间、损害个人权益的风险。利用大数据技术开展预测型的执法活动，需要广泛收集社会主体的行为数据并进行深度画像，这可能导致对私人领域的过度侵入，影响人格的自由发展和人的尊严；同时，由于预测模型和算法本身可能存在局限性，预测结果亦可能会出现偏差；更进一步而言，这种对社会主体行为数据的全面收集和分析，可能会对相关主体自主生活空间形成挤压，影响到社会正常活动的进行，也即"以大规模监控为基础的预防式执法，微观层面可能导致对公民私人空间的过度窥探，宏观上则可能带来社会的寒蝉效应"①。可见，在公共治理中，对某一方面价值的过度强调可能会导致其他价值的贬损。习近平总书记在谈到推进中国式现代化需要处理好的六个方面重大关系时，就明确指出要处理好活力与秩序的关系。"在现代化的历史进程中，处理好这对关系是一道世界性难题。中国式现代化应当而且能够实现活而不乱、活跃有序的动态平衡。"② 这表明对社会秩序的追求不能以过度牺牲社会活力为代价。因此，利用大数据、人工智能等技术实现秩序价值时，应当警惕"全能政府"理念的复苏，遵循法治的精神厘清国家和社会的边界、公与私的边界，确保社会既有秩序又有活力。

就服务行政而言，实现不同价值间的动态平衡同样重要。数字技术在服务行政中的应用极大地改变了公共服务的面貌，但也加剧了效率与公平、便利与普惠之间的紧张关系。统一的线上政务平台可以集成各类事项，同时打破物理局限和办公时间的限制，实现全天候运行；算法在政务系统中的应用推动政务服务由人力服务型向人机交互型转变，能够更加迅速高效地完成行政过程，产出结果。但上述系统对相对人的数字能力和素养的要求也更高。实践中，由于城乡差异、年龄差异、教育程度差异、收

---

①　王锡锌：《数治与法治：数字行政的法治约束》，载《中国人民大学学报》2022年第6期，第22页。

②　习近平：《推进中国式现代化需要处理好若干重大关系》，载《求是》2023年第19期。

入差异、职业差异等，社会成员之间通过数字化方式获取信息、维护权益的能力悬殊，甚至形成"数字鸿沟"①。在数字技术得到广泛应用的当下，由数字能力差异带来的数字红利分配不均问题日益明显，数字能力匮乏的问题在公共行政和商业服务的各个领域中迁移，导致所谓"数字难民"群体的形成。确保公民获得持续可及的基本公共服务，是国家基本权利保护义务的体现，行政相对人也有平等获取基本公共服务的请求权。数字政务系统虽然形式上向社会公众平等开放，但因使用者数字能力的差异而可能导致实质上的不平等。因此，利用数字技术改造服务行政时必须处理好高效便民与公平普惠的关系，在效率价值和公平价值之间实现动态平衡。在搭建线上政务平台、集成政务服务的同时，应当配套提供清晰明确、便于获取的操作指引，完善数字政务系统的适老、无障碍等特殊模式；此外，考虑到数字能力提升的长期性和复杂性，还需注重线上和线下的互补融合。对于基本公共服务，应在充分评估的基础上，在特定领域和场景中保留传统的线下模式。

（五）坚持治理规则体系的开放多元

无论数字法治政府的形态如何变化，其仍应遵守依法行政等传统行政法治的要求，依照宪法法律的规定履行法定职责。与此同时，面对突飞猛进的数字技术，法律系统也逐渐发展出了一套以数字技术的应用为主要调整对象的治理规则。尽管从理论上说，"网络法"或"数字法"是否能成为一个独立的法律部门还面临着"马法之问"等一系列理论挑战，但面向网络安全、数据安全、个人信息保护、算法推荐等特定领域问题的规则体系已经逐渐成形，并形成了一定的核心范式，体现出较强的"领域法"特

---

① 王敬波：《数字政府的发展与行政法治的回应》，载《现代法学》2023 年第 5 期，第 119 页。

质。① 数字法治政府建设需要实现政府数字化转型和法治约束的有机融合，所适用的规则体系也必然需要打破传统部门法的桎梏，寻求一个不断发展和开放融合的规则体系。质言之，这一规则体系既要凸显法治政府建设的要求，坚持依法行政、合理行政、程序正当等行政法治的基本原则，也需要遵循系统论的"协同演化逻辑"②，结合数字化行政的特点对既有的行政法规则进行补充和完善，从而推动"行政法治"和"数字法治"真正融为一体。

当前关于数字法治政府的研究中，一种研究路径是基于既有的行政法律规范体系，以行政行为的识别为基点，提出对数字化行政活动的类型化方案，进而确认法律控制规则。如认为算法制定属于制定行政规定的行为，行政算法属于代码化的"具有普遍约束力的决定、命令"，应当适用行政规定的合法性控制机制。③ 这一研究路径展现了传统行政法律制度对数字化行政活动的包容度，也有助于强化行政法治的理念。但与此同时，推进传统行政法规则与特定领域的数字法律规则相融合也十分重要。

以个人信息保护为例：行政机关处理个人信息的行为具有公共性、高权性、强制性、单方性等特征，是一种典型的行政活动，应当受到行政行为法意义上的合法性控制；同时，行政机关处理个人信息的行为又属于《个人信息保护法》意义上的处理个人信息的活动，因此也要受"保护个人信息权益"这一法益保护目标的约束，适用《个人信息保护法》的相关规定。④ 就特定问题而言，行政法律体系与个人信息保护法律体系可能存

---

① 参见彭诚信：《领域法学视野下的数字法问题》，载《政法论丛》2024年第1期，第3-14页。
② 王锡锌：《数字法治政府建设的底层逻辑及展开路径》，载《数字法治》2023年第2期，第11页。
③ 参见查云飞：《算法的行政法属性及其规范》，载《法制与社会发展》2023年第6期，第168-185页。
④ 参见王锡锌：《行政机关处理个人信息活动的合法性分析框架》，载《比较法研究》2022年第3期，第92-108页。

在共通和重合之处，如《个人信息保护法》第 5 条规定，处理个人信息应当遵循合法、正当、必要原则，就与行政法上的依法行政和比例原则具有相近似的内涵[①]；但二者也存在大量的互补地带，如《个人信息保护法》第 5 条规定处理个人信息应当遵循诚信原则，不得通过误导、欺诈、胁迫等方式处理个人信息，就与传统行政法上的诚信原则存在内涵上的差异，而可能带有信义义务等内涵。[②]《个人信息保护法》第 7 条规定的公开透明原则、第 8 条规定的信息质量原则以及第四章规定的个人在个人信息处理活动中的权利等规则虽可通过解释传统行政法律制度部分析出，但《个人信息保护法》的规定显然更加细致和周密，直接适用《个人信息保护法》的规定能够降低法律适用的负担，更加直接和清晰地实现保护个人信息权益的相关目标。因此，就行政机关处理个人信息而言，实现传统行政法规则和个人信息保护法规则的有机结合尤为重要。事实上，在较早开启政府信息化建设的美国、德国、日本等国家，行政机关对个人信息的处理、自动化决策系统的应用等方面的规则早已经成为行政法律体系的重要组成部分。我国行政法律体系亦应对相关规则抱持更加开放的态度，以实现行政法体系的丰富和完善。

在法律体系内部实现融通外，建设数字法治政府还要求法律规范体系与技术规则、伦理规则等其他规范有效衔接，实现技术治理与权力治理的有机结合。习近平总书记指出："科技是发展的利器，也可能成为风险的源头。要前瞻研判科技发展带来的规则冲突、社会风险、伦理挑战，完善相关法律法规、伦理审查规则及监管框架。"[③] 面对当代社会科技高速发

---

① 参见刘权：《论个人信息处理的合法、正当、必要原则》，载《法学家》2021 年第 5 期，第 1-15 页。

② 参见许可：《诚信原则：个人信息保护与利用平衡的信任路径》，载《中外法学》2022 年第 5 期，第 1160-1161 页。

③ 习近平：《在中国科学院第二十次院士大会、中国工程院第十五次院士大会、中国科协第十次全国代表大会上的讲话》，载《人民日报》2021 年 5 月 29 日，第 2 版。

展带来的治理需求，应以社会多元共治、动态风险防控为理念，形成包含伦理道德、政策、法律、技术在内的多层次伦理和法律治理框架。① 在这个多层次的治理框架中，不同性质的规范通过不同的机制发挥各自的独特功能，同时又统合于法治框架之下，形成"法治主导下的多元规范体系"②。例如，技术标准更多关注产品和服务在技术层面的合格性、稳定性、可靠性等问题，其可通过法律规则的援引在实质上发挥规范作用。2021 年修订后的《行政处罚法》第 41 条第 1 款就规定，行政机关依照法律、行政法规规定利用电子技术监控设备收集、固定违法事实的，应当经过法制和技术审核，确保电子技术监控设备符合标准、设置合理、标志明显。伦理规则在科学技术开发和应用的过程中起到价值引导作用，强化科学技术的价值依归、道德约束和社会认同。法律可通过明确伦理议题、推动形成伦理共识、设置伦理组织和伦理评估等组织和程序上的规制方式，为伦理发挥规范作用留出适当的通道。③

三、数字法治政府建设的重点任务

一般来说，学界将传统行政法体系划分为行政组织法、行政行为法和行政监督救济法三个子系统，分别从行政权力的配置及组织形态、行政活动的实施、对行政活动的监督三个方面实现对行政权的规范。当前数字技术的介入虽有可能引发法律制度重心的位移，但并未彻底颠覆这一体系，其对行政法产生的各种影响仍然能够被统合到这一框架中予以调整。因

---

① 参见张文显：《习近平法治思想的理论体系》，载《法制与社会发展》2021 年第 1 期，第 50 页。
② 刘作翔：《构建法治主导下的中国社会秩序结构：多元规范和多元秩序的共存共治》，载《学术月刊》2020 年第 5 期，第 102 - 112 页。
③ 参见赵鹏：《科技治理"伦理化"的法律意涵》，载《中外法学》2022 年第 5 期，第 1201 - 1220 页。

此，下文将分别从组织规则、行为规则、责任规则三个层面就数字法治政府建设的重点任务作展开。同时，由于数据和信息在政府的数字化转型中发挥着基础性的作用，下文将其作为一个前提性问题予以论述。

(一) 基础资源层面：健全公法上的信息和数据处理规则

推进数字法治政府建设，首先需要健全公法上的信息和数据处理规则。[①] 在传统行政法上，由行政机关支配并用于公共目的之物属于公物，其中供行政机关自行使用以完成公共任务的公物属于行政公物，如办公用房、公务用车及执法装备等。按照日本学者的观点，可将广义的行政组织法看作所有有关行政手段的法，其包括以行政主体的组织存在方式为考察对象的狭义行政组织法，以人的手段为考察对象的公务员法，以及以物的手段为考察对象的公物法。[②] 沿此逻辑，似可将行政机关掌握的数据和信息视为一类不具备物理形态的新型公物。但基于数字法治政府"数据驱动"的特性，信息和数据的重要性和特殊性要远远高于传统的行政公物。其一，信息和数据对行政任务的意义和作用更为直接。在服务行政中，超越物理实体的线上服务本就是通过对数据和信息的处理来完成的；在秩序行政中，行政机关亦需依靠数据和信息来提升监管和执法的效能。可以说，行政机关无法在缺乏数据和信息的情况下开展任何的数字化活动。其二，信息和数据带有更强的交互特质。行政机关对信息和数据的收集本身

[①] 对于"数据"与"信息"的概念内涵及其相互关系，学界形成了诸多不同的主张。下文不再从文义上对二者进行区分，仅从问题域的角度分别就公共数据相关问题和个人信息保护相关问题展开论述。相关讨论参见梅夏英：《信息和数据概念区分的法律意义》，载《比较法研究》2020 年第 6 期，第 151-162 页。

[②] 参见 [日] 盐野宏：《行政组织法》，杨建顺译，北京大学出版社 2008 年版，第 2 页。也有观点认为公物法与社会法（社会保障、社会救助、社会福利）、资助法（补贴）共同构成了给付行政的三驾马车，属于给付行政的范畴。参见 [日] 大桥洋一：《行政法学的结构性变革》，吕艳滨译，中国人民大学出版社 2008 年版，第 192 页。

即可能构成一类影响当事人权益的行政活动，需从行政行为法的角度进行规范。反过来说，对行政机关处理信息和数据的行为进行充分约束，也就能够从根本上约束行政机关的各类数字化行政活动。其三，信息和数据对行政的反向塑造作用更强。区别于传统行政公物的手段特性，信息和数据并非仅仅为了满足既定行政目的而存在，其蕴含的内在强大动能具有重新塑造行政的能力。如公共数据在行政机关间的交互就具有提升行政回应性、促进政府层级和部门简约化的可能。可见，信息和数据的处理规则贯通了传统行政法的各个部分，涉及行政权运行的全过程，必须视为一个重要的基础性问题予以对待。

第一，在信息问题上，应当通过专门立法进一步明确行政机关处理个人信息的规则。尽管我国《个人信息保护法》采用了公、私法一体调整的立法体例，并设置专节对国家机关处理个人信息作出了特别规定，但相关内容过于原则和简单，诸如国家机关处理个人信息的正当性基础、信息处理的具体规则、信息主体享有的权利、国家机关违法处理个人信息应当承担的责任等一系列关键问题的规定均存在不明确的地方，以至于有学者指出其实际上带有一定的"象征性立法"色彩。[1] 在各类国家机关中，行政机关处理个人信息的体量最大、频次最高，可能对当事人权益造成的影响最大，未来必须通过单独制定法律或行政法规的方式进行专门规范，确保行政机关对个人信息的采集具备合法性、正当性、必要性，所采集的个人信息用于明确、特定的公共目的，不得过度侵及公民的私人空间。

第二，在数据问题上，需要进一步明确公共数据的共享和开放规则。公共数据应被界定为行政机关以及履行公共管理和服务职能的组织在依法履职过程中形成和收集的各类数据资源，不包括具有公共价值的企业数

---

[1] 参见王锡锌：《行政机关处理个人信息活动的合法性分析框架》，载《比较法研究》2022年第3期，第94页。

据。数据共享是指公共机构依法向其他公共机构提供数据，即公共数据在行政系统内部的流动；数据开放则是指公共机构依法向公民、法人或其他组织提供公共数据。2021 年通过的《数据安全法》虽然设置了"政务数据安全与开放"专章，但相关规定高度原则化，未形成清晰明确的操作指引。在缺乏统一制度框架的情况下，各地通过地方性立法做出了诸多探索，但尚未解决基础性制度缺失的问题。同时，地方数据立法中存在的一些偏差和误区也有待矫正。[①]

就公共数据共享而言，当前制度同时面临激励不足和约束不足的问题。一方面，公共数据共享缺乏充分的制度激励和机制设计，各地方各部门不愿共享、不会共享、不便共享、不敢共享的困境并未得到化解[②]，"数据孤岛""数据烟囱"等问题依然存在，基于数据共享的业务协同也难以实现；另一方面，各地在以地方立法推动公共数据共享时，大多仅单方面强化公共数据的共享要求[③]，并未充分意识到公共数据共享可能存在的多方面的风险。实际上，公共数据的共享会导致行政机关基于法定授权因特定目的收集的数据被其他机关获取，这有可能违反《个人信息保护法》所确立的目的限定原则，同时还有可能因为缺乏职权基础的信息联结和比对而违反行政法上的禁止不当联结原则，影响到"权力—权利"结构的平衡。除此之外，集中化的数据储存也会导致数据安全风险随之增加，因而需要慎重对待。

就公共数据开放而言，开放激励不足和安全风险较高之间的张力尚未

---

① 例如，部分数据地方立法存在扩张"公共数据"概念范围、模糊数据要素市场中政府和市场边界的问题。参见王锡锌、王融：《公共数据概念的扩张及其检讨》，载《华东政法大学学报》2023年第 4 期，第 17 - 27 页。又如，部分地方明确规定公共数据属于国有财产，可能存在超越地方立法权限及与《民法典》关于数据的相关规定相冲突的问题。

② 参见彭錞：《论政务数据共享的推进与边界》，载《交大法学》2023 年第 6 期，第 63 - 77 页。

③ 如《上海市数据条例》第 38 条第 1 款规定："公共管理和服务机构之间共享公共数据，应当以共享为原则，不共享为例外。公共数据应当通过大数据资源平台进行共享。"

得到有效化解，数据开放规模小、进程相对滞后等情况依然普遍存在。实践中探索出公共数据的授权运营机制，试图平衡公共数据开放的收益与风险，但这一机制同时存在排除限制竞争、推高公共数据的利用门槛等风险，亟须规范。未来可通过制定"公共数据管理条例"的方式完成制度供给。面对数据界权路径窒碍繁多的现实，公共数据开放不应再纠结于公共数据的所有权问题，而应着重建构符合公平利用要求的数据开放秩序。①立法应准确界定公共数据范围，明确公共数据处理全流程全周期中各方主体的权利义务，建立相关的激励和监督问责机制，通过激活匿名化制度等方式调和数据安全与数据利用之间的张力。

（二）组织规则层面：基于整体政府和平台中心理念的制度重塑

传统的行政组织结构建立在理性科层制之上，政府各职能部门之间有着明确而具体的分工。这有力地体现了专业主义和分权主义的要求，但同时也带来了部门分割、行政任务碎片化等问题，整体政府的理念成为应对该问题的药方。②传统行政模式下，我国通过实施"大部制"改革、完善行政权力相对集中行使制度和强化执法协助等举措，在一定程度上缓解了政府的碎片化倾向。近年来，数字化行政为整体政府理念的实现提供了一个新的突破口。整体政府要求实现跨层级、跨地域、跨系统、跨部门的业务协同，而统一政务平台的日趋完善和公共数据的共享流动能够以较低的成本越过层级、地域、部门间的壁垒，依靠"数字渠道"突破"物理空间"，"改变传统以专业分工、层级控制为特征的组织结构，转向以节点、

---

① 参见王锡锌、黄智杰：《公平利用权：公共数据开放制度建构的权利基础》，载《华东政法大学学报》2022 年第 2 期，第 59－72 页。

② 参见骆梅英：《行政审批制度改革：从碎片政府到整体政府》，载《中国行政管理》2013 年第 5 期，第 21－25 页；王敬波：《面向整体政府的改革与行政主体理论的重塑》，载《中国社会科学》2020 年第 7 期，第 103－122 页。

流程为特征的网状结构"①，促进以平台为中心的整体政府的形成。

党的二十大报告提出："转变政府职能，优化政府职责体系和组织结构，推进机构、职能、权限、程序、责任法定化，提高行政效率和公信力。"从优化行政组织结构和提升行政组织法治化水平的双重要求出发，数字法治政府建设必须从组织法层面回应数字政务平台的法律属性和地位问题，并解决这种新型组织结构与传统行政组织的关系问题。从当前实践来看，以"12345"为代表的数字政务平台已经成为行政协同和权力整合的关键载体，但其法律地位并不清晰。例如，《北京市接诉即办工作条例》第 2 条第 3 款规定，"本市设立'12345'市民服务热线及其网络平台，作为受理诉求人诉求的主渠道"，仅从功能角度对平台进行了描述，并未表明热线及平台的规范地位。在数字政务平台的功能与作用日益凸显的当下，有观点提出，"现代行政主体必须接纳'电子化行政系统'的主体身份"，赋予电子化系统行政主体资格。② 然而，必须注意的是，数字法治政府必须坚守职权法定的基本原则。数字系统行使的行政权从根本上归属于得到组织法或行为法授权，并通过数字系统行使该权力的行政机关。数字系统作为行政机关行使权力的延伸线，本身并没有独立的行政职权，也不具备独立承担责任的能力。赋予数字系统行政主体资格，在规范层面不具备职权依据，在实践层面有可能造成真正行使权力的主体隐匿在数字系统之后逃避责任的情况。因此，立法不应赋予数字系统行政主体的资格，而应将其视为行政机关完成行政任务的具体机制和通道。

从长远来看，随着数字化转型的逐步深入，数字政务平台的功能和作用无疑还会进一步加强，进而真正促进行政组织形态的根本变化，即从政

---

① 高秦伟：《数字政府背景下行政法治的发展及其课题》，载《东方法学》2022 年第 2 期，第 176 页。
② 参见蒋银华：《行政基本法典编纂中电子化行政的主体定位及其制度路径研究》，载《行政法学研究》2022 年第 3 期。

府各职能部门搭建线上系统、建立线上服务模块，转向以在线平台为中心塑造行政组织，以更好发挥政务平台的功能作用为方向来设置符合平台特点的行政机构。在此基础上，可进一步基于政务平台的综合性功能推动政府层级和部门的简化，如依托高效的信息传递机制减少纵向层级损耗，依托智能化决策系统减少横向部门的数量和人员等。这一改革方向符合《宪法》第 27 条第 1 款"一切国家机关实行精简的原则"这一组织法原则，也能够真正体现以平台为中心的组织化设计。但同时需要注意的是，这一改革仍需要在行政机关的整体性与专业性之间寻求平衡，一定程度的组织差异化仍然需要被保留，以确保特定任务的专业性。

（三）行为规则层面：强化算法行政的法治约束

当前，学界多使用"自动化行政""算法行政"等概念来描述借助人工智能技术开展的行政活动，如自动化行政审批、基于电子监控设备的非现场执法及与之相关联的自动化行政处罚等。从更广义的内涵来看，除了面向具体事项的行政行为，行政机关还经常使用大数据和人工智能技术来实现一般性的违法行为预防和社会风险防控，如基于对特定主体信息的收集和分析，研判相对人的违法风险，实施针对性的监管或执法；或者基于海量数据和智能算法评估风险、辅助决策，提前采取干预和处置措施，如在疫情防控中使用"健康码""场所码"等数字化载体来精确判断风险。此类活动亦在大数据和人工智能算法的支撑下展开，并与具体的执法活动紧密关联，同样可归属于算法行政的范畴。

当前实践已充分展现出算法行政在缓解执法资源不足、提升公共行政质效等多方面的价值，未来应从以下两个方面推动相关法律制度的完善。

一方面，当前的行政行为法主要建立在传统行政行为模式的基础上。在传统行政方式因数字技术的引入而发生变革后，传统行政行为法设定的方式、步骤、时限、顺序等约束规则也需要进行适当的调整。例如：在自动化的行政审批程序中，申请人提供材料和行政机关核验材料的方式均与线下申请存在区别，这需要立法及时调整应对；数字系统流程的程序法效力和电子证照的实体法效力，告知、送达、生效的方式与时间等问题也需要立法作出确认。① 又如，在行政处罚、行政强制实施过程中，基于智能化执法终端，执法人员可与后台在线沟通，立法所规定的当场实施后报备、补办批准手续等程序要求亦可以在一定程度上作出调整。

另一方面，算法行政在某些方面软化了法治的约束，影响到法治价值的实现，因而在这些方面需要进一步完善和补强法律制度。例如，算法偏见和歧视造成了对特定群体的不公，侵犯到公民的平等权、人格尊严等基本权利；又如，"算法黑箱"挑战了传统行政程序中的公开、参与、说明理由等规则，架空了当事人的程序性权利；再如，全自动化决策排除了人的意志活动，存在正当性上的拷问。面对上述问题，应当从以下三个方面进一步确立算法行政的规范框架：第一，限定算法行政的应用范围。基于自动化程度的不同，可将算法行政分为半自动与全自动两个大类。一般来说，采用何种执法方式属于行政机关的自由。但从合目的性要求出发，应当结合个案复杂程度和对当事人权益的影响两个因素来限定自动化决策系统的应用。与羁束行政相比，当实体法规定存在不确定法律概念和判断余地的情况下，算法很可能缺乏充分的价值判断能力和个案裁断功能，故其适用应当受到限制；与授益行政相比，负担行政直接减损相对人权益，对程序正义价值的要求更高，算法的使用同样应受限制。在形式依据上，半自动化决策可采负面清单制，即除立法明确排除的情形，允许行政机关自

---

① 参见宋华琳：《电子政务背景下行政许可程序的革新》，载《当代法学》2020 年第 1 期，第 79－88 页；徐继敏：《数字法治政府建设背景下〈行政许可法〉的修改》，载《河南社会科学》2022 年第 11 期，第 20－30 页；余凌云：《数字时代行政审批变革及法律回应》，载《比较法研究》2023 年第 5 期，第 87－105 页。

行选择采用；全自动决策应采正面授权制度，除非有法律法规的明确授权，否则行政机关原则上不得采用。从我国实践出发，还值得注意的一个问题是，大量的智能执法系统并非由执法机关自行开发，而更多是由上级机关开发，下级机关仅有录入信息和终端应用的权限。考虑到这一状况，也应当缩小全自动决策系统的应用范围，允许执法人员对算法决策进行调整，否则"依法行政"就有蜕变为"依机器行政"的风险。[1] 第二，应当强化对自动化系统和算法的适当性要求，明确行政机关有义务选择设计合理、技术可控的算法系统，并承担检验和确保算法系统适当的职责。第三，应当强化正当程序原则的适用，针对自动化行政的特点，发展"技术正当程序"[2]，通过赋予相对人拒绝自动化决策权、算法解释请求权、人工介入请求权等权利，强化程序性权利保护，实现对自动化行政的制约。[3]

（四）责任规则：复合责任的厘定与监督方式的完善

建设数字法治政府，仍需坚持权责一致的基本原则，确保公共行政的可问责性。如前所言，数字技术既可以被用来为行政权赋能，亦可以被用于为法律机制增效，强化对行政权的约束。因此，对行政权的监督和问责同样可以从"如何监督行政机关利用数字技术"和"如何利用数字技术对行政机关展开监督"两个角度着手，完成相应的规则调试。

针对前一问题，传统行政法规则最大的缺陷在于，其未充分考虑到复

---

① 参见施立栋：《自动化行政中的人工干预机制：以公安领域为例》，载《中国社会科学院大学学报》2022 年第 6 期，第 87-88 页。

② 苏宇：《数字时代的技术性正当程序：理论检视与制度构建》，载《法学研究》2023 年第 1 期，第 91-107 页。

③ 参见查云飞：《人工智能时代全自动具体行政行为研究》，载《比较法研究》2018 年第 5 期，第 177 页。

杂的公私主体关系和"技术—权力"关系，未能充分有效应对"权力技术化"和"技术权力化"带来的复杂责任状态。传统条件下，行政权对市场化产品和服务的依赖程度不高，行政机关可以通过政府采购等方式获取必要的设施、装备、技术，以辅助行政活动开展，这些产品和服务仅对行政过程起到间接作用，对行政权行使不产生直接影响。但在数字化背景下，由于数字系统建设的成本高企、技术复杂，无论是数据采集、数据挖掘还是智能化解决方案的打造，均离不开企业的参与。由企业设计运营的数字化产品与行政权紧密关联，在外观上甚至合二为一，这意味着企业通过其技术特长，将法律意义上的行政权转化为技术意义上的行政权，并基于对技术的主导而分享了公共权力。在数字系统出现问题时，相对人需要面对的是由私人主体运营的技术系统，以及隐匿在技术系统后的行政权。错误的行政决定究竟应当归责于哪一主体，行政机关是否应当为系统设计的瑕疵承担责任，这一系列问题可能成为相对人寻求救济的障碍。这在针对健康码赋码错误的救济中已经有较为明显的体现。

法律制度应当从两个方面来化解上述困境。其一，应当加强行政机关与企业合作的控制，明晰双方合作的方式和各自的权利义务，确保行政机关依法确定数字系统的设计要求，企业按照合法正当的设计要求开发运行数字化系统。其二，应当准确厘定其中的责任分配方式。如前所言，数字化系统并不具备独立的主体资格，其应当被视为行政机关行使行政权力的延长线，其运行过程中的法律后果归属于行政机关承担。因此，数字化系统设计瑕疵、运行错误等导致的损害赔偿主体原则上应当归属于行政机关，由行政机关对当事人承担公法责任。行政机关可依法或依约向开发或运营企业进一步追偿。

针对后一问题，应当充分发挥数字系统高效透明、全程留痕的优势，探索更加多元的监督手段和方式。例如，《法治政府建设实施纲要

（2021—2025 年）》要求建设法规、规章、行政规范性文件统一公开查询平台，实现对现行有效的地方性法规、规章、行政规范性文件统一公开查询，即通过数字平台提供便利化的查询通道，便于公众获取信息和开展监督。在地方层面，浙江省在 2023 年全面推行了"行政行为码"制度，依托"大综合一体化"执法监管数字应用，生成不可篡改的监管代码，作为行政行为全周期监管的唯一标识。通过该行为码，可以实现执法监管信息的全量归集、全程监测、全面可溯，执法监督员可实时监督或复盘倒查执法监管履职情况。① 未来应当进一步探索此类数字化的监督方式，并通过法规则与政策进行有效引导。譬如，面对海量的规范性文件，就可考虑在备案审查中引入人工智能等技术辅助审查，提升监督效能。但应当注意，虽然传统行政法将监督与救济视为一体，但行政复议和行政诉讼带有保护公民、法人、其他组织合法权益，提供个案救济的功能。在裁量行政中，自动化系统因缺乏充分的价值判断能力和削弱了程序正当价值应当被限制使用。行政复议和行政诉讼承担着个案审查的任务，需要全面审查争议案件的事实、证据、法律适用、裁量，关涉当事人获得公正有效救济的重要权利，无论是从重要性出发，还是从复杂性出发，都应排除全自动化系统的使用。

正如许多人所担忧的，数字技术的广泛应用的确增强了行政权的效能，在一定程度上导致了传统行政法塑造的"权力—权利"结构面临失衡，但这并不是拒绝政府数字化转型的理由。很难想象，在大数据和人工智能时代，一个不善于利用数字技术的政府将如何有效地完成维护公共秩序、提供公共服务等一系列职责。从"夜警国"到"福利国"，再到风险社会，公共行政和行政法的代际变迁已经表明，法律制度亦须顺应时代的

---

① 参见《浙江全面推行"行政行为码"有效规范行政执法监管行为》，https：//zj.chinadaily.com.cn/a/202302/02/WS63db1adaa3102ada8b22d64c.html，2024 年 2 月 20 日访问。

发展变化，在接续而来的挑战和重塑中完成升级。面对种种风险和挑战，必须通过行政法的与时俱进确保政府的数字化转型在法治轨道上展开，让数字技术始终服务于人民的福祉，而不会异化为削弱人的主体性的工具。因此可以说，数字化和法治化是实现政府现代化必不可少的双重引擎，而数字法治政府则是现代化政府的重要形态。加快数字法治政府建设，必将为全面建设社会主义现代化国家、全面推进中华民族伟大复兴提供坚实而重要的制度保障。

图书在版编目（CIP）数据

政府何以法治/马怀德著 . -- 北京：中国人民大
学出版社，2025.4. --（中国自主知识体系研究文库）.
ISBN 978-7-300-33758-6

Ⅰ. D922.104
中国国家版本馆 CIP 数据核字第 2025WX1659 号

中国自主知识体系研究文库
政府何以法治
马怀德　著
Zhengfu Heyi Fazhi

出版发行	中国人民大学出版社	
社　　址	北京中关村大街 31 号	**邮政编码**　100080
电　　话	010 - 62511242（总编室）	010 - 62511770（质管部）
	010 - 82501766（邮购部）	010 - 62514148（门市部）
	010 - 62511173（发行公司）	010 - 62515275（盗版举报）
网　　址	http://www.crup.com.cn	
经　　销	新华书店	
印　　刷	涿州市星河印刷有限公司	
开　　本	720 mm×1000 mm　1/16	**版　　次**　2025 年 4 月第 1 版
印　　张	32.75 插页 3	**印　　次**　2025 年 7 月第 3 次印刷
字　　数	415 000	**定　　价**　198.00 元